Manfred Wagner
Bruckner

SERIE MUSIK
PIPER · SCHOTT
Band 8207

Zu diesem Buch

Der große Sinfoniker Anton Bruckner gehört zu den Komponisten, um die sich schon zu Lebzeiten Anekdoten rankten und deren Leben und Schaffen frühzeitig von schablonenhaft wiederholten Apostrophierungen begleitet wurde. Die Charakterisierung Bruckners durch seine Zeitgenossen war derart prägend, daß auch sein Werk aus dem so geschaffenen Blickwinkel betrachtet wurde und auch heute noch vielfach wird.

Dieses Buch versucht, all die zumeist mündlich weitergegebenen Geschichten und Geschichtchen über den Komponisten Bruckner beiseite lassend, anhand schriftlicher und somit nachprüfbarer Quellen den Lebensweg dieses Sinfonikers nachzugehen und ein objektives Bild zu zeichnen, fern aller spekulativen und anekdotenhaften Darstellung.

Manfred Wagner, geboren 1944 in Amstetten/Niederösterreich. Studium von Dirigieren, Komposition, Kunstgeschichte und Germanistik in Wien. 1970 Promotion in Musikwissenschaft. Seit 1974 Vorstand der Lehrkanzel für Kultur- und Geistesgeschichte an der Hochschule für angewandte Kunst in Wien

Manfred Wagner

Bruckner

Leben – Werke – Dokumente

Schott Mainz · Piper München

SERIE MUSIK
PIPER · SCHOTT

Auf die Wiedergabe von nicht sinntragenden Hervorhebungen in den Zitattexten wurde aus technischen Gründen verzichtet.

ISBN 3-7957-8207-4 (Schott)
ISBN 3-492-18207-0 (Piper)
Originalausgabe März 1983

2. Auflage 7.–8. Tausend Juni 1989
Umschlag: Federico Luci
Satz: Filmsatz Schröter GmbH, München
Druck und Bindung: Clausen & Bosse, Leck
Printed in Germany

Inhalt

Statt einer Einleitung

Jeder Bruckner-Forscher heute steht vor denselben Problemen. Bevor er sich nämlich auf das Objekt seiner Untersuchungen – sei es nun Werk oder Person des österreichischen Sinfonikers der zweiten Hälfte des 19. Jahrhunderts – »stürzen« kann, ist er angehalten, nahezu alles zu vergessen, was er bereits von Bruckner weiß. Warum? Weil, wie eine ca. 1000 Bände umfassende Bibliographie[1] über den Komponisten beweist, fast zwei Drittel dieser Publikationen dem Menschen Anton Bruckner gewidmet sind, der Rest vielleicht bis auf einen verschwindend geringen Teil dem Werk, allerdings gesehen von der biographischen Warte eben dieser Persönlichkeitseinschätzung. Nur wenige Schriften können für sich das Privileg beanspruchen, sich allein mit dem Werk, ohne Rücksicht auf Person und Zeit, auseinandergesetzt zu haben. Dies wäre denkbar, notwendig und wahrscheinlich sogar dann verpflichtend, wenn uns Bruckners Lebensgeschichte nicht in einer Sammlung mündlich oder schriftlich erzählter Geschichten, Fabeln, Anekdoten, Äußerungen überliefert worden wäre, die von allem Anfang an niemals ihn selbst agieren ließen, sondern immer jene Autoren, die berichteten, wie er handelte, aussah, redete, dachte . . .

Es dürfte angemessen sein festzustellen, daß wohl kaum ein Komponist unserer Musikgeschichte derart in das diffuse Licht der Interpretation des zu schildernden Objekts zurückgedrängt wurde wie Anton Bruckner, so weit, daß die Autoren ihn zu einer fast synthetischen Persönlichkeit machten, sie aber gleichzeitig mit jenen Attributen ausstatteten, die unser Brucknerbild heute immer noch prägen.

Die Hauptzüge von Bruckners Charakterbild wurden demnach schon zu seinen Lebzeiten und erst recht nach seinem Tode zu einer Persönlichkeitsstruktur verwoben, die folgende Assoziationen nahelegt, welche denn auch zu den bestimmenden Kriterien der allgemeinen Einschätzung hochstilisiert wurden: Dickfellig-

[1] Eine bibliographische Übersicht findet sich in: Manfred Wagner: *Die Melodien Anton Bruckners in systematischer Ordnung*, Band III, Diss. masch. Wien 1970

keit, ungeschickte Verliebtheit, Gutmütigkeit; ein hartes, entbehrungsreiches Leben; Zerstreutheit, Humor – makaber bis leutselig –, Fleiß, schicksalhaftes Unglück, ein im Dienst der Kunst Jederzeitbereitstehen, Verletzung feiner Sitten, Bauernschläue, musikalische Sensibilität, Allergie gegen Kränkung; Frömmigkeit und Naivität, Verkennung, Großzügigkeit gegenüber Kindern, Tierliebe; spontane Ehrlichkeit, die in der Praxis unterlaufen wird; Biederkeit, Armut, Unterwürfigkeit, besonders gegenüber staatlicher Autorität, Eingebung von oben, demütige Lernbereitschaft, Ehrfurcht vor Tradition und Zeitgenossen, naive Vorsicht, Geschwisterliebe, sinnliche Bedürfnisse wie immerwährender Hunger, Bierdurst und Sehnsucht nach weiblichen Zärtlichkeiten, Starrsinn, Anpassung an die Umwelt, Autoritätsglaube gegenüber anerkannten Fachleuten[2]. Diese Charakterstruktur, die aufgrund der Berichterstattung über Bruckner das Bild eines naiven, allzu menschlichen Naturkindes ergab, das plötzlich *in die parfümierte Atmosphäre der Großstadt versetzt wurde* und dort *ein Original blieb, das den Näherstehenden so rührend erschien und Fernstehende abhielt*[3] – diese Struktur wurde von den Biographen so früh wie möglich derart eng über die reale Existenz des Komponisten mit seinem Habitus und seinen Äußerungen, seinem Erscheinungsbild und seinen Werken gelegt, daß bis in die jüngste Zeit wenig Raum für Untersuchungen über Bruckners Persönlichkeit selbst gegeben schien.

Daß diese Charaktereigenschaften so erfolgreich zu vermarkten waren, daß daraus noch zu Lebzeiten Bruckners Anekdoten in großer Anzahl über ihn erzählt und geschrieben wurden, erwies sich für jene kleine Gruppe, die sich mit Hilfe dieser Strategie einen wirkungsvollen Kontrast gegenüber anderen zeitgenössischen Komponisten erhoffte, als ein hierfür geeigneter Ansatzpunkt. Tatsächlich existiert weder über Wagner noch über Liszt, auch nicht über Brahms, Johann Strauß und Giuseppe Verdi – um nur einige der wichtigsten Zeitgenossen zu nennen – jene ihre Biographie bestimmende Sammlung von Anekdoten, deren Aneinanderreihung meist schon an die Stelle einer Auseinandersetzung mit ihrem wirklichen Erscheinungsbild trat. Die Nekrologe zu Bruckners Todestag 1896 beweisen diesen Tatbestand deutlich (vgl. hierzu S. 307ff.).

[2] Manfred Wagner: *Gefahr der Anekdote*, in: *Bruckner-Symposion* 1977, Bericht, Linz 1978

[3] Max Auer: *Anton Bruckner. Sein Leben und Werk*, Wien/Zürich/Leipzig 1934, S. 12

Heute, mehr als achtzig Jahre nach seinem Tod, ist die biographische Situation Bruckners nahezu unverändert. Wie die zahlreichen Einsendungen einer österreichischen Fernsehaktion mit dem Titel *Gesucht: Anton Bruckner* (ORF-Studio Oberösterreich) vom Herbst 1977 bewiesen haben, existiert das Wissen über diesen Komponisten nahezu ausschließlich in Anekdoten, Geschichtchen und Erzählungen. Deren Kern mag zwar manchmal stimmen, andererseits aber kann man heute nicht mehr feststellen, ob und wieweit diese kleinen Geschichtchen Ergebnis einer eigenen Rezeptionssituation sind und wieweit sie von bestimmten Interessentenkreisen bewußt verbreitet wurden.

Ohne einer Aufarbeitung dieser Situation vorgreifen zu wollen, scheint daher geboten, bereits im jetzigen Stadium der Geschichtsforschung über Leben und Werk Anton Bruckners grundsätzlichen Abschied von dieser, wenn auch gelegentlich sympathischen Anekdotenwelt zu nehmen, sich einzig und allein auf die schriftlich fixierten Dokumente (nicht Gespräche, Meinungen etc.) und auf jene Untersuchungen zu verlassen, die eine genaue Kenntnis der Begebenheiten einbringen oder thesenhaft eine Interpretation ihrer Ursachen und Zusammenhänge bieten.

Im folgenden wird daher relativ ausführlich auf jene Stationen im Leben Bruckners eingegangen werden müssen, die schriftlich belegt sind und deren Belegbarkeit immer wieder zur Kontrolle abgerufen werden kann, die in Form des unmittelbar zugänglichen Quellenstudiums die Chance bieten, der Entwicklung und der realen Existenz dieser Komponistenpersönlichkeit möglichst nahezukommen. Damit wird auf jede Art mündlicher Äußerung verzichtet werden müssen, so tiefe Löcher dies auch in die kontinuierliche Schilderung einer Lebensgeschichte reißen mag. Wenn solche Äußerungen in den Medien der Zeit auftreten, werden sie nicht aus dem Zusammenhang zu reißen sein, sondern es wird ihnen im Gegenteil sogar ergänzende, kritische, widersprechende, alternative Öffentlichkeit entgegengestellt werden müssen.

Die Akte der Wiener Universität, in der die Vorgänge der Bewerbung Bruckners um eine Lebensstelle enthalten sind (vgl. hierzu S. 107ff.), und der Parteienkampf zwischen Wagnerianern und Brahminen, um den auch in politischen Lagern angesiedelten Wettstreit konkurrierender Parteien zu benennen, können erst dann dem Leser dessen eigene Stellungnahme abringen, wenn sie ihm klar vor Augen gestellt, in keiner Richtung beschnitten und ausführlich belegt werden. Auf den ersten Blick wird dies wohl eine Einschränkung des vorhandenen Wissens über das persönliche Verhalten Bruckners bedeuten, notwendige Voraussetzung aber dafür sein, den Eindruck eines Menschen zu erhalten, der unabhängig von dem konstruierten Bild seiner Charakterstruktur immerhin imstande war, sich als einer der wichtigsten Sinfoniker der Musikgeschichte zu etablieren. Möglicherweise geht bei konsequenter Durchführung dieses Gedankens ein kleines Stück dessen verloren, was angesichts des gesteuerten Bruckner-Bildes ein dennoch liebgewordenes Vorurteil war; möglicherweise reduziert sich damit ein Wunschbild zu einer realen Existenz, die aller Alltagsunbill, allem sozialem Druck und Leistungskampf ebenso unterworfen ist wie die seiner Zeitgenossen; möglicherweise ist dies der Abschied von einem Trugbild, das den Bürger aus St. Florian in die Heldenpose der Romantik zwang und ihm, nur weil man ihn so sehen wollte, die Märtyrerkrone einer Gesellschaft aufs Haupt drückte, ihn aber immerhin mit dem Ehrendoktorat auszeichnete.

Verzichtet man hingegen auf diese liebgewordene Scheinwelt zugunsten einer realen Erfassung der Umstände, so könnte dies die Chance in sich bergen, neue Zusammenhänge zu erblicken, Zugänge zu Person und Werk aufzureißen, die bislang verschüttet waren, Verständnis für Gegebenheiten zu entwickeln, die man bis heute mit Tabus belegte, Einblicke zu verschaffen in künstlerische Arbeit, die man so lange nicht als Arbeit begreifen wollte.

Es mag schon sein, daß auf diesen dürren, reduzierten und möglicherweise alles Schillernden entkleideten Fakten falsche Thesen errichtet, Irrtümer begangen, Sackgassen beschritten werden. Der Zwang aber, sich immer die Überprüfbarkeit der Fakten vor Augen zu führen, dieselbe vorzulegen, wird auch bewirken, daß ein Festhalten an diesen Fehlschlüssen nur von kurzer Dauer und von der Chance einer – wenn nötig auch raschen – Revision bestimmt sein wird.

Damit aber hätte die Brucknerforschung ein Land betreten, von dem sie bislang bis auf wenige Ausnahmen ferngehalten wurde: die Möglichkeit, auf breiter Basis und aufgrund breit gestreuter, überprüfbarer Information Geist und Ausdruck dessen näher zu kommen, dem das Bemühen aller gilt, die sich in dieser Sache engagieren: Anton Bruckner und seiner Leistung für die Geschichte der Musik nicht nur im Rahmen seiner Zeit, sondern auch für die Zukunft der musikalischen Kunst.

Zeittafel

1824 Anton Bruckner wird am 4. September als erstes Kind des Schullehrers Anton Bruckner und seiner Ehefrau Theresia in Ansfelden/Oberösterreich geboren und getauft.
Lord Byron stirbt, Peter Cornelius und Bedřich Smetana werden geboren. Beethovens »Missa solemnis« (1819/23) wird uraufgeführt.

1825 Jean Paul stirbt, Johann Strauß Sohn und Eduard Hanslick geboren. Schubert schreibt seine 8. Sinfonie, die »Große« in C-Dur.
Erste Eisenbahnlinie von Stockton nach Darlington.

1826 Weber stirbt nach der Komposition des *Oberon* an Schwindsucht, Mendelssohn schreibt seine *Sommernachtstraum*-Ouvertüre.

1827 Todesjahr Beethovens, Hauffs, Pestalozzis. Schuberts *Winterreise* entsteht.
Karl Baedeker gründet Reisebuchverlag.

1828 Schubert stirbt. Joseph Hellmesberger d. Ä. geboren.

1829 Erste Aufführung der *Matthäuspassion* Bachs nach dessen Tod durch Mendelssohn (am Karfreitag in der Leipziger Thomaskirche).

1830 Paul Heyse und Hans von Bülow geboren. Entstehung von Mendelssohns 5. (»Reformations«-)Sinfonie und der *Hebriden*-Ouvertüre.
Juli-Revolution in Paris, Aufstand der Polen (wodurch es Chopin nach Paris verschlägt), Erhebung Belgiens gegen die Niederlande.

1831 Hegel und Achim von Arnim gestorben, Bellini und der Dirigent Johann Ritter von Herbeck geboren.

1832 Goethe und Zelter sterben, Wilhelm Busch und Manet werden geboren. Berlioz komponiert die *Symphonie fantastique*.
Auf das Hambacher Fest als Ausdruck der demokratisch-republikanischen Strömung folgt die Aufhebung von Versammlungs- und Pressefreiheit.

1833 Brahms geboren. Puschkin schreibt *Eugen Onegin*, Chopin sein 1. Klavierkonzert, Mendelssohn die »Italienische« Sinfonie (Nr. 4).

1834 Otto Kitzler, einer von Bruckners Lehrern, geboren.
Spanien erhält liberale Verfassung.
Gabelsberger entwickelt Stenographie.

1835 Johann Baptist Weiß übernimmt die musikalische Ausbildung Bruckners in Orgel, Allgemeiner Theorie und Kontrapunkt. Mit dem *Pange lingua* entsteht die mutmaßlich erste Komposition Bruckners.
Bruckners Freund Rudolf Weinwurm und Otto Dessoff geboren.

1836 Grabbe gestorben. Glinkas Oper *Das Leben für den Zaren*, als Beginn russischer Nationalmusik angesehen, entsteht.
Wagner heiratet Minna Planer.

1837 Am 7. Juni stirbt Bruckners Vater nach schwerer Krankheit.
Bruckner kommt als Sängerknabe nach St. Florian.
Büchner schreibt seinen *Woyzeck*, Dickens den *Oliver Twist*, Lortzing *Zar und Zimmermann*. An preußischen Gymnasien wird der neunjährige Lehrplan Regelfall.
Victoria wird Königin von England.

1838 Bizet und Bruch werden geboren.
Daguerre entwickelt erstes photographisches Verfahren.

1839 Moussorgskij, Cézanne und der Dirigent H. Levi geboren.
Goodyear erfindet Kautschuk-Galvanisation.

1840 Bruckner wird Hauptschüler in Linz.
Tschaikowsky geboren, Paganini gestorben. Schumann heiratet Clara Wieck.
Morse erarbeitet das nach ihm benannte Alphabet.

1841 Bruckner kommt nach Windhaag.
Schinkel stirbt, Dvořák wird geboren. Schumann komponiert seine erste, die *Frühlingssinfonie*. Sax erfindet das Saxophon. Wagners *Fliegender Holländer* entsteht.

1842 Brentano und Cherubini gestorben. Wagner schreibt *Rienzi*.
Das New York Philharmonic Orchestra und die Wiener Philharmoniker (diese durch Otto Nicolai) werden gegründet.
Entstehung der Arten von Charles Darwin.
Buren gründen Oranje-Freistaat in Südafrika. China tritt nach dem »Opium-Krieg« Hongkong an die Briten ab.

1843 Bruckner wird nach Kronstorf versetzt.
Grieg und der Dirigent Hans Richter geboren, Hölderlin gestorben.

Feierlichkeiten zum 1000. Jahrestag der Gründung des Frankenreiches.

1844 Nietzsche und Rimskij-Korsakow geboren. Berlioz veröffentlicht *Instrumentationslehre*, Heine *Deutschland, ein Wintermärchen*.

Aufstand der Weber in Schlesien.

1845 Bruckner in St. Florian.

Merimée verfaßt *Carmen*. Mendelssohn komponiert sein Violinkonzert, Wagner den *Tannhäuser*.

Geburt König Ludwigs II. von Bayern.

1846 Krieg zwischen den USA und Mexiko.

1847 Tod Mendelssohns.

1848 Bruckner wird »provisorischer Stiftsorganist« in St. Florian.

Schumann schreibt *Genoveva*, Dumas die *Kameliendame*.

Revolutionen in Frankreich, Österreich und Deutschland. Nationalversammlung in der Frankfurter Paulskirche. Das *Kommunistische Manifest* von Marx und Engels.

1849 Chopin und Poe sterben. Dickens verfaßt *David Copperfield*.

Maiaufstand in Dresden, nach dem Wagner wegen seiner Beteiligung fliehen muß. Österreich unterwirft Ungarn.

1850 Bruckner besteht Lehramtsprüfung für Realschulen.

Balzac stirbt, Kalbeck wird geboren, die Bach-Gesellschaft gegründet. Wagner führt *Lohengrin* erstmals auf und verfaßt die Schrift *Das Kunstwerk der Zukunft*.

Preußen erhält Verfassung.

1851 Lortzing stirbt. Melville schreibt *Moby Dick*.

1852 *Onkel Toms Hütte* von Beecher-Stowe erscheint. Erste Ausgaben von *Meyers großem Konversationslexikon*.

1853 Steinweg gründet in New York Klavierbauunternehmen Steinway and Sons.

1854 Schumann stürzt sich in den Rhein.

Der Kölner Dom wird vollendet.

1855 Beginn der Studien Bruckners bei Sechter in Wien. Wettspiel mit anderen Bewerbern um die Stelle des Linzer Domorganisten.

Der Dirigent Arthur Nikisch geboren. Liszt schreibt die *Faust-Sinfonie*.

1856 Schumann und Heine sterben, Shaw, Freud und der Dirigent Felix Mottl werden geboren. Mörike schreibt *Mozart auf der Reise nach Prag*.

1857 Eichendorff stirbt, Bruckners Freund Josef Schalk geboren.

1858 Bruckner wird erstmals in der Presse (*Wiener Zeitung*) erwähnt.
Puccini, Rudolf Diesel, Max Planck und der Dirigent Siegfried Ochs werden geboren. Wilhelm Buschs *Max und Moritz* erscheint.

1859 Bruckners späterer Biograph Göllerich wird geboren.
Spohr und Fürst Metternich sterben. Brahms schreibt sein 1. Klavierkonzert, Verdi den *Maskenball*. Wagner vollendet *Tristan und Isolde*.

1860 Mahler und Wolf geboren.
Lincoln wird Präsident der USA.
Erste Box-Weltmeisterschaft in England.

1861 Bruckner absolviert die Prüfung zum Konservatoriumslehrer in Harmonielehre und Kontrapunkt.
Scribe stirbt.
Neue Verfassung in Österreich; Wilhelm I. wird König von Preußen.

1862 Debussy geboren. Köchels Verzeichnis der Werke Mozarts erscheint.
Polen erhebt sich gegen die russische Herrschaft. Bismarck wird Ministerpräsident und Außenminister Preußens.
Erste Messung der Lichtgeschwindigkeit.

1863 Bruckner hört den *Tannhäuser* in Linz unter Kitzler. Der erste Sinfonieversuch, die f-Moll-Sinfonie, wird fertig.
Weingartner und Bruckners Freund Franz Schalk werden geboren.

1864 Die d-Moll-Messe entsteht.
Richard Strauss und Toulouse-Lautrec werden geboren.
Ludwig II. wird König von Bayern.

1865 Bruckner trifft Wagner und von Bülow in München anläßlich der Uraufführung von Wagners *Tristan und Isolde*. Bruckners Freund Ferdinand Löwe wird geboren.
Ende des Bürgerkrieges in den USA. Lincoln wird ermordet.

1866 Die e-Moll-Messe und die 1. Sinfonie (»Linzer Fassung«) entstehen.
Krieg zwischen Preußen und Österreich.

1867 Erstes Gesuch Bruckners um eine Stelle als Kompositionslehrer an der Universität. Nervenkrise Bruckners.

Es werden Tschaikowskis erste Sinfonie, Verdis *Don Carlos* und der erste Teil von Marx' *Kapital* vollendet.
Kaiser Maximilian von Mexiko wird erschossen, die Donaumonarchie begründet.

1868 Uraufführung der 1. Sinfonie am 9. Mai. Bruckner wird Professor am Wiener Konservatorium.
Rossini stirbt. Brahms schließt sein *Deutsches Requiem* ab, Wagner führt seine *Meistersinger* erstmals auf.

1869 Uraufführung der e-Moll-Messe und Reisen zu Improvisationen in Paris und Nancy.
Berlioz stirbt, Pfitzner wird geboren, Wagners *Rheingold* uraufgeführt.
Brehms *Tierleben* erscheint.

1870 Bruckner wird Ehrenbürger von Ansfelden.
Wagners *Walküre* uraufgeführt.
Verkündung des Unfehlbarkeitsdogmas auf dem Vatikanischen Konzil.

1871 Bruckner reist zu Konzerten nach London.
Verdi schreibt die zur Eröffnung des Suez-Kanals (1869) in Auftrag gegebene *Aida*.
Darwin veröffentlicht seine Abstammungslehre.
Gründung des einigen Deutschen Reiches nach dem 70/71er Kriege mit Frankreich.

1872 Uraufführung der f-Moll-Messe am 16. Juni. Die zweite Sinfonie wird fertiggestellt und von den Wiener Philharmonikern abgelehnt.

1873 Uraufführung der 2. Sinfonie unter Bruckner am 26. Oktober. Bruckner reist zu Wagner nach Bayreuth, die 3. Sinfonie wird bis zum Jahresende abgeschlossen.
Rachmaninow und Reger werden geboren.
Das Dreikaiserbündnis zwischen Deutschland, Österreich und Rußland wird geschlossen. Weltausstellung in Wien.

1874 Die Arbeit an der *romantischen* Sinfonie wird beendet. Bruckner stellt den zweiten (vergeblichen) Antrag auf eine Stelle an der Universität.
Cornelius gestorben, Schönberg geboren. Mussorgskij komponiert den *Boris Godunow*.

1875 Bruckner wird Lektor an der Universität.
Smetana beginnt Arbeit am Zyklus sinfonischer Dichtungen *Mein Vaterland*, *Carmen* von Bizet wird in Paris uraufgeführt. Wenige Wochen darauf stirbt Bizet.

1876 Umzug in die Heßgasse. Bruckner vollendet die 5. Sinfonie, die »Dritte« wird von den Philharmonikern abgelehnt.
De Falla geboren. Brahms stellt seine 1. Sinfonie vor. Vom 13. bis 17. August finden mit den Opern der *Ring*-Tetralogie die ersten Bayreuther Festspiele statt.
Das Telephon und der Ottomotor werden erfunden.

1877 Die 2. Fassung der 2. Sinfonie wird am 16. Dezember aufgeführt.
Brahms tritt mit seiner 2. Sinfonie vor, Tschaikowsky mit seiner vierten, Saint-Saëns mit *Samson und Dalila*.

1878 Bruckner schließt Komposition der 5. Sinfonie 2. Fassung ab und legt die 2. Sinfonie in einer revidierten Form vor. Mitgliedschaft in der Hofmusikkapelle.
Sozialistengesetz Bismarcks.

1879 Entstehung des Streichquintetts.
Tschaikowsky vertont Puschkins *Eugen Onegin*, Ibsen schreibt *Nora*.
Hahn entdeckt Urankernspaltung, Edison erfindet Kohlefadenlampe.

1880 Zweite Fassung der 4. Sinfonie.
Jacques Offenbach stirbt, Bruckner-Biograph Max Auer wird geboren.
Konrad Duden schafft mit dem *Wörterbuch der deutschen Sprache* einheitliche Orthographie.

1881 Zweite Fassung der 4. Sinfonie am 20. Februar aufgeführt, 6. Sinfonie fertiggestellt.
Offenbachs *Hoffmanns Erzählungen* werden posthum aufgeführt.
Elektrische Straßenbahn in Berlin, erste Telefonnetze in Deutschland.

1882 Letzte Begegnung Bruckners mit Wagner.
Strawinsky geboren. Wagner vollendet seine letzte Oper *Parsifal*.
Berliner Philharmonisches Orchester unter Hans von Bülow gegründet.

1883 Die Mittelsätze der 6. Sinfonie werden am 11. Februar in Wien aufgeführt, die Arbeit an der 7. Sinfonie abgeschlossen.
Wagner stirbt, Webern geboren. Brahms schreibt 3. Sinfonie, Nietzsche den *Zarathustra*.

1884 Aufführung des *Te Deum* in Leipzig unter Nikisch. Smetana stirbt.
Beginn der deutschen Kolonialpolitik.

1885 Dritte Sinfonie wird in New York gespielt.
Brahms komponiert 4. Sinfonie.

1886 Orgelimprovisation Bruckners anläßlich der Trauerfeierlichkeiten für den verstorbenen Liszt in Bayreuth am 4. August.
Verleihung des Ritterkreuzes des Franz Josephs-Ordens an Bruckner.
Ludwig II. von Bayern kommt um.
Hollerith erfindet elektrische Lochkartenapparatur zur raschen Auswertung von Daten.

1887 Erstfassung der 8. Sinfonie.
Verdi schreibt *Otello*.
Berliner erfindet Plattengrammophon.

1888 Dritte Fassung der 4. Sinfonie wird fertiggestellt und am 22. Januar zu Aufführung gebracht.
Tschaikowsky tritt mit seiner 5. Sinfonie an die Öffentlichkeit.
Dreikaiserjahr.

1889 Treffen mit Brahms im »Roten Igel«. Beendigung der Arbeiten an der 3. Fassung der »Dritten«.
Der Eiffelturm wird anläßlich der Pariser Weltausstellung gebaut.

1890 Aufführung der 3. Fassung der 3. Sinfonie am 21. Dezember.
Fertigstellung der 2. Fassung der 8. Sinfonie. Beurlaubung vom Unterricht am Konservatorium.
Franck stirbt. Wiener Philharmoniker lehnen es ab, die »Große« C-Dur-Sinfonie Schuberts zu erarbeiten. Mascagni komponiert die einaktige *Cavalleria rusticana*.
Stumpf veröffentlicht *Tonpsychologie*.
Dunlop entwickelt Luftreifen.

1891 »Wiener« Fassung der 1. Sinfonie und deren Aufführung am 13. Dezember. Bruckner wird pensioniert und braucht am Konservatorium nicht mehr zu unterrichten. Ehrendoktorat der Philosophischen Fakultät.
Prokofiew wird geboren.

1892 Die 2. Fassung der 8. Sinfonie wird am 18. Dezember der Öffentlichkeit vorgestellt. Erste ernste Erkrankung und Enthebung vom Dienst an der Universität.
Der Dirigent Dessoff stirbt.

1893 Unter Ochs werden in Berlin das *Te Deum* und die 7. Sinfonie gespielt. Bruckner macht sein Testament.
Tod Hellmesbergers. Dvořáks Sinfonie Nr. 9 *Aus der Neuen Welt* und Tschaikowskys *Pathétique* werden komponiert; Tschaikowsky stirbt kurz darauf.

1894 Ohne den Komponisten findet eine Aufführung der 5. Sinfonie unter Franz Schalk am 9. April statt; letzte Arbeit an der 9. Sinfonie, von deren letztem Satz nurmehr Skizzen entstehen. Am 11. November hält Bruckner die letzte Vorlesung.
Uraufführung von Mahlers »Erster«, Debussy komponiert *Prélude à l'après-midi d'un faune.*

1895 Bruckner zieht ins Kustodenstöckl des Schlosses Belvedere um.
Hindemith wird geboren, Mahler schreibt seine 2. Sinfonie, Nikisch übernimmt die Leitung der Berliner Philharmoniker.
Röntgen entdeckt die nach ihm benannten Strahlen.

1896 Bruckner stirbt am 11. Oktober und wird in St. Florian vier Tage darauf beigesetzt.
Clara Schumann stirbt. Mahler komponiert die 3. Sinfonie, Puccini *La Bohème.*
Die radioaktive Strahlung wird von Becquerel entdeckt.
Erste Olympische Spiele der Neuzeit in Athen.

Biographie

Anton Bruckner, Büste von Victor Tilgner.

1824–1845

Leben auf dem Lande – Herkunft, Kindheit, Kultur – Grundlagen der Persönlichkeit – Berufsziel Lehrer – erste Stationen: Windhaag, Kronstorf

Joseph Anton Bruckner wurde am 4. September 1824 in dem oberösterreichischen Dorf Ansfelden bei Linz geboren. Wie die Eintragung in das Taufbuch der Pfarrei Ansfelden ausweist, ist er das erste von zwölf Kindern des Schullehrers Anton Bruckner (1791–1837) und seiner Ehefrau Theresia, geborene Helm (1801–1860).

Im ausgehenden 19. Jahrhundert bis hin zur Kulmination in der Zeit des Nationalsozialismus war es üblich, leichtfertig Verbindungen zwischen topographischen oder abstammungsgebundenen Faktoren einerseits und Werk und Persönlichkeit der Künstler andererseits herzustellen, die schnell, vom heutigen Standpunkt aus gesehen vorschnell, Erklärungen, Interpretationen oder Vorurteile gegenüber Person und Werk liefern sollten.

In bezug auf Anton Bruckner ist dies deutlich daran zu erkennen, daß bis in die dreißiger Jahre grundsätzlich von seiner *oberösterreichischen Ahnenstruktur* gesprochen wird oder davon, daß der Komponist *besessen wäre vom Daimonion der Landlererde*[4], seine 9. Sinfonie zur *geheimnisvollen und mythischen Erfassung des heißgeliebten Vaterlandes Oberösterreich*[5] erklärt wird.

Daß die Ahnen Bruckners keine oberösterreichischen Bauern waren, wie lange Zeit behauptet wurde, sondern niederösterreichische, wurde zwar erst 1933 von Ernst Schwanzara geklärt[6], doch manchmal bis in jüngste Gegenwart nicht zur Kenntnis genommen. Tatsächlich gelang es Schwanzara, und zwar bevor der Ahnenpaß des Hitler-Regimes zur Verpflichtung wurde, eine lük-

[4] Rudolf Holzer: *Der Genius loci Anton Bruckner*, in: *In memoriam Anton Bruckner*, hg. von Karl Kobald, Wien 1924, S. 161f.

[5] ebda., S. 162f.

[6] Ernst Schwanzara: *Anton Bruckners Urahnen – niederösterreichische Bauern*, in: *Bruckner-Blätter* 1933/2, Wien 1933, S. 13f.; ds.: *Anton Bruckner. Stamm und Urheimat*, in: August Göllerich / Max Auer: *Anton Bruckner*, Regensburg 1937, Bd. IV/4, S. 135

kenlose Ahnenreihe der Familie bis ins 16. Jahrhundert zurückzuverfolgen[7]. Wenn auch einige Autoren[8] glauben, der Stammbaum reiche bis ins 13. Jahrhundert zurück, wofür sogar einiges spräche, ist dennoch die exakte Rückverfolgung wohl nur bis etwa 1500 möglich.

Die Schreibweise des Familiennamens wechselt im Lauf der Zeit von Prucner zu Prukkner, Prucgner und Prukgner sowie Pruckhner, ein Umstand, der allerdings vermutlich weniger Bedeutung hat, als gewöhnlich vermutet wird. Max Auer[9] deutete darauf hin, daß die Familie Bruckner um 1100 aus Franken eingewandert sei. Diese Andeutung kann bislang lediglich als These bestehen bleiben, die allerdings durch die zahlreichen Rück- und Einwanderungen gerade im Gebiet des niederösterreichischen Ortes Wallsee gestützt wird, in dessen Nähe auch noch der Großvater Anton Bruckners, Joseph Bruckner (1749–1831) geboren wurde.

Der »Pruckenhof«, nach einer ca. 200 Meter entfernten Brücke benannt, in einer Talsenke zwischen Teufelsberg und Tanzberg (Markt Oed/Niederösterreich) gelegen, gilt als einer der ältesten Bauernhöfe der Umgebung und wurde von Ernst Schwanzara mit Hilfe des damaligen Studenten Franz Gaßler topographisch einwandfrei identifiziert. Wenn man die Ahnenreihe aufsteigend weiter verfolgt, so begegnen dem Ortskundigen die Namen Pyrha (Pfarrei Sindelburg), Aschbach und Oed sowie Weistrach, Orte, die, im niederösterreichischen Mostviertel gelegen, nicht weit voneinander entfernt sind und deren Einwohnerschaft nach Kenntnis des Autors eine bemerkenswert weit zurückreichende Vorfahrenschaft nachweisen kann.

Die Existenz solch langer Ahnenreihen mag aus dem Umstand resultieren, daß dieses niederösterreichische Voralpengebiet zu den fruchtbarsten und strategisch günstigst gelegenen Gebieten zwischen Donau und Alpen zählt, daß die wechselvolle Hügellandschaft sowohl von der Fruchtbarkeit des Bodens und der günstigen Lage für eine militärische Verteidigung als auch von der sichtbaren Schönheit her zu einem der beliebten und konstanten Siedlungsgebiete gerechnet werden muß. Der in der Nähe dieser Ortschaften

7 Hans Conrad Fischer: *Anton Bruckner. Sein Leben*, Salzburg 1974, S. 89

8 Auer, a. a. O.; Derek Watson: *Bruckner*, London 1975; vgl. auch die Beiträge zur Bruckner-Genealogie von Othmar Wessely und Heinz Schöny, in: *Jahrbuch des Oberösterreichischen Musealvereines*, Band 100, Linz 1963

9 Auer, a. a. O., S. 19

Ansfelden in Oberösterreich

gelegene Ort Neuhofen an der Ybbs erlangte seine Berühmtheit dadurch, daß schon 996 in seinen Mauern der Name Österreich zum ersten Mal urkundlich erwähnt wird. Außerdem ist dieses Gebiet (wie auch Ansfelden) an die 1181 als »strata publica« erwähnte Römerstraße angebunden.

Waren die Vorfahren von Bruckners Großvater väterlicherseits in der Regel seßhafte Bauern, die sich aufgrund von Heiraten nur in einem engen Raum bewegten (wie auch die Großmutter väterlicherseits Franziska, geborene Kletzer [1752–1809]), und im wesentlichen in der Gegend um Haag und Seitenstetten beheimatet, so stammen die Vorfahren des Großvaters mütterlicherseits aus dem parallelen Landstrich jenseits der Donau, beeinflußt von Erbfaktoren böhmischer Familienzweige.

Der Großvater Joseph Bruckner aus Oed war Binder gewesen[10] und wurde 1765 zum Lehrer umgeschult. Dieser Sprung von der Binderei zum Lehramt dürfte damals allerdings keine großen Schwierigkeiten gemacht haben, weil der Kurs für Lehrgehilfen im nahegelegenen Linz nur sechs Wochen dauerte. Eine Motivation für den Berufswechsel ist aus der Verheiratung des Urgroßvaters Bruckners mit der reichen Bürgers- und Mühlsteinbrecherstochter Maria Theresia Berger abzuleiten, die in die bäuerliche Struktur der Bruckners das Bewußtsein des gehobenen Bürgertums einbrachte, das sich z. B. in den Berufen bzw. Funktionen des Hausbesitzers, Gastwirts, Lehrers darstellte.

Ansfelden war für den Großvater Joseph nur eine der zehn Stationen, an denen er als Lehrer Verwendung fand; dort vermählte er sich schließlich ein Jahr nach der Niederlassung mit der Tochter seines verstorbenen Amtsvorgängers, Franziska Kletzer. Von den zwölf Kindern wandte sich der 1791 geborene Sohn Anton (Bruckners Vater) wie sein Vater Joseph dem Lehrberuf zu. Er wirkte nach der bestandenen Lehrbefähigungsprüfung neben seinem Vater als Schulgehilfe von Ansfelden und folgte ihm schließlich 1823 als Schulmeister. Im gleichen Jahr heiratete er Theresia Helm, Tochter des Amtsverwalters, des Herbergsvaters der Flößer, Johann Ferdinand Helm aus Neuzeug bei Steyr, die Mutter Anton Bruckners. 1977 tauchte im Rahmen der Aktion *Gesucht: Anton Bruckner,* die vom Österreichischen Rundfunk / Studio Oberösterreich durchgeführt wurde[11], ein Brief von Bruckners Vater an eine *Jungfer Julie Hartung in Linz* auf, in dem er ihr einen Heiratsantrag machte. Da dieser Brief vom 20. Juli 1823, also zweieindrittel Monate vor der Heirat mit Theresia Helm datiert ist, wandte sich Bruckners Vater, der sich vermutlich vor allem aus ökonomischen Gründen zu einer Heirat gedrängt fühlte, sofort einer neuen Liebe zu, als die von ihm verehrte Julie Hartung ablehnte.

Theresia Helms Ahnen waren im wesentlichen in Sierning und Sierninghofen ansässig, zwei kleinen, nahe der Grenze des niederösterreichischen Mostviertels gelegenen Orten bei Steyr. Darüber

[10] ein heute noch in kleinen Orten Österreichs ansässiger Berufszweig, der sich auf das Binden von Bedarfsprodukten wie Besen, Ruten, Fässer usw. spezialisiert hat

[11] ORF-Landesstudio Oberösterreich: *Radio Bruckner*, 2 Bde., Nr. 69

Bruckners Ahnenreihe
(männliche Linie)

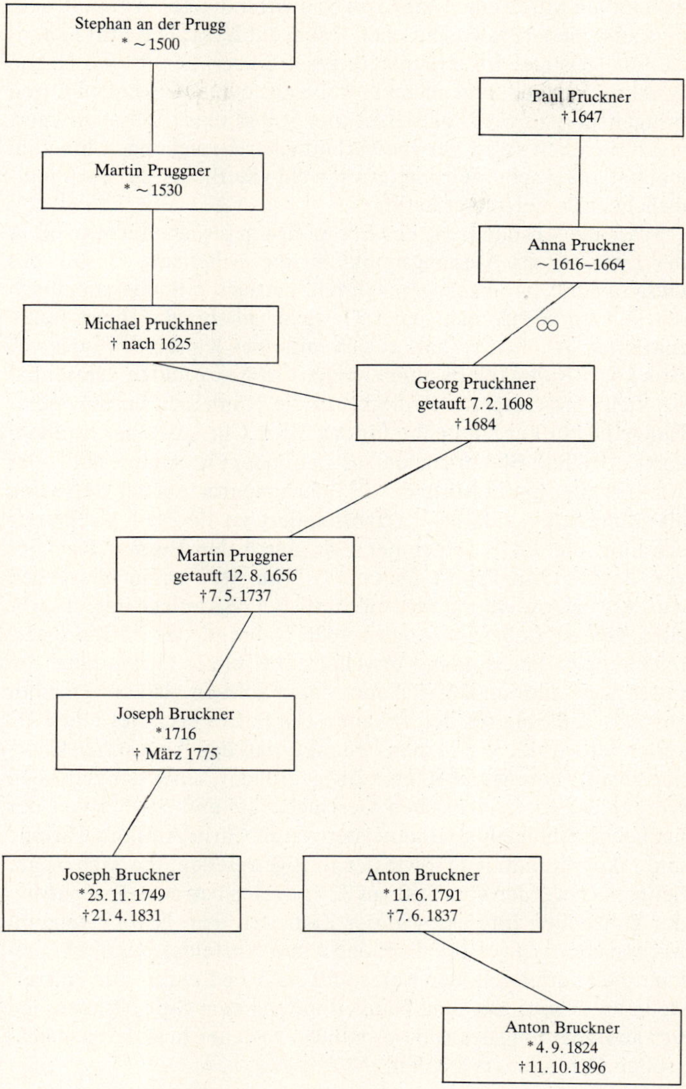

hinaus ist ein Zweig von Hammerschmiedmeistern aus dem Yspertal nachzuweisen. In der erwähnten Suchaktion des Österreichischen Rundfunks nach bislang unbekannten Akten über Bruckners Leben wurde eine Reihe von Nahverbindungen Anton Bruckners zum niederösterreichischen Raum entdeckt. Das Stift Seitenstetten, geistiger Mittelpunkt dieses Gebiets, kennt eine eigene Brucknerlegende, und auch Hinweise aus den umliegenden Orten bringen den Beweis, daß Bruckner selbst eine Reihe privater, wahrscheinlich sogar verwandtschaftlicher Beziehungen hin zum Heimatgebiet seiner Großeltern sowohl väterlicher- als auch mütterlicherseits aufgebaut hatte.

Wäre die Abstammung des Komponisten bis jetzt nicht so oft in der Literatur als Ausgangspunkt für die ästhetische Gestalt des Gesamtwerks herangezogen worden, hätten die Recherchen nach den Ahnen gewiß nicht jenes Gewicht gehabt, das ihnen heute zukommt. Ähnlich verhält es sich mit einer Kulturstudie des vor Bruckners Ruhm relativ unbekannten Ortes Ansfelden. Dieser hat nämlich eine Geschichte, die bis in die Römerzeit zurückreicht. Einige Historiker halten ihn für das 235 n. Chr. auf einer Straßenkarte erwähnte Blaboriciacum, 634 heißt der Ort Alpunesfeld oder Alpinisvelth, in der Mitte des 13. Jahrhunderts tritt der Ortsname als Almesfelde auf. Im 12. Jahrhundert ist der Ort als Pfarrei erwähnt, die am 1. September 1248 durch den Bischof Rudigier von Passau dem Probst Dietmar II. von St. Florian übergeben wurde. Die Ansiedlung wird als Stätte der Niederlage des kaiserlichen Oberst Löbls im August 1626 während des 2. Oberösterreichischen Bauernkriegs erwähnt. Die enge Verbindung des Ortes zu St. Florian läßt sich auch daran ablesen, daß der Pfarrhof 1696 als Ruhesitz für den Prälaten des Stiftes errichtet und 1707 vollendet wurde. Wenn man bedenkt, daß das Augustiner-Chorherrenstift, bereits um 800 n. Chr. gegründet, eines der zentralen Klöster der österreichischen Geschichte ist und sowohl von der baulichen Anlage her (Baumeister waren Carlo Antonio Carlone und Jakob Prandtauer) sowie der geistigen Bedeutung nach (sogar heute noch werden vom Stift aus 32 Pfarreien betreut) ein Zentrum des kulturellen Interesses in der Zeit nach dem Barock genannt werden kann, ist verständlich, daß damit Ansfelden aus der Unbekanntheit herausgehoben war, somit auch die Lehrer- und Pfarrerstelle an diesem Ort eine Nahverbindung zum Stift besaßen und sich an Bedeutung deshalb wesentlich von denen in anderen gleichgroßen Orten unterschieden.

Bruckner wird also in eine Welt hineingeboren, die zwar ärmlich wirkt, aber auf eine jahrhundertelange Tradition und das damit gewachsene Selbstbewußtsein zurückblicken kann. Soziales Prestige ist demnach zu dieser Zeit nicht allein an der ökonomischen Lage der Betroffenen zu erkennen. Dies dürfte auch der Grund dafür gewesen sein, daß die Mutter Bruckners, die aus heutiger Sicht einem sehr guten Hause entstammte, nämlich dem eines herrschaftlichen Amtsverwalters und Pensionswirtes, sich mit dem Lehrer des kleinen, aber bekannten Ortes verband.

Die frühe Jugend hat Bruckner wohl in einem geordneten Lehrer- und Kirchenmusikerhaushalt verbracht. Man kann die gesellschaftliche Position einer solchen beruflichen Koppelung besser verstehen, wenn man die österreichische Tradition kennt. Eine kaiserliche Entschließung Franz I. vom 11. August 1805 hatte ausdrücklich bestätigt, daß *der Kirchendienst überall, wo thunlich, mit dem Schuldienst verbunden seyn soll*[12]. Dies sicherte eine kontinuierliche allgemeine Lehr- wie Musiklehrtradition, gleichgültig, ob von staatlicher, kirchlicher oder privater Seite. Auch aus finanziellen Gründen arbeiteten Schule und Kirche zusammen. Ebenso bestand bezüglich der Lehrpläne eine enge Kooperation. Beispielsweise wurden alle musiktheoretischen Lehrwerke der ersten Hälfte des 19. Jahrhunderts von Kirchenmusikern verfaßt, die gleichzeitig als Lehrer tätig waren. Auch garantierte die kirchliche Ausbildung einen Lehrer, der als Staatsbürger ein obrigkeitstreuer, der herrschenden Tradition ergebener Untertan war, was bei den Landlehrern, die in Wien bzw. Linz ausgebildet wurden, eine nicht unwesentliche Komponente des Berufsbildes darstellte. Inhaltlich gesehen bedeutet das, daß die Musik in der Provinz auf Großstadtniveau gebracht wurde, d.h. im speziellen auf das Niveau der Wiener Domkapellmeister oder Organisten, die den *Ton in der Lehre angaben*[13]:

> *Da einige der Herren Professoren des Conservatoriums die Musik in Kirchen leiten, so erhalten die Präparanden auch Gelegenheit, sich nicht nur auf den Chören einzuüben und im Geiste der Composition vorzutragen, sondern sie lernen auch die vorzüglicheren Compositionen selbst kennen und gewin-*

[12] Manfred Wagner: *Die Harmonielehren der ersten Hälfte des 19. Jahrhunderts*, Regensburg 1974, S. 13f.

[13] *Besonderer Unterricht von Präparanden*, in: *Monatsberichte der Gesellschaft der Musikfreunde*, Wien 1929, S. 85f.

nen dadurch eine mannigfaltige Vorbereitung für ihre künftigen Berufsgeschäfte.

Die Traditionen des österreichischen Raumes, sei es in Wien, in Prag oder auch in Linz, um die wichtigsten Zentren der Zeit zu nennen, funktionierten nach diesem Schema. Johann Baptist Schiedermayr (1779–1840) gibt als Domkapellmeister zu Linz eine *Theoretisch-praktische Chorallehre* (Linz 1828) heraus. Er ist nicht zu verwechseln mit seinem gleichnamigen Sohn, der als Domscholaster[14] und Vertreter der geistlichen Vogtei Linz Anton Bruckner zwingt, am 25. Januar 1856 an einer nochmaligen Prüfung für die Dom-Organistenstelle teilzunehmen (vgl. S. 58ff.). Dessen Vater also, aus Straubing gebürtig, war von 1821 bis 1837 »Leiter am Klavier« der Gesellschaft der Musikfreunde in Linz, nebenbei auch Theaterkapellmeister und Komponist mehrerer Kirchenwerke. Franz Xaver Glöggl – der Vater jenes Franz Glöggl, der Regens chori[15] an der Pfarrei Zu den heiligen Schutzengeln an der Wieden war und dort mit *k. u. k. Regierungsbewilligung eine öffentliche Musikschule für Gesang, Violine, Pianoforte und Violoncello, Contrabaß und alle üblichen Blasinstrumente, Generalbaß und Composition*[16] errichtet hatte – war nach Johann Georg Roser von Reiter 1797 Domkapellmeister in Linz geworden und hatte im selben Jahr ein kurzgefaßtes *Schulbuch der Tonkunst* für die 1. Klasse der Musikschule in Linz veröffentlicht. 1810 erschien eine Bearbeitung desselben unter dem Titel *Allgemeine Anfangsgründe der Tonkunst für Tonschulen.*

Johann Keinersdorfer, der Schüler Mathès' an der Linzer Lehrerpräparandie[17] vor 1796, wurde in diesem Jahr Stiftsorganist von St. Florian; er starb später als Privatlehrer in Linz an Säuferwahn. Für seine Schüler gedacht war sein undatiertes Lehrbuch *Vorbereitung für Clavierschüler am Generalbaß.* Johann August Dürrnberger schließlich, der Lehrer Bruckners in Linz, von Beruf Rechnungsbeamter der oberösterreichischen Landesregierung, hatte nach einer Gymnasialzeit im Stift Kremsmünster seine Studien am Konservatorium der Gesellschaft der Musikfreunde in Wien fortgesetzt und mit dem dort verliehenen Titel Professor abgeschlossen. Er war in der Folgezeit als Organist an der Linzer Minoriten-

[14] österreichische Bezeichnung für Domprediger

[15] Chorleiter in der katholischen Kirche

[16] Wagner: *Harmonielehren*, S. 13

[17] die Abteilung für die Ausbildung der Lehrer

kirche tätig und lehrte am k. k. Lyceum sowie an der Normalhauptschule, wo ihm auch zwangsläufig die Präparandie unterstellt war. Zu seinen Schülern zählen neben Bruckner einer der Lehrer Ferruccio Busonis, Johann Evangelist Habert, und einige Musiker von nur lokaler Bedeutung.

Es ist anzunehmen, daß Bruckners Vater, der ab 1824 Mitglied der Gesellschaft der Musikfreunde in Linz war und somit also Johann Baptist Schiedermayr unterstand, dieser Tradition entstammte, die sich durchaus für österreichische Verhältnisse auf der Höhe des künstlerischen Standards der Zeit befand, der allerdings hier immer noch »Generalbaß« hieß.

Damit also wird Bruckner nicht in eine Welt hineingeboren, die musikalisch als »tiefste Provinz« bezeichnet werden konnte, sondern er wurde aufgrund der strikten und konsequent durchgeführten Kombination Lehrer-Kirchenmusiker schon in frühester Kindheit von einer Persönlichkeit betreut, die die österreichische Form der Musikausbildung (sprich: Kirchenmusik) aus eigener Erfahrung kannte. Die Nähe zum Stift St. Florian, dem schon aufgrund seiner kulturellen Bedeutung eine intensive Musikpflege nachzusagen ist, garantierte überdies disziplinär wie von der Ausstrahlung her eine intensive kirchenmusikalische Praxis, die auf der Musiktheorie jener Zeit fußte. Diese Praxis ist bei Bruckner bereits in den frühesten Kompositionen deutlich zu erkennen und aus den Bemühungen in den ersten vierzig Lebensjahren ersichtlich, während derer es ihm um den Erwerb des Rüstzeuges für die Gestaltung großer formaler Werke ging. Auch die Vorliebe Bruckners für die theoretische Lehre, insbesondere jener Simon Sechters[18], muß ihren Nährboden in der Zeit der frühen Jugend gefunden haben.

Bruckners Elternhaus war das angeblich 1711 errichtete Schulgebäude, an der Ostseite der Kirche gelegen, mit der zweiklassigen Grundschule und der kleinen Lehrerwohnung.

Es kann nicht oft genug betont werden, daß eine Sicht aus heutigen Verhältnissen den Blick für die Realität der damaligen Zeit trübt. Man muß eher annehmen, daß die Lehrerposition wie

[18] Simon Sechter (1788–1867) war einer der bedeutendsten Musiktheoretiker des 19. Jahrhunderts (*Die Grundsätze der musikalischen Komposition* in 3 Bdn.), zu dessen herausragendsten Schülern neben dem durch seine Beethoven-Forschung bekannt gewordenen Gustav Nottebohm (1817–1882), dem belgischen Violinvirtuosen Henri Vieuxtemps (1820–1881) und dem Pianisten Sigismund Thalberg (1812–1871) später auch Bruckner gehörte. Vgl. S. 55

auch der Schulbetrieb ein relativ freies, partnerschaftliches Verhältnis zwischen Lehrer und wenigen Schülern beinhaltete. Man richtete sich in der Zeiteinteilung nach den großenteils aus dem Bauernstand kommenden Kindern, der Unterrichtsgegenstand wurde weitgehend an Beispielen aus der Natur demonstriert, der Aufgabenbereich nahezu vollständig im Rahmen der Schulzeit abgedeckt, und der Lehrplan beschränkte sich hauptsächlich auf die notwendigen, das praktische Leben vorbereitenden Gegenstände. Der regelmäßige Kirchenbesuch und die wegen der großen Zahl der Unterrichtsstunden verhältnismäßig intensive Betreuung durch den Ortspfarrer bedeuteten eine gründliche Ausbildung in der Religionslehre der katholischen Kirche, die aber in einer Art Parallelkurs mit dem gebotenen Unterrichtsstoff methodisch Schritt hielt. Erzählformen, Grammatik, Schriftbeispiele, selbst naturwissenschaftliche Erkenntnisse wurden, soweit einschlägig, sowohl vom Lehrer als auch vom Pfarrer vermittelt. Von früher Jugend an sind die Kinder, wie dies heute noch vereinzelt in Landgegenden anzutreffen ist, mit der Welt der Erwachsenen verbunden. Sie nehmen an den wichtigen Feiern des Dorfes als eigene gesellschaftliche Gruppe ebenso Anteil wie an der Zeiteinteilung der Arbeit. Diese beginnt früh am Morgen mit dem Schneiden von Grünfutter für das Vieh, erfährt eine erste Unterbrechung durch das Frühstück zur Zeit des ersten Angelusläutens (6 Uhr), wird ein zweites Mal durch die vormittägliche »Jause« unterbrochen, dann folgen das Mittagessen, eine nachmittägliche Jause gegen 16 Uhr und der Arbeitsschluß um 18 Uhr, wieder mit dem Angelusläuten.

Die Zeiteinteilung wird durch die Kirchenglocken bestimmt, die in der Regel von den Buben des Dorfes geläutet werden. Selbstverständlich helfen die Kinder den Erwachsenen bei ihrer Arbeit, wobei allerdings nicht von Ausbeutung gesprochen werden kann. Die Welt der Erwachsenen und der Kinder – wie bereits erwähnt – ist nicht getrennt, sondern wird, wo es die Kräfte der Kinder zulassen, gemeinschaftlich erlebt. Deswegen geht Bruckner dem Vater auch schon in seinen frühen Lebensjahren quasi als Assistent zur Hand; diese Assistenz betrifft den musikalischen Dienst in der Kirche, wohl auch das Heranschaffen von Lehrobjekten im Unterricht. Die Ansfeldener Kirche verfügt sogar über ein kleines Orchester: zwei Geigen, Kontrabaß, Klarinette und Horn; zu hohen kirchlichen Festtagen werden dazu zwei Trompeter und ein Pauker aus Linz engagiert, deren Mitwirkung vermutlich auf

Bruckner nachhaltige Eindrücke hinterlassen hat. Ebenso ist anzunehmen, daß Bruckner seine Eltern bei der geringen Wegstrecke nach St. Florian von Kindheit an bei ihren Besuchen dorthin begleitete und hier die Eindrücke vor allem der großen Orgel sowie des alten Zeremoniells vermittelt bekam. Die musikalische Komponente in Bruckners Ausbildung brachte sicherlich nicht allein der Vater als zuständiger Ortsorganist ein, sondern auch die Mutter, die eine schöne Stimme besessen haben soll und die – nahezu selbstverständlich – Mitglied des Kirchenchors war. Daß auch die Unterhaltungsmusik dabei nicht zu kurz kam, ist anzunehmen, weil der Schulmeister aufgrund seiner Ausbildung auch bei den zahlreichen Festen des Dorfes, wahrscheinlich sogar der Umgebung, für den musikalischen Rahmen zu sorgen hatte.

In der Literatur wurde diese Praxis oft als erzwungene Dienstleistung hingestellt. Die Erfahrung mit heute noch tätigen Dorfmusikern hingegen beweist, daß vor allem das improvisatorische Element, das diesem Genre zu eigen ist, Freude bereitet. Es ist anzunehmen, daß Bruckner auch schon in seiner frühen Jugend von dieser Freude angesteckt wurde und mit seinem Vater bei derartigen Anlässen, die im bäuerlichen Leben aufgrund von Hochzeiten, Begräbnissen und kirchlichen Festen eine wesentliche Rolle spielten, musizierte.

Daß der Vater für Bruckner eine bessere musikalische Ausbildung haben wollte, als er selbst ihm bieten konnte, ist daraus ersichtlich, daß er den elfjährigen Knaben zum Firmpaten Johann Baptist Weiß schickte, dem Schullehrer und Organisten in dem nahegelegenen Ort Hörsching. Ob die Enge des Schulhauses für die inzwischen siebenköpfige Familie auch eine Rolle gespielt hat, wie manchmal behauptet wird, ist nicht schlüssig zu beweisen, weil der Familie Bruckner selbstverständlich das gesamte Haus zur Verfügung stand und nicht nur die kleine Dienstwohnung. Die Zeit vom Frühjahr 1835 bis Dezember 1836 verbringt der junge Anton Bruckner also in Hörsching; dort wird er von Johann Baptist Weiß, einem der besten österreichischen Musiker seiner Zeit, den ganz Oberösterreich kannte und schätzte und der auch als Komponist eines *Requiem* hervorgetreten war, im Orgelspiel vervollkommnet und auch in allgemeiner Musiktheorie, vor allem im Generalbaßspiel, unterrichtet. Wie hoch das Niveau dieses Unterrichts gewesen sein muß, geht daraus hervor, daß beim Erntedankfest 1835 in Hörsching Mozarts »Große Fugenmesse« c-Moll KV 427 aufgeführt wurde, darüber hinaus Haydns *Die Sieben Letzten Worte unseres Erlösers am Kreuze* sowie die Oratorien *Die Schöpfung* und *Die Jahreszeiten* zum Repertoire des Kirchenchors zählten. Möglicherweise ist in dieser Zeit das *Pange lingua* in C-Dur (WAB[19] 31) für vierstimmigen gemischten Chor *a cappella*, das am 19. April 1891 überarbeitet wurde, entstanden. Auch der Entwurf eines *Domine, ad adjuvandum me festina* (WAB 136), datiert vom 14. Juli 1835, müßte also der Unterrichtszeit bei Johann Baptist Weiß zugeordnet werden. Laut Leopold Nowak[20] dürfte es sich aber eher um eine Komposition des Firmpaten handeln.

Die fünf Präludien in Es-Dur für Orgel (WAB 127 und 128) sind vermutlich von Bruckner 1837 ebenfalls in Hörsching komponiert worden. Zuvor aber veranlaßte ihn die Krankheit seines Vaters, die den Schullehrer am 7. Juni 1837 im 46. Lebensjahr dahinraffte, zur Rückkehr nach Ansfelden. Noch am Todestage des Vaters soll die Mutter mit ihrem Ältesten zum Prälaten des Augustiner-Chorherrenstiftes St. Florian gegangen sein, um ihn als Sängerknaben im Stift unterzubringen.

Damit beginnt für den dreizehnjährigen Jungen im Schoß des vor allem musikalisch nicht hoch genug einzuschätzenden Bildungsinstituts eine Ausbildungszeit von drei Jahren. Als großes Vorbild hat wohl der Stiftsorganist Anton Kattinger gegolten, der das von Abbé Vogler als »erste Orgel Österreichs« gepriesene Instrument betreute. Die Ausdrucksweise Buckners dürfte andererseits, soweit die Quellen dies absehen lassen, ebenfalls hier ihre Formelhaftigkeit entwickelt haben.

Max Auer berichtet von einem in den Monaten Mai bis Juni 1838 geführten Heft mit handschriftlichen Ausarbeitungen von *nakten Sätzen,* das unter 71 Aufgaben folgende Bruckner kennzeichnende Ausführungen enthält[21]:

> 3. Aufgabe: *Die Ältern müssen zahlen.*
> Ausarbeitung: *Die Ältern dieses Marktes müssen den Monarchen oder Kaiser die Steuern zahlen.*
>
> 7. Aufgabe: *Der Tod entzog.*
> Ausarbeitung: *Der Tod des weltlichen Lebens* [!] *entzog mir meinen lieben Vater.*

[19] Das im folgenden als WAB abgekürzte *Werkverzeichnis Anton Bruckner* wurde 1977 von Renate Grasberger zusammengestellt und in Wien 1977 veröffentlicht.

[20] Leopold Nowak (geb. 1904), österreichischer Musikforscher, ist u. a. Herausgeber der Gesamtausgabe von Bruckners Werken.

[21] zitiert nach Originalmanuskript St. Florian

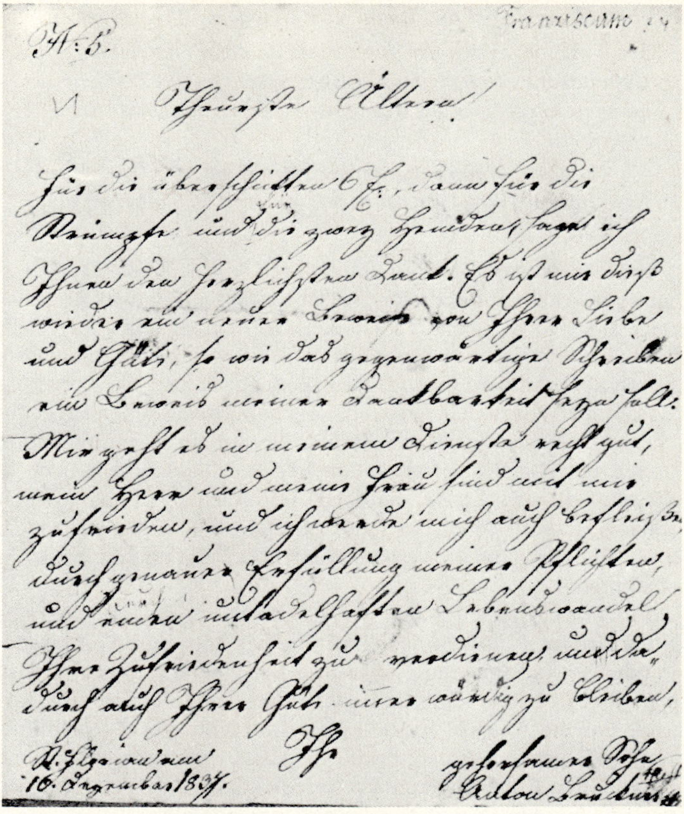

N: 5.

Theuerste Eltern!

Für die überschickten 6 fl., dann für die Strümpfe und die zwey Hemden sage ich Ihnen den herzlichsten Dank. Es ist mir dieß wieder ein neuer Beweis von Ihrer Liebe und Güte, so wie das gegenwärtige Schreiben ein Beweis meiner Dankbarkeit seyn soll. Mir geht es in meinem Dienste recht gut, mein Herr und meine Frau sind mit mir zufrieden, und ich werde mich auch befleißen durch genaue Erfüllung meiner Pflichten, und durch einen untadelhaften Lebenswandel Ihre Zufriedenheit zu verdienen, und dadurch auch Ihrer Güte immer würdig zu bleiben,

St. Florian
16. Dezember 1837.

Ihr
gehorsamer Sohn
Anton Bruckner

Modellbrief des dreizehnjährigen Bruckner

20. Aufgabe: *Der Jüngling wandelt.*
Ausarbeitung: *Der Jüngling, welcher Gott vor Augen und Herzen hat, wandelt gewiß unsträflich seinen Weg.*

22. Aufgabe: *Der Knabe hat gefangen.*
Erweiterung: *Der kleine Knabe eines armen Taglöhners des hiesigen Ortes hat heute in der Früh beyläufig um 5 Uhr außerhalb des Marktes in einem kleinen Walde der sogenannten ›Heimleiten‹ vermittelst eines kleinen Schlages mit Beyhülfe*

einer kleinen Lockpfeife eine recht schöne Kohlmeise gefangen.

51. Aufgabe: *Wenn wir unser Herz an das Zeitliche hängen.*
Erweiterung: *Wenn wir unser Herz zu sehr an das Zeitliche hängen, werden wir das Wichtigere, welches das Ewige ist, vergessen.*

53. Aufgabe: *Weil Gott in unser Herz sieht.*
Erweiterung: *Weil Gott in unser Herz sieht, so kann man sich nicht im geringsten Gedanken versündigen, ohne daß er es weiß.*

Von Dezember 1837 ist ein Schulheft mit Aufsätzen des Dreizehnjährigen erhalten. An diesen Aufsätzen fällt auf, daß es Briefmodelle sind, vorgegebene Textstellen, die in einer Sprache verfaßt sind, die dem späteren Schreibstil Bruckners durchaus ähnelt. Sie lassen aber auf den ersten Blick erkennen, daß sie als Konstruktionsmodelle dazu dienen sollen, dem heranwachsenden Jugendlichen Ausdrucksmuster zu schaffen, die ihn zur Kommunikation mit in der Regel höhergestellten Persönlichkeiten, wie auch in diesem Fall den Eltern, anregen. Bei solchen Übungen spielt selbstverständlich auch das Schönschreiben eine Rolle, wesentlich aber sind vor allem die verbale Ausdrucksweise und die Satzkonstruktionen.

Für Formelsprachen aller Art gilt als wichtigstes Zeichen das Strukturierungsmodell, das eine beliebige Variation von feststehenden Grundelementen zuläßt. In Bruckners Briefen, so wird später zu merken sein, sind ganze Satzelemente austauschbar, ohne daß die Aussage entstellt wird. Im Lichte dieser Erkenntnis werden Bruckners spätere briefliche Aussagen nicht mehr als jene tölpelhaften Äußerungen zitiert werden können, die den Eindruck von angeborener Naivität – hier zusammengefaßt im Wort Friedrich Kloses, der von seinem Freund Bruckner als einem Künstler sprach, *der kaum irgendwelche intellektuellen Bedürfnisse hat*[22] – angeblich stützten. Mit der Verwendung dieser Formelsprache nämlich, die ja eine musikalische Entsprechung im strengen Generalbaßunterricht – der herrschenden Theorie der ersten Hälfte des 19. Jahrhunderts in Österreich – hatte, verschaffte sich der Komponist neben allen Nachteilen einer formalistischen verbalen Äußerung auch Vorteile: die Bequemlichkeit, bei entsprechenden Anliegen sofort ein Repertoire dafür vorgesehener Wendungen in der Schublade liegen zu haben, und den Schutz, die eigene,

[22] Friedrich Klose: *Meine Lehrjahre bei Bruckner*, Regensburg 1927, S. 105f.

vielleicht durch Sprache zu artikulierende Emotionalität vor der Zudringlichkeit der Zeitgenossen zu bewahren: *Der schöpferische Mensch hat nicht nur ein Anrecht darauf, sondern auch die instinktiv verfolgte Pflicht sein seelisches Bereich vor dem Zutritt Unberufener zu schützen*[23]. Wie sehr gerade Bruckner diesen Schutz nötig hatte, ist an den immer wieder erfolgreichen Bemühungen seiner Freunde, ihn von seinem persönlichen Weg abzubringen, zu erkennen. Schulpolitisch gesehen, hatte dieses Beharren auf einer austauschbaren Konstruktsprache auch Vorteile für die konservativen Tendenzen der Obrigkeit. Damit wurde dem Schüler die freie Auseinandersetzung mit einem Geschehen automatisch dahingehend verwehrt, daß er sich, eingezwängt in das Korsett der einmal erlernten Formeln, an einen bestimmten Umgangston zu halten hatte, der autoritätsbezogen war. Ein Ausbrechen aus den Zwängen dieser Autorität wäre nur mit dem Verlassen des vertrauten Formelgewebes möglich gewesen, wozu allerdings viel Energie und Selbstbewußtsein nötig gewesen wären.

Es ist anzunehmen, daß gerade dem jungen Bruckner, der aufgrund der Prägung durch seine soziale Umwelt vom ersten Lebenstag ohnehin in Umstände gezwängt wurde, die stark auf Autorität ausgerichtet waren, diese Unterrichtsformen durchaus adäquat erschienen. Wahrscheinlich provozierten sie gar keine Sperren in ihm, zumal das Stiftsleben, vor allem durch die gütige Person des Präfekten der Sängerknaben, Michael Bogner, den Kompensationswert einer von den Buben ausgeschöpften Freizeit kannte. Dem Komponisten dürfte also der Gegensatz von Freizeit und Erfüllung persönlicher Wünsche einerseits und Beachten der Pflicht sowie Erfüllen der Wünsche der Obrigkeit andererseits als normal erschienen sein. Für diese Annahme spricht auch, daß die Schulzeugnisse Bruckners durchaus gute Leistungen ausweisen, zumindest ist die Eintragung im Schulbuch der Volksschule von St. Florian vom 30. April 1838 so zu werten[24]:

> *In diesem Schuljahre haben sich durch Fleiß und Sittlichkeit folgende Schüler besonders ausgezeichnet und verdienen daher öffentlich gelobt zu werden:*
> *Knaben, Obere Abtheilung*
> *1. Linninger Georg*
> *2. Bruckner Anton*

[23] Erich Schenk: *Um Bruckners Persönlichkeit*, in: *Musikerziehung* Nr. 52/1951, S. 4
[24] zitiert nach Originalmanuskript St. Florian

Auf der nächsten Seite des Schulbuches, datiert mit *St. Florian am 24. April 1839*, ist Bruckner sogar zum Primus der letzten Volksschulklasse aufgerückt. Die wesentlichen Unterrichtsfächer sind Lesen, Schreiben, Rechnen und Religion. Die Betonung der katholischen Kirchensprache Latein ist offensichtlich. Bruckner, der in der deutschen Kurrentschrift schreiben lernt, hebt einzelne wichtige Worte auch später stets dadurch hervor, daß er sie in lateinischen Buchstaben schreibt, entwickelt also ein divergierendes Schreibprinzip, das dem Hervorheben von Zitaten durch kursive Schrift im normalen Schriftbild gerade gesetzter Antiqua-Schrift entspricht.

Nach Bruckners Mutation im Alter von 15 Jahren – der für heutige Verhältnisse späte Zeitpunkt war in der damaligen Zeit durchaus die Regel – wird er dem Kirchenchor als Geiger zugeteilt, vor allem aber soll er dem Stiftsorganisten Anton Kattinger als Assistent an der Orgel zur Hand gehen. Er lernt die Sonntagsorgel der Stiftskirche kennen, ein kleineres Orgelwerk, das sich im seitlichen Altarschiff befindet, darf sich aber auch manchmal an den Spieltisch der großen Barockorgel begeben, die über dem Haupteingang der Stiftskirche thront.

1837, als Bruckner in St. Florian aufgenommen wird, ist die in den siebziger Jahren des 18. Jahrhunderts vom berühmten Orgelbaumeister Franz Xaver Chrismann errichtete zweitgrößte Orgel Österreichs restauriert worden. Nach einer zeitgenössischen Beschreibung zählte sie damals wenigstens 74 vollständige, klingende Register, die Anzahl der Pfeifen wird mit 5230 angegeben, von denen 4542 aus Zinn und 688 aus Holz verfertigt sind[25].

Bruckner entschied sich nach Abschluß der Volksschule, Lehrer zu werden. Ob er dabei sentimentalen Erinnerungen an den Vater oder der Möglichkeit zu einer finanziell relativ schnell einträglichen Stellung nachgab oder ob für den jugendlichen Bruckner diese Berufswahl die Erfüllung seiner Herzenswünsche darstellte, ist bis heute nicht zu klären, obwohl in verschiedenen Anekdoten darauf Bezug genommen wird. Betrachtet man die Entscheidung im Licht von Bruckners unablässigem Streben nach sozialer Sicherheit, könnte man dazu neigen, diesen Grund als die Motivation für den Entschluß anzunehmen. Außerdem muß festgestellt werden, daß gewöhnlich die ältesten Söhne der Familien die Tradition ihrer Vorfahren weiterführten, demnach wäre Bruckner quasi aus Kon-

[25] Heute zählt die Orgel 103 Register sowie 7343 Pfeifen.

vention verpflichtet gewesen, wie sein Vater und Großvater den Lehrberuf zu ergreifen.

Er kommt jedenfalls im Alter von sechzehn Jahren an die k.k. Hauptschule in Linz, um dort den sogenannten Präparandenkurs zu besuchen. In ihm wurden die Lehramtskandidaten für die Trivialschulen, wie die damaligen Volksschulen benannt waren, ausgebildet. Bruckner besuchte den Kurs, an dem nach einer strengen Aufnahmeprüfung 37 Schüler teilnehmen, zehn Monate lang. Die Hauptfächer dieses Präparandenkurses sind Religion, Lesen, Schreiben, Rechnen, Sprachlehre und Geographie. Der Musiklehrer ist der erwähnte Johann August Dürrnberger, womit nach dem Geigenlehrer Max Gruber und dem Organisten Anton Kattinger in St. Florian die dritte Verbindung zur Wiener Musiktheorie geschaffen wird, diesmal sogar unterstützt durch ein Elementarlehrbuch, das Bruckner selbst später am Wiener Konservatorium verwendete[26]. Im Verlauf dieser Monate in Linz schrieb Bruckner Bachs *Kunst der Fuge* und eine Anzahl Fugen von Johann Georg Albrechtsberger ab und lernte anhand dieser Stücke den Kontrapunkt von Grund auf. Außerdem wurde er zum ersten Mal mit weltlicher sinfonischer Musik konfrontiert, nämlich Beethovens 4. Sinfonie. Theaterbesuche waren den Kandidaten allerdings, vermutlich aus moralischen Gründen, untersagt.

Auch in Linz trifft Bruckner auf eine Chrismann-Orgel im 1670 von den Jesuiten errichteten Dom. Hier sollte er selbst später Organist werden. Das Instrument, an dem die Teilnehmer des Präparandenkurses übten, war die Orgel der Minoritenkirche in der Klostergasse. So dürfte die Musikpflege für Bruckner in seiner Linzer Zeit vor allem dort angesiedelt gewesen sein.

Bruckner erhält nach Abschluß des Kurses zwei Zeugnisse. Der »Stud. mus.« (wie er sich auf seinen Büchern nannte) wurde am 30. Juli 1841 folgendermaßen beurteilt[27]:

> *Vorzeiger dessen, Herr Anton Bruckner, aus Ansfelden in Österreich ob der Enns gebürtig, hat an der kais. königl. Normal-Hauptschule zu Linz im Schuljahre 1841 den Vorlesungen über die Harmonie- und Generalbaßlehre und über das Orgelspiel sehr fleißig beygewohnet und bei der öffentlichen Prüfung folgenden Fortgang bewiesen:*

[26] Johann August Dürrnberger: *Elementar-Lehrbuch der Harmonie- und Generalbaßlehre*, Linz o.J.

[27] zitiert nach Originalmanuskript St. Florian

In dem theoretischen Theile: . . . sehr gut
in dem praktischen Theile: . . . gut
in den Hauptregeln des Choralgesanges: . . . sehr gut
im Orgelspiele: . . . gut
Sein Betragen war den Schulgesetzen vollkommen gemäß.

Die für einen Musiker vom Range Bruckners verhältnismäßig niedrigen Noten *gut* in den praktischen Fächern, die in der Bruckner-Literatur Aufsehen erregten und mit den nicht gerade glänzenden »Erfolgen« Richard Wagners in der Tertia der Nikolaischule zu Leipzig verglichen wurden, dürften aus den hohen Ansprüchen herzuleiten zu sein, die Dürrnberger an seine Kandidaten stellte. Es ist auch durchaus möglich, daß Bruckner die Interpretation vorgegebener Musikstücke nicht mit der gleichen Sorgfalt vornahm, die er seinen Improvisationen angedeihen ließ. Die geringe Zahl von insgesamt nur sieben gedruckten Orgelwerken veranlaßt zu der Annahme, daß Bruckners Vorliebe an der Orgel nicht festgefügten, schriftlich niedergelegten und damit unveränderbaren Strukturen galt, sondern der Improvisation. Für die »profaneren« Fächer erhielt Bruckner ebenfalls ein Zeugnis, das ihm den sofortigen Eintritt in die Berufspraxis ermöglichte[28].

Vorzeiger dessen, Bruckner Anton von Ansfelden im Traunkreis gebürtig, hat im Jahre 1841 an der k. k. Normal-Hauptschule in Linz durch zehn Monate dem Unterricht für Trivial-Schul-Candidaten sehr fleißig beygewohnet, in den Sitten sich sehr gut verhalten und bei der Prüfung bewiesen, daß er erlernet hat:

a) Gegenstände:
Die Grundsätze der Unterweisung – gut;
Religionslehre – sehr gut;
Deutsche Currentschrift – gut;
Lateinische Schrift – gut;
Canzelleyschrift – gut;
Rechtschreibung – gut;
Der Vortrag – gut;
Die deutsche Sprachlehre – gut;
Rechenkunst – sehr gut;

[28] das folgende Zeugnis zitiert nach Originalmanuskript Österreichische Nationalbibliothek.

Schreibart – sehr gut;
Geographie – gut.

b) Das Verfahren:
Das Verfahren bei den Buchstaben kennen – sehr gut;
Buchstabieren – sehr gut;
Lesen – gut;
Schönschreiben – gut;
Rechtschreiben – sehr gut;
Dictando-Schreiben – sehr gut;
Bey der deutschen Sprachlehre – gut;
Rechenkunst – gut;
Geographie – gut;
Schreibart – gut;
Bey dem Vortrage der Religion – sehr gut;
Sitten – sehr gut.

Derselbe hat mit Rücksicht an die beygeschriebenen Anmerkungen einen guten Fortgang gemacht und kann als Gehülfe an Trivialschulen verwendet werden.

Linz, den 16. August 1841

Die Bezeichnung *Gehülfe* entspricht nicht, wie manche Autoren meinten, einer niedrigeren Lehrerhierarchie, sondern bedeutet ausschließlich, daß vor Erreichen der selbständigen Lehrbefähigung eine Art pädagogisches Praktikum geleistet werden mußte, allerdings durch mehrere Jahre hindurch an der Seite eines erfahrenen Lehrers. Es ist anzunehmen, daß ein nicht unbeträchtlicher Teil der Ausbildung während dieser »Gehülfenzeit« stattfand, weil man von seiten der Schulobrigkeit überzeugt war, daß die Persönlichkeit jedes einzelnen Unterrichtenden, verbunden mit den einmal eingefahrenen und kraft Dienstbeschreibung auch überprüften Kenntnissen, ein akzeptierbares Ergebnis erwarten ließen. Daß die Ausbildungszeit in der pädagogischen Praxis von der Größe der einzelnen Orte her hierarchisch gegliedert war – Bruckner begann in Windhaag, einem Dorf mit 200 Einwohnern, kam nach Kronstorf und schließlich nach St. Florian –, war ebenfalls Teil des Verfahrens der Stellenzuteilung. Dem jungen Lehrer wurde dadurch nicht nur das Gefühl des Aufstiegs von einer kleineren zu einer größeren Schule vermittelt, sondern auch in der täglichen Auseinandersetzung mit der Umgebung, die als bedeutsam für das Verhalten als Lehrerpersönlichkeit angesehen wurde,

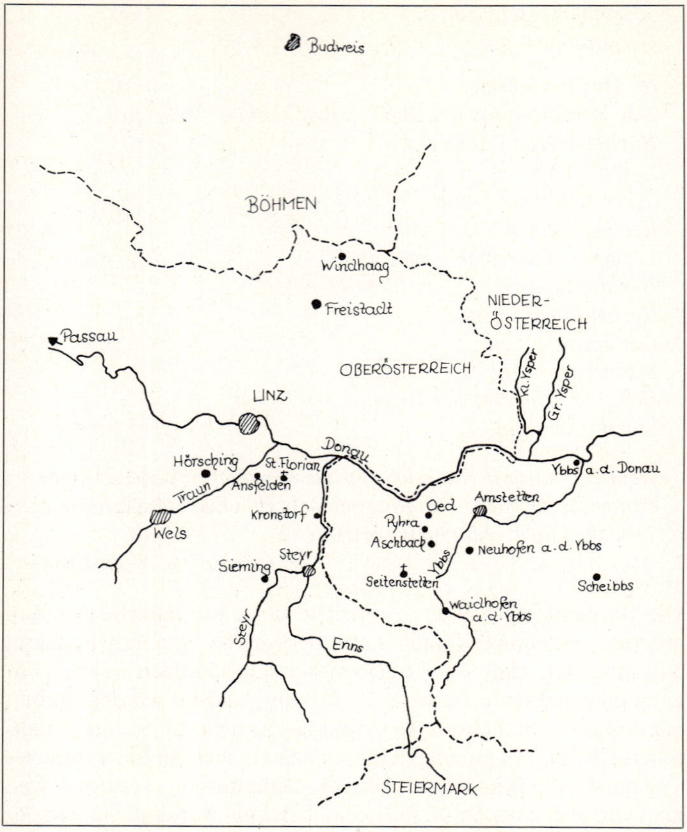

ein wechselndes soziales Umfeld geboten. Es ist typisch für den Musiker, der jederzeit bemüht ist, sich sozial abzusichern, daß er, bereits zwei Tage nach seiner Approbation als Gehilfe, durch den Vorstand des Pensions-Institutes für Schullehrer-Witwen und -Waisen als Mitglied des Verbandes aufgenommen wurde.

Die erste Station in Bruckners Lehrassistentenpraxis war Windhaag, genannt Böhmisch-Windhaag (im Unterschied zu Windhaag an der Donau), in der Bezirkshauptmannschaft (Kreisstadt) Freistadt im äußersten Norden Oberösterreichs gelegen. Es war durchaus üblich und nicht als Schikane mißgünstiger Vorgesetzter zu verstehen, daß die jungen Schulgehilfen zuerst einmal in die entfernteste Provinz geschickt wurden, um einerseits sofort mit der Härte ihres Berufs konfrontiert zu werden und um andererseits Anreiz für ein Verhalten zu bieten, das eine Versetzung in »angenehmere« Ortschaften ermöglichte. Von Linz führte damals eine Pferdebahn über Freistadt nach Budweis. Windhaag selbst lag in etwa zweieinhalb Wegstunden von Freistadt entfernt (siehe Karte S. 42). 1841 existierte in Windhaag eine zweiklassige Volksschule mit insgesamt 50 Schülern. Bruckner erhielt eine winzige Dienstwohnung im Haus Nr. 24, gegenüber dem Bürgermeisterhaus, und wurde vom Schulleiter Franz Fuchs (1788–1860) mit jährlich 12 Gulden entlohnt. Freie Kost verstand sich von selbst, allerdings mußte Bruckner nicht nur Schul- und Kirchendienste versehen, sondern auch dem Schulleiter außerhalb der Dienstzeit zur Hand gehen, weil er ja von diesem bezahlt wurde. Vermutlich hat Bruckner die Zeit in Windhaag zur weiteren Ausbildung der einmal erworbenen Fähigkeiten sowohl an der Orgel als auch im Geigenspiel genützt. Wir wissen, daß er in Windhaag besonders häufig zum Tanz aufspielte. Seine Kollegen sind Franz Sücka als Geiger und dessen Vater, von Beruf Weber, der Trompete oder Klarinette spielt. Sücka sen. ist auch Besitzer eines Clavichords, das er dem jungen Lehrgehilfen leiht; Bruckner selbst spielt außerdem oft mit seinem Geigenschüler Josef Jobst, in dessen Schwester Maria er sich verliebt. Sie ist Solosängerin des Kirchenchors, was vermutlich der Grund dafür ist, daß er ihr die Messe in C-Dur für Alt, zwei Hörner und Orgel (»Windhaager Messe«, WAB 25) von 1842 widmet. Hier bereits fällt auf, daß sich Bruckner von Natur aus für jede hübsche weibliche Person in seinem Blickfeld interessiert und er von Anfang an die Möglichkeit einer Heirat in Betracht zieht. Wieweit solche zwischenmenschlichen Beziehungen gingen, ist heute nicht mehr zu klären. Sicher aber war, daß Bruckner an Eheschließung nur dann denken konnte, wenn er deren ökonomische Absicherung garantiert wußte. In Windhaag jedoch war diese nicht gegeben.

Ob Unstimmigkeiten letztlich zur Versetzung nach Kronstorf führten, ist aus den Quellen nicht ersichtlich. In Bruckners dienstlichen Leistungen dürfte der Grund hingegen nicht liegen, denn sein Vorgesetzter stellte ihm am 19. Januar 1843 ein gutes Zeugnis aus[29]. Ob dies eher aus konventionellen Gründen geschah oder der

[29] siehe den vollständigen Wortlaut S. 233

wirklichen Überzeugung des Schulleiters entsprang, ist schwierig festzustellen. Allerdings spricht die Erwähnung von Details seiner Tätigkeit eher für letzteres. Falls tatsächlich, wie manche Autoren meinen, der Abt des Stiftes St. Florian, Michael Arneth, interveniert hätte, wäre es andererseits auch möglich, daß vor allem die Schlußbemerkungen des vom Pfarrer ausgestellten Zeugnisses[30] ihm zu Gefallen geschrieben wurden: [...] *Auch hat sich derselbe mit Vergnügen überzeugt, daß Anton Prucker auch seine freyen Stunden mit allen Fleiß dazu verwendet habe, um sich in der Kirchenmusik immer mehr zu vervollkommnen, und auch andere Kenntnisse besonders in der für den Text der Kirchenmusik nicht überflüssigen lateinischen Sprache zu erwerben.*

Vier Tage später schon ist Bruckner in Kronstorf, einem relativ kleinen, aber durch die Nähe zu Enns, Steyr und St. Florian günstig gelegenen Ort. Bruckner nutzt diese geographische Nähe aus und besucht dreimal wöchentlich den Organisten und Chorleiter in Enns, Leopold Edlen von Zenetti, der ihn mit den Lehrbüchern Daniel Gottlob Türks und weiteren Cembalo- und Orgelkompositionen Johann Sebastian Bachs bekannt macht.

St. Florian hingegen bietet ihm die Begegnung mit dem Männerchorspezialisten Hans Schläger (1854 Chormeister des Wiener Männergesangvereines, 1861–1867 Domkapellmeister und Direktor des Mozarteums in Salzburg).

In Steyr lernt Bruckner in der Pfarrkirche die dritte Chrismann-Orgel kennen und begegnet Karoline Eberstaller, der Tochter eines französischen Generals, die mit Schubert vierhändig Klavier gespielt hatte, als dieser sich in den Jahren 1825–1827 oft in Steyr aufhielt. Durch diesen neuerlichen Informationsschub wuchs in Bruckner verständlicherweise die Sehnsucht nach angewandter musikalischer Praxis. So entsteht in Kronstorf eine Reihe von Kompositionen geistlicher Art wie die zwei *Asperges me* (WAB 3), eine Messe ohne *Gloria* (WAB 146, »Kronstorfer Messe«), die *Missa pro Quadragesima* (WAB 140, eine Messe für vierstimmigen gemischten Chor, Orgel und Posaune ohne *Gloria* und *Credo* für den ersten Sonntag in der Fastenzeit), ein *Libera me, Domine* (I) für vierstimmigen gemischten Chor und Orgel (WAB 21), einige *Pange-Lingua*-Kompositionen (WAB 31 und WAB 32), aber auch zum ersten Mal weltliche Vertonungen: der vierstimmige *a-cappella*-Männerchor *An dem Feste* (WAB 59 bzw. das neu textierte

[30] zitiert nach Göllerich/Auer, a.a.O., Bd. I, S. 208; vgl. Dokumente S. 234

Stift St. Florian.
Westfront

Festlied WAB 67). Es fällt auf, daß sich Bruckner gegen Lebensende hin noch einmal mit den Kompositionen seiner Jugend beschäftigte. Am 22. Februar 1893 ergänzte bzw. verbesserte er das inzwischen als *Tafellied* zum zweiten Mal umgetextete *An dem Feste* (WAB 86). Er ließ es geschehen, daß der ursprüngliche Text des Kronstorfer Pfarrers Alois Knauer (1803–1877) vom Mitglied des Akademischen Gesangvereins Karl Ptak umgedichtet wurde. Die stilistischen Unterschiede zwischen ausgehendem Biedermeier und erstarkendem Nationalismus werden selbst in einem derart kleinen Auszug sichtbar:

An dem Feste, das uns heute
Zu dem frohen Kreis vereint,

Wallt empor das Herz in Freude,
Das es liebend edel meint.
Er, den wir mit Recht verehren,
Unser Hirt und Hirtenhirt.
Auf der Pilgerbahn, der schweren,
Die durch Labyrinthe führt.

Durch des Saales bunte Scheiben
Fällt das Licht allmächtig ein,
Bringt zu unsrem frohen Treiben
Erst den vollen Glorienschein.
Weiht dem Licht die erste Spende,
Aller Segen kommt vom Licht,
Steht zum Licht bis an das Ende,
Wo im Aug kein Strahl mehr bricht.

1845–1855

Der unaufhaltsame Aufstieg – zweite Station: Lehrer in St. Florian – auf dem Wege zum Domorganisten – die Sucht nach Zeugnissen

Mit der Übersiedlung nach St. Florian hatte Anton Bruckner die erste wesentliche Stufe der bürgerlichen Karriere erklommen. Er war an eben dieselbe Schule als Lehrer zurückgekehrt, an der er einst Schüler gewesen war, gleichzeitig in eine ihm von Jugend an vertraute Umgebung, zum Teil sogar zu Lehrern, deren Methoden er bereits kannte. Wieder wohnte er im Haus des Schullehrers Michael Bogner und verliebte sich auch prompt in dessen sechzehnjährige Tochter Aloisia, für die er die *Lancier-Quadrille* für Klavier zu vier Händen (WAB 120) und das *Frühlingslied* (WAB 68) verfaßte. Seine Kenntnisse in der lateinischen Sprache sowie seine Erfahrungen im Bereich der Naturwissenschaften verbesserte er bei dem Novizen Josef Rom, für das Orgelspiel war der Stiftsorganist Kattinger zuständig, der ihn vermutlich auch mit der in St. Florian vorhandenen Orgelliteratur vertraut machte. Mit in Bruckners eigener Handschrift hinzugesetzten Bemerkungen sind Marpurgs *Fugenbuch* in der Bearbeitung von Sechter, die Fugen Johann Sebastian Bachs, Teilabschriften aus Joseph Eyblers großer D-Dur-Messe, Mendelssohns Oratorium *Paulus,* Mozarts *Te Deum* in C KV 144, Preindls große B-Dur Messe (Nr. 3), Haydns »Nicolai-Messe«, Zainingers *Veni sancte* und Studienblätter, bezogen auf Werke von Spiess und Frescobaldi, erhalten geblieben. Sooft Bruckner kann, reist er nach Linz, um die großen Aufführungen wie die von Mendelssohns *Paulus* (1847) mitzuerleben. Lieder und Klavierkompositionen, selbstverständlich Orgelstücke, Männerchöre, schließlich das *Requiem* von 1848/49 (WAB 39) und die Missa solemnis aus dem Jahre 1854 (WAB 29) präsentieren die erworbenen Fähigkeiten. Hier ist in Ansätzen vieles von jenen Kriterien zu finden, die später die großen Sinfonien kennzeichnen sollten: der evangelische Choral im geistlichen Lied *Entsagen* (WAB 14), die Sextakkordfolge im ersten größeren Werk für Männerchor *Der Lehrerstand* (WAB 77), das Montage-Prinzip in der *Lancier-Quadrille*, das Wissen um die Volksmusik im *Steier-*

Autographe erste Seite der *Lancier-Quadrille*

märker (WAB 122), die achttaktigen Perioden im *Frühlingslied*, die Übernahme klassischer Modelle wie im Liedentwurf *Mild wie Bäche, die durch Blumen wallen* (WAB 138) mit Anklängen an Joseph Haydn, der Brummchor *Ständchen* (WAB 84), typisches Kennzeichen auch späterer Männerchöre und vokale Entsprechung des Orgelpunkts; die c-Moll-Charakteristik in Vorspiel und Fuge für Orgel (WAB 131), die Blechbläserbehandlung im Aequale für drei Posaunen (WAB 114), schließlich das Erbe Mozarts im *Requiem.* Dieses *Requiem*, geschrieben auf den Tod des Gerichtsangestellten und Hofschreibers des Stiftes St. Florian, Franz Seiler – von ihm hatte Bruckner einen relativ neuwertigen Bösendorfer Flügel geerbt, der bis zu seinem Lebensende bei ihm verblieb–, wurde denn auch zum ersten Todestag am 15. September 1849 in St. Florian mit der gewöhnlich nur selten eingesetzten Orgel uraufgeführt.

Von Franz Seiler geerbt: Bösendorfer Flügel

Die Revolution von 1848 gegen das Metternichsche Zensursystem, die Österreich zumindest kurzzeitig mit Unruhe versorgte, berührte den Komponisten nur indirekt. Stiftsorganist Kattinger avancierte nach Aufhebung der Patrimonialgerichte zum kaiserlichen Steuerbeamten in Kremsmünster und hinterließ seine Stellung in St. Florian seinem Assistenten mit folgendem Zeugnis, datiert vom 2. März 1848[31]:

Zur beliebigen Gebrauchsnahme bezeuge ich dem Herrn Anton Bruckner, derzeit Lehrergehülfen in der hiesigen Pfarrschule, dann Gesangslehrer der Stiftssängerknaben, gewissenhaft und zufolge meiner Sachkenntnis, daß Herr Anton Bruck-

[31] zitiert nach Originalmanuskript St. Florian; ebenfalls veröffentlicht in Göllerich/Auer, a. a. O., Bd. II/1, S. 95. Auf die Wiedergabe von originalen Hervorhebungen in den Zitattexten wurde aus technischen Gründen verzichtet.

Bruckner um 1850

ner nicht nur allein mit dem Spiele bezifferten Basses jeder Generalbaßlehre, in welcher er sich durch fleißiges Studium theoretisch und praktisch durchgebildet hat, entspricht, sondern er auch im Präludium, Ausführung kontrapunktischer Sätze immerhin jeden, und besonders den Sachkenner zu befriedigen imstande ist, daher er hier, wo man das Bestreben hat, durch gute Kirchenmusik überhaupt Gott den Herrn zu verherrlichen und die Gemeinde zur Andacht zu erwecken und sie in selber zu erhalten, als Organist unbedenklich bestens empfohlen werden kann. [...]

Prälat Michael Arneth ernannte Bruckner denn auch zum provisorischen Stiftsorganisten mit einer Zulage von 44 Gulden. Aus der zur Genüge bekannten Sucht, Zeugnisse über seine Leistungen zu sammeln, resultiert ein weiteres Exemplar, ausgestellt vom Stiftsorganisten von Seitenstetten in Niederösterreich, Josef Pfeiffer[32]. Daß hier Beziehungen bestanden, deutet nicht nur auf den guten Ruf Pfeiffers hin, sondern auch auf die Verbindungen Bruckners zu seiner alten niederösterreichischen Heimat.

Parallel zur musikalischen Ausbildung ließ er in der Karriere als Lehrer nicht locker. Als 1850 aufgrund einer Verordnung des k. k. Ministeriums des öffentlichen Unterrichts in Linz ein verbesserter zweijähriger Präparandenkurs eingerichtet worden war, unterzog sich Bruckner als Externer einer Prüfung über Realschulgegenstände und wurde tatsächlich in Geographie und Geschichte, Deutscher Sprache, Mathematik und Geometrie, Naturlehre, Naturgeschichte und Schönschreiben sowohl in *Verwendung als auch Fortgang*[33] ausschließlich mit der Note »Sehr gut« beurteilt. Weitere Detailprüfungen, darunter in angewandter Arithmetik und Technologie, legte er 1851 ab. Daß soviel Erfolg auf ganzer Linie die Umgebung mißtrauisch machte, ist nicht verwunderlich. Bruckner begegnete diesem Mißtrauen, wie auch später immer wieder, mit einer Bescheinigung, die ihm Prälat Michael Arneth auf sein Verlangen auch ausstellte[34]: *dem Herrn Anton Bruckner, Stiftsorganisten zu St. Florian, wird hiermit die Versicherung erteilt, daß derselbe, solange er diesen Dienst ordentlich und zur Zufriedenheit versieht, die bisher genossenen Bezüge über diesen Dienst erhalten werde.* Pfarramt und Schulaufsichtsbehörde wurden von Bruckner zu ähnlichen Stellungnahmen aufgefordert. Daß Bruckner trotz der inzwischen erreichten Sprosse der Sozialleiter als Lehrer und provisorischer Stiftsorganist die sozialen Sicherheiten nicht aus dem Auge verlor, ist daraus ersichtlich, daß er 1853 an die *Hohe k. k. Organisirungs-Commission für das Kronland Österreich ob der Enns* die Bitte richtete, ihm eine *angemessene Dienstesstelle* anzubieten[35].

> *In Folge Erlasses des hohen k. k. Ministeriums des Innern vom 12. d. M. [...] ist der Konkurs zur Besetzung der künftigen*

[32] siehe den vollständigen Wortlaut S. 236

[33] *Verwendung als auch Fortgang* sind Benotungskriterien, vergleichbar heute: Begabung und Fleiß.

[34] zitiert nach Originalmanuskript St. Florian

[35] Anton Bruckner: *Gesammelte Briefe*, neue Folge, gesammelt und herausgegeben von Max Auer, Regensburg 1924, S. 21; im Rahmen der Gesamtausgabe der Österreichischen Nationalbibliothek soll in Kürze ein neuer Briefband erscheinen.

k. k. Gerichtsstellen ausgeschrieben. Der ehrfurchtsvoll Unterzeichnete erlaubet sich demnach die gehorsamste Bitte:

Die hohe k. k. Organisirungs-Commission geruhe ihm bei Besetzung dieser k. k. Gerichtsstellen eine seinen Fähigkeiten und Kenntnissen angemessene Dienststelle in hoher Gnade zu verleihen, und unterstützet seine ehrfurchtsvolle Bitte mit folgenden Gründen:

Der ehrfurchtsvolle Bittsteller ist laut in A anruhendem Zeugnisse derzeit als Unterlehrer bei der Pfarrschule zu St. Florian angestellt, laut Taufschein B 29 Jahre alt, und erfreut sich laut Zeugnis C einer vollkommenen Gesundheit. Der ehrfurchtsvolle Bittsteller hat nach D u. E anruhenden Zeugnissen sowohl den Präparandenkurs an der kk. Normalhauptschule in Linz mit Einem Jahre absolvirt, als auch die Privatprüfungen über die Unter-Realschule mit sehr gutem Erfolge abgelegt. [...] *Gestützt auf die wahrhaften Nachweisungen, und in gnädigster hoher Berücksichtigung, daß der gehorsamste Bittsteller auf alle ihm mögliche Weise mit allem Fleiße und Hingebung bemüht war, sich für das Kanzleifach auszubilden, welchen Beruf er schon so lange in sich fühlt, erlaubt er sich seine ehrfurchtsvolle Bitte nochmals zu wiederholen: Hohe kk. Organisirungs-Commission wolle bei Besetzung der künftigen kk. Gerichtsstellen ihm eine Kanzellisten- oder eine seinen nachgewiesenen Kenntnissen und Fähigkeiten angemessene Dienstesstelle in hoher Gnade zu verleihen geruhen.*

Mit ein Grund für dieses Bewerbungsschreiben mag der Abgang Kattingers in nahezu dieselbe Berufssparte gewesen sein, wahrscheinlich auch der Personalmangel, der nach der Revolution von 1848 in den gerichtlichen Organisationsformen herrschte. Wie gezielt Bruckner auf den Moment einer solchen Bewerbung hingearbeitet hatte, ist daraus ersichtlich, daß er bereits 1851 aushilfsweise und unentgeltlich (!) beim Bezirksgericht St. Florian aushalf, was ihm der Bezirksrichter Johann Mauser am 20. Juli 1853 gern bestätigte[36]:

Dem Herrn Anton Bruckner, Schullehrer in St. Florian, wird über dessen Ansuchen bestätigt, daß er seit dem Jahre 1851 öfters aushilfsweise in der Bezirksgerichtskanzlei zu St. Flo-

[36] zitiert nach Göllerich/Auer, a. a. O., Bd. II/1, S. 143

rian gearbeitet und durch seinen besonderen Fleiß und Geschicklichkeit sich den Kanzleidienst derart zu eigen gemacht hat, daß er in dieser Beziehung als sehr verwendbar bestens empfohlen werden kann.

Selbstverständlich lehnte die k. k. Organisirungs-Commission ab, bezeichnenderweise am gleichen Tag, an dem der Hofkapellmeister Ignaz Aßmayer Bruckner bezeugte, daß *derselbe sich als ein gewandter und gründlicher Organist*[37] erwiesen habe.

Der Tod seines Gönners, des Prälaten Michael Arneth, dem Bruckner ein *Libera* (WAB 22) und posthum den Männerchor *Vor Arneths Grab* (WAB 53) widmete, war ein wichtiger Einschnitt in Bruckners Schaffen. Er mußte in relativ kurzer Zeit eine Grabmusik für den verstorbenen Prälaten und Festmusik für die Infulierung[38] des neuen Abtes Friedrich Theofilus Mayr entwickeln. Für die Infulierung schuf er die bereits in Kronstorf im Entwurf begonnene Missa solemnis in b-Moll für Soli, Chor und großes Orchester, die bislang intensivste Auseinandersetzung mit dem Typus der großen Orchestermesse im Stil der Wiener Klassiker. Entsprechend häufig treten auch die Anleihen auf, die er bei seinen Vorgängern machte. Haydn ist hier sozusagen der Vater der Dramaturgie, deutlich spürbar im *Gloria,* das *Et incarnatus est* hat Anklänge an das *Recordare* des Mozart-*Requiem*, das *Sanctus* erinnert an Schubertsche Harmoniewendungen, das *Agnus Dei* bringt wieder die Rückbesinnung auf Haydn.

Die D-Dur-Kantate *Auf, Brüder, auf!* (WAB 60), 1855 komponiert, spiegelt die bisherigen von Bruckner gemachten Erfahrungen mit der neuen Klangsprache der Romantik wider. Im selben Jahr schließlich nimmt er eine weitere Hürde seiner Karriere als Lehrer: Er besteht die Prüfung zur Erlangung der Qualifikation für Hauptschulen, wird in allen Fächern mit »Sehr gut« benotet, und als dann noch im April desselben Jahres Robert Führer[39], dessen Messen zum Repertoire der österreichischen Kirchen zählten, Bruckner ein Zeugnis ausstellt[40], ist dessen Ansehen in St. Florian gesichert.

37 zitiert nach ebda., S. 149

38 d. i. die Amtsübernahme

39 Robert Führer (1807–1861) schrieb etwa 100 Messen, daneben zahlreiche andere Kirchenmusik und auch theoretische Schriften.

40 siehe den vollständigen Wortlaut S. 237

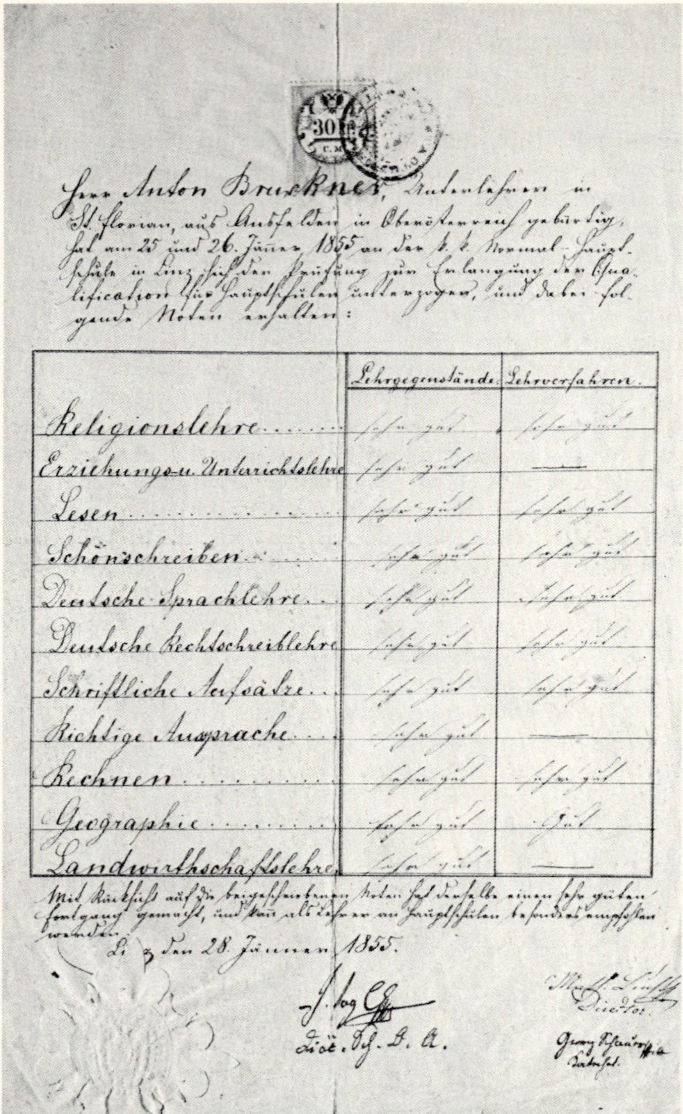

Herr Anton Bruckner, Schullehrer in St. Florian, aus Ansfelden in Oberösterreich gebürtig, hat am 25 und 26. Jänner 1855 an der k. k. Normal-Hauptschule in Linz sich der Prüfung zur Erlangung der Qualification für Hauptschulen unterzogen, und dabei folgende Noten erhalten:

	Lehrgegenstände	Lehrverfahren
Religionslehre	sehr gut	sehr gut
Erziehungs u. Unterrichtslehre	sehr gut	—
Lesen	sehr gut	sehr gut
Schönschreiben	sehr gut	sehr gut
Deutsche Sprachlehre	sehr gut	sehr gut
Deutsche Rechtschreiblehre	sehr gut	sehr gut
Schriftliche Aufsätze	sehr gut	sehr gut
Richtige Aussprache	sehr gut	—
Rechnen	sehr gut	sehr gut
Geographie	sehr gut	gut
Landwirthschaftslehre	sehr gut	—

Mit Rücksicht auf die beigeschriebenen Noten hat derselbe einen sehr guten Fortgang gemacht, und kann als Lehrer an Hauptschulen besonders angestellt werden.

Linz den 28. Jänner 1855.

[illegible]
Diöc. Sch. O. A.

[illegible]
Director.

[illegible]
Katechet.

Zeugnis der Hauptschule Linz

Simon Sechter
Lithographie von Joseph Kriehuber

Ab Juli besucht er zum Zweck strenger Studien Simon Sechter in Wien und kommt damit in den Wirkungskreis jenes Theoretikers, der die Harmonielehre in Österreich bis in die siebziger Jahre des 19. Jahrhunderts hinein prägte. Simon Sechter, zu dessen Schülern außer Nottebohm, Vieuxtemps, Thalberg (vgl. S. 31, Fußnote 18) und Carl Ferdinand Pohl[41] noch Gottfried Preyer und Sebastian Stehlin gehörten und der auch Schubert[42] als Inbegriff der höchsten musikalischen Lehre gegolten hatte, ist von diesem Moment an Bruckners großes Vorbild, sowohl was die Lehre als auch die Position Sechters am Konservatorium in Wien betrifft. Doch bevor er dreizehn Jahre später das Ziel der Nachfolge Sechters erreichte,

[41] Carl Ferdinand Pohl (1819–1887), deutscher Musikforscher und -schriftsteller
[42] Welch eine Autorität auf dem Gebiet der Kompositionslehre Sechter war, mag der Umstand beweisen, daß Franz Schubert in seinem Todesjahr 1828 den Entschluß faßte, bei ihm Kontrapunkt zu studieren.

hatte Bruckner in der Provinzgroßstadt Linz an der Donau die Zeit zu überbrücken.

Die Jahre in St. Florian hatten Bruckner Zeit gegeben, sich bis zu der für ihn höchst erreichbaren Stufe in der Hierarchie der damaligen Lehrergesellschaft hochzuarbeiten, durch eine intensive Praxis sein Orgelspiel zu vervollkommnen und mit der Komposition relativ umfangreicher Werke seine schöpferische Begabung zu testen. Daß den Organisten nach Bewältigung dieser Probleme nichts in St. Florian halten konnte, auch nicht die vermutlich ihm wohlgesonnene Umgebung, versteht sich von selbst. Der Grund für den Weggang aus St. Florian dürfte eher ein zufälliger Anlaß gewesen sein. Am 9. November 1855 war der Dom- und Stadtpfarrorganist von Linz, Wenzel Pranghofer, im Alter von fünfzig Jahren an Tuberkulose gestorben. Der Wettbewerb um die provisorische Nachfolge sollte zwischen zwei Musikern ausgetragen werden, die bereits während der Zeit von Pranghofers Krankheit eingesprungen waren, nämlich zwischen Engelbert Lanz, einem ehemaligen Lehrer aus Kremsmünster, und Raimund Hain, einem Lehrerkollegen Bruckners bei der Pfarrei St. Matthias. Die Dokumente zu diesem Vorgang beweisen, daß Bruckner selbst nicht eingeladen war, sondern vermutlich aus Interesse diesem Wettstreit zuhören wollte. Bruckners Lehrer Dürrnberger hingegen, der selbst zur Jury zählte, dürfte seinen ehemaligen Schüler aufgefordert haben, sich ebenfalls zu beteiligen. Es kam zu folgendem Zwischenbericht über den Verlauf der Prüfung, der in der *Linzer Zeitung* vom 15. November 1855 in der Rubrik *Kronlands-Neuigkeiten* abgedruckt ist[43]:

> *Die am 13. d. M. abgehaltene Concurs-Prüfung zur provisorischen Besetzung der Dom-Organistenstelle in Linz war von besonderem Interesse. Die Prüfungskommission bestand aus den Herren: Domscholaster Dr. Schiedermayer, Chorvikar Arminger, Gemeindevorstands-Stellvertreter Vincenz Fink, Professor Dürrnberger und Kapellmeister M. A. Storch. Bei dieser Prüfung hatte sich überdieß noch eine ansehnliche Zahl von Kunstkennern und Kunstfreunden versammelt. Den Kandidaten ward die Aufgabe gestellt, ein Thema – gegeben und unmittelbar vor der Ausführung niedergeschrieben von Profes-*

[43] Alle Textstellen aus Zeitungen sowie sonstige Zitate, die wie dieses nicht bibliographisch belegt sind, wurden nach den Originalen in der Österreichischen Nationalbibliothek zitiert.

sor Dürrnberger – nach streng contrapunktischen Grundsätzen in einer vollständigen Fuge durchzuführen. Diese Aufgabe wurde von den Prüfungs-Candidaten größtentheils mit vieler Geschicklichkeit, insbesondere aber vom Herrn Anton Bruckner aus St. Florian – nach dem einstimmigen Ausspruche der Prüfungskommission und der Kunstkenner – ausgezeichnet gelöst, in Folge dessen demselben, wie gestern gemeldet wurde, auch die Dom-Organistenstelle in Linz provisorisch verliehen wurde.

1855–1868

Bruckners Linzer Zeit: tatsächlich Domorganist – Lehrerfortbildung – Umgang mit der Avantgarde (Wagner, Liszt) – Studien bei verschiedenen Kapellmeistern und Simon Sechter – Frustrationen und Nervenkrise – erster Schaffensschub (1864–1868): die drei Messen und die erste Sinfonie.

Bruckner, noch als *Schulgehülfe in St. Florian* bezeichnet, erhält am 14. November 1855 provisorisch die Organistenstelle in Nachfolge Pranghofers verliehen und wird mit einem Gesamthonorar von jährlich über 400 Gulden am 26. November angestellt. Zum Probespiel für die endgültige Besetzung der Stelle[44], an dem Bruckner erst nach einigem Zureden teilnahm und das er mit einer Liste von Zeugnissen unterstützte, erschienen als Bewerber der Musiklehrer Georg Müller aus Linz, Ludwig Paupie, der Stadtpfarrorganist von Wels, Anton Bruckner als derzeit provisorischer Organist und in einem zweiten Versuch noch einmal Raimund Hain. Nach dem Probespiel und dem Anlegen einer umfangreichen Akte wird Bruckner bekannt gegeben, daß die *hohe k.k. Statthalterey den Antrag der definitiven Anstellung als Organist der hiesigen Dom- und Stadtpfarrkirche im Einverständnisse mit dem hochw. bischöfl. Konsistorium unter den nachfolgenden Bestim̄ungen bestätiget* habe[45]:

1) daß mit dieser Stelle ein definitiver Jahresgehalt,

aus der Stadtpfarrkirche von	*128 f – x*
aus der Domkirche von	*20 f – x*
aus dem k.k. Religionsfonde pa[46]	*300 f – x*
zusam̄en pa	*448 f – x*

verbunden sey.

2) daß Ihnen der Bezug der bey der Stadtpfarrkirche vorkom̄enden u. von dem Regens Chori H. Karl Zappe zu

[44] siehe das Protokoll S. 239ff.

[45] zitiert nach Othmar Wessely: *Anton Bruckner in Linz*, Diss. Wien 1947, S. 399f.

[46] Die Bedeutung der Abkürzungen in diesem Punkt 1): *f* ist die Abkürzung für »Gulden«; *x* weist aus, daß keine Kreuzerbeträge hinzukommen; *pa* steht für per anno, also pro Jahr.

Linzer Pfarrplatz um 1850

erfolgenden Stollgebühren[47]*, sowie der Genuß der für den Organisten der Dom- und Stadtpfarrkirche zugewiesenen Stiftungsgebühren in dem jeweiligen Betrage gebühren.*

3) *daß Ihnen der Genuß der Naturalwohnung im Stadtpfarrmeßnerhause unentgeldlich in dem bisher seinen Vorgängern eingeräumten Umfange, jedoch nur insolange als die jeweilige Widmung dieses Hauses Solches gestattet und ohne Anspruch auf ein Aequivalent wegen zeitlicher oder beständiger Entziehung derselben zugestanden werde;*
4) *daß Ihnen für den Fall, als eine nicht gestiftete Vermehrung Ihrer bisherigen Dienstleistungen von den vorgesetzten Behörden verfügt werden sollte, kein Anspruch auf eine separate Belohnung zustehen soll;*

[47] *Stollgebühren* – nach heutiger Schreibweise »Stolgebühren« – sind Abgaben an den Pfarrer, wenn dieser bei Zeremonien die Stola trägt. Dies ist bei sakralen Handlungen für einen einzelnen Gläubigen der Fall, z. B. bei einer Taufe, Trauung, einem Begräbnis. Was Bruckners Tätigkeit als Organist betraf, so erhielt er zu solchen Anlässen ebenfalls eine Extravergütung.

5) *daß Ihnen u. Ihren Angehörigen für den Fall der Dienstuntauglichkeit kein Anspruch auf Pensionirung oder sonstige Unterstützung zustehe, und endlich*
6) *daß Sie sich die genaue Erfüllung Ihrer Berufspflichten und die gehörige Besorgung der Ihnen anvertrauten Inventarialstücke angelegen seyn lassen, in welcher Beziehung Sie unter der Ueberwachung der vereinigten Vogtey stehen.*
7) *Ihre Gehaltsbezüge u. die Stiftungsgebühren haben Sie, wie bisher gegen gehörige Quittungen in Quartals-Raten zu erheben. Unter diesen Bestimmungen wird zur Ablegung Ihres Diensteides Ihnen Tag und Stunde nachträglich bekannt gegeben werden. Die Ges. Beyl. folgen zurück.*

Geistl. u. weltl. Vogtey der Dom- u. Stadtpfarrkirche Linz am 25ten April 1856.

Videat ante exped[itio][48] *die Hochw. geistl. u. weltl. Vogtey der Dom- und Stadtpfarrkirche.*

Exped[49] *Dierzer* *Schdyr*

Bevor Bruckner seinen Diensteid ablegen konnte, wurde ihm eine Eidesformel vorgeschrieben, die vor allem den Schwur enthält, *keiner geheimen Gesellschaft verflochten zu sein, und wenn dies der Fall wäre, sich unverzüglich von derselben loszusagen und künftig einer solchen nicht mehr beitreten zu wollen*[50].

Mit der Anstellung in Linz hatte Bruckner 1856 eine weitere Stufe des gesellschaftlichen Aufstiegs hinter sich gebracht und war in die obersten Ränge der Hierarchie in der Linzer Musikwelt vorgedrungen. Er hatte im »alten Mesnerhäusl am Pfarrplatz« im zweiten Stock eine Dienstwohnung mit drei Räumen zugewiesen bekommen und ging nun daran, sich Fertigkeiten, vor allem in weltlicher Musik und in der Musik des Theaters, anzueignen. Einer seiner ersten Klavierschüler war der Sohn des damaligen Bürgermeisters, Vinzenz Fink, was zeigt, daß auch die gesellschaftliche Prominenz seinem Können den nötigen Tribut zollte. Schnell tritt er dem Gesangverein »Frohsinn« als ausübendes Mitglied bei, hat Anfang September 1856 die Stelle eines zweiten Archivars inne, avanciert am 7. November 1860 zum ersten Chormeister des Sängerbundes »Frohsinn« und kann sich in Ruhe den Studien bei

[48] dem Sinne nach: Das Schriftstück ist vor Übergabe geprüft worden.
[49] dem Sinne nach: die Ausfertiger
[50] zitiert nach Wessely, a. a. O., S. 387

Linz um 1860.
Hauptplatz mit Altem Dom

Simon Sechter in Wien einerseits, vor allem in Harmonielehre, Kontrapunkt, Kanon und Fuge, und bei dem Theaterkapellmeister Otto Kitzler andererseits in Formenlehre, Instrumentation und Komposition widmen.

Wie später in Wien ist Bruckner Gast in den bekanntesten Restaurants, besucht häufig Bälle, verliebt sich gewiß auch oft und läßt sich gegen Ende der Linzer Zeit von seiner Schwester, die ihn als Haushälterin versorgt, verwöhnen. Andere Freunde, wie der Regierungsbeamte Moritz von Mayfeld und dessen Frau Betty – er ein hochgebildeter Musikliebhaber, sie eine vorzügliche Pianistin, der selbst Clara Schumann Lob zollte – öffnen ihm die Welt der zeitgenössischen Musik, vor allem Richard Wagners. 1863 hatte Bruckner die von Kapellmeister Otto Kitzler dirigierte Linzer

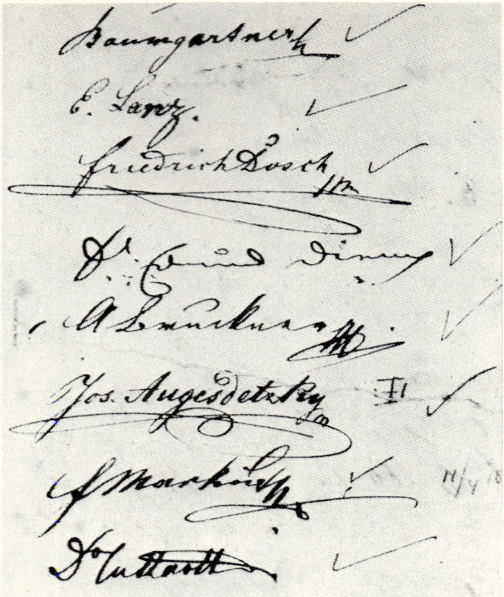

Stammbuch der Liedertafel »Frohsinn«

Aufführung des *Tannhäuser* gehört, 1865 reist er zur Uraufführung des *Tristan* nach München und begegnet dort Richard Wagner und Hans von Bülow. Selbstbewußt stellt er sich 1856 im Salzburger Dom Robert Führer zu einem Orgelwettspiel, lernt dabei den späteren Musikdirektor Rudolf Weinwurm kennen, ebenso den Publizisten Ludwig Speidel, der schließlich 1858 den Namen Bruckners zum ersten Mal im Abendblatt der *Wiener Zeitung* vom 24. Juli aufgrund eines öffentlichen Auftretens in der Piaristenkirche erwähnt und ihm bei *seiner großen Fertigkeit, seinem begeisterten Streben und bei dem so fühlbaren Mangel an gediegenen Orgelspielern* [...] *eine schöne Zukunft* voraussagt. 1861 schließlich unterzieht er sich einer »Lehrbefähigungsprüfung für Harmonielehre und des Contrapunktes für Conservatorien«. Drei Briefe an die Direktion der Gesellschaft der Musikfreunde in Wien vom 20. und 29. Oktober sowie vom 8. November 1861 *ersuchen im Befähi-*

Bruckner 1863

gungsfalle um die Verleihung des Titels Professor der Harmonielehre und des Contrapunktes[51].

Als nach der ersten Eingabe die Gesellschaft der Musikfreunde von der Verleihung eines Titels Abstand nehmen möchte, weil *sie nicht das Recht habe einen solchen zu verleihen*[52], bleibt Bruckner hartnäckig und führt die Parallele zu August Dürrnberger an[53]: *Dieser Fall hat sich vor ca. 18 Jahren ereignet. Ein Beamter hier v. Linz legte in Wien eine öffentl. Prüfung ab und erhielt ein Diplom als Professor. Neben anderen Herren sind Eybler*[54] *und Drechsler*

[51] Bruckner: *Briefe*, S. 41

[52] zitiert nach Originalmanuskript Gesellschaft der Musikfreunde, Wien

[53] Bruckner: *Briefe*, S. 42

[54] Joseph Eybler (1765–1846), österreichischer Komponist von u. a. 32 Messen sowie verschiedenen Instrumentalwerken, 1824 Nachfolger Salieris als Hofkapellmeister

darin unterzeichnet. Dieser Beamte unterrichtete seither die Präparanden. Da der Gefertigte schon so oft nach Wien zu Prüfungen reiste, so wurde auch derselbe von seiten verschiedener Behörden aufgemuntert, auch um ein solches Diplom zu bitten. Ein wesentlicher Grund für seine Bitte war aber auch die folgende Aussage: *Wenn es jedoch nicht möglich ist und in jetziger Zeit nicht mehr geschehen kann, so steht der Gefertigte ab, um den Titel zu bitten und bittet nur um einen Prüfungstag.*

Da die Direktion auf dieses Argument mit keinem Ton eingeht, versucht Bruckner es ein drittes Mal[55], diesmal *mit der Bitte, als Lehrer der Harmonielehre und des Contrapunktes für Conservatorium befähigt zu werden.*

Das Prüfungskollegium, aus den für Bruckner noch bedeutend werdenden Persönlichkeiten Joseph Hellmesberger[56], Otto Dessoff[57], Moritz Adolf Becker und Johann Herbeck[58] zusammengesetzt, war begeistert[59]:

Zeugniß.

> *Herr Anton Bruckner, Domorganist in Linz, hat sich am Conservatorium einer Prüfung über seine musikalische Befähigung unterzogen, und es wird ihm von Seiten der gefertigten Prüfungskommission bezeugt, daß er sowohl in der Theorie der Musik als im Orgelspiel Beweise einer vorzüglichen Ausbildung abgelegt habe.*
>
> *Aus den von ihm vorgelegten Arbeiten ergeben sich die umfassendsten Studien im Kontrapunkt und eine gründliche Kenntniß des strengen Stiles in seinen verschiedenen Formen.*

[55] am 10. 11. 1861; in: Bruckner: *Briefe*, S. 42

[56] Joseph Hellmesberger d. Ä. (1828–1893), von 1851 an Professor am Wiener Konservatorium, gleichzeitig dessen Direktor, später auch Konzertmeister des Hofopernorchesters und Soloviolinist der Hofkapelle

[57] Otto Dessoff (1835–1892), von 1860 an Hofopernkapellmeister; diese Anstellung gab er 1875 auf, um nach Karlsruhe zu gehen, wo er u. a. im Jahre darauf die 1. Sinfonie von Johannes Brahms uraufführte.

[58] Johann Ritter von Herbeck (1831–1877), zu diesem Zeitpunkt Chormeister des Wiener Männergesangvereins und Dirigent der Gesellschaftskonzerte – unter seinem Dirigat fand im Gesellschaftskonzert am 17. Dezember 1865 die Uraufführung von Schuberts »Unvollendeter« statt–, wurde 1866 1. Kapellmeister der Hofoper, 1870 deren Direktor.

[59] zitiert nach Originalmanuskript Österreichische Nationalbibliothek; auch veröffentlicht in: Göllerich/Auer, a. a. O., Bd. III/1, S. 117

Die Leichtigkeit und Sicherheit, womit Herr Bruckner die schwierigsten Aufgaben in dieser Richtung löset, beurkunden eine gediegene Kenntniß der Musiklehre und einen von Talent und Neigung für die Tonkunst geleiteten Eifer für seine Fortbildung. Als Orgelspieler bewies Herr Bruckner eine bedeutende Fertigkeit mit genauer Kenntniß des Instrumentes und zeigte sich gleich geübt im Vortrage fremder Kompositionen wie in der improvisierten Durchführung eigener und aufgegebener Themen.

Mit Rücksicht auf die hier angeführten Leistungen verdient Herr Anton Bruckner nicht nur als ausübender Musiker von vorzüglicher Fachkenntniß, sondern insbesondere als Lehrer der Musik an Conservatorien und zur Unterweisung von Lehramtszöglingen allerorten bestens empfohlen zu werden.

Wien am 22. November 1861.

Die *Wiener Zeitung* vom 25. November 1861 sprach von einem *wahren Meisterbrief*, was Bruckner offensichtlich als Kompensation für die ihm entgangene Stelle eines Kapellmeisters und künstlerischen Leiters des Salzburger Dom-Musikvereins und Mozarteums empfand. Bruckner hatte nämlich im Anstellungsgesuch vom 22. Juni 1861 auf diese öffentliche Prüfung bereits Bezug genommen[60].

Löblicher Dom-Musik-Verein in Salzburg!

In die Reihen der Mitbewerber um die erledigte Directorstelle des salzburg'schen Dom-Musik-Vereins erlaubt sich auch der Gefertigte zu treten. Er glaubt sich für diesen Posten aus nachstehenden Gründen befähigt. 1. Würde das Institut an ihm einen Orgelspieler von Ruf gewinnen. Auch wenn er nicht eben als solcher angestellt wäre und zu fungieren hätte, dürfte es doch dem Ansehen des Institutes förderlich sein, wenn es bei solen̄en Gelegenheiten in seinem Kapellmeister auch einen acreditirten Künstler des vornehmsten der Kircheninstrumente aufzuweisen hätte. Die Ehre des Künstlers würde ja auch die Ehre des Institutes sein. 2. Besizt der Gefertigte die erforderlichen Kenntnisse der Harmonielehre und des Contrapunctes im

[60] Ernst Hintermeier: *Anton Bruckner und der Dommusikverein und Mozarteum Salzburg*, in: *IBG Mitteilungsblatt* 16, Wien 1979, S. 4

vollen Umfange. In Aneignung dieser Kentnisse gibt es große Abstufungen und Unterschiede. Unter die strengsten Richter in diesem Fache gehört bekannter Maßen Professor Sechter in Wien. Die bei ihm bestandenen Proben gelten als Feuerproben, und man weiß daß eine Vorzugsklasse von ihm zu den Seltenheiten gehört. Gefertigter hat sich seit dem Jahre 1855 unter großartigem Aufwande von Geld, Zeit und Anstrengung seiner strengen Leitung unterzogen. Seine schriftlichen Urtheile enthalten durchaus Vorzugsklassen (laut Zeugnisse); seine mündlichen Urtheile über ihn verbietet die Bescheidenheit selbst nachzusprechen. Obwohl schon absolvirt und zum Professor befähigt, wird sich doch noch im Laufe dieses Jahres der Gefertigte am Conservatorium in Wien einer allgemeinen öffentl. Prüfung unterziehen um den Titel »Professor der Harmonie und des Contrapunctes« zu bekommen. In dieser Richtung scheut der Gefertigte kein Urtheil jedweder Autorität, und in jedem der Zeugnisse von Sechter als Lehrer empfohlen, hofft er demselben gewiß keine Schande zu machen. Vielmehr trägt er das Bewußtsein in sich dem Mozarteum so ersprießliche Dienste leisten zu können, als die Acreditirung des Institutes im In- und Auslande gewinnen würde; denn die Schüler würden die Sendboten seines Rufes werden. Nach einigen Jahren dürfte es an auswärtigen Besuchern nicht fehlen, und die absolvirten Zöglinge würden bald gerne placirt werden wenn man von der Gründlichkeit ihrer Bildung überzeugt sein wird.

3. Würde der Gefertigte auch dem eigentlichen Dirigenten-Fache gewachsen sein. Durch mehrere Conzertsaisonen hat er in Wien dem Einstudiren sowie den Produktionen gespannte Aufmerksamkeit zugewendet, die neuere Geschmacksrichtung, wie die Verfeinerungen des Tactirstabes studirt, wobei ihm Hofkapellmeister Dessof u. Director Herbeck zur Hand gingen. Im Oktober 1860, als Storch nach Wien ging, both sich für Gefertigten Gelegenheit, sich als Leiter profaner Musik bedeutend zu üben. Durch Conzertaufführungen selbst mit Orchester wurden ihm (selbst auch von Seite der Kenner) die ehrenhaften Anerkennungen zu Theil. Die Liedertafel in Linz hat ihm die Ehre erwiesen, ihn zu ihrem Chormeister zu erwählen, u. honorirt ihn jährlich mit 200 fl. 4. Seine Besoldung als Domorganist beträgt 500 fl, so daß er auch in Linz ein fixes Jahreseinkom̄en von 700 fl nebst Naturalquartir bezieht;

über sein Auskom̄en hat er um so weniger zu klagen, als ihm die ersten Lectionen noch außerdem ein ergiebiges Einkom̄en bieten, und noch andere Verdienstquellen in naher Aussicht stehen. Das Naturalquartir ist mindestens auf 100 fl anzuschlagen, somit beträgt bis jetzt sein fixes Jahreseinkom̄en acht hundert Gulden, welche der Gefertigte im gegenwärtigen Gesuche um die Directorstelle zu beanspruchen wagt. Zu diesem Schritte treibt ihn lediglich der Wunsch, eine Lebensstellung einzunehmen, in der es gilt, das Leben mit einer artistischen Mission auszufüllen und zu wirken auf dem Gebiete der Musik. In der Anlage folgen gegen gütige Rückerstattung nachstehende Dokumente. A Taufschein, welcher nachweist, daß Gefertigter 36 Jahre alt und katholisch ist. B Zeugniß des Stiftes Florian C Zeugniß vom Kompositeur »Robert Führer« D Zeugnisse vom Prof. Sechter in Wien a, b, c, d, e. E. Sittenzeugniß v[on] *Florian. Übrigens hat der Gefertigte keine Ursache, Nachfragen über seine Persönlichkeit in Wien, Linz oder Florian zu scheuen; im Gegentheile ist es ihm um so erwünschter je eindringlicherer Nachforschungen man seiner Persönlichkeit würdigt. Am zweckdienlichsten dürfte es sowohl für den Bittsteller, als für den verehrlichen Dom-Musik-Verein sein, wenn Hochselber dem Gefertigten, im Falle er bedeutende Aussicht zur Erreichung dieser Directorstelle haben könnte, eine Probe über Leitung des Orchesters sowohl im Einstudiren als Executiren abzunehmen geneigt wäre wozu er vom Herzen gern zur beiderseitigen Beruhigung sich bereit erklärt. Linz den 22. Juni 1861.*

Hochachtungsvollster Anton Bruckner

Löblicher Dom-Musik-Verein in Salzburg! Anton Bruckner, Domorganist in Linz bittet um gnädige Verleihung der erledigten Directorstelle des salzb. Dom-Musik-Vereines!

Bruckners psychischer Zustand in dieser Zeit ist vor allem aus den Briefen an Rudolf Weinwurm ersichtlich. Auch wenn der langjährige Freund Anton Bruckners sich noch so sehr auf die Probleme seines Briefpartners konzentrieren möchte, so beschäftigen ihn doch die eigenen Anliegen mehr als die seines Adressaten. Bruckner braucht Weinwurm nicht nur als Anlaufstelle bei eigener psychischer Belastung und für die Äußerung immerwährender Sehnsucht nach einer geeigneten Position, sondern auch für die

Erledigung praktischer Dinge wie die Bezahlung der Wohnungsmiete, die Notenbeschaffung, Botengänge, Informationen, Empfehlungen, Vermittlungen, Interventionen und Besorgen von Kritiken. Das bereits 1862 in dem Zusammenhang angesprochene Ziel Bruckners ist die Wiener Hofmusikkapelle. In realistischer Einschätzung der Lage bezeichnet er sich als »Expectant«, also als Anwärter (vgl. Dokumente S. 258f.). Die musikalische Produktion wird bis 1863 im wesentlichen von den Anwendungsgebieten, die Bruckner zur Verfügung stehen, bestimmt. Das berühmte siebenstimmige *Ave Maria* (WAB 6) entsteht in dieser Zeit, ebenso andere geistliche Gesänge, die z. T. auch aufgeführt werden, weltliche Lieder und immer wieder Chorsätze. Die Instrumentalübungen, wie der *Apollo-Marsch* (WAB 115), die *Festkantate* (WAB 16), der Marsch in d-Moll (WAB 96), die drei Orchesterstücke (WAB 97), die Ouvertüre (WAB 98), das Streichquartett in c-Moll (WAB 111), der 114. Psalm (WAB 35), der *Germanenzug* (WAB 70) und die frühe Sinfonie in f-Moll (WAB 99) sind erste Ergebnisse der Arbeit mit Otto Kitzler, von Bruckner aber im wesentlichen immer noch als »Schularbeiten« verstanden. So jedenfalls beurteilt der Komponist viel später die f-Moll Sinfonie, die er am 26. Mai 1863 vollendete.

Mit der Loslösung von Otto Kitzler – er hatte im September desselben Jahres Linz verlassen, um nach Temeswár und zwei Jahre später nach Brünn zu gehen – und der Begegnung mit Ignaz Dorn, dem zweiten Linzer Theaterkapellmeister, der ein glühender Berlioz-, Wagner- und Liszt-Anhänger war, ergaben sich bei Bruckner die Voraussetzungen für einen Schaffensschub, der dem zu Beginn der siebziger Jahre in Wien ähnlich werden sollte.

Zwischen 1864 und 1868 entstehen nämlich jene Kompositionen, die von ihm selbst und von der Umwelt als gültig, als zukunftsorientiert, als legitime Künder Brucknerschen Denkens bezeichnet wurden: die d-Moll-Messe (WAB 26), vollendet am 29. September 1864, die 1. Sinfonie aus den Jahren 1865 und 1866 (WAB 101), die e-Moll-Messe (WAB 27), vollendet am 25. November 1866, und die f-Moll-Messe (WAB 28) von 1867/68. In jedem Jahr, bis zur Übersiedlung nach Wien quasi, wird neben den angewandten Aufgaben und den Studien eine gültige Aussage konzipiert, entwickelt, abgeschlossen. Wie immer bei seinen Schaffensschüben arbeitet Bruckner manisch, unterwirft seinen Lebensstil den Produktionszwängen und nimmt kaum wahr, was um ihn herum geschieht. Physisches Ergebnis dieses Drucks, beginnend mit dem

Rudolf Weinwurm.
Lithographie von Joseph Kriehuber

40. Lebensjahr und vier Jahre kontinuierlich anhaltend, ist Bruckners Nervenkrise von 1867[61], die sich vorher in Anfällen von Melancholie ankündigte. Wie in den späteren Schüben auch, kulminiert die Kontinuität dieser musikalischen Besessenheit in einem Krisenjahr, das Bruckner wahrscheinlich auch wegen der nicht realistischen Einschätzung seiner psychischen Verfassung am härtesten in seiner ganzen Laufbahn trifft.

Die künstlerische Freiheit im gültigen Werk beginnt für Bruckner dort, wo sich einerseits der engherzige, formal abgelaufene Unterricht nicht mehr auswirkt, wo die Freiheit der musikalischen Diktion nicht mehr von Lehrern, Lehrbüchern, Repräsentanten

[61] Merkwürdigerweise war es bislang nicht möglich, authentische Quellen über diese Krankheit Bruckners aufzufinden. Vermutlich haben wohlmeinende Freunde die Spuren vorsorglich verwischt.

der Behörden, aber auch nicht von neuen Begegnungen mit relativ unbedeutenden ästhetischen Produkten seiner Zeitgenossen gehemmt wird.

Diese Schaffensschübe Bruckners, die sich relativ gleichmäßig über vier Jahre erstrecken und ebenfalls durch vier Jahre Erholungspause voneinander getrennt sind, entstehen zeit seines Lebens nach einer Anhäufung von Information, mit der er sich sofort auseinandersetzt. Wahrscheinlich dürfte weniger die in der Literatur oft angesprochene *Tannhäuser*-Begegnung das auslösende Moment gewesen sein als das Ende der Kooperation mit Otto Kitzler und der erste Eindruck der *Faust-Sinfonie* von Liszt, die er durch Ignaz Dorn kennenlernte. Eigentlich ist naheliegend, daß die formalen Kühnheiten Liszts auf einem vergleichbaren instrumentalen Feld Bruckner stark bewegen mußten, weil er auf eben diesem Feld engagiert war.

Wie sehr ihn seine eigene erworbene, ja errungene Tonsprache beschäftigte, ist – wie später bei der Einweihung der Musikvereinsorgel – aus der Lust auf musikalische Improvisation und der Unlust, konventionelles Repertoire zu spielen, abzulesen. Am 1. März 1867 heißt es an Weinwurm[62]:

> *Bezüglich der Reise muß ich leider schreiben, daß ich noch kein Repertoire habe, obwohl ich Bach und Mendelssohn gespielt habe. Ich habe wenig Zeit und Lust, mich sonderlich in dieser Beziehung zu plagen; denn es hat keinen Zweck; Organisten sind stets schlecht gezahlt; und wenn man Concerte am Ende nicht mit Vortheil arrangiren kann, meine ich, ist's am besten, unentgeltlich und dann auch nur Phantasien etc. ohne Noten aus dem Kopfe zu spielen. Zum gediegenen Spiel fremder Meister glaube ich werden draußen sehr tüchtige Leute in Hülle und Fülle sein, meinst Du nicht? Dann möchte ich umsonst die Zeit nicht so vergeuden, wer weiß, ob man Concerte halten kann. Sey so gut und vergiß nicht zu schreiben, nach Dresden und Leipzig.*

Immer dann, wenn Bruckners Schaffensdrang am größten ist, werden seine verbalen Äußerungen auf das Wesentliche reduziert. Für Floskeln, Umschreibungen, selbst für Äußerungen von ihm sonst anhaftendem Karrieredenken ist nun kein Platz. Zeitökonomie ist gegenüber der ihm innewohnenden und nun auf den

[62] Bruckner: *Briefe*, S. 55f.

Ausbruch wartenden Schaffenskraft wesentlicher als Erfolg. Repertoire muß zurückstehen zugunsten der *Noten aus dem Kopfe*, die als Spiegelbild der musikalischen Innenwelt interpretiert werden können. Jetzt, nach vierzigjähriger Wartezeit, setzt Bruckner erstmals zum Ausdruck des eigenen Ich an, dessen Bedeutung ihn ausmacht, jetzt werden die ihm sonst so liebgewordenen, kurzfristig angestrebten Ziele zurückgedrängt, jetzt entwickeln die wahrscheinlich schon länger reflektierend erwogenen Gedanken sich selbst zum konkreten Werk.

Mit der Missa solemnis in b-Moll hatte Bruckner seine Art, den tradierten Ordinariumstext zu vertonen, erprobt. Diese Probe orientierte sich an der formalen Gestik der klassischen Messe, die auch für Schubert bestimmend gewesen war, und an einzelnen Satzvorbildern, bis hin zur unveränderten Teilübernahme vorgeprägter Melodieformeln. Die drei großen Messen nun bleiben im wesentlichen dem großformalen Konzept verpflichtet. Das *Kyrie* als dreiteiliger Bittgesang mit einer eingeschobenen Alternative (*Christe eleison*) ist vor allem in den beiden sogenannten Orchestermessen d-Moll (1864) und f-Moll (1867/68) von emotionaler Schwere, die, von Beethovens »Missa solemnis« ausgehend, Schubert vertieft hatte und die nun in der Ausgestaltung Bruckners noch eine zusätzliche, emotional feierlich-demütige Gestik erfuhr. Wesentlich werden jetzt die aus den Sinfonien bekannten strukturellen Entwicklungen: die Wiederholungsmodelle, die von Keimzellen ausgehen, aber im Gegensatz zu den Sinfonien im Schnellschritt bis zum Choreinsatz entwickelt werden, deswegen auch manchmal etwas kurzatmig klingen. Eine harmonische Entsprechung dieser Entwicklungen findet im Rahmen des Beginns der e-Moll-Messe (1866) statt. Die Sekundreibung h'-c'' zu Beginn dieser Messe (Takt 3)

und der Quint-Ruf zu Beginn der d-Moll-Messe sind die quasi kirchliche Umsetzung des *Tristan*-Seufzers, versteckt auch im Konstruktionsplan der f-Moll-Messe enthalten, deren Grundmodell eine taktweise eintretende Vorhaltreibung ist. Damit wird ein harmonischer Ansatz deutlich, der ganz aus dem Geist der musikalischen Romantik entwickelt ist.

Die *Christe eleison*-Stelle zeichnet ihre Alternative in einer Art mystischer Klangebene, typischerweise in den beiden Orchestermessen vom Sprachzeichen Bruckners für die Mystik, der Soloviolline, geformt,

wie es 40 Jahre zuvor Beethoven in der Überleitung zum *Benedictus* der Konsekrationsmusik der »Missa solemnis« vorstilisiert hatte.

Das *Gloria* aller drei Messen ist ebenfalls in drei Teile gegliedert, wobei die neue musikalische Idee in einem langsameren Tempo mit dem *Qui tollis* ansetzt. Die Reprise beim *Quoniam* greift auf Anfangstonalität und -rhythmik zurück. Das *Amen*, die Bestätigung des ausgedrückten Sachverhaltes, wird analog dem klassischen Vorbild als Fuge, die im musikalischen Barock als Symbol der Zusammenfassung gilt, gestaltet.

Das *Credo* aller drei Messen Bruckners steht wie in den Messen Haydns in derselben Tonart wie das *Gloria*, nur wechselt das Tempo.

Die *Et incarnatus*-Stelle, von der Theologie her schon als Mysterium definiert, findet die musikalische Entsprechung in der Art der Behandlung des *Christe eleison*, also alternativ zum vorhergegangenen und sich anschließenden Teil, sei es *a cappella* in der e-Moll-Messe, von Solovioline und Solobratsche beherrscht und tenoral in der f-Moll-Messe, madrigalesk in der d-Moll-Messe.

f-Moll-Messe: *Et incarnatus est*

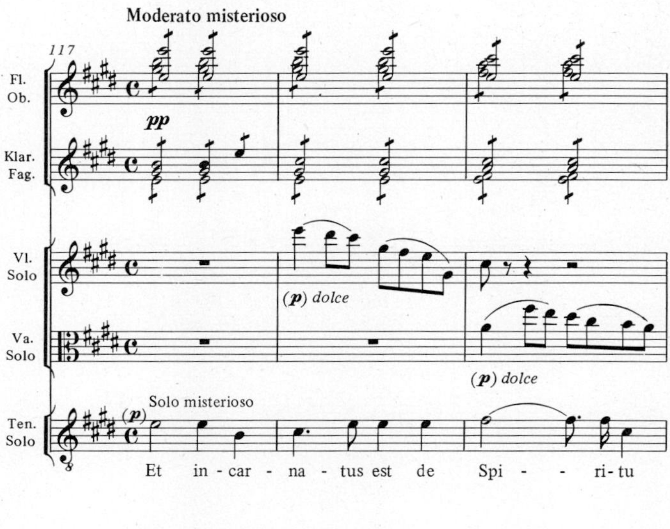

diminuendo
pp
sanc - to ex Ma - ri - - a
p
vir - - - - gi - ne

e-Moll-Messe: *Et incarnatus est*

Das *Sanctus* und *Benedictus* folgen dem Anbetungs- und Huldigungsgedanken der Missa solemnis, durchbrochen von der Triumph-Harmonik des *Deus Sabaoth.* Das *Agnus Dei* schließlich führt zum Ausgangspunkt des *Kyrie* mit seiner Demutshaltung zurück.

Es ist typisch für die Rezeption der Zeit, daß alle drei Messen bei der sie auszeichnenden sehr verständlichen theologischen Darstellung in Kombination mit den neuen harmonischen Errungenschaften und dem hörbar weiterentwickelten Chorsatz sofort zu den großen Erfolgen Bruckners zählten. Als die d-Moll-Messe am 20. November 1864 uraufgeführt wurde, mußte sie knapp vier Wochen später bereits als »Concert spirituel« im Linzer Konzertsaal wiederholt werden. Ihr Ruf dringt nach Wien, wo sie unter der Leitung Herbecks am 17. Januar 1867 in der Hofkapelle aufgeführt wird. Auch in Salzburg hat die Messe am 1. September 1870 großen Erfolg, der bislang meistens in der Literatur geleugnet wurde. In der *Salzburger Zeitung* Nr. 205 vom 12. September 1870 heißt es nämlich:

Die gestern im hiesigen Dom stattgehabte Aufführung der Großen Messe (aus D-Moll) des eben hier weilenden Hrn. Professor Bruckner, k.k. Hof-Organisten aus Wien, bot den Kennern und Freunden der Kirchenmusik einen hohen Genuß dar. Wiewohl das Werk im Ganzen auf dem prononcirten Standpunkte der neueren Musik-Richtung steht, und der durchwegs dramatischen Auffassung und Wiedergabe des heiligen Meßtextes huldiget, so ist demselben dennoch einheitliche Fassung und zum Theile auch concise musikalische Ausdrucksweise nachzurühmen. – Als in jeder Hinsicht hervorragende Theile der Messe möchten wir das Kyrie mit seinem düster dahinbrütenden mysteriösen Relief, dann das gewaltige Credo – dessen Incarnatus uns mit wahrhaft überirdischem Zauber übergossen scheint – sowie das packende Agnus Dei bezeichnen, worin die ganze sündige Menschheit um Erlösung fleht. Die Instrumentation des Werkes verlangt die volle Hingebung des ganzen Orchesters und war die bei der kurzen Zeit nur mit einer Probe (wie wir hören) mögliche Aufführung dieser überaus schwierigen Messe eine äußerst würdige.

Bis dahin galten Eintragungen im Notenmaterial der dritten Posaune (!) als sichtbares Zeichen für die Ablehnung. Es heißt da (nach dem *Kyrie*:) *neun Minuten o Gott*, (*Gloria*:) *10 Minuten, Sakrament*, (*Credo*:) *14 Minuten, jetzt lauf ich aber bald fort*, (*Sanctus*:) *3 Minuten, sehr gnädig*, (*Benedictus*:) *7 Minuten, bis jetzt 43 Minuten, ohne Comuszulage*[63].

Vermutlich wertete die Bruckner-Literatur diese Musikernotizen, wie sie Instrumentalisten der ganzen Welt auch heute noch eintragen, als Ausdruck der Stimmung der Zuhörer. Praktiker allerdings wissen, daß was einerseits als Ignoranz interpretiert werden kann, andererseits auch als Ventil für Streßsituation und Anspannung eines Orchestermusikers verstanden werden kann, wobei also nicht eine bewußte ästhetische Einschätzung vorgenommen, sondern eine zutiefst menschliche Reaktion auf einen sehr anstrengenden Arbeitsvorgang dokumentiert wird.

Bruckner überarbeitete die d-Moll-Messe im Sommer 1876 und verbesserte sie 1881/82 noch einmal; allerdings kann man deswegen nicht gleich von mehreren Fassungen der Messe sprechen.

[63] eine Festzulage, die vor allem als Essenszulage ausgegeben wird (Comus = griechischer Gott der Schmausereien)

Auch die e-Moll-Messe, 1866 geschrieben und 1876, 1882, 1885 und 1896 geringfügig überarbeitet, war bei der Uraufführung am 19. September 1869 zur Einweihung der Votivkapelle des Linzer Domes ein voller Erfolg. Diesmal erschien sogar 16 Tage vorher im *Linzer Volksblatt* Nr. 209 eine Besprechung, nicht unähnlich einer Rezension, die den Erfolg quasi programmierte:

> *Die zur Feier der Votivkapelle des neuen Domes in Linz eigens hiezu componirte Festmesse von k. und k. Hoforganisten und Professor Anton Bruckner ist in jeder Beziehung ein contrapunctisches Meisterwerk, eine durchwegs originelle Composition. Überall begegnet man der würdigsten Auffassung der erhabenen Textworte, überall dem edelsten musikalischen Ausdruck. Aus tausendfach verschlungenen Wegen brausen die gewaltigen Tonwellen daher und bilden in der wundervollsten Harmonie einen mächtigen Strom, der das Herz mit Gewalt packt und fortreißt zu demutsvollster Andacht, zu frommer Begeisterung, zu freudigem Jubel wie zu der tiefsten Rührung. Wir gratulieren dem Herrn Professor Bruckner aus vollster Seele zu dieser großartigen Schöpfung und zweifeln nicht, daß ihm auch die höchste Anerkennung dafür zutheil werde.*

Auch Johann Evangelist Habert, Begründer des Österreichischen Cäcilienvereines[64], mit dessen puristischen Ideen Bruckner aber nicht liebäugelte, war bis auf das *Benedictus* gefangen von der Kraft des Werkes.

Die letzte Messe in f-Moll, zwischen September 1867 und 1868 entstanden, hatte ebenfalls, wenn sie auch erst am 16. Juni 1872 in der Augustinerkirche unter Bruckners persönlicher Leitung uraufgeführt wurde, großen Erfolg. Schon eine Probe zu dieser Messe in den Sommermonaten 1869 in Wien muß erfolgreich verlaufen sein, denn Bruckner schreibt am 13. Juli 1869: *Meine Messe hat sehr gefallen.*

In Hanslicks *Neuer Freier Presse* vom 29. Juni 1872 ist zu lesen:

> *Die Composition erregte unter den Musikfreunden Aufsehen durch ihre kunstvolle Contrapunktik und Fugenarbeit wie*

[64] Caecilianismus ist eine nach der Heiligen Caecilia benannte Bewegung innerhalb der katholischen Kirche des 19. Jahrhunderts, die der instrumentalen Kirchenmusik der Klassik – Haydn, Mozart, Beethoven – ablehnend gegenüberstand und die Rückkehr zur *a-cappella*-Kunst Palestrinas propagierte.

durch einzelne ergreifende eigentümliche Schönheiten. Nicht nur durch ihre großen Dimensionen und ihre schwierige Ausführbarkeit, auch durch Stil und Auffassung verrät sie als ihr Vorbild die Beethovensche Missa solemnis, nebenbei auch starke Einflüsse von Richard Wagner. Es wäre interessant, wenn Bruckners neue Messe ganz oder doch theilweise in einer guten Concertaufführung zu Gehör gebracht und dadurch einem größeren Publikum bekannt würde.

Neun Tage zuvor hatte sich schon das *Fremdenblatt* geäußert:

Letzten Sonntag ist in der Augustinerkirche die große Messe in F von Anton Pruckner, dem Wiener Hoforganisten und Professor am Konservatorium, aufgeführt worden. Der Komponist dirigirte sein Werk, das so lange eine papierene Existenz geführt hatte. Die Messe Pruckner's ist eine Komposition, die von der Erfindungskraft und dem ungewöhnlichen Können des Komponisten das rühmlichste Zeugniß ablegt. Mit poetischem Verständniß hat er sich in die vom Meßtexte geschaffenen Situationen vertieft und seine enorme Kontrapunktische Kunst macht es ihm leicht, die schwierigsten Probleme spielend zu lösen. Uebrigens konnte der treffliche Tonkünstler dem Reize nicht widerstehen, dem Texte bis in die kleinsten Details zu folgen, ein Verfahren, das ihn (wie z. B. im Credo) allzusehr in die Breite führt und das die Gesammtstimmung des Satzes bedroht. Sodann läßt er sich von dem dramatischen Gehalte des Textes verführen, hin und wieder an das Theatralische zu streifen, wie gerade wieder im Credo, wo man sich einmal mitten in einer christlichen Wolfsschlucht zu befinden meint. Im Ganzen aber ist Pruckner's Messe ein Werk, das für das Wissen und Können des Komponisten großen Respekt einflößt.

Die Rezeption aller drei Messen in den neunziger Jahren beweist, daß das einmal getroffene positive Urteil beibehalten wird.

Auch die 1. Sinfonie, am 14. April 1866 in der »Linzer Fassung« vollendet und 1890/91 zur »Wiener Fassung« umgearbeitet, der Universität Wien zum Dank für das Ehrendoktorat gewidmet, wurde ebenfalls bei der Uraufführung am 9. Mai 1868 in Linz unter Bruckners eigener Leitung *sehr gut* aufgenommen. Bruckner berichtet in einem Brief an Rudolf Weinwurm vom 11. Mai desselben Jahres, daß *selbe viele Proben benötigte und das Concert nur von der Aristokratie besucht war*[65].

Die Linzer *Tages-Post* vom 12. Mai spricht von *großen, reichen Schönheiten, die jedoch durch ein zu großes Haschen nach Effekt verdeckt werden. Das Publikum nahm das Werk, namentlich das Scherzo, welches auch der hervorragendste Satz ist, mit lautem Beifalle auf.*

Die *Linzer Zeitung* vom 13. Mai schreibt, *ob Herr Bruckner von den drei formellen Gesichtspunkten: Instrumentierung, Architektur, Verknüpfung, aus – Vollkommenes erreicht hat, darüber mag die Meinung getheilt sein. Gewiß ist, daß er auch von diesen Gesichtspunkten aus Großes geschaffen, ja daß gerade hieraus seine große und wirkliche Begabung abzuleiten ist. Über die hiedurch erreichten großen Schönheiten des Werkes schwebt freilich durch das Streben nach Effekt auch leichter Schatten.*

Selbst Hanslicks *Neue Freie Presse* bringt einen Korrespondentenbericht am 19. Mai: *In Linz kam kürzlich eine neue Symphonie (C-Moll) von Anton Bruckner im Großen Redoutensaale zur Aufführung und fand bei dem zahlreichen, sehr gewählten Publikum wie bei der Kritik eine außerordentlich günstige Aufnahme.*

Mit dieser Sinfonie, der die zwei Studienwerke der f-Moll- und der »Nullten« Sinfonie in d-Moll vorausgegangen waren, hatte Bruckner seine neue Konzeption für die Entwicklung der Sinfonik präsentiert. Daß die Resonanz hierauf weit über die Linzer Grenzen hinausging und sofort den Wiener Raum eroberte, muß den Komponisten zur Überwindung der nächsten Hürde seiner Karriere ermuntert haben: dies war der nunmehr notwendige Schritt nach Wien, um den gesellschaftlichen Prozeß der sozialen Anerkennung analog dem der künstlerischen Leistung einzuleiten. Alle erhaltenen Quellen belegen, daß die Ursachen für die Depressionen bzw. die Melancholie Bruckners, die in den späten sechziger Jahren auftraten, nicht in künstlerischen Problemen lagen, sondern ausschließlich gesellschaftlicher, sozialer Natur waren. Die Erschöpfung nach einem dermaßen ergiebigen Schaffenschub, wie ihn die vier Linzer Jahre nach 1864 hervorgebracht hatten, dürfte verstärkend hinzugetreten sein.

Bruckner stand, jedenfalls von der Rezeption her gesehen, im Mittelpunkt der Linzer musikalischen Szene und hatte sich von

[65] Bruckner: *Briefe*, S. 94

hier aus einen künstlerischen Vertrauensvorschuß in der für seine Verhältnisse ungeheuer reichhaltigen Musikwelt der Habsburger-Metropole Wien gesichert. Die Verbissenheit, mit der Bruckner seine Übersiedlung nach Wien einleitete, und die zähen Verhandlungen mit Hofkapellmeister Herbeck öffnen nicht nur Einblicke in Grundeigenschaften wie Hartnäckigkeit, Wiederholungszwang, Nahzielstrategie und panische Angst vor sozialer Not, sondern müssen auch als Vorgang verstanden werden, die reale Existenz auf die gleiche Höhe der künstlerischen Ebene, die allseits bestätigt wurde, anzuheben.

Linz, eine Provinzmetropole mit einem selbst für heutige Verhältnisse ausgesprochen regen kulturellen Angebot, war dem sich nun öffnenden, von keiner künstlerischen Einschränkung zurückgehaltenen Organisten und Komponisten zahlreicher Messen und Sinfonien zu klein geworden.

1868–1876

Der Marsch durch die Institutionen des bürgerlichen Wien – Professor am Konservatorium – Beziehungen, Wohnungen, Reisen – zweiter Schaffensschub (1871–76): 2. bis 5. Sinfonie – der Kampf um die Wiener Universität

Der Weg nach Wien, in die Metropole künstlerischer Praxis, sowohl was neue Kompositionen als auch gültige Interpretationen betraf, war für das gesellschaftliche Streben Anton Bruckners unerläßlich. Verständlicherweise muß für ihn auch der Wunsch eine Rolle gespielt haben, seine Kompositionen, die er von nun an im Gefolge der 1. Sinfonie und der f-Moll-Messe bereit war, einer großen Öffentlichkeit vorzulegen, von einem verständigen Publikum einerseits und von sachkundigen Interpreten andererseits akzeptiert zu wissen. Bruckner hätte – das geht zumindest aus seiner Wiener Zeit hervor – mit Hilfe der ausländischen Freunde vor allem in Deutschland die Möglichkeit ergreifen können, zurückgezogen zu komponieren und seine Werke international aufführen zu lassen. Immerhin haben Franz Liszt und auch Johann Strauß diesen Weg gewählt. Dennoch, für Bruckner galt es, die Chance auf gesellschaftlichen Aufstieg wahrzunehmen. Vom Schulgehilfen aus Ansfelden, Windhaag und Kronstorf zum Lehrer in St. Florian (1845) und zum provisorischen Stiftsorganisten (1850), zum Hauptschullehrer in Linz (1855), zum Domorganisten zu Linz (1856), zum Ersten Chormeister eines Sängerbundes in Linz paßte, daß er, nachdem er in Linz nahezu alles erreicht hatte, was er wollte, in seinem Streben nach bürgerlicher Verankerung den Weg nach Wien suchte. Dieser Schritt dürfte neben dem angehobenen Sozialprestige auch der existentiellen Absicherung durch ausreichende finanzielle Mittel gedient haben. Anders wäre es nicht zu erklären, daß Bruckner mit einer Doppelstrategie beginnt, nämlich auf Vorschlag des ihn sehr schätzenden Hofkapellmeisters Johann Herbeck sich um die Professur in der Nachfolge des 1867 verstorbenen Simon Sechter zu bewerben, andererseits aber auch die Wiener Universität mit ihren Möglichkeiten im Auge zu behalten. Der Briefwechsel mit Johann Herbeck weist aus, daß Bruckner an den finanziellen Gegebenheiten des Konservatoriums mehr Interesse hat als an den inhaltlichen Möglichkeiten, die eine derartige Stelle in sich birgt. Herbeck muß seinen Freund im Brief vom 10. Juni 1868[66] zu einer Grundsatzüberlegung mahnen:

> *Sollten Sie sich dessen ungeachtet aus eigenem Antriebe entschließen nach Wien zu kommen, so bitte ich Sie dringend, bevor Sie diesen Entschluß unwiderruflich fassen, reiflichst zu erwägen, ob Ihre eventuelle hiesige Stelle, die Sie zumeist auf den Unterricht verweisen wird, Ihrer Neigung, Ihrer Begabung, die eigenen großen Kenntnisse Anderen beizubringen, entspricht, ob Sie sich überhaupt auf diesen Boden der, ich wiederhole es, hauptsächlich durch Unterricht geben Früchte tragen soll, wohlfühlen werden, daß Sie sich jetzt den weitaus größten Theil Ihres Einkommens durch Orgelspiel und Dirigieren verschaffen. Haben Sie das alles gewissenhaft erwogen, steht Ihr Uebersiedlungsentschluß dennoch fest, so bitte ich Sie niemals zu vergessen, daß Sie diesen Schritt aus eigenem Entschluße, auf eigene Gefahr gethan, daß ich nur mitgeholfen, Ihnen die hiesige, höchst auszeichnende, keineswegs materiell glänzende und nicht mit absoluten Sicherheiten verbundene Stellung anbieten zu können, daß aber – käme ein hinkender Bote mit getäuschten, von mir nicht gewärtigten Erwartungen, oder was Gott verhüte, ein Unglück, das Erwerbsunfähigkeit im Gefolge hätte, nach – ich um keinen Preis eine Verantwortung oder Haftung moralischer oder materieller Natur übernehmen kann.*

Bruckner, hin- und hergerissen, bittet seinen Freund Rudolf Weinwurm um Rat und schreibt noch im Juni an Hans von Bülow in München, um *Fürsprache für die Stelle eines Hoforganisten oder Vizehofkapellmeisters bei König Ludwig II.* zu erlangen. Acht Tage später erklärt er sich aber in einem Schreiben an das Wiener Konservatorium (siehe das Faksimile des Schreibens S. 84) gegenüber der *hochlöblichen Direktion* zu allem bereit und mit allem einverstanden und wird schließlich Professor für Generalbaß und Kontrapunkt sowie Professor an der Orgelschule mit 800 Gulden als »Remuneration«[67] pro Jahr.

Das kulturelle Wien hatte sich seit Beethovens Tod geändert. Die Stadt zählte nun rund 600000 Einwohner, war weit über die

[66] Bruckner: *Briefe*, S. 304
[67] die veraltete Bezeichnung für eine Vergütung

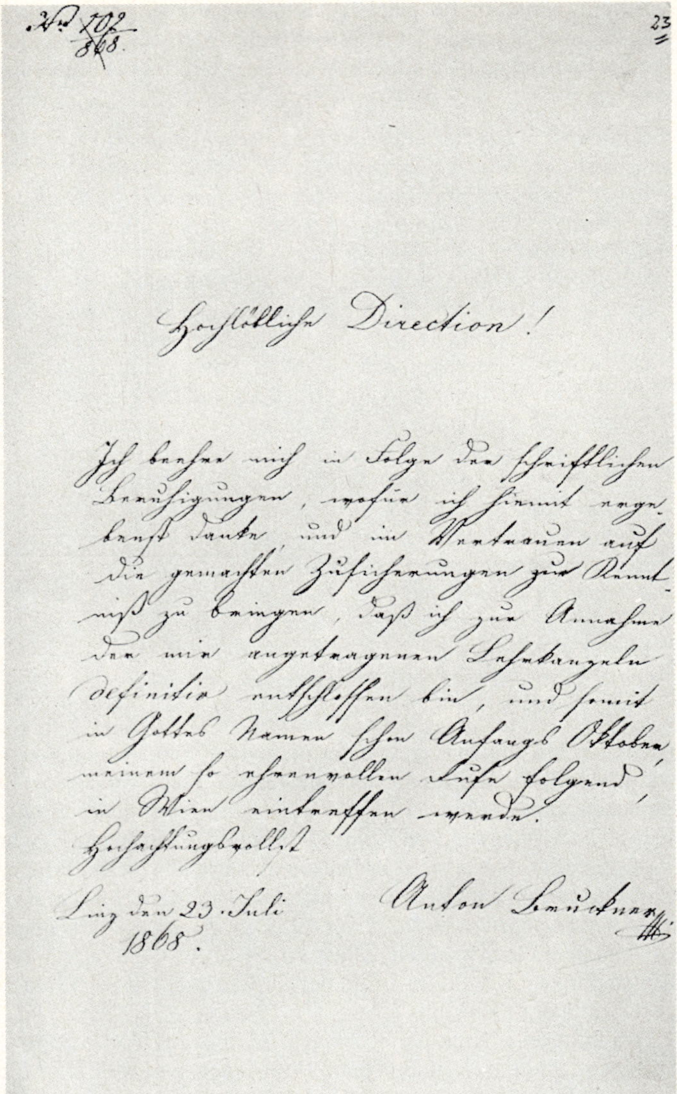

№ 102/868. 23

Hochlöbliche Direction!

Ich beehre mich in Folge der schriftlichen Versicherungen, wofür ich hiemit ergebenst danke und im Vertrauen auf die gemachten Zusicherungen zur Kenntniß zu bringen, daß ich zur Annahme der mir angetragenen Lehrkanzeln definitiv entschlossen bin, und somit in Gottes Namen schon Anfangs Oktober meinem so ehrenvollen Rufe folgend in Wien eintreffen werde.

Hochachtungsvollst

Linz den 23. Juli 1868.

Anton Bruckner m/p

Schreiben an das Wiener Konservatorium,
mit dem Bruckner die Übernahme der Stelle besiegelt

alten Basteien hinausgewachsen, eine neue Architektur bestimmte ihr Selbstbewußtsein. Zwar existiert noch die Habsburger-Monarchie, aber die kulturellen Ambitionen waren schon längst in die Hände von aufstrebenden Bürgern übergegangen, die oft kleinlicher, engstirniger, parteiischer reagierten als die Fürsten der Beethoven-Zeit. Titel, verbunden mit kulturellen Funktionen oder mit Ehrenstellen, wurden großzügig vergeben. Eine neue Hierarchie entsteht, mit der umzugehen nicht leichter fällt als vormals mit den diktatorischen Maßnahmen mancher Feudalherren. Bruckners Weg in Wien ist zeitlebens vom Kampf mit diesen Hierarchien gezeichnet, den er unbeirrbar und getragen von dem Wunsch nach allgemeiner Sicherheit hingegen nicht allzu geschickt führt. Bruckners Briefe bezeugen diese kurzfristigen Strategien, die immer mehr auf das Erreichen des nächstliegenden Zieles konzentriert sind und die Möglichkeit, sich die Umgebung auf Dauer wohlgesonnen zu machen, oft außer acht läßt.

Als »ungelernter« Neuankömmling vom Land glaubt er immer noch an den Einfluß des Hofes, muß jedoch bald erkennen, daß dieser nur mehr formal mit Macht ausgestattet ist, in Wirklichkeit aber die Fäden bereits von anderen geknüpft werden. Als einziger Hinweis auf Bruckners Mißverständnis der Wiener Machtstrukturen liegt ein Brief der Witwe des Oberhofmeisters Constantin Prinz zu Hohenlohe-Schillingsfürst vor, dem Bruckner später die 4. Sinfonie widmete. Sie, die Prinzessin Marie zu Sayn-Wittgenstein-Berleburg, eine Tochter von Liszts Lebensgefährtin Marie Cathérine Sophie d'Agoult, deren Wohnsitz im Augarten-Palais zu einer der wenigen Heimstätten der Kunst geworden war und bei der sich die Kulturgrößen Wiens – Finanzleute, Hoftheaterintendanten, Diplomaten und Wissenschaftler – die Hand gaben, schrieb an den Bruckner-Biographen August Göllerich eine vermutlich reale Einschätzung des gesellschaftlichen Auftretens Bruckners[68]:

> *Ihr eben erhaltener Brief bringt mich in einige Verlegenheit – verehrter Direktor – da ich nicht weiß, ob meine offene Aussprache Ihre Bewunderung für Bruckner nicht verletzen wird. Bruckner hatte besonders in Linz eine sehr große Gemeinde – die eine Art Kultus mit seinen Kirchenkompositionen trieb.*

[68] Theophil Antonicek: *Anton Bruckner und die Wiener Hofmusikkapelle*, Graz 1979, S. 9f.; auch veröffentlicht in: Göllerich/Auer, a. a. O., Band IV/3, S. 506

Stumm verhielt sich Liszt, der so einzig gutmütig fremde Talente anerkannte, diesem Lokalpatriotismus gegenüber. Mein Mann trennte sehr scharf den Künstler Bruckner, dem er als einheimischen Komponisten alle Geltung zu verschaffen suchte, von dem Menschen, der wegen seiner biedermeierischen Pose viel Beliebtheit in einigen Hofkreisen genoß. Das entsprach gewissen Traditionen aus der ›guten Zeit‹ des patriarchalischen Kaisers Franz – wo kleine Ungeschliffenheiten des Künstlers mehr Anklang fanden, als dessen feines, weltmännisches Auftreten. Diese Art war Liszt's Besonderheit zuwider – aber mein Mann und ich fanden auch, daß Bruckner mit seinen Beziehungen zum Hof recht gut Reclame zu treiben verstand. Viele seiner Äußerungen darüber, die in die Öffentlichkeit colportiert wurden, entbehren jeder Spur von Wahrheit. Daher weiß ich keine besonderen ›Geschichten‹ über die Widmungen seiner Symphonien. Mein Mann vermittelte mit vollster Überzeugung von Bruckner's Verdienst, die Annahme seiner Widmung durch seine Majestät. Über seine Audienz, die keine Zeugen hatte, zweifle ich nicht, daß seine Fantasien sich etwas frei entfalteten! Irgend was Bedeutendes hat Bruckner dem Obersthofmeister nie geschrieben, nur Danksagungen in devoter Form, die nicht aufgehoben wurden. Ich halte Aufrichtigkeit stets für die beste Tonart – entschuldigen Sie daher, wenn unser Standpunkt Ihrer Verehrung widerspricht. Sie werden auch Gelegenheit gehabt haben, den Komponisten in vollster Natürlichkeit zu kennen – und ein so gewaltiges Talent muß auch Urwüchsiges an sich gehabt haben. Uns zeigte er sich leider in garstiger Vermummung –, es lag eine gewisse Berechnung der selbstgefälligen Plumpheit seinen Hofmanieren zugrunde.

Auch die Schwierigkeiten Herbecks, der eigentlich Bruckners entschiedenster Förderer war, mit dem Komponisten oder dessen Verhältnis zu Hermann Levi, Hans Richter, schließlich auch zu Joseph Hellmesberger beweisen, daß Bruckner rücksichtslos und ohne Hemmungen die ihm befreundeten Kreise für seine Interessen einsetzte und damit unausbleiblich Widerstand hervorrief. Andererseits ist aber damit auch festgestellt, daß Bruckner in seiner Gesellschaft als einer der anerkannten und bedeutenden Wiener Komponisten präsent war. Denn wie sonst hätten die von ihm und seinem Freundeskreis ausgehenden Geschichten, die vielen um ihn und die berühmten Namen seiner Bekannten sich

Bruckner 1868

rankenden Anekdoten entstehen können, wenn nicht Bruckners Bedeutung von allem Anfang an im obersten Rang der Hierarchie gesellschaftlichen Lebens gestanden hätte, wie es nun einmal in der damaligen Zeit Professoren zukommt.

Dies bezog sich auch auf seine äußeren Lebensumstände. Bei der Ankunft in Wien 1868 fand der Komponist eine Wohnung im 9. Bezirk, Währinger Straße 41, im II. Stock, für die er jährlich knapp 200 Gulden bezahlte. Diese Wohnung lag nicht nur in der Nähe der Burgkapelle, einer der Wirkungsstätten Bruckners, und des damals Unter den Tuchlauben untergebrachten Konservatoriums, sondern galt auch als eine »gute Adresse« in der Wiener Gesellschaft, genauer: als zweitbeste Adresse nach der Innenstadt. Aus damaliger wie heutiger Sicht waren die Lage und die Aussicht entscheidend für die Qualität der Wohnung, die Bruckner auch zum Maßstab für eine nächste Wohnung machte, die er zum selben Preis 1876 in der Heßgasse 7, eng am Schottenring gelegen, bezog.

Auch die Übernahme einer Wohnung im »Heinrichshof«, die nur kurz dauerte und vermutlich vor dem Wohnungswechsel 1876 datiert werden muß, beweist, daß Bruckner selbst auf gute Adressen Wert legte; denn jeder Wiener kannte dieses riesige Mietshaus gegenüber der Oper, das dem Großindustriellen und Besitzer der Wienerberger Ziegelfabrik, Heinrich Drasche, gehörte und wohl auch zu den teuersten Etablissements in Wien zählte.

Den Gipfel des Wohnungskomforts erreichte Bruckner allerdings erst 1895, als ihm der Kaiser auf Vermittlung von Erzherzogin Valerie kostenloses Wohnrecht im »Kustodenstöckl« des Belvedere gewährte. Diese Adresse, die bis heute zum Nonplusultra des Wiener Wohnkomforts zählt, beweist, daß Bruckner auch in dieser meist als unwichtig abgetanen Frage sein Ziel der Etablierung in die obersten bürgerlichen Ebenen hinein durchgesetzt hat.

Bruckners äußere Lebenshaltung unterscheidet sich, will man den wenigen Zeugnissen glauben, nicht wesentlich von der seiner Standeskollegen. Als Anwärter auf eine Stelle an der Hofmusikkapelle, die ihm Herbeck ebenfalls 1868 verschaffen konnte, ist er dort ohnehin gezwungen, die vorgeschriebene Uniform zu tragen; die Fotos der Wiener Zeit beweisen, daß der Komponist sich im wesentlichen durchaus der Mode anpaßte. Es bleibt damit wenig vom Lächerlichen, Zerstreuten und Komischen übrig, das Bruckner mündlichen Zeugnissen zufolge zugeschrieben wurde. Daß die Kleidung von ihm allgemein in etwas weiterem Zuschnitt getragen wurde als beispielsweise von Johann Strauß, mag darin seine Erklärung finden, daß der Komponist beim Orgelspiel viel Bewegungsfreiheit brauchte. Seine etwas kürzer sitzende Hose und die festen, aber immer tadellosen Schuhe sind in diesem Falle Attribute für jemanden, der auch mit den Füßen Präzisionsarbeit verrichtet. Wenn überhaupt, so mögen die Abweichungen seiner Kleidung von der allgemeinen Norm im Rahmen seiner Position als Professor ihren Ursprung haben, was allerdings verständlich wäre. Die immer wieder erwähnten übergroßen Taschentücher könnten zwar als Relikt seiner Vergangenheit im ländlichen Oberösterreich angesprochen werden, dürften aber eher mit der starken Transpiration, unter der Bruckner litt und die er »Hitze« nannte, und dem schweißtreibenden Orgelspiel zusammenhängen.

Auch die Gasthäuser, die Bruckner aufgesucht hat, entsprechen im wesentlichen dem Standard des gehobenen Bürgertums. Für das Mittagsmahl galten als die zentralen Wiener Lokale »Breying« und »Nebus«, »Am Peter 7«, »Der rote Igel« auf dem Wildpretmarkt, »Bei der Tabakspfeife« im Trattnerhof, »In der Linde« (Rotenturmstraße), das »Michaeler-Bierhaus« oder das »Blumenstöckl« in der Ballgasse. Auch »Hegners Restauration« in der Walfischgasse sowie die »Kugel« (Am Hof) galten als Restaurants der gehobenen Klasse. Selbst Bruckners in vielen Biographien verschämt gerühmter Biergenuß ist typisch für das Wien der damaligen Zeit. Bier zählte auch für die untersten Schichten zu den Grundnahrungsmitteln. Mit der Eröffnung der Ringstraße etablierten sich dort einige große und dennoch elegante Bierhallen berühmter Brauereien, so die »Liesinger« in der verlängerten Schottengasse, »Kummer« in der Babenbergerstraße 5 – und »Philipsky« im Heinrichshof.

Bruckner hielt sich selbstverständlich an seine Unterrichtszeiten, die neun Wochenstunden am Konservatorium umfaßten, pflegte aber regelmäßig seine Mittagsmahlzeit einzunehmen und suchte ebenso regelmäßig die Entspannung am Abend in Wirtshäusern und ähnlichen Etablissements, was zweifellos nicht immer der reinen Unterhaltung diente, sondern – wie auch heute noch – Arbeitsgespräche, Verhandlungen, Terminvereinbarungen etc. einschloß. Die bislang veröffentlichten Kalendereintragungen Bruckners kennzeichnen Termine, die Dienstliches mit Persönlichem vermischen, geben aber keinerlei Hinweise auf spezifische Lebensgewohnheiten.

Bruckner hört an der Universität zwischen Oktober 1868 und Ostern 1869 gelegentlich Vorlesungen Eduard Hanslicks. Hanslick, der frühere Musikkritiker der Prager Zeitung *Ost und West*, war 1846 nach Wien übersiedelt, schrieb dort für die alte *Presse*, war Beamter des Unterrichtsministeriums und wurde im Anschluß an die Veröffentlichung seines Buches *Vom musikalisch Schönen* zum Lektor für Musikästhetik und Musikgeschichte an der Wiener Universität ernannt. 1861 erhielt er den Professorentitel, 1864 wechselte er zur *Neuen Freien Presse* über. Hanslick kannte Bruckner bereits aus seiner Linzer Zeit und förderte sogar dessen Anstellung am Konservatorium durch gezielte Notizen in seiner Zeitung. Wahrscheinlich war es sogar Hanslick, der Bruckner zu den Auslandskonzerten in Nancy und Paris (vgl. S. 92) anregte.

Daß sich der Komponist bewußt war, wie sehr sich Hanslick um ihn verdient gemacht hatte, weist ein Schreiben vom 9. Mai 1884 nach[69]: *Hanslick war mein höchster und größter Gönner*

[69] Bruckner: *Briefe*, S. 162

Eduard Hanslick

außer Herbeck. Wie er über mich bis 1874 (wo ich an die Universität als Lektor befördert wurde) schrieb, das kommt kaum wieder.

Mit einem Schlag war Bruckner also in das musikalische Leben der Wiener Gesellschaft eingedrungen und hatte sich als Organist und als Professor vorgestellt. Den Ruf, der ihm vorausging, festigte er 1869 durch die Orgeltriumphe von Nancy und Paris, was seinen Niederschlag in Hanslicks *Neuer Freier Presse* vom 13. Juni 1869 unter dem Titel fand: *Erfolge eines österreichischen Organisten in Frankreich.* Darin wurde Bruckner die größte technische Vollendung bescheinigt und das Auftreten als ein *Probestück tiefer Gelehrsamkeit, gewählten Geschmacks und ungewöhnlicher Bravour* gefeiert.

Die Anstellung am Konservatorium, die Herbeck durchgesetzt hatte, errang durchaus Resonanz. Ebenso die Uraufführung der e-Moll-Messe am 29. September 1869, die dem Komponisten von seiten des Linzer Bischofs ein Anerkennungsgeschenk von 200 Gulden einbrachte[70].

Wenn man das Künstlerstipendium vom 28. Dezember 1868, das Bruckner vom Unterrichtsministerium auf Veranlassung Hanslicks erhielt, hinzurechnet und auch die Honorare von Privatschülern miteinbezieht, wird deutlich, daß der Komponist durchaus Einnahmen zu verzeichnen hatte, die ihm ein seiner Stellung adäquates Leben ermöglichten. Statistische Untersuchungen der Zeit sprechen nämlich vom durchschnittlichen Jahresverbrauch einer vierköpfigen Familie von 600 bis 800 Gulden[71]. Bruckners Einkommen lag niemals in seiner gesamten Wiener Zeit unter diesem finanziellen Niveau. Auch der Tod seiner Schwester Anna am 16. Januar 1870, die dem Komponisten den Haushalt geführt hatte, stellte keinen wesentlichen Einschnitt in der Lebensweise dar, weil sofort Katharina Kachelmeyer, genannt Frau Kathi, eine Arbeiterfrau, als Haushälterin an ihre Stelle trat, allerdings nur stundenweise.

Daß Bruckner am 22. November 1870 Ehrenbürger seines Geburtsortes Ansfelden wird, zeugt von seiner Berühmtheit. Ebenso verleiht ihm der oberösterreichische Lehrerverein die Ehrenmitgliedschaft. Die d-Moll-Messe wird im September 1870

[70] Der Dankesbrief Bruckners findet sich in: Göllerich/Auer, a. a. O., Bd. III, S. 560f.

[71] Helga Czeike: *Lohn- und Arbeitsverhältnisse im Wien der 2. Hälfte des 19. Jahrhunderts*, in: *Amtsblatt der Stadt Wien* 67, Heft 12, S. 10f.

in Salzburg aufgeführt und erhält gute Kritiken. 1871 erkämpft sich Bruckner nach einem Probespiel in Wien die Entsendung als bedeutendster österreichischer Organist durch die »Handelskammer und Gewerbekammer für Österreich unter der Enns« nach London. Er erzielt dort Erfolg auf der ganzen Linie. Stolz schreibt er an seinen alten Freund Moritz von Mayfeld in Linz[72]:

Euer Hochwohlgeboren!

Eben fertig. 10mal conzertiert; 6mal in Alberthall, 4mal im Krystallpalast. Riesigen Applaus, immer ohne Ende. Wiederholungen verlangt. Namentlich mußte ich oft 2 Improvisationen nachspielen. So dort u. da. Viele Complimente, Gratulationen, Einladungen. Kapellmeister Manns v. Krystallpalast sagte mir, er sei erstaunt, u. ich soll bald wieder kommen u. Compositionen von mir schicken. Dr. Pinsio grüßt Sie. Bald werde ich nach Brüssel zurückgehen; spiele aber nicht mehr, bin zu müde und aufgeregt. Deutschland, Berlin behalte ich für später, so auch Holland und Schweiz. Der gnäd. Frau Handkuß. Mit Respekt

Euer Hochgeborener
dankschuldiger

Anton Bruckner.

Gestern spielte ich vor 70 000 Menschen, u. mußte wiederholen, da das Comité mich bath; denn ich wollte nicht ungeachtet allergrößten Applauses. Montag spielte ich mit gleichem Erfolg im Conzert etz. etz.

NB. Leider ist der Recensent der Times in Deutschland; wird also kaum jetzt etwas über mich geschrieben werden.
Bitte die Linzer Zeitung gütigst wissen zu lassen. Namentl. Hl.[73] Dr. Dutschek.

Bruckner irrte. Denn der *Morning Advertiser*[74] resümiert, daß die *Leistungen dieses Künstlers wahrhaftig ausgezeichnet und würdig des Vaterlandes eines Mozart und Haydn* gewesen wären. Den Höhepunkt aber hätten Bruckners *mühelos durchgeführte wie*

[72] Bruckner: *Briefe*, S. 114f.
[73] die damals in Briefen oft gebrauchte Höflichkeitsanrede »Hochlöblicher«
[74] vom 1. September 1870; Übersetzung: M. W.

ideenreiche Improvisationen geboten und die *geniale Methode, in der diese Gedanken ausgedrückt sind.* Die Redaktion spreche nicht nur, wie es das Publikum getan habe, die vollste Anerkennung aus, sondern wünsche sich, daß Herr Bruckner auch einige der erfolgreichsten Kompositionen veröffentlichen würde.

Bruckner kehrt nach Wien zurück, wo er seine Arbeit wieder aufnimmt. Seit dem 18. Oktober 1870 ist zu den Einkünften ein Lehrauftrag für Musiktheorie an der k. k. Lehrerbildungsanstalt St. Anna mit einer Remuneration von 540 Gulden pro Jahr hinzugekommen. Wie sensibel der Komponist auf äußere Geschehnisse reagiert, ist aus einem Schreiben an Moritz von Mayfeld

London, Kristallpalast

von Ende Oktober 1871 zu ersehen[75]. Wegen eines kleinen Vorwurfs, vor dem wohl kein Meisterklassenlehrer sich wirksam schützen kann, bekommt er Fieber. Er habe, so lautet die Anschuldigung, seine Schülerinnen gegenüber den männlichen Studierenden bevorzugt. Herbeck betrachtet die Angelegenheit eher von der heiteren Seite und mißt ihr keinerlei Bedeutung bei[76]. Bruckner hingegen trifft der Angriff empfindlich. Er stürzt sich am 11. Oktober 1871 in die Niederschrift der Partitur zur 2. Sinfonie, die er am 11. September 1872 abschließt. Nach der Uraufführung der f-Moll-Messe am Sonntag, dem 16. Juni, in der Augustinerkirche, die ihn allerdings 300 Gulden kostet und von Hanslick ausgesprochen positiv beurteilt wird, kommt die kalte Dusche für Bruckner in Form einer Ablehnung der soeben fertiggestellten Sinfonie seitens der Wiener Philharmoniker unter Otto Dessoff.

Nach einer vermutlich heftig geführten Diskussion, in der es neben der Ausführbarkeit wohl auch um die Länge und die zahlreichen Pausen in dieser Sinfonie ging, setzt sich das Urteil »unspielbar« durch. Genau dieses Urteil wird allerdings von eben diesen Philharmonikern ein Jahr später, am 26. Oktober 1873, unter Bruckners eigener Leitung revidiert. Er hatte nämlich durch eine erhebliche Subvention des Fürsten Johann von Liechtenstein das Orchester auf eigene Kosten engagieren können und war nach der Uraufführung derart begeistert, daß er das Werk dem Orchester widmen wollte[77].

Hochlöbliche Hochverehrte philharmonische Gesellschaft!

Wenn es mir auch in meinem ganzen Leben nie möglich sein wird, auch nur im entferntesten auszusprechen noch viel weniger, Ihnen das vergelten zu können, was Sie gestern mit dem vollsten Aufgebothe Ihrer höchsten Kunstleistungen, wo Sie sich womöglich selbst übertroffen zu haben schienen, mir in liebenswürdigster Weise erwiesen haben, so kann ich doch unmöglich umhin, Ihnen wenigstens zu sagen, wie sehr ich das fühle, und wie lebhaft ich erkenne, welche Dankespflicht mir obliegt. Nehmen Sie meine Herren den tiefsten und gerührtesten Dank entgegen, den ich Ihnen in größter Verehrung bringe und entzie-

[75] den vollen Wortlaut siehe S. 265f.
[76] in nämlichem Schreiben
[77] Bruckner: *Briefe*, S. 123f.

Autographe Seite aus der Finale der 2. Sinfonie

hen Sie mir, ich bitte Sie sehr, in aller Zukunft Ihre unentbehrliche unschätzbare Gewogenheit nicht.

Noch eine Bitte habe ich am Herzen, nämlich das Werk seiner ursprünglichen Bestimmung zuführen zu können. Da jeder Vater für sein Kind den möglichst besten Platz sucht, so wird es mir kaum verargt werden, wenn ich ein Gleiches thue und Sie bitte:

Darf ich das Werk Ihnen dediciren?

Da es nirgends in bessere Hände kommen kann, als in die Ihrigen, so würde eine geneigte Antwort mich sehr beglücken.

Wien, 27. Oktober 1873. *Anton Bruckner.*

Weil die Wiener Philharmoniker nicht reagieren und 1874 Franz Liszt ebenfalls auf eine Widmung nicht eingeht, ist dies Bruckners einzige Sinfonie ohne Widmung. Heute ist nicht mehr zu klären, ob

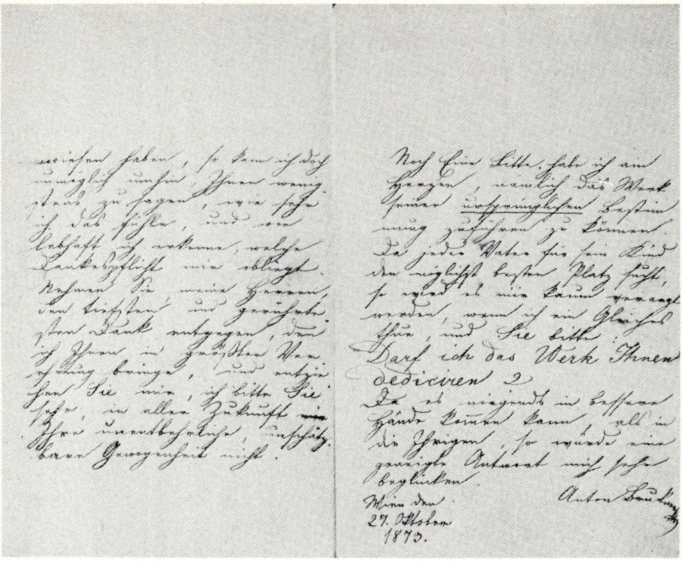
Darf ich das Werk Ihnen dedicieren ?

Brief an die Wiener Philharmoniker

die Ablehnung – was naheläge – auf die knappe Probenzeit zurückzuführen war oder auf eine Unfähigkeit des Dirigenten Dessoff, die Generalpausen sinnvoll zu gestalten. Entscheidend ist, daß angesichts der verbesserten Arbeitsbedingungen (mehr bezahlte Proben) und der Leitung eines Dirigenten mit klarem Konzept, wie der Komponist selbst es wohl hatte, aus der Ablehnung ein Jahr später die volle Zustimmung des Orchesters erwuchs.

Bruckner, nun unter einem fast zwanghaften Schaffensdruck, arbeitet sofort nach der ursprünglichen Ablehnung der »Zweiten« schon an der 3. Sinfonie, deren erster Satz – zumindest im Konzept – am 23. Februar 1873 abgeschlossen ist. Im Spätherbst kann er noch einmal seine Orgelkünste unter Beweis stellen, als im Musikverein die neue Ladegast-Orgel mit einer halbstündigen Improvisation eingeweiht wird. Aus den Vorwürfen Franz Pyllemanns in der *Allgemeinen musikalischen Zeitung* vom 27. November 1873 – *was die Kraft und Schönheit der Erfindungen anbelangt, so habe man wohl mehr von einem so vielberühmten Meister erwarten dürfen als die genaue Bekanntschaft mit gewissen ›neudeutschen musikalischen Neuerungen‹* – ist zu schließen, daß Bruckner für die Improvisation als eigenständige Kunstform diesmal nicht allzuviel Energie aufwandte. Er dürfte, und auch Max Kalbeck bestätigt dies in seiner Brahms-Biographie, eher Materialien verwendet haben, die seinem gegenwärtigen Schöpfungsdrang entsprachen, d. h.: Überlegungen zur Klangwelt der 2. und 3. Sinfonie. Nebenbei bemerkt war dieses Zusammentreffen mit Johannes Brahms, der unter den Zuhörern war, zwar das einzige künstlerische, wurde aber später gesellschaftlich noch einmal im Gasthaus »Zum Roten Igel« wiederholt.

Im Januar 1873, also mitten in diesem Schaffensschub, richtet Bruckner einen Bettelbrief an den ihm wohlgesonnen Unterrichtsminister Dr. Karl von Stremayr. Hier, unter dem Druck seiner Arbeit, ist Bruckner präzise. Er will keine neue Stelle, sondern *eine bleibende, im Budget gesicherte und vorgesorgte Subvention*[78]. »Subvention« heißt Bruckners Umschreibung für ein Entgelt, das ihm keinerlei unmittelbare Gegenleistungen abverlangt, sondern ihm Zeit für seine Arbeit geben sollte. Dieser Brief kennzeichnet, wie vermutlich kein anderes Bewerbungsschreiben Bruckners, die Realität. Der leidenschaftliche Drang zum Komponieren bedarf weniger der offiziellen Arbeitsstelle als der gesicherten Unterstützung in Form eines Arbeitsstipendiums, das hundert Jahre später zur Alltäglichkeit der Künstlerförderung zählen sollte, allerdings in einem viel bescheidenerem Ausmaß, als dies Bruckner wohl akzeptiert hätte.

Euer Excellenz!

Wachgerufen durch die höchst aufmunternde Anerkennung meines Compositions-Talentes von Seite Euer Excellenz, als auch durch mehrere der ersten Kunstnotabilitäten erkenne ich es bereits als ernste Pflicht gegen mich selbst, Alles aufzubiethen, um dem seit vielen Jahren mich leidenschaftlich erfüllenden Drange zum Componieren folgen zu können.

Meine dritte große Messe und letzte Symphonie waren es, wodurch mir eindringliche Mahnungen, das Componieren fortzusetzen, ans Herz gelegt wurden, namentlich durch Liszt.

[78] zitiert nach Göllerich/Auer, a. a. O., Bd. IV/1, S. 229

SYMPHONIE
in
D-MOLL
für grosses Orchester
componirt von
ANTON BRUCKNER.
Partitur Pr. fl. 15.— Mk. 25.— netto Stimmen Pr. fl. 25.— Mk. 45.— netto
Clavier Auszug vierhändig. Pr. fl. 6.— Mk. 10.—
Eigenthum des Verlegers für alle Länder.
Den internationalen Verträgen gemäss deponirt.
Verlag von
TH. RÄTTIG IN WIEN.
I. Wallnerstrasse 1.
Leipzig R. Forberg.

Dritte Sinfonie.
Titelblatt der Erstausgabe

Leider scheitert mein Streben wegen Mangel an Zeit. Als Hoforganist dürfte ich, nach den normalen Verhältnissen zu urtheilen, kaum erleben, einen Gehalt überhaupt zu erlangen, da ich schon an 50 Jahre alt bin. Als Conservatorium-Professor ist die Stellung keine fixe, sondern nur contractliche, und derart, daß ich auf zeitraubende Nebenbeschäftigung angewiesen bin.

Nur der Gnade des Hohen k. k. Ministeriums habe ichs zu danken, daß meine materielle Lage durch Ertheilung des Unterrichtes an der k. k. Lehrerbildungsanstalt wesentlich verbessert wurde, welche Stellung jedoch wieder nur auf Remuneration hoffen läßt, aber weder eine fixe, noch eine für die weitere Zukunft versorgende ist. Meine Schulstunden, wöchentlich 30–40, rauben mir so viel Zeit und Kraft, daß meine schöpferische Thätigkeit bedeutend gelähmt wird.

Diese Gründe bestimmen mich, an Euer Excellenz die unterthänigste Bitte zu stellen: Euer Excellenz wollen als wohlwollender Kunstgönner gnädigst mir eine bleibende, im Budget gesicherte und vorgesorgte Subvention zu verschaffen suchen.

Es zeichnet sich mit dem Ausdruck unbegrenzter Hochachtung und Dankbarkeit

Euer Excellenz
unterthänigster und ergebenster
Anton Bruckner.

Wien, den 27. Jänner 1873

Das erste Halbjahr 1873 gehört ausschließlich der Ausarbeitung der 3. Sinfonie, deren *Adagio* Bruckner am 2. März skizziert und am 24. Mai vollständig instrumentiert, während das Scherzo am 25. Juli vollendet ist. Gleichzeitig schon arbeitet er, wie eine Eintragung *Streichinstrumente* in die Partitur nachweist, vom 25. Mai bis 10. Juni an der endgültigen Formulierung des I. Satzes. Anfang August reist er nach Marienbad, um einer in Wien grassierenden Cholera-Epidemie zu entfliehen, und hält sich auch einige Tage in Karlsbad auf. Von dort aus trägt er Richard Wagner die Bitte vor, ihm seine letzten Schöpfungen (2. und 3. Sinfonie) unterbreiten zu dürfen.

Als Wagner nicht schnell genug antwortet, reist Bruckner ohne Einladung Anfang September 1873 selbst nach Bayreuth.

Das schriftliche Zeugnis Bruckners über die Unterredung mit Wagner stammt aus einem Bericht von Hans von Wolzogen, der erst 1884 geschrieben wurde[79]. Vermutlich war das Interesse Wagners an Bruckner vor allem wegen des plötzlichen Überfalls und Wagners Engagement beim Bau des Festspielhauses nicht sehr groß, die Episode endete allerdings mit der Annahme der *Symfonie in d-moll, wo die Trompete das Thema beginnt*[80] durch Richard Wagner. Am 15. Oktober desselben Jahres tritt Bruckner in Wien dem Akademischen Wagner-Verein bei. Der Beitritt dürfte seine Ursache wohl in einem Glückwunschschreiben anläßlich der Annahme der Widmung durch Richard Wagner haben. Bruckners Aufnahmeantrag lautet[81]:

Hochverehrter Herr Vorstand!

Daß ich eine solche Auszeichnung, wie Sie mir entgegenkommen nicht verdiene, bin ich mir wohl bewußt. Aber die Herzlichkeit, womit mir die Hochverehrten P. T. [82] *Mitglieder Ihres selbst von unserem erhabenen Meister so ausgezeichneten Vereines auch in den trübsten Stunden meines bescheidenen musikalischen Wirkens entgegengekommen sind, fesselt mich heftig an denselben, und bitte daher sehr, mich als Mitglied gütigst aufnehmen zu wollen. Ich werde mich sehr freuen, einem Vereine anzugehören, wo Intelligenz und Eifer für wirklich Edles so rühmlich vertreten sind. Mit dem Ausdrucke der höchsten Verehrung Eurer Wohlgeboren*

ergebenster

Anton Bruckner, m. p.

Wien, 15. Okt. 1873

[79] siehe den vollständigen Wortlaut S. 279ff.

[80] Bruckner hat Wagner die 2. und 3. Sinfonie vorgelegt, es diesem überlassend, welche von beiden er annehmen wolle. Gesprächsweise hatte Wagner sich für die »Dritte« entschieden, Bruckner selbst aber schwebte in Ungewißheit. So schickte er Wagner eine Notiz mit dem obigen Vermerk, worunter Wagner *Ja! Ja! Herzlichen Gruß! Richard Wagner.* setzte; vgl. Auer, a. a. O., S. 267ff. Siehe hierzu S. 124 sowie das Faksimile S. 280

[81] Bruckner: *Briefe*, S. 122

[82] *P*[leno] *T*[itulo] (»mit vollem Titel«) ist die in Österreich gebräuchliche Anrede für Personen oder Personengruppen, besonders dann, wenn die vollständigen Titel dem Schreiber unbekannt sind. Die Abkürzung *m*[anu] *p*[ropria] (»eigenhändig«), mit der das Schreiben schließt, weist aus, daß der Brief vom Verfasser persönlich ausgefertigt wurde.

Die Aufführung der 2. Sinfonie hatte naturgemäß ein Loch in Bruckners sorgsam überwachtes Budget gerissen. Deswegen verwundert nicht, daß er am 9. November einen zweiten Anlauf nimmt, eine Subvention zu erhalten. Er richtet ein Schreiben an den *hohen Reichsrath*, ähnlich dem ersten Ansuchen dieser Art an den Unterrichtsminister, lediglich um den Hinweis auf den Erfolg der 2. Sinfonie erweitert. Es ist erstaunlich, wie konsequent und zielsicher und wohl auch hartnäckig Bruckner bei der von seiner Warte aus völlig legitimen Forderung blieb, ihm für diese Zeit intensiven kompositorischen Schaffens eine Art freies Stipendium zu gewähren, das keinerlei Verpflichtungen nach sich zog. Diese Hartnäckigkeit bedeutet auch, daß der Komponist die Vorteile eines Konzerts mit Musikern, die er aus eigener Tasche bezahlte wie bei der 2. Sinfonie, zu schätzen wußte, daß die Finanzierung eigener Konzerte allerdings noch über seine Möglichkeiten hinausging. Das Jahr schließlich endet für Bruckner mit dem Abschluß der Arbeit an der 3. Sinfonie und der Eintragung auf der letzten Seite der Partitur: *vollständig fertig. 31. Dezember 1873 Nacht*. Das Autograph der ersten Fassung der 3. Sinfonie ist in dieser ursprünglichen Form nicht erhalten, weil Bruckner die Änderungen zur zweiten Fassung von 1877 in die erste Niederschrift eintrug und bei der grundlegenden Umarbeitung größerer Passagen einzelne Bogen ganz austauschte[83].

Obwohl der Minister für »Cultus und Unterricht« Bruckner mit Erlaß vom 9. Januar wiederum ein Künstlerstipendium von 500 Gulden gewährt, wird das Jahr 1874 zu einem weiteren Krisenjahr für den Komponisten. Zu erklären ist diese, auch anhand der Quellen zu deutende Krise durch mehrere Umstände. Bruckner gönnt sich, glaubt man seinen Eintragungen, nur zwei Tage Ruhe und beginnt am 2. Januar mit der 4. Sinfonie, die er am 11. November des Jahres abschließt, d. h. er arbeitet nahezu ein Jahr an einem einzigen Werk. Er verliert 1874 erneut den Kampf um eine Stelle an der Wiener Universität, obwohl bis zum Dezember hin immer mehr öffentliche Stimmen für seine Einstellung plädieren. Außerdem verliert er den Lehrauftrag der Lehrerbildungsanstalt, der eingestellt wird, und damit wohl auch einige Privatschüler, die

[83] Für die Ausgabe der ersten Fassung der 3. Sinfonie im Rahmen der Gesamtausgabe durch Leopold Nowak wurden zwei Abschriften herangezogen, einerseits die der Musiksammlung der Österreichischen Nationalbibliothek, andererseits jene aus dem Richard-Wagner-Archiv Bayreuth, die das Eingangsdatum 9. Mai 1874 trägt.

ihm durch die Anstalt zugefallen waren. Damit bleiben ihm nur die Professur am Konservatorium, aus der hinausgedrängt zu werden er immer noch Angst hat, und der Privatunterricht einiger Ausländer, die Lektionen bei ihm nehmen. Ohne diese Einnahmequellen hätte er, aus der Sicht seiner Krisensituation, wie er in einem Schreiben beklagt, *betteln gehen*[84] müssen. Bruckner hatte am 22. Juni eine Denkschrift an Baron Schwarz-Senborn in der englischen Gesandtschaft gerichtet, mit der unmißverständlichen Aufforderung, für sich einen Mäzen zu finden[85].

Als hierauf keine Antwort kommt und auch sonstige Andeutungen über eine Anstellung an der k.k. Hofmusikkapelle oder die Unterstützung durch den Kultusminister nicht eintreffen, ist Bruckner verzweifelt. Die Ausbrüche zu diesem Zeitpunkt richten sich in nicht wörtlichen, aber angedeuteten Vorwürfen gegen Liszt, gegen Wagner, gegen Richter, gegen Hanslick, schließlich gegen sich selbst wegen der vermeintlichen Torheit, überhaupt jemals nach Wien übergesiedelt zu sein. Wahrscheinlich wird u.a. die psychische Verfassung nach einem derart gewaltigen Werkausstoß für den depressiven Zustand Bruckners eine Rolle gespielt haben. Aufgrund seines Charakters und seiner gesellschaftlichen Prägung ist anzunehmen, daß Bruckner nur unter höchstem psychischem Druck arbeiten konnte, daß das Werk gleichsam eruptiv aus ihm hervorbrach und diese Art des Schaffensprozesses verständlicherweise eine nervliche Anspannung verursachte, die nach ihrer Lösung durch die Beendigung eines Werkes zu Depressionen führte. In kürzester Zeit – in vier Jahren nur – hatte Bruckner drei große Sinfonien konzipiert, geschrieben und fast aufführungsfertig gemacht, daneben den Kampf um gesellschaftliche Anerkennung, vor allem durch die Wiener Universität, gefochten und bislang verloren. Nun steht er, was den Erfolg seines Bemühens betrifft, mit leeren Händen da und beklagt sich zu Beginn des Jahres 1875 in zwei ausführlichen Schreiben an Moritz von Mayfeld[86]:

Euer Hochgeboren!

Meine 4. Synfonie ist fertig. Die Wagner-Synfonie (D-moll) habe ich noch bedeutend verbessert. Wagner-Dirigent Hans Richter war in Wien, und erzählte in mehreren Kreisen, wie

[84] siehe das Schreiben rechts
[85] vgl. weiter das vollständige Schreiben auf S. 267
[86] Bruckner: *Briefe*, S. 127ff.

glänzend Wagner sich darüber ausspricht. Aufgeführt wird selbe nicht. Desoff hielt die Proben in den Ferien, ließ mich zum Scheine suchen, u. erklärte (sein Wort, welches er mir noch Anfangs Oktober gab, brechend) später, das Programm sei vollzählig. Die Philharmoniker erwarten meine Synfonie noch immer. – Brahms scheint in Leipzig meine C-moll Synfonie Nro. 2 unterdrückt zu haben. Richter soll sich geäußert haben, er möchte die D-moll Sinfonie in Pest einmal aufführen. Was Hanslick mir getan, ist in der alten Preße vom 25. Dez. zu lesen. Selbst Herbeck sagte mir einmal, ich solle versuchen, ob ich bei Wagner irgend welche Hilfe finden könne. Ich habe nur das Conservatorium, wovon man unmöglich leben kann. Mußte schon im Sept. und später wieder Geld aufnehmen, wenn es mir nicht beliebte, zu verhungern. Kein Mensch hilft mir, Stremayr verspricht, – u. tut nichts.

Zum Glück sind einige Ausländer gekommen, die Lectionen bei mir nehmen, sonst müßte ich betteln gehen. Hören sie noch: Alle ersteren Clavier Professoren bat ich um Lectionen, jeder versprach, aber außer den wenigen Theoriestunden bekam ich nichts. Euer Hochgeboren sehen, die Sache wird ernst. Gern gehe ich in's Ausland, wenn ich nur eine ernährende Stellung bekommen könnte. [...]

Mein Leben hat alle Freude u. Lust verloren – umsonst u. um nichts. Wie gerne ginge ich wieder auf meine alten Posten! Wäre ich doch damals nach England! So stehen die Dinge! Mit Respekt

Euer Hochgeboren

dankschuldigster

Wien 12. Jänner 1875 *A. Bruckner.*

Was soll ich thun?

Euer Hochgeboren!

So eben komme ich vom Hofe. Salzmann, den ich endlich nach so oftmaligem Aufsuchen u. Warten sprechen konnte. Obwol ich von Herbeck das Resultat längst wußte, so that ichs, um Ihrem Wunsche entsprochen zu haben. Salzmann sagte die alte Formel, wenn einmal etwas frei werden sollte, wolle er Herbeck aufmerksam machen auf mich. Übrigens habe ich Herbeck ohnedieß vor einem Jahre sehr gebeten in dieser Angelegenheit. Richter war schon 4 Jahre v. Hohenlohe aus bestimmt. Eine

Synfonie, meine ich, hätte ich in der Zeit schreiben können, die ich ganz unnützer Weise hier zu solchen Zwecken verlaufen habe. Für mich gab es nur zwei Wege:

England in Betreff der Orgel;

Theaterkapellmeisterei in Österreich. Beides habe ich nicht verstanden, bin auch nie aufmerksam gemacht worden, einen der 2 Wege zu betreten. Linz hätte mir für letzteren wenigstens Gelegenheit geboten. Wagner darf man um Nichts ersuchen, will man seine Gunst nicht verscherzen.

Somit bleibt mir Liszt u. die Dönhof. Letztere möchte ich ins Feuer jagen. Da möchten sich die Edlen doch schämen? Wegen Wiesbaden habe ich durch einen Frankfurter Schüler mich erkundigen lassen: noch keine Antwort. Wegen Pest habe ich Richter gefragt, der mir sagte, daß das Geld fehle.

Meinen innigsten Dank für solche Teilnahme und Verwendung. Alles ist zu spät. Fleißig Schulden machen, u. am Ende im Schuldenarreste die Früchte meines Fleißes genießen, und die Torheit meines Übersiedelns nach Wien ebendort besingen, kann mein endliches Loos werden. 1000 fl. jährlich hat man mir genommen, u. heuer gar keinen Ersatz – auch kein Stipendium etc. – gegeben. Ich kann meine 4. Synfonie nicht abschreiben lassen.

Ich wollte ich hätte meine Linzer Lectionen hier; wie gerne würde ich Clavierstunden geben.

Wäre ich in Linz geblieben so hätte ich sicher Zappes Stelle und zugleich die Lehrerbildungsanstalt dort. Der gnädigen Frau meinen Handkuß. Nochmal innigst dankend

Euer Hochgeboren

dankschuldigster

Wien, 13. 2. 1875. Anton Bruckner, m. p.

Als wollte sich Anton Bruckner mit seinem formal strengsten Werk selbst aus der Wirrnis seiner Depressionen ziehen, beginnt er ab Mitte Februar 1875 mit der 5. Sinfonie in B-Dur, die in der Literatur vor allem wegen des letzten Satzes oft mit Mozarts »Jupitersinfonie« verglichen wird. Theoretisch wäre aber ebenso gut möglich, daß die konstante Beschäftigung mit dem Problem einer akademischen Laufbahn an der Universität und den dort zu lehrenden Fächern Bruckners Ideen weniger von der Abgeklärtheit des Mozartschen oder Beethovenschen Modells in der 9. Sinfonie ausgehen ließen, sondern von den aufgetürmten Schwierig-

Bruckner in den 70er Jahren

keiten, die beiden Spätwerken zugesprochen werden. Es ist gut denkbar, daß Bruckner, getrieben von seiner Idee, Kontrapunkt zu lehren, in einer Art Imponiergehabe sich selber und der Welt beweisen wollte, was er zu leisten imstande war. Es gibt wohl keine Bruckner-Sinfonie, die sich dermaßen deutlich an historischen Vorbildern orientiert und fast schamlos die Präsentationsmodelle der einzelnen Themen im Beethovenschen Finale geradezu naiv übernimmt. Der klassische Gestus, der auch in der Tempo-Relation *Adagio-Allegro* gleich im ersten Satz unübersehbar ist, kann möglicherweise als Fingerzeig für jene Kritiker gelten, die noch an seiner Befähigung zweifeln, die hohe Schule des Kontrapunktes der Wiener klassischen Form zu lehren. Hier wird – weit über alle Lehren hinausgehend, die Bruckner selbst studierte und lehrte – verkündet, welche Spannweite denn die Beschäftigung mit diesem gelehrten Gegenstand auch in realer Kunst haben kann[87]. Die Ursache für die Janusköpfigkeit von Bruckners 5. Sinfonie zwischen Selbstdisziplin und selbstbewußter Geste nach außen wird niemals zu klären sein. Es scheint aber, daß beide gültige Motivationen für die Beschäftigung des Komponisten mit dieser Sinfonie, deren Ausarbeitung mehr als ein Jahr dauern sollte, gewesen sein könnten.

Erst der Bescheid der Hofmusikkapelle vom 16. Juni 1875[88], in dem über *hierortigen Antrag Ihnen die Stelle eines Vize-Archivars und zweiten Singlehrers der Hofsängerknaben vom 1. Juli d. J. an verliehen und das k. k. Hofzahlamt angewiesen wurde, Ihnen die Bestallung jährlicher 300 Gulden vom 1. Juli d. J. angefangen*, macht der Notzeit ein Ende. Die nochmalige Ablehnung der 3. Sinfonie seitens der Wiener Philharmoniker unter Hans Richter (vgl. weiter S. 127ff.) beeinträchtigt allerdings das kleine Erfolgserlebnis und läßt Bruckner sich weiterhin nach finanziell lohnender Tätigkeit umsehen. Die Arbeit an der am 25. November 1875 niedergeschriebenen Antrittsrede als Lektor für Harmonielehre und Kontrapunkt an der Philosophischen Fakultät der Universität Wien, die vermutlich erst im darauffolgenden Frühjahr gehalten wurde (siehe Dokumente S. 268ff.), läßt den Komponisten aber sein seelisches Gleichgewicht wiederfinden. Vom 13. Februar 1875 bis zum 16. Mai 1876 arbeitete Bruckner an der 5. Sinfonie, daneben aber unterzog er sie bereits ersten Korrekturen, und knapp darauf nahm er sich wieder die 1. Sinfonie vor.

Damit, d. h. mit dem Sommersemester 1876, endete Bruckners intensivste Kompositionsphase. Sie hatte vier Werke völlig verschiedenen Aufbaus hervorgebracht, von denen – so schien es im ersten Augenblick – bis auf die 2. Sinfonie keines ihr Publikum finden sollte. Erst wenn man sich die Tätigkeit Bruckners an Konservatorium und Lehrerbildungsanstalt, in Privatstunden und beim Orgelspiel sowie bei den immer wieder unternommenen Versuchen, Stipendien bzw. die Lektoratsstelle der Universität zu erlangen, neben der Arbeit an den Sinfonien vorstellt, wird man

[87] Der Dirigent Hans Swarowsky ließ diese Sinfonie in seinen Vorlesungen als einziges Dokument streng ausgerichteten Kontrapunktdenkens Bruckners gelten, weil die harmonischen Probleme der Alterationschromatik sich hier bedingungslos dem Liniendenken unterwerfen. Hans Swarowsky: *Wahrung der Gestalt*, hg. und redigiert von Manfred Huss, Wien 1979, S. 114

[88] zitiert nach Originalmanuskript Hofmusikkapelle

ein Gefühl dafür bekommen, in welchem Maße Leistung und darauffolgende Erschöpfung Bruckners erste Wiener Jahre prägten. Die Etablierung als Lehrer, als Organist, als die den musikalischen Honoratioren der Stadt zugehörigen Persönlichkeit war schließlich gelungen. Selbst der Weg zur Universität war »freigeschaufelt«; der geistige Ansatz der Kunstfertigkeit Bruckners aber, dargelegt an den ersten vier Sinfonien, war jedoch mit Ausnahme der »Zweiten« noch nicht akzeptiert worden. Der hohe musikalische Anspruch, wohl auch gewisse Aufführungsprobleme, erschwertes Verständnis und möglicherweise die Mißgunst einiger Wiener Musikfunktionäre hatten den sofortigen Erfolg verhindert, mit dem Ergebnis, daß Bruckner von da an bis zu der Verleihung des Ehrendoktorates 1891 nicht mehr von den Versuchen loskam, die einmal verfaßten Werke durch eine neue Aufbereitung akzeptierbarer zu machen.

Anton Bruckner und sein Ringen um die Einrichtung einer Lehrstelle für Musiktheorie an der Universität in Wien dient bis heute als Musterbeispiel dafür, wie ein *Naturkind mit außerordentlicher Begabung von einer trockenen akademischen Gelehrtenwelt verkannt und vertrieben wurde*[89], wobei der Repräsentant dieser Wissenschaftsebene, Eduard Hanslick, notgedrungen die Rolle des Schurken im Drama übernehmen mußte. Man kennt zwar ähnliche Fälle auch bei anderen zentralen Figuren der Geistesgeschichte, niemals aber haben sie dort jene persönlichkeitsbezogene Wertkategorie erhalten wie im Falle Bruckner. Daß Einstein in Mathematik durchfiel, Verdi bei der Aufnahmeprüfung für das Konservatorium versagte, ist in der Rezeptionsgeschichte nur am Rande beachtet worden. Erst im Falle Bruckner gelang es mit einer einseitigen Geschichtsschreibung, die Niederlage der geniehaften Leistung an einer traditionellen Pflegestätte des Geistes emporzustilisieren. Dem Autor dieser Studie mag als Hochschullehrer, der die Mechanismen einschlägiger Institute sowohl künstlerischer als auch wissenschaftlicher Richtung kennt, und zwar aus eigener Erfahrung kennt, erlaubt sein, in dieses Mißverständnis sachlich einzugreifen.

Bruckner wollte sich durch den Umzug nach Wien zweifellos beruflich verbessern. Er brauchte dazu eine feste berufliche Position als Garantie für die materielle Sicherheit seiner Existenz und

[89] vgl. auch Erwin Doernberg: *Anton Bruckner, Leben und Werk*, München–Wien 1963, S. 87f.

versuchte von Anfang an, jene Möglichkeiten auszuschöpfen, die ihm zur Verfügung standen. Es waren dies seine Fertigkeit im Orgelspiel, die sich ja auch tatsächlich mit der Professur am Konservatorium auszahlte, außerdem auch durch den Lehrauftrag an der Lehrerbildungsanstalt, sein gründlich erlerntes musiktheoretisches Wissen, wofür er einen Lehrstuhl anvisierte, sich allerdings mit der Konservatoriumsprofessur und dem späteren Lektorat an der Universität zufriedengeben mußte, und die Praxis an einem musikalischen Institut, die er auch schließlich in der Wiener Hofkapelle anwenden konnte. Um trotz der vorliegenden gründlichen Studien Robert Lachs und Ernst Schwanzaras[90] zu diesem Thema eine umfassendere Sicht der Wiener Verhältnisse zu geben, lohnt es, etwas auszuholen.

Ausgangspunkt der gesamten praktischen Musikpflege an der Universität Wien war die 1855 gegründete Juristentafel, aus der drei Jahre später der Akademische Gesangverein der Universität hervorging. Um diesem geselligen Männergesangverein Nachwuchs und die Pflege seiner Kunst zu sichern, hatte sein Vorstand relativ bald, nämlich am 23. Juni 1862, die Bitte um Errichtung einer Lehrstelle für praktische Musik an die Wiener Universität gerichtet. Vereinfacht gesagt, geschah dies aus Einzelinteressen einer gesellschaftlichen Vereinigung, die nichts mit dem Gründungsziel der Universität, nämlich der Pflege und Weitergabe der Wissenschaft, zu tun hatte.

Der Akademische Gesangverein hatte sofort die für die Lehrstelle geeignete Person genannt, nämlich – selbstverständlich – ihren Chormeister Rudolf Weinwurm, Bruckners Briefpartner. Unter demselben Aspekt, allerdings unter dem Blickwinkel, seine eigene Musikschule erweitern zu können, hatte Eduard Geyringer sich an die niederösterreichische Statthalterei sowie an das Unterrichtsministerium um die Bewilligung gewandt, an der Universität zweimal wöchentlich Gesangsunterricht erteilen zu dürfen.

Rudolf Weinwurm schließlich, die Doppelfunktion als anerkannter Musiker und Repräsentant einer akademischen Institution ausnutzend, bewarb sich, korrespondierend zum Anliegen seines Vereins, selbst. Diese drei Gesuche, die am Anfang der Etablie-

[90] Robert Lach: *Die Brucknerakten des Wiener Universitätsarchivs*, Wien–Leipzig 1925; Anton Bruckner: *Vorlesungen über Harmonielehre und Kontrapunkt an der Universität Wien*, hg. v. Ernst Schwanzara, Wien 1950; auch: Alfred Orel: *Ein Harmoniekolleg bei Bruckner*, Zürich–Wien 1940

rung der Musikpflege an der Universität stehen, machen deutlich, daß es gar nicht um die Erweiterung eines wissenschaftlichen Faches oder um die Neueinrichtung eines solchen an der Universität gehen sollte, sondern eher um Einzelinteressen eines angesehenen Chorleiters bzw. Musikpädagogen und eines einschlägigen Vereins, die ihr bis dahin rein privates Engagement von der Universität als Spitze der Lehrgesellschaft in Österreich anerkannt haben wollten.

Eduard Hanslick, der zuständige Fachprofessor für Geschichte und Ästhetik der Tonkunst an der Wiener k. k. Universität, reagierte im Interesse der Universität völlig richtig. Sein am 18. Juli 1862 erstattetes Gutachten über die Eingaben des Akademischen Gesangvereins, Rudolf Weinwurms und Eduard Geyringers akzeptiert zwar die Aufnahme des Gesangsunterrichts als praktisches Fach, bestreitet aber die Möglichkeit, daß Harmonielehre, Kontrapunkt und Kompositionslehre in Form von Vorlesungen vorgetragen werden könnten, weil er als Kenner der Materie im Meisterklassensystem, das in direktem Kontakt von Hörern zu Lehrern besteht, die einzige sinnvolle Lehrform sah.

Hanslicks eigene Worte[91]:

> *Nicht nur ist der Versuch an einzelnen deutschen Universitäten stets mißglückt, hat sogar an allen musikalischen Conservatorien sich herausgestellt, daß von den Hörern der Compositionslehre nur jene etwas leisten, die außer dem Collegium mit dem betreffenden Lehrer privatim arbeiten. Für Contrapunkt und Compositionslehre als eigenen Lehrgegenstand steht überdies an einer Universität sehr wenig Beteiligung von Seite der Studierenden in Aussicht. Ein Bedürfnis danach scheint nicht entfernt vorzuliegen. Wer sich zum Tonsetzer auszubilden gedenkt, wird seine Zuflucht zu einem Conservatorium, noch besser zu dem Privatunterricht eines renommierten Componisten nehmen.*

Später heißt es:

> *Nur daß Harmonielehre, Contrapunkt und Composition als eigene Lehrgegenstände im Lektionskatalog vorkommen, scheint dem Referenten unzweckmäßig, abgesehen davon, daß soviel daraus als einer allgemeinen musikalischen Bildung*

[91] Bruckner: *Vorlesungen*, S. 37

zugänglich ist, im notwendigen wissenschaftlichen Zusammenhang mit der Ästhetik und Geschichte der Musik in den Vorträgen über diese Fächer mitgeteilt wird.

Die Entwicklung der Geschichte, sowohl an den Universitäten als auch an den Konservatorien und Musikhochschulen, hat Hanslick bis heute rechtgegeben. Angehende Wissenschaftler nehmen gewöhnlich, sofern sie etwas tiefer in die Materie des praktischen Tonsatzes eindringen wollen, bis heute zusätzlich Unterricht an Konservatorien und Akademien bzw. Hochschulen, die in den genannten Fächern die Möglichkeit zu weit intensiverer Ausbildung bieten als die Universität.

Das Professorenkollegium der Philosophischen Fakultät übernahm einstimmig Hanslicks Meinung. Man kann, wenn man ein wenig die Zusammensetzung dieses Kollegiums kennt und z.B. weiß, daß der Kunsthistoriker Rudolf von Eitelberger in Kunstangelegenheiten generell als führende Persönlichkeit angesehen wurde, nicht davon ausgehen, daß Hanslick diese Einstimmigkeit aus Bequemlichkeit oder wegen persönlicher Verbindungen zugestanden wurde. Im Gegenteil, denn gerade Rudolf von Eitelberger war es, der die Notwendigkeit kannte, praktische Lehre und theoretische Forschung zu trennen, und der als Kunsthistoriker der Wiener Universität anregte, eine oberste Schule für das praktische Kunstgewerbe im Zusammenhang mit der Neugründung des Österreichischen Museums für Kunst und Industrie einzurichten. Daß zwischen 1864 und 1868 die Pläne zur Gründung dieser dem musikalischen Bereich des Konservatoriums analogen Bildungsstätte für angewandte Kunst vorgelegt wurden, kennzeichnet die Wiener geistige Atmosphäre, aufgrund derer es tatsächlich, jenseits allerpersönlichen Fragen, um die bestmögliche Ausgestaltung des praktischen bzw. des theoretischen Unterrichts ging. Als Bruckner am 2. November 1867 sein Gesuch um die Stelle eines Lehrers der musikalischen Komposition an die Wiener Universität abschickte, war diese Diskussion, so ist heute anzunehmen, im vollen Gange. Allerdings war sie in den führenden Köpfen bereits in Richtung der Trennung reflektierender Wissenschaft einerseits und praktischer Anwendung andererseits entschieden worden. Es ist nicht anzunehmen, daß Bruckner dieser Diskussion folgen konnte, die sich auf höchstem kunsttheoretischem Niveau abspielte. Hingegen muß man vermuten, daß er von seinem Freund Weinwurm wußte, daß das Fach Musik in irgendeiner

Form an der Universität Wien verankert werden sollte. Diese Information und die Tatsache, daß es ihm zweckmäßig erschien, die Universität als nächstes Sprungbrett bzw. eine Garantie für soziale Sicherheit anzusteuern, dürften die Ursachen dafür gewesen sein, daß er seine Bewerbung reichlich knapp abfaßte[92]:

> *Ich erlaube mir die ehrfurchtsvolle Bitte zu stellen, bei dem Hochlöblichen Professoren Collegium meine Aufnahme als Lehrer der musikalischen Composition insbesondere: der Harmonielehre und des Contrapunktes an der k. k. Universität gütigst befürworten zu wollen. Die Zeugnisse, welche meine volle Befähigung zu einer solchen Stelle nachweisen dürften, erlaube ich mir beizulegen.*
>
> *Linz, den 2. November 1867*
>
> *Anton Bruckner*
> *Domorganist und Compositeur*

Wie zu erwarten war, blieb das Professorenkollegium Wien bei der einmal gefällten Entscheidung. Hanslick äußert sich in der Begutachtung vom 16. November 1867 dahingehend, daß *sich das Philosophische Professorenkollegium damals einhellig zur Einsicht bekannt hat, daß die praktische Unterweisung im Componiren nicht füglich an die Universität, sondern an eine Fachschule, an ein Conservatorium gehöre. Man müßte dann ebensogut Lehrer des Zeichnen und Malens, des Kupferstechens und Modellirens an der Universität anstellen*[93].

Gerade der Hinweis auf die bildende Kunst läßt vermuten, daß – obwohl die Unterschrift des Koreferenten Rudolf von Eitelberger wegen dessen damaliger Erkrankung fehlte – Hanslick sicher nicht aus persönlichen Gründen, sondern in theorie-immanentem Konsens mit seinen Kunstgeschichtskollegen urteilte. Der Dekan der Wiener Universität, Ottokar Lorenz, begründete in einem freundlich gehaltenem Schreiben an den Komponisten, daß *eine Lehrstelle für Compositionslehre an der Universität Wien nicht am Platze sei, sondern eine Lehrstelle dieser Art entschieden nur an einem Conservatorium zu begründen wäre*[94]. Bruckner scheint diesen Bescheid vorläufig akzeptiert zu haben, weil er längere Zeit,

[92] zitiert nach Göllerich/Auer: a. a. O., Bd. III/1, S. 414f.
[93] Bruckner: *Vorlesungen*, S. 40
[94] zitiert nach Göllerich/Auer, a. a. O., S. 418

genauer: bis 1874, nicht mehr derart dezidiert eine Lehrstelle für Komposition an der Universität Wien fordert. 1874 aber, mitten in der Arbeit an der 4. Sinfonie, unternimmt Bruckner einen erneuten Versuch, diesmal mit einem Gesuch von sechs Seiten, in dem er sich unmittelbar an das Ministerium für Cultus und Unterricht wendet und das vermuten läßt, daß der Komponist mit der persönlichen Unterstützung des Unterrichtsministers Karl Edler von Strehmayr rechnet. Dieses Gesuch lautete[95]:

Hohes k. k. Ministerium für Cultus und Unterricht!

Der ehrfurchtsvollst Gefertigte war so glücklich, nicht nur in Österreich, sondern auch in Frankreich und England durch sein Orgelspiel ganz ungewöhnlich ausgezeichnet zu werden. Was aber für ihn noch viel höhere Bedeutung hat, ist die besondere Auszeichnung in der Composition durch Richard Wagner und Liszt, so wie durch viele der hiesigen Notabilitäten der Tonkunst, wie nicht minder durch das musikalische Publikum. Da erlaubt er sich zu erwähnen der äußerst aufmunternden hohen Anerkennung Sr Excellenz des Herrn Ministers selbst, bei Gelegenheit der ersten Aufführung seiner großen Messe N 3. Ferner erlaubt er sich auf die enthusiastische Anerkennung bei Gelegenheit seines Konzertes am 26. Oktober v. J., von Seite des Publikums sowol als auch besonders von den Philharmonikern selbst, die ihm zu seiner größten Überraschung, nachdem das Publikum sich entfernt hatte, eine großartige Ovation bereiteten.

Der unterthänigst Gefertigte steht bereits im fünfzigsten Lebensjahre. Die Zeit des Schaffens für ihn ist daher eine sehr kostbare. Um dahin seine ihm vor Augen gestellte Aufgabe zu erreichen, Zeit und Muse zur musikalischen Composition gewinnen und im geliebten Vaterlande bleiben zu können, erlaubt sich der Unterzeichnete ehrfurchtsvollst um Creirung einer k k. fixen Anstellung (mit Gehalt und Pensionsfähigkeit verbunden) wo möglich an der k. k. Universität für Theorie der Musik, als Harmonielehrer etc. und zwar für sämmtliche Studirende an den k. k. Hochschulen, Gymnasium etc. zu bitten.

Da an der k. k. Universität Geschichte der Musik und Gesang gelehrt wird, und auch in Berlin erst unlängst für einen Collegen eine solche Stelle an der dortigen Universität creirt wurde, ferner für einen anderen Collegen Ähnliches in Paris für Ähnliches (am

[95] zitiert nach Göllerich/Auer, a. a. O., Bd. IV/1, S. 288–291

dortigen Ministerium) gegründet worden ist, so gibt sich der unterthänigst Gefertigte der tröstlichen Hoffnung hin, daß auch er in seinem Vaterlande bei seiner höchsten k. k. Staatsbehörde nicht umsonst um Hochdero Gnade gebeten hat, weil er überzeugt ist, daß diese Höchste Behörde, an deren Spitze ein so bedeutender Kunstfreund und Kunstkenner in Hoher Person Sr Excellenz steht, nun auch nebst der Wissenschaft die Kunst sehr fördert.

Nachdem auch anderwärts über die Vorurtheile, daß dieß kein Universitäts-Gegenstand sei, weggeschritten wurde; ferner der Unterricht ja für alle Hochschulen Statt fände; nachdem jene Studenten, die so etwas studieren, ohnedies die ernstesten und fleißigsten sind, bei denen keineswegs zu befürchten steht, daß selbe ihr Hauptfach vernachlässigen; nachdem auf diese Weise viele oft ganz bedeutende Talente gefördert, und von nutzlosen und gefährlichen Unterhaltungen abgezogen werden; nachdem gewöhnlich obendrein, die meisten Studenten nicht die Mittel und auch die Zeit haben, das Conservatorium besuchen zu können: so glaubt der unterthänigst Gefertigte, daß er nicht vergebens um Gnadewaltung an der Pforte des Hohen kk. Ministeriums gepocht haben dürfen.

Wien den 18. April 1874. *Anton Bruckner.*

Analysiert man nun dieses für Bruckners Verhältnisse relativ umfangreiche Schriftstück, kommt man zu folgenden Ergebnissen: Bruckner zitiert Fachautoritäten wie Wagner und Liszt sowie Wiener Notabilitäten der Tonkunst, nicht zuletzt den Minister selbst, als Zeugen seiner Qualifikation. Der zweite Absatz läßt durchscheinen, daß es ihm vor allem darum geht, Zeit und Muße zum Komponieren zu gewinnen, was Bruckner mit der Bemerkung *um im geliebten Vaterlande bleiben zu können* verschärft. Andererseits aber beschreibt er selbst die inhaltlichen Aspekte der Stelle nicht exakt, was Hanslick natürlich später in seiner Begutachtung wohl bemerkt. Im dritten Absatz bezieht sich Bruckner auf ausländische Beispiele und den Förderungswillen des Ministers und meint, daß der Unterricht im wesentlichen zum Bereich des allgemeinen Grundlagenstudiums zählen sollte. Er wünscht sogar die Einrichtung der Kompositionslehre als Massenlehrfach, wobei man sich aus heutiger Sicht tatsächlich fragen muß, ob dies überhaupt möglich wäre. Wahrscheinlich, nimmt man das Schreiben als Ganzes, ging es Bruckner nicht um die Entwicklung eines pädagogischen Konzepts, sondern eher um eine für ihn sichere Position mit Gehalt und Pensionsfähigkeit auf dem Wege der Etablierung eines neuen Unterrichtsgegenstandes.

In der Beurteilung dieser Situation kann man verständlicherweise von mehreren Aspekten ausgehen. Es gibt durchaus Beispiele in der Geschichte von Universität und Hochschule, die beweisen, daß sich die Aufnahme einer Person von außerordentlichem Rang, auch wenn sie nicht der allgemeinen Zielsetzung diente, für die Institute befruchtend auswirkte. Andererseits kann man es Instituten nicht verübeln, wenn sie ihre Lehrgegenstände und Lehrkräfte aufgrund gemeinsamer Beschlüsse zentral auf ein erwähltes Ziel ausrichten und die Einstellung auch noch so verdienstvoller Persönlichkeiten des öffentlichen Lebens verhindern, sofern sich diese nicht den einschlägigen Intentionen unterwerfen. Von diesem Gesichtspunkt aus gesehen, kann man zwar Bruckners Streben nach sozialer Sicherheit, nach Ehre und möglicherweise sogar Verbreitung seiner Lehre verstehen, andererseits aber ist die Haltung der zuständigen Universitätsorgane zu billigen. Beispiele der Anstellung berühmter Komponisten an manchen Hochschulen und Universitäten sprechen auch in heutiger Sicht nicht unbedingt für dieses Vorgehen.

Hanslick nimmt am 4. Mai 1874 nach einer allgemeinen Einleitung in einem Gutachten für das Unterrichtsministerium Stellung[96]:

> *Man sieht, daß Herr Bruckner über das Fach, das er lehren will, sich selbst nicht ganz klar ist, sondern nur über den Zweck, zu welchem das Ministerium ihm eine Lehrkanzel gründen soll, nämlich damit Herr Bruckner sich ungestört dem Componiren hingeben könne. Ohne Zweifel ist es eine Lehrkanzel für Harmonielehre und praktischen Compositionsunterricht, welche der Bittsteller an der Wiener Universität ansucht.*
>
> *Es liegt, meines Erachtens, keinerlei sachlicher Anlaß vor, von der damaligen Ansicht und Entscheidung des Prof. Collegiums abzugehen oder gegen den klaren Wortlaut des citirten h. Ministerial Erlasses zu handeln. Die Angelegenheit Bruckners ist somit eine ›res judicata‹.*
>
> *Noch viel weniger liegt gerade in der Persönlichkeit Bruckners ein Motiv für Creirung einer solchen Lehrkanzel, denn*

[96] Bruckner: *Vorlesungen*, S. 43

sein auffallender Mangel an jeglicher wissenschaftlicher Vorbildung lassen ihn grade für eine Universität am mindesten geeignet erscheinen. Um diesen Punkt nicht weiter berühren zu müssen, erlaube ich mir die Bitte, das löbl. Professorencollegium möge der merkwürdigen Abfassung von Bruckners Gesuch seine Aufmerksamkeit schenken.

Zum Ueberfluß wäre noch zu erwähnen, daß Bruckner das 50. Lebensjahr überschritten hat und daß er durch keine einzige Beilage auch nur den geringsten Aufschluß über seine lehramtliche Thätigkeit und Verdienste giebt.

In Erwägung all' der genannten Gründe beantragt Referent die Abweisung des Gesuches von Hl Bruckner.

Dem Unterrichtsminister schien die Zurückweisung so einsichtig, daß er Bruckner riet, nunmehr die Bewerbung um eine Professur fallenzulassen und lediglich um ein Lektorat, nach dem heutigen Sprachgebrauch um einen »Lehrauftrag«, zu ersuchen. Bruckner tat es mit einem Schreiben vom 12. Juli 1875[97] (im Ministerium eingegangen am 23. September 1875).

Nachdem ich einen besonderen Werth darauf lege, gleichwie an anderen ausländischen Universitäten, daß auch an der hiesigen akademischen Hochschule die Gegenstände: Harmonielehre und Contrapunct vertreten erscheinen, und ich seit Jahren bemüht bin, dieß zu effektuiren, so erlaube ich mir deßhalb an ein Hohes Ministerium die ergebenste Bitte zu stellen: Es wolle in Anbetracht der nicht zu unterschätzenden Wichtigkeit dieser obig genannten Gegenstände für die allgemeine Bildung und speziell für die musikalische Ausbildung, bei welcher selbe geradezu die vitalsten Faktoren bilden, ohne welche jedes Kunstverständniß für die, und tiefe Eindringen in die Musik zur Unmöglichkeit wird, eine Lectorstelle für Harmonielehre und Contrapunct an der philos. Abtheilung der hiesigen Universität creiren und mir dieselbe auf Grundlage meiner approbirten Kenntnisse in diesen beiden Fächern gnädigst verleihen. Durch Creirung einer solchen Lectorstelle würden Minderbemittelte, und doch mit bedeutenden Talenten ausgestattete Individuen, die das Musik-Conservatorium nicht besuchen können, in die Lage kommen, sich musikalisch perfect auszubilden, was im Zwecke einer Universität gelegen sein muß.

[97] zitiert nach Göllerich/Auer, a. a. O., Bd. IV/1, S. 364f.

Der Minister selbst setzte Druck hinter die Angelegenheit und ließ eine Anfrage an das Kollegium richten[98]:

Dem Philosophischen Professoren-Collegium der k. k. Universität in Wien zur beschleunigten Äußerung, ob die Abhaltung von Vorträgen über Harmonielehre und Contrapunkt als eine theilweise Ergänzung der theoretischen Vorlesungen des Professors Hanslick für die Universität empfohlen würde und ob gegen die Bestellung Bruckners als Lektor für diese Gegenstände eine Bedenken besteht.

Wien, am 14. Oktober 1875

Für den Minister für Kultur und Unterricht
Haider

p. r. t.[99]*: 18. Oktober 1875 Z. 84 Herrn Professor Hanslick mit dem Ersuchen, hierüber sich zu äußern.*

18 – 9 – 1875 Schneider

Hanslick blieb, wie wir wissen, solange hart, bis er die Beschränkung auf ein Lektorat niedrigster Stufe, nämlich mit der Bezeichnung *unbesoldeter Lehrer*, durchgesetzt hatte. Er schreibt in die Akte: *Gegen die Bestellung Bruckners als unbesoldeter Lehrer der Harmonielehre und des Contrapunktes an der Wiener Universität obwaltet kein Bedenken*[100].

Am 19. Oktober 1875 beginnt unter dem Vorsitz des Dekans, Prof. Dr. Schneider, um 17 Uhr die entscheidende Sitzung des Professorenkollegiums der Philosophischen Fakultät. Unter Punkt 3 der Tagesordnung geht es um die Stellungnahme zum Fall Bruckner. Hanslicks Gutachten und das Abstimmungsergebnis wurden im Bericht des Dekans an das Unterrichtsministerium vom 1. November 1875 vermittelt. Damit war der Weg für Bruckner geebnet. Am 8. November 1875 erfolgte seine Bestellung zum Lektor, und am 18. November wurde der Bescheid hierüber ausgefertigt. Rechtlich gesehen, durfte sich Bruckner damit ab 18. November 1875 »Lektor der Wiener Universität« nennen, was ihn zwar als Zugehörigen dieser Universität im Rahmen der Hierarchie auswies, andererseits aber nicht auf die Ebene der Professoren, Dozenten oder Assistenten anhob. Daß in der am 19. Oktober

[98] zitiert nach Göllerich/Auer, a. a. O., S. 365
[99] *p*[ro] *r*[ata] *t*[emporis]: auf den Tag genau
[100] Göllerich/Auer, a. a. O., Bd. IV/1, S. 366

Eingangshalle der Wiener Universität

abgehaltenen Sitzung des Professorenkollegiums die Wortführer Sueß, von Eitelberger, Schmarda und Hanslick fehlten, muß nicht in einen Zusammenhang mit der Person Anton Bruckners gebracht werden. Die Vergabe von Lehraufträgen ist bis zum heutigen Tage ein Vorgang, der im wesentlichen nach dem Willen des Antragstellers bzw. Bearbeiters (hier Hanslick) erfolgt. Größere Gremien widersprechen derartigen Anträgen nur äußerst selten, was die abwesenden Professoren selbstverständlich wußten.

Friedrich Blume hat in dem Nachschlagewerk *Die Musik in Geschichte und Gegenwart* die These aufgestellt[101], Hanslick habe Bruckner zu einem Lektorat auf der Universität verholfen. Diese These ist – zumindest formal – richtig, denn ohne die Eintragung Hanslicks in die Akte wäre, bei der gängigen Praxis der Vergabe von Lektoraten, keine Anstellung Bruckners möglich gewesen.

Bruckner hatte damit das Ziel erreicht, an der obersten Wirkungsstätte der akademischen Lehre tätig werden zu können, ja

[101] Friedrich Blume: *Anton Bruckner*, Kassel und Basel 1952, (*MGG*) Bd. II, Sp. 353

später wurde ihm sogar ein Gehalt für den ursprünglich unbesoldeten Lehrauftrag zugestanden. Das Verhältnis zu den Universitätsbehörden gestaltete sich normal. Bruckner bevorzugte von seinem Amtsantritt an die in der Wickenburggasse liegende Gaststätte »Riedhof«, die besonders von Universitätsärzten aufgesucht wurde, und er dürfte in diesem Kreis jene kollegiale Anerkennung erfahren haben, die den akademischen Alltag in seiner Freizeit charakterisierte.

Das Ehrendoktorat von 1891 bekam Bruckner allerdings nicht, wie manche Autoren meinten, zur Revision eines einmal gefällten Fehlurteils, sondern für seinen Ruf als Musiker, als einer der bedeutendsten Nachfahren beethovenscher sinfonischer Kunst. Er bekam es mit derselben Berechtigung, mit der Joseph Haydn das Ehrendoktorat der Universität Oxford erhielt.

Hier die Revision einer Haltung zu sehen, die erst unfreundlich war und quasi als Kompensation die Vergabe der höchsten Ehren anbieten mußte, würde bedeuten, die Realität des universitären Geschehens zu verkennen. Der höchsten Ehrung durch die Alma mater Rudolfina stand nichts entgegen, der Errichtung eines eigenen Instituts zur Lehre von Musiktheorie hingegen die gesamte Kunstauffassung der Zeit, was aus heutiger Sicht nur die volle Richtigkeit des Vorgehens von Hanslick und seinen Kollegen bestätigt.

Ernst Schwanzara hat in seiner Studie über Bruckners Leben an der Wiener Universität eine Übersicht über Bruckners Universitätsvorlesungen vorgelegt, die knapp Inhalt und Zeitplan zusammenfaßt[102] (siehe nebenstehende Tafel).

[102] Bruckner: *Vorlesungen*, S. 113

Übersicht über Anton Bruckners Universitätsvorlesungen

<table>
<tr><th rowspan="2">Semester
(So = Sommer,
Wi = Winter)</th><th colspan="2">Vorlesungen jeden Montag abends</th></tr>
<tr><th>5—6 Uhr</th><th>6—7 Uhr</th></tr>
<tr><td>So 1876</td><td colspan="2">Erste Vorlesungsreihe
Harmonielehre</td></tr>
<tr><td>Wi 1876/77</td><td>Zweite Vorlesungsreihe
Harmonielehre</td><td>Fortsetzung der Harmonielehre und Kontrapunkt</td></tr>
<tr><td>So 1877</td><td>Fortsetzung der Harmonielehre</td><td>Kontrapunkt</td></tr>
<tr><td>Wi 1877/78</td><td>Dritte Vorlesungsreihe
Harmonielehre
(Beginn in Dur)</td><td>Fortsetzung der Harmonielehre in Moll, Tonwechslung, chromatische, enharmonische Schritte, Harmonisierung</td></tr>
<tr><td>So 1878</td><td>Vorbereitungen u. Auflösungen der Akkorde nach den verschiedenen Fundamentalschritten; Übungen im bezifferten Baß</td><td>Kontrapunkt, einfacher, doppelter der Oktave; Hauptbestandteile der Fuge</td></tr>
<tr><td>Wi 1878/79</td><td>Vierte Vorlesungsreihe
Harmonielehre: Akkordlehre u. Verbindung der Akkorde in Dur</td><td>Fortsetzung der Harmonielehre in Moll, Tonwechslung, chromatische, enharmonische Schritte, Harmonisierung</td></tr>
<tr><td>So 1879</td><td colspan="2">Fortsetzung der Harmonielehre vom 1. Semester; Kontrapunkt</td></tr>
<tr><td>Wi 1879/80</td><td colspan="2">Fünfte Vorlesungsreihe
Harmonielehre: Akkordenlehre, Vorbereitungen und Auflösungen der Akkorde in Dur und Moll, Übungen im bez. Baß, Tonwechslung, enharm. Schritte</td></tr>
<tr><td>So 1880</td><td colspan="2">Fortsetzung der Harmonielehre: Chromatik, Harmonisierung; Kontrapunkt: zwei-, drei- und vierstimmige Kontrapunktübungen</td></tr>
<tr><td>Wi 1880/81</td><td colspan="2">Sechste Vorlesungsreihe
Harmonielehre: Kenntnis der Akkorde, Verbindung derselben, Vorbereitungen und Auflösungen der Akkorde in Dur und Moll, Tonwechslung, Übungen im bez. Baß</td></tr>
<tr><td>So 1881</td><td colspan="2">Fortsetzung der Harmonielehre, Satzübungen; Kontrapunkt</td></tr>
<tr><td>Wi 1881/82</td><td colspan="2">Siebente Vorlesungsreihe
(ebenso in den Studienjahren 1883/84, 1884/85 und 1885/86)
Harmonielehre: Ton-, Intervallen-Akkordlehre; Übungen im beziff. Baß; Vorbereitungen u. Auflösungen der Akkorde in Dur u. Moll, Vorhalte, Übungen im vierstimmigen Satze</td></tr>
<tr><td>So 1882</td><td colspan="2">Fortsetzung der Harmonielehre: Tonwechslung, chromatische u. enharmonische Schritte, Harmonisierung; Kontrapunkt</td></tr>
<tr><td>Wi 1882/83</td><td colspan="2">Achte Vorlesungsreihe (gleichartig in allen Studienjahren von 1886/87 an)
Harmonielehre: Lehre der Fundamente, Kenntnis der Akkorde, Verbindung derselben, Vorbereitungen u. Auflösungen der Akkorde in Dur, Übungen im beziff. Baß</td></tr>
<tr><td>So 1883</td><td colspan="2">Fortsetzung der Harmonielehre: Moll, Tonwechslung, chromatische Schritte, enharmonische Verwechslungen, Harmonisierung; Kontrapunkt</td></tr>
<tr><td colspan="3">Bemerkung: Vom Sommersemester 1885 an war die Vorlesungszeit nicht mehr von 5—7, sondern von 6—8 abends. Seit dem Studienjahr 1894/95 wurde sie auf 1½ Stunden (6—½8 abends) beschränkt.</td></tr>
</table>

1876–1880

Die Revisionen der Fassungen – »Pragmatisierung« an der Hofmusikkapelle – trotz schöpferischer Pause: das Streichquintett

Wie immer nach einem gewaltigen Schaffensschub – der letzte endete am 16. Mai 1876 mit der Fertigstellung der 5. Sinfonie – holt Bruckner Atem. Diesmal dauert die Pause bis zum Beginn der Arbeit an der 6. Sinfonie knapp vier Jahre.

Auch hatte sich Bruckners Ziel, seinen gesellschaftlichen Aufstieg weiter voranzutreiben, zumindest was den Zeitpunkt betraf, nicht weit von den Fortschritten in seiner künstlerischen Produktion entfernt. Folgt man Schwanzara, hatte am 24. April 1876 vermutlich die Antrittsvorlesung als Lektor an der Universität[103] stattgefunden, zwanzig Tage später ist die letzte Note der 5. Sinfonie geschrieben. Bruckner hat institutionell jene Position in Wien errungen, um die er ein Jahrzehnt gekämpft hatte, sich damit ein Quentchen höhergeschraubt und versucht nun, den Alltag dieser Position in den Griff zu bekommen, daneben auch, sich ein wenig vom Produktionsstreß zu erholen.

Bemerkenswerterweise widmete er sein zuletzt geschriebenes großes Werk dem Andenken jenes Mannes, der ihm den Weg zur Anstellung als Universitätslektor geebnet hatte: dem österreichischen Unterrichtsminister Karl Edler von Strehmayr. Die äußeren Veränderungen desselben Jahres spiegeln sich im erlangten Selbstbewußtsein einerseits, in der wachsenden Schar von Gönnern andererseits wider.

1876 gibt Bruckner die Wohnung in der Währinger Straße 41 auf und nimmt das Angebot Dr. Anton Ölzelts[104] an, sich eine adäquate

[103] siehe den Wortlaut des Entwurfs zur Rede S. 268ff.

[104] Dr. Anton Ölzelt (auch Ölzelt-Newin) war der Sohn des Baurates Ölzelt, nach dem in Wien eine Straße benannt ist. In der *Neuen Freien Presse* heißt es im Nachruf auf den 1925 Verstorbenen: *Ein echter Wiener vornehmsten Stils, ein Mann edelster, lauterster Gesinnung, freier Denkart, tiefer philosophischer Spekulation. Sein Hauptwerk: »Die Kosmodicee«, erörtert Grundprobleme des Daseins, des Wirkens und des Wettwerdens mit dem Grundgedanken des Strebens nach*

Der »Heinrichshof« um 1880

Wohnung in einem von dessen Häusern auszusuchen. Das Haus wird, nicht weit entfernt von der ersten Unterkunft, in der Heßgasse 7 beim Schottenring im I. Bezirk stehen. Zwischen Auszug aus der alten und Einzug in die neue Wohnung liegt noch die sogenannte »Heinrichshof-Episode«, Bruckners kurzer Aufenthalt in einem der teuersten Etablissements Wiens, genau gegenüber der Oper. Der Schöpfer von fünf Sinfonien und den drei großen Linzer Messen wußte, was er seinem Ruf schuldig war, der

Vollkommenheit. Eine große Reihe kleinerer Schriften streift in viele Gebiete philosophischen Denkens, auch in Grenzgebiete von Philosophie und Naturwissenschaft. Mit Vorliebe suchte er die Unlösbarkeit von gewissen Problemen der Ethik, der Willensfreiheit, des Kausalgesetzes nachzuweisen. Eine besondere Schrift widmete er der Rechtfertigung des Austrittes von Nichtkirchlichgläubigen (er war selbst Apostat) und Skeptikern aus der Kirchengemeinschaft. Eine seiner besten Schriften ist die über Phantasievorstellung. Nach einer kurzen Lehrtätigkeit an der Berner Universität zog er sich als Privatgelehrter nach Wien zurück und lebte vom Vermögen seiner Eltern bzw. dem seiner Frau, einer Tochter des Wiener Universitätsprofessors Dr. Friedrich Wieser.

Professor des Konservatoriums und nunmehrige Universitätslektor fühlte sich trotz der ihm sonst eigenen Sparsamkeit verpflichtet, in Wiens Zentrum zu ziehen. Er lebte in Luxus, weil der endgültige Umzug in die Vierzimmerwohnung nicht fern schien und ihm dort die Miete vom befreundeten Hausherrn Anton Ölzelt erlassen werden sollte.

Der Akademische Gesangverein, dessen Chormeister damals der spätere *Opernball*-Komponist Richard Heuberger[105] war, feierte den neuen Lektor in einer Sommerliedtafel im Wiener Volksgarten am 3. Juli mit dem *Germanenzug*. Die Studenten und deren akademische Vereinigung, für die der Akademische Gesangverein repräsentativ stehen sollte, hatten Bruckner von Anfang an akzeptiert, vielleicht aus Interesse an der neuen, ungewohnten, den konservativen Kräften der Stadt entgegengesetzten musikalischen Anschauung, vielleicht ein wenig auch aus Auflehnung gegen die eigenen Lehrer, die Bruckner so lange den Zugang verwehrt hatten. Ob die gewohnte Hartnäckigkeit, die den Charakter des Komponisten kennzeichnet, oder vielleicht auch die neuerliche Bestätigung durch eine quasi akademische Behörde der Grund war, ist ungewiß, sicher aber ist, daß Bruckner noch einmal in einem Schreiben an den Obersthofmeister des Kaisers, Fürst Constantin Hohenlohe, versuchte, ein jährliches Gehalt für eine außerordentliche Professur in den Fächern Harmonielehre und Kontrapunkt an der Wiener k. k. Universität zu erlangen[106].

Die Semesterferien des Sommers nutzt Bruckner zu einer Reise nach Bayreuth, wo vom 14. bis 17. August die Uraufführung von Wagners *Ring des Nibelungen* stattfand. Er ist dort bei den Empfängen Kaiser Wilhelms I. und König Ludwigs II. von Bayern anwesend, besucht öfter die Villa Wahnfried und begegnet dem 36jährigen enthusiastischen Berliner Musikschriftsteller und Wagner-Anhänger Wilhelm Tappert (1830–1907). Die Briefe an Tap-

[105] Richard Heuberger (1850–1914), österreichischer Komponist und Musikschriftsteller, war Chormeister des Akademischen Gesangvereins und Dirigent der Wiener Singakademie. Er schrieb als Kritiker u. a. für das *Wiener Tagblatt* und folgte Hanslick 1896 als Rezensent der *Neuen Freien Presse* nach. Von seinen Kompositionen (Opern, Orchesterwerke) wurde die Operette *Der Opernball* (1898) die bekannteste.

[106] Dieses Schreiben blieb als Briefkonzept im Besitz des Bruckner-Schülers Cyrill Hynais erhalten. Hynais hatte 1884–1886 bei Bruckner im Konservatorium Kontrapunkt studiert und wurde vor allem wegen seiner Redlichkeit von Bruckner sehr geschätzt.

pert zeugen davon, daß Bruckner auch hier Verbindungen zu Berlin aufbauen und ausnutzen möchte. Er bittet nach Erhalt der Kopien seiner 4. Sinfonie zweimal nacheinander um eine Uraufführung derselben in Berlin, möglicherweise von Tappert darauf angesprochen, möglicherweise sich einer Illusion hingebend[107]: *In Wien reiche ich selber aus gewissen Gründen nicht ein; indem bei uns die Sachen erst gut werden, wenn sie von auswärts kommen.*

Am 1. Oktober mahnt er Tappert noch einmal, diesmal mit der Autorität Hans Richters im Hintergrund[108]: *Hans Richter sprach sich über diese Vierte Sinfonie höchst schmeichelhaft aus und ersuchte mich, ich möge seinen Respekt melden mit dem Ansuchen, ob es nicht möglich wäre, die Sinfonie bis März k*[ommenden] *J*[ahres] *zurückzubekommen, um selbe im April aufführen zu können.*

Die allgemein gehaltene Bitte vom 19. September war nun konkret terminiert worden, gleichzeitig aber hob Bruckner großzügig die Priorität Berlins hervor: *Ich aber bitte die hohen Herrschaften ganz und gar, nach Belieben zu verfügen.*

Um Tappert die vermutlich schriftlich verlangten Unterlagen über seine Person zu vermitteln, schickt Bruckner eine Anlage mit[109].

> *Anton Bruckner, Hoforganist, Professor am Conservatorium, Lector an der Universität, geboren 1824 zu Ansfelden in Oberösterreich; bis 1855 Lehrer und dann auch Stiftsorganist zu St. Florian; bis 1868 Domorganist in Linz, von wo ich durch Herbeck nach Wien den Antrag erhielt.*
>
> *Meine contrap. Studien absolvierte ich bei Sechter in Wien und stand unter dessen Leitung, von 1855 bis 1861; in der Composition hatte ich einen Meister aus Leipzig Kitzler bis 1863. 1869 ward ich nach Nancy berufen zu Orgel-Conzerten, und ging von dort nach Paris, wo ich auch zweimal spielte. Zuletzt in Notredame über ein gegebenes Thema vor sehr vielen Künstlern. Auber, Gounod, Ambroas*[110]*, Thomas*[110]*, Prof. d. Conservat. sämtliche Künstler u. Kritik zeichneten mich im höchsten Grade aus.*

[107] Brief vom 19. September 1876, in: Bruckner: *Briefe*, S. 136

[108] ebda., S. 137

[109] ebda., S. 137

[110] Hier ist wohl der französische Komponist Ambroise Thomas (1811–1896) gemeint.

Dieselben Auszeichnungen erhielt ich 1871 in London, wo ich 6 mal in der Alberthalle, 5 mal im Krystallpalaste auf der Orgel conzertierte. Das sonst kalte Publikum applaudirte namentlich meine Improvisationen so heftig, daß ich bisweilen zweimal nach dem Schlusse noch improvisiren mußte.

The Morning Advertiser vom 1. Sept. 1871, eben so Morning Post, Daily News, The Court sprachen das höchste Lob.

Richard Wagner lernte ich 1865 in München bei Aufführung von Tristan kennen.

Damals sprach Bülow über meine C-moll Sinfonie No. 1, über Originalität und Kühnheit einerseits, über die hübschen Gedanken, wie er sie nannte, andererseits sein Interesse u. Erstaunen aus, und zwar auch zu Wagner, der mich dann zu sich lud.

Ich war damals der Erste, der als Chormeister der Linzerliedertafel 1868 im April den Schlußchor aus den Meistersingern aufführte. 1873 ging ich mit meiner Sinfonie No. 3 in D-moll nach Bayreuth. Meister Wagner ließ sich erbitten, und durchblätterte langsam die Partitur. Da er großes Interesse zeigte, bath ich, selbe dediciren zu dürfen. Doch erst Abend, nachdem der große Meister das Werk vollständig durchgesehen hatte, empfing mich Wagner mit einer Umarmung, und sprach so schmeichelhafte Anerkennung aus, die ich dermalen nie sagen kann. Zugleich bemerkte der Meister, mit der Dedication habe es seine Richtigkeit, und ich bereite ihm damit das größte Vergnügen.

Seither habe ich auch schriftlich die so großartige Anerkennung, und die Einladung zu den Festspielen erhalten.

Wagner spricht von dieser Sinfonie wo er mich sieht; so in Bayreuth vor einem großen Publikum im Zwischenakte des Siegfried; am Wienerbahnhofe (Westbahn) u. dgl.

Nachtrag.
(Von dieser Wagner-Sinfonie mangeln noch die Einzelstimmen.) In Wien bin ich ebenfalls immer bei Wagner geladen, soupiere bei ihm, und die Fr. Gräfin Dönhof sagte mir wiederholt, daß der Meister die schmeichelhaftesten Urtheile oft über mein Wirken sprach.

Vor zwei Jahren sprach der Meister bei seiner Ankunft am Westbahnhofe vor einem großen Publikum:

»Ich habe die Sinfonie (No. 3) neuerdings durchgesehen, sehr brav, sehr brav, aufführen, aufführen, das muß aufgeführt werden.«

NB. Privat Notiz.
Und so lebe ich seit 1868 in Wien lebhaft bedauernd je hierher übersiedelt zu sein, da mir Unterstützung, Anerkennung und Existenzmittel mangeln. Wegen meiner Thätigkeit an der Universität, als unentgeltlicher Lector für Harmonielehre und Contrapunct ist Dr. Hanslick mir ein böser Gegner geworden.
Diese Gegenstände sind seit Dezember (75!) v. J. durch mich erst dorthin gekommen. Hanslick war immer entgegen. Auch als Hoforganist habe ich noch keine Besoldung.

Wien, 1. Okt. 1876 *Anton Bruckner.*

NB. Als Lehrer hatte ich anfangs jährl. 10 fl. CM[111].

Im Herbst, nach der Rückkehr aus einem Urlaub in St. Florian, arbeitet Bruckner an der 3. Sinfonie weiter, sieht die f-Moll-Messe durch und schreibt wieder einmal einen Männerchor *a cappella* mit Brummstimmen – *Das hohe Lied* (WAB 74), nach einem Text von Heinrich von der Mattig. Die Handschrift trägt als Vollendungsort und -datum *Wien, den 31. Dezember 1876*. Möglicherweise zwingen den Komponisten einschneidende Termine (wie der Jahreswechsel) zur Fertigstellung begonnener Arbeit wie schon bei der 3. Sinfonie, möglicherweise aber setzt er das Datum auch willkürlich ein, um seine Jahresplanung einzuhalten und geringfügige Abweichungen nicht festhalten zu müssen.

Bruckners Einkünfte im Jahre 1876 werden bei 2000 Gulden gelegen haben, weswegen man von einer Notlage wohl nicht mehr sprechen kann. Auch das tägliche Leben, sofern es heute rekonstruierbar ist, weist nicht mehr auf eine Krisensituation hin. Bruckner tanzt im Fasching 1877 viel und ausgiebig und trägt wie gewohnt seine Ballbekanntschaften in den *Krakauer Schreibkalender*, eine Art Notizbuch, ein.

Der Stundenplan zeigt die Bruckner von außen aufgezwungene Zeiteinteilung:

Montag 5–7 Universität
Dienstag 9–2 und 5–7 Conservatorium

[111] Die Abkürzung steht für Conventionsmünze, das übliche Zahlungsmittel der Zeit.

Mittwoch 11–1; 5–7, 7,30–9,30 Privatschüler
Donnerstag 9–2 und 5–7 Conservatorium
Freitag 10–1 Privatschüler
Samstag 9–12 Privatschüler; 5–7 Conservatorium

Insgesamt also dürfte der wöchentliche Durchschnitt an Unterrichtsstunden bei dreißig bis einunddreißig gelegen haben. Allerdings ist zu bedenken, daß Bruckner, wie dies künstlerische Lehrer oft tun, den Unterricht manchmal in Blockstunden erteilt haben dürfte. Fast gleichzeitig mit der Bewerbung als Kapellmeister für die Kirche Am Hof hatte Bruckner ein Gesuch an das Hohe k. k. Ministerium für Cultus und Unterricht abgeschickt, man möge ihm entweder *einen jährlichen, bescheidenen, fixen Gehalt* überweisen *oder falls dies nicht möglich wäre, doch eine bleibende, jährliche fixe Remuneration, wie selbe dem Gesangslehrer ertheilt worden war*, zuerkennen[112].

Aus dem Gutachten, das wieder einmal Hanslick sechs Tage nach Eingang des Bruckner-Schreibens ablieferte, ist ersichtlich, daß dieser für eine semesterweise Bezahlung eintrat[113].

Gesuch des Hl Anton Bruckner um Erwirkung eines Gehaltes oder einer fixen jährl. Remuneration für seine Vorträge über Harmonielehre und Kontrapunkt.

Gutachten.

Mit Erlaß v. 8. November 1875 hat sich das k. k. Unterrichtsministerium den Hoforganisten und Professor am Conservatorium, Anton Bruckner, zum unbesoldeten Lector für Harmonielehre und Kontrapunkt an der Wiener Universität zuzulassen befunden.

Hl Bruckner bittet mit Hinweis auf den sehr zahlreichen Besuch – nach seiner Angabe 70 Hörer – um einen fixen Gehalt oder eine jährliche fixe Remuneration, da er keine Collegiengelder einnimmt. Er glaubt dieselbe Remuneration, die seinerzeit der akad. Gesangslehrer Hl Weinwurm bezog, ansprechen zu dürfen. Weinwurm bezog durch sechs Jahre eine Remuneration von 200fl. per Semester, um welche er jedoch nach jedem Semester einkommen mußte, also keine »fixe« Remuneration.

112 Bruckner: *Briefe*, S. 141; der Antrag für die Kirche Am Hof ist auf S. 274 zitiert.
113 zitiert nach Göllerich/Auer, a. a. O., Bd. IV/1, S. 436

Auch stehen die Verhältnisse insoferne nicht gleich, als Weinwurm's Musikunterricht, nicht blos einmal wöchentlich wie der Bruckners, sondern in jenen ersten Jahren drei – bis 4 mal der Woche stattfand, überdies bei Weinwurms Anstellung u. Remunerirung ausdrücklich auch dessen Thätigkeit als Chormeister des Akademischen Gesangsvereins betont wurde, in welcher Eigenschaft er manche Mühewaltung bei akademischen Feierlichkeiten u. dgl. hatte.

Auf einen fixen Gehalt, eine fixe Remuneration oder auf eine Remuneration in der Höhe der von Weinwurm bezogenen, könnte somit für Herrn Bruckner nicht angetragen werden. Da jedoch sein Cursus über Harmonielehre sehr besucht ist, trotzdem aber dem Bittsteller nichts einträgt, so erlaubt sich der gef. Ref. den Antrag zu stellen: das Gesuch Herrn Bruckners möchte mit dem Antrage vorgelegt werden, das h. Ministerium wolle, mit Abweisung des Petitums um einen Gehalt od. eine fixe Remuneration, dem Hl Bruckner eine seiner Mühewaltung angemessene Remuneration für das abgelaufene Semester bewilligen.

Wien d. 18. Jänner 1877. *Prof. Hanslick.*

Diesmal stimmte aber das Professorenkollegium nicht nur gegen den Bezug eines fixen Gehalts, sondern auch gegen die Gewährung einer Remuneration mit der formal völlig richtigen Begründung, daß Bruckner seinerzeit von der Fakultät zum »unbesoldeten Lektor« vorgeschlagen und vom Ministerium auch dazu ernannt worden war. Für diese formale Konsequenz der Fakultät spricht die gewählte Formulierung in der Stellungnahme, nämlich *daß das Professoren-Collegium sich außerstande erkläre, aus diesen prinzipiellen Gründen das Gesuch zu befürworten*[114].

Dem formal richtigen Argument konnte der Bruckner so wohlgesinnte Unterrichtsminister nichts entgegenhalten, außer, daß er *sich vorbehält, ihm auf Grund jeweiliger neuerlicher Angaben am Schlusse des Semesters doch fallweise eine Remuneration zu übermitteln*[115].

Bruckners Gedanken über eine Revision seiner Werke, die seit der Ablehnung der 3. Sinfonie für ihn eine starke Arbeitsmotiva-

[114] zitiert nach Göllerich/Auer, a. a. O., S. 439
[115] zitiert nach ebda., S. 439

Bruckner als Dirigent.
Scherenschnitt von Otto Böhler

tion dargestellt haben dürften, wird durch die Studien an klassischen Sinfonien dokumentiert.

Im *Österreichischen Volks- und Wirtschaftskalender für 1876* sind Eintragungen über den Periodenbau von Beethovens »Neunter« und Bruckners eigener »Vierter«, der *romantischen* Sinfonie überliefert, im *Krakauer Schreibkalender* von 1877 gibt es eine relativ ausführliche Studie zum Mozart-*Requiem*. In Gesprächen geäußerte Anregungen dürften Herbeck, Bruckners junger Schüler Hans Rott, der spätere Weimarer Hofkapellmeister Rudolf Krzyzanowsky, wahrscheinlich auch der junge Hugo Wolf und Gustav Mahler (dieser spricht von einem engeren Kontakt in den Jahren 1875–81) zum Problem der Überarbeitung beigesteuert haben.

Als erstes Ergebnis des Bemühens winkt die Uraufführung der zweiten Fassung der 3. Sinfonie, die am 29. April 1877 fertiggestellt war. Zwar hatten die Wiener Philharmoniker am 27. September das Werk wieder einmal abgelehnt, doch Johann Herbeck setzt die »Wagner-Sinfonie« auf das Programm eines für den 3. Dezember 1877 geplanten »Gesellschaftskonzertes«.

Als Herbeck unerwartet am 28. Oktober stirbt, bleibt die Sinfonie durch Intervention des Reichratsabgeordneten August Göllerich sen. auf dem Programm. Bruckner selbst muß dirigieren. Ob die immer noch schwierige Realisierung der Sinfonie oder Bruckners in der Tat nicht sehr professionelles Dirigat bei der Uraufführung am 16. Dezember 1877 den Skandal auslöste oder eine Bruckner feindlich gesonnene Gruppe in Wien das Konzert sabotierte, ist schwierig zu klären. Einige Quellen weisen darauf hin, daß die Interpretation und die Programmdauer[116] die Schuld an der Ablehnung durch das Publikum getragen haben könnten. Bruckner war am Pult sicher keine Autorität, so daß die Musiker ihn nicht sehr ernstnahmen und sich außerdem – man spreche z. B. mit einem Orchestermusiker über die technischen Schwierigkeiten – gegen das Stück stellten.

Daß das Publikum weglief, ist einerseits als Affront gegen Bruckner zu verstehen, andererseits, wie Hanslick und auch der Komponist selbst bezeugen, auf die Länge des Konzerts zurückzuführen. Die *Neue Freie Presse* schreibt am 18. Dezember 1877: *Das zweite Abonnements-Concert der Gesellschaft der Musikfreunde war von keiner glücklichen Hand zusammengestellt. Bei sehr langer Dauer und quantitativ reichhaltigem Programme fand das Publikum doch keinen entsprechenden großen Genuß.* Bruckner selbst meint in einem Brief an Wilhelm Tappert vom 9. Oktober 1878[117]: *Die Sinfonie No. 3 in D-moll (Rich. Wagner gewidmet), ebenfalls theilweise verändert; (diese verlästerte, die gar nicht studirt werden konnte und zu einer Zeit an die Reihe kam, wo das Publikum fortzugehen pflegt).*

In der weiteren Hanslick-Kritik ist das *bescheidene Geständnis* zu lesen, *daß wir seine gigantische Symphonie nicht verstanden haben. Weder seine poetischen Intentionen wurden uns klar – vielleicht eine Vision wie Beethoven's ›Neunte‹ mit Wagner's »Walküre« Freundschaft schließt und endlich unter die Hufe ihrer Pferde*

[116] Auf dem Programm standen neben der »Dritten« noch Beethovens *Egmont*-Ouvertüre op. 84, das 9. Violinkonzert in d-Moll op. 55 von Louis Spohr, Arien von Mozart und Peter von Winter (1754–1825).

[117] Bruckner: *Briefe*, S. 146

gerät – noch den rein musikalischen Zusammenhang vermochten wir zu fassen.

Hanslick steht mit seiner verständnislosen Haltung gegenüber dem Werk, das durch eine sicher fragwürdige Interpretation noch belastet wurde, nicht allein.

Alle Wiener Zeitungen zeugen von den Schwierigkeiten, die das überdimensionierte Werk bei den Hörern hervorrief. Andererseits aber wird als eigentlicher Anlaß des Skandals die Reaktion des Publikums, das den Saal verließ, angesehen, wird auf die Überlänge des Konzerts hingewiesen, auf die Parteiengruppierungen, die vermutlich gegeneinander klatschten und buhten. Die Kritik der *Wiener Sonn- und Montagszeitung* von Heiligabend 1877 verwendet jedenfalls die Hälfte der vierzigzeiligen Rezension für die Beschreibung des Publikumsverhaltens. Es heißt da:

> *Ob es im Interesse der Kunst läge, die Concertbesucher durch Absperren der Saalthüren zur Anhörung aller Theile einer solchen Symphonie zu verhalten, möge hier unerörtert bleiben. Ohne Zweifel macht es einen peinlichen Eindruck auf den Componisten oder Dirigenten, und wohl auch auf die ausübenden Musiker, wenn das Publikum jede Pause benützt, um sich auf die Straße zu retten; die »öffentliche Meinung« gibt sich in dieser Form noch viel rücksichtsloser, ja grausamer als in der bittersten Kritik, die Derjenige schreiben könnte, der das ganze Werk mit angehört hat. Wir ließen uns keinen Theil der Composition entgehen, der wir allerdings mehr Interesse entgegenbrachten, als sie uns Befriedigung gewährte. Allein auch das Verhalten des Publikums können wir nicht unberechtigt nennen; es ist unbedingt nötig, Kirchenthüren zu sperren oder das unablässige Kommen und Gehen der Kirchenbesucher als Religionsstörung zu bezeichnen. Wer sein Concertbillett bezahlt, hat damit das Recht erkauft, seinen Platz nicht nur einzunehmen, sondern auch zu verlassen, und die »Ordner des Hauses« haben nur dafür Sorge zu tragen, daß dieses nicht während eines einzelnen Musikstückes geschehe, – eine Rücksicht, die übrigens bekanntermaßen nur in den Concertsälen beobachtet zu werden pflegt und in Theatern durchaus nicht Übung ist.*

Der Verleger Theodor Rättig, der laut eigener Aussage nahezu allen Orchesterproben und der Aufführung beiwohnte, versprach Bruckner die Drucklegung der Sinfonie. Die Ausgabe, die tatsächlich 1878 in gekürzter Form erschien, bearbeitet von Gustav Mahler und Rudolf Krzyzanowsky, brachte Bruckner aber kaum Tantiemen ein. Rättig schrieb[118]:

Als Mitglied des Singvereins wohnte ich fast allen Orchesterproben bei. Es war für mich ein klägliches und empörendes Schauspiel zugleich, die Späße der jüngeren Orchester-Mitglieder über die unbeholfene Direktionsweise des alten Herrn, der allerdings vom Dirigieren keine Ahnung hatte und sich auf Angabe der Tempi in der Manier eines Hampelmannes beschränken mußte, mit anzusehen. Um so imposanter erschien mir die Komposition selbst und erweckte in mir die Überzeugung, daß hier einer der gewaltigsten Tonheroen aller Zeiten im Begriffe sei, den für solche Geister üblichen, man möchte sagen, vorgeschriebenen Dornenweg zu betreten. In dieser Auffassung wurde ich durch die Aufführung vollends bestärkt. Einem Häuflein von 10 bis 20 meist blutjungen Menschlein beiderlei Geschlechts, welche applaudierten, stand die zischende und lachende Menge gegenüber und die Auguren der tonangebenden ›musikalischen Haute-volée‹ lachten sich schadenfroh in's Fäustchen: ein prächtiger Heiterkeitsstoff für das zu Hause ihrer harrende Diner. Als dann das Publikum den Saal, die Musiker das Podium verlassen hatten, umstand das kleine Häuflein seiner Schüler und Verehrer tröstend den jammernden Meister; er aber rief: »Ach laßt's mi aus, die Leut' wollen nix von mir wissen.« Da trat meine Wenigkeit in den Kreis, sprach dem Meister in den wärmsten Worten meine Bewunderung aus und erbot mich, das soeben ausgezischte Werk auf eigene Kosten (circa 3000 fl) in würdigster Form erscheinen zu lassen. Und zum Staunen der musikalischen Welt erschien das Werk, und dies Ereignis gab wohl den ersten nachdrücklichen Anstoß zur Würdigung seines Schöpfers in weiteren Kreisen.

Für die Niederlage im Konzertsaal wird Bruckner endlich durch eine Mitgliedstelle der k.k. Hofmusikkapelle anstatt des am 17. Dezember 1877 verstorbenen Wenzel Bezdek mit 800 Gulden Gehalt entschädigt.

[118] zitiert nach Göllerich/Auer, a.a.O., Bd. IV/1, S. 477

Daß Joseph Hellmesberger, der nachgerückte Hofkapellmeister, die Einstellung des 300-Gulden-Honorars, das Bruckner bis dahin als zweiter Archivar und substituierender Singlehrer der Sängerknaben erhielt, gleichzeitig mitbeantragte, ist sowohl juristisch völlig korrekt als auch – wie sich der Hofkapellmeister nicht zu bemerken enthalten kann – sozial unbedenklich, denn eine weitere Zuwendung *dieses Unterstützungsbetrages erscheint umso weniger nothwendig, als ja Bruckner auch sonst nicht als so sehr mittellos und hilfebedürftig anzusehen ist. Es darf ja wohl auch bemerkt werden, daß Bruckners Gehalt als Professor am Conservatorium sich jährlich auf mehr als 1200 Gulden beläuft*[119].

Selbst in der Phase, als Bruckner das *Adagio* der 5. Sinfonie, am 1. August 1877 begonnen, umarbeitet, dürfte durch den Mißerfolg der 3. Sinfonie keine einschneidende Veränderung erfolgt sein, weil Bruckner am 4. Januar 1878 das Schlußdatum unter den dritten Satz schreibt. Zwei Wochen später beginnt er mit der gründlichen Umarbeitung der 4. Sinfonie und vollendet bis zum 30. September des Jahres die beiden Ecksätze und das *Andante* sowie im November das völlig neukomponierte Scherzo, *welches die Jagd vorstellt*. Dazwischen liegen Nebenarbeiten wie das *Tota pulchra es* (WAB 46), *Zur Vermählungsfeier* (WAB 54), das Heiratspräsent an Ritter von Ölzelt, die übliche Walzertour durch den Fasching, die ebenso üblichen Rendezvous mit jungen Damen, Vorlesungen, Privatstunden und ganz am Ende des Jahres (so laut Brief Bruckners an Wilhelm Tappert vom 9. Dezember) *als wesentlichste Neuheit dieser Pause das Streichquintett*[120] (WAB 112). Es war ursprünglich mit seinen vier Sätzen am 12. Juni 1879 vollendet, dann aber, als Joseph Hellmesberger das Scherzo zu schwer findet, mit einem Intermezzo, als dessen Beendigungstag der 21. Dezember 1879 feststeht, komplettiert worden.

Dieses Streichquintett kann trotz seines großangelegten Baues nicht als Wunschkomposition Bruckners verstanden werden. Wie oft in den letzten Jahren ist Wilhelm Tappert in Berlin der wichtigste Adressat, dem Bruckner brieflich sein Innenleben vermittelt. In einem Brief von Anfang Februar 1879 heißt es[121]:

[119] Eingabe des Hofkapellmeisters Joseph Hellmesberger an das Obersthofmeister-Amt vom 3. Januar 1878, abgedruckt in: Antonicek, a. a. O., S. 90

[120] im Brief an Wilhelm Tappert vom 9. Oktober 1878; in: Bruckner: *Briefe*, S. 146

[121] Bruckner: *Briefe*, S. 148

Joseph Hellmesberger

Mittlerweile ist die 4. Rom. Sinfonie ganz fertig geworden, jedoch noch nicht in die Stimmen geschrieben. Mit der hoffe ich, Euer Hochwohlgeb. ganz besonders Freude zu bereithen. Gegenwärtig schreibe ich ein Streichquintett in F-dur, da mich Helmesberger wiederholt und eindringlich ersucht hat, der bekanntlich für meine Sachen schwärmt.

Ein weiterer Brief an Ignaz Traumihler in St. Florian vom 25. Juli 1879 verrät noch ein wenig von der Strategie, die Bruckner mit diesem Quintett verfolgte[122]: *Mein Quintett ist fertig. Hofkapellm. Hellmesberger ist ganz aus den Fugen vor Freude u. wills aufführen. Er ist total umgeändert u. zeichnet mich riesig aus.*

Aus diesen Worten könnte abgelesen werden, daß Bruckner – der schließlich mit Hellmesberger in einer Art Konkurrenzkampf stand, weil er sich selbst für die Stelle des Hofkapellmeisters

[122] ebda., S. 149f.

Beginn des Streichquintetts

interessiert hatte und sich von Hellmesberger wohl aufgrund der bürokratischen Behandlung unverstanden fühlte – das Quintett vor allem deswegen geschrieben habe, um sich seinen Vorgesetzten geneigter zu machen. Bruckner hätte demnach in einer Zeit künstlerischer Besinnung und der Überprüfung persönlicher Ausdrucksweisen ein Auftragswerk verfaßt, wie er dies immer – falls nötig – in seiner Laufbahn getan hatte. Daß die Dimension des Streichquintetts dieser These nicht entgegensteht, ist daraus ersichtlich, daß Bruckner einerseits vermutlich kaum eine andere Möglichkeit hatte, Hellmesberger persönlich anzusprechen und es andererseits Probleme mit den Tempovorschriften gab, was Bruckner bei seiner sonstigen peniblen Genauigkeit kaum passiert wäre. Stand im Autograph *Andante quasi allegretto* über dem langsamen Satz, so wechselte die Angabe im ersten Druck in *Adagio*; Bruckner hatte außerdem zuerst *alla-breve*-Taktzeichen geschrieben, die senkrechten Striche aber später ausradiert. Eine weitere

Korrektur gab er brieflich in einem Schreiben an das Walter-Quartett München am 27. März 1885 an[123]: *In Betreff des Quintetts bitte ich sehr, das Scherzo nicht so nach der Vorschrift, sondern den zweiten Theil desselben bis zum Wiederbeginn des Anfangs beinahe andante gütigst nehmen zu wollen.*

Auch die agogischen Vorschriften, vor allem im Finale, deuten darauf hin, daß Bruckners Konzentration bei der Komposition dieses Werkes nicht mit jener bei der Arbeit an den großen Sinfonien verglichen werden kann.

Mit Beginn des sinfonischen Schaffens scheint Bruckner entschlossen gewesen zu sein, nur noch in dieser Kunstgattung tätig zu werden. Selbst die Schwierigkeiten, die ihm Interpreten, Publikum, aber auch Freunde bereiteten, konnten ihn von diesem Vorsatz nicht abbringen. Mit Ausnahme der zweckgebundenen Männerchöre, der Kompositionen für St. Florian, der auf Anregung Hellmesbergers entstandenen Werke Streichquintett und *Te Deum* (WAB 45) und der zu einer Tonkünstlerversammlung in Wien verfaßten Vertonung des 150. Psalms (WAB 38) sowie des sinfonischen Chors *Helgoland* (WAB 71) zur 50-Jahr-Feier des Wiener Männergesangvereins 1893 blieb Bruckner auch bei seinem Vorsatz. Damit wird deutlich, daß die genannten außersinfonischen Werke letztlich Nebenwerke sind, nicht auf eine persönliche Motivation zurückgeführt werden können, sondern den Anlaß von außen für ihre Entstehung brauchten. Dieses Argument stützt allerdings auch die Besessenheit des Immer-wieder-Ansetzens zur Bewältigung der sinfonischen Form. Sie ist neben psychologischen Zwängen in Richtung auf äußeren Erfolg und der Skrupelhaftigkeit des künstlerischen Gewissens die einzige Triebfeder der Persönlichkeit Bruckners für die Ansätze der Verbesserung, der Entwicklung, des weiteren Lebens- und Schaffensweges, der nun aber, in den letzten fünfzehn Jahren seines Lebens, differenzierter und damit schwieriger darzustellen gerät. Die zeitliche Klammer von Überarbeitungsphase (bis 1880) und Neuproduktion unveröffentlichter Gedanken (ab 1880) stellt die zweite Fassung der 4. Sinfonie dar, deren Revision mit dem Neuansatz zu den Sinfonien 6, 7 und 8 zeitmäßig verschmilzt.

[123] zitiert nach Leopold Nowak: *Neue Bruckner Gesamtausgabe, Streichquintett F-Dur*, Vorwort

1880–1887

Dritter Schaffensschub: die sechste, siebente und achte Sinfonie Reisen – Lieben – Erfolge – Triumph der »Vierten« – *Te Deum* und Franz Josephs-Orden – Freunde, Partei, Probleme – *ritardando* beim Schreiben

Drei Jahre Pause. Die immer noch andauernde und eher um sich greifende Bestätigung durch seine Hörer, die mit einem Gehalt ausgestattete Etablierung in der Hofmusikkapelle, die Aussicht auf eine Bezahlung für den bislang unbesoldeten Lehrauftrag an der Universität und die Tatsache, daß sich eine fortschrittlich gesinnte jugendliche Gruppe um den von den praktischen Musikern nicht gerade geliebten Komponisten schart, geben Bruckner neues Selbstbewußtsein. Er nimmt, nachdem er die Arbeit an der Zweitfassung der 4. Sinfonie am 5. Juni 1880 vollendet hatte und einen Tag später mit der Aufführung der d-Moll-Messe in der Hofkapelle unter seiner Leitung starken Beifall gefunden hatte – sowie nach einem ausgiebigen Urlaub in der Schweiz –, die Arbeit an der 6. Sinfonie auf. Zuvor hatte er sich – getreu seiner Gewohnheit – seine Leistungen bescheinigen lassen: Er hatte von Hellmesberger ein Gutachten zur d-Moll-Messe erbeten[124]:

> *Die große Messe in D des k. k. Hoforganisten Prof. Anton Bruckner kann als ein wahres Meisterwerk bezeichnet werden. Genial in der Erfindung, großartig in der musikalischen Ausführung des Textes, hat das Werk in der k. k. Hofkapelle nicht verfehlt, großen Eindruck auf alle Kunstverständigen zu machen.*
>
> *Wien, 16. Juli 1880*

Auch die Wiener Presse hatte Bruckner uneingeschränkt bestätigt. In der *Deutschen Zeitung* erscheint im Februar ein Kulturleitartikel, der – wahrscheinlich – von den Freunden Bruckners angeregt worden war. Die Kenntnis einer *neungezackten Symphonie-Krone, die der Rastlose, der sich fünf Zacken derselben schon*

[124] zitiert nach Göllerich/Auer, a. a. O., Bd. IV/1, S. 603

geschmiedet, sicher rühmlich vollenden wird, spricht für ein intimes Wissen des Verfassers um die Bestrebungen des »Beethoven-Nachfahren« und dessen Liebe zu Symbol-Analogien.

Anton Bruckner.
(Porträt eines Wiener Musikers.)

Es war in dem in mancher Hinsicht überaus denkwürdigen Jahre 1866, als zu den zahlreichen Ueberraschungen, die uns auf kriegerischem Gebiete zu Theil wurden, auch eine kam, welche geeignet war, zumeist die im friedlichen Bereiche der schönen Tonkunst sonst ruhig und vergnüglich Dahinlebenden in nachhaltigste Aufregung zu versetzen.

Es war die zu eiskaltem Grauen so manches Hofbeamten über Nacht erfolgte Ernennung unseres unvergeßlichen Herbeck zum »ersten Hof-Capellmeister« über die Köpfe einiger Amtsgenossen hinweg, welche, zwar nicht gerade durch überwältigende künstlerische Vorzüge hervorragend, aber im Besitze einer von heiliger, bis dahin unverletzter Kanzlei-Tradition geschützten ehrwürdigen Reihe von »Dienstjahren«, sich nun auf das grausamste übergangen sahen.

Welche Glanzzeit des musikalischen Wien in den Jahren seiner künstlerischen Führerschaft erlebte, welche Fülle edelster Genüsse es ihm zu danken hat, ist längst bekannt und fand allüberall so viel verdiente Würdigung, daß es nicht überflüssiger Zweck dieser Zeilen sein soll, noch mehr darüber zu sagen – diese wollen vielmehr auf einen Mann hinweisen, den wir dem früh verewigten Meister verdanken, den er dem leuchtenden Schild unserer Musikstadt mit kundiger Hand als werthvolle Perle einfügte.

Kaum hatte Herbeck sein einflußreiches Amt angetreten, als er die Berufung des Linzer Dom-Organisten Anton Bruckner nach Wien und dessen Ernennung zum Hof-Organisten befürwortete und, wie Alles, was er unternahm, durchsetzte.

Seitdem besitzt Wien nicht nur einen der glänzendsten Orgel-Virtuosen, der, als Berufenster von der Wiener Künstlerschaft zur Weltausstellung nach London entsendet, dort Triumphe feierte und sich auf der Riesenorgel der Albert-Halle den ersten Preis erspielte – nicht nur den sachgelehrtesten Nachfolger Simon Sechter's auf der Lehrkanzel für Contrapunkt am Conservatorium und an der Universität, an welcher er seit einigen Jahren vielbesuchte Fach-Vorlesungen hält, nicht nur einen genialen Meister der Orgel-Improvisation, sondern auch um einen originellen Künstler und Menschen mehr.

Wer ihn so durch die Straßen wandeln sieht, den wohlbeleibten Mann mit dem kugelrunden, glattgeschornen Kopf, ein leuchtendes Zeichen siegreichen Triumphes über jegliche Fleischtheuerung, der wird, nachdem er sich unwillkürlich an eine zweibeinige Riesenbirne erinnert hat, kaum zweifeln, entweder einen jüngern Verwandten unseres dermaligen Erzbischofs oder einen incognito reisenden Kloster-Kellermeister vor sich zu sehen, kaum aber daran denken, so sehr sich der Besprochene auf den ersten Blick als irgendein Original präsentirt, daß er mit einem der reichstbegabten Söhne der heiligen Cäcilia eine Begegnung habe. Und das ist er in der That! Nicht nur, was das Instrument betrifft, dessen werthvolle Erfindung man der benannten Heiligen zuschreibt und welches, wie wir sehen werden, das einzige Femininum ist, zu dem er in nähern Beziehungen steht, sondern auch was das Musterhaft-Katholische und Ascetisch-Heilige seiner Ansichten betrifft.

»Von Zeit zu Zeit seh' ich den Alten gern« – ja ich suche ihn auf, wenn er, wie dies recht häufig geschieht, »essen« geht, denn seinem Appetit nach zu schließen, erfreut sich sein Magen ungefähr der gleichen Arbeitskraft wie die Bälge der Stifts-Orgel von St. Florian, die er so lang gemeistert.

Zu übersehen ist er nicht, denn von weitem schon schwingt er, wird er eines Freundes gewahr, als hätte er einen Welttheil entdeckt, den kleinen runden Hut, den er hartnäckiger Kopfschmerzen wegen noch hartnäckiger in der Hand trägt. Ist's ein Sonn- oder Feiertag, an dem wir uns treffen, so erzählt er wohl mit kläglichster Stimme, es sei ihm zu den tausend Kränkungen, die er in Wien schon erfahren, die neue zugefügt worden, daß ihn, nachdem er sich in die holdseligen Irrgänge einer »ein bisserl« langgerathenen Fuge vertieft, schon wieder ein handfester Orchesterdiener, wohl in Folge »höherer« Intrigue, und nicht, weil die Kirche angeblich schon ganz leer und die Messe zu Ende war, von der Orgel gehoben und ihm durch einen meuchlerisch angebrachten Schluß-Accord den schönsten »Orgel-Punkt« unterbunden habe.

»Es ist hier nicht aufzukommen«, schließt er, um bei einem Diner Trost zu suchen, dessen Menu zu skizzieren ich wegen Raummangels unterlassen muß. Allerdings war der treffliche Mann, so lange er uns mit Wohllaut contrapunktisch versieht,

wohl auch nicht auf Rosen gebettet. Ein Hofamt habe ihm, versicherte er einer Schaar Freunde, als es ihm vom »hochwürdigen Herrn Bischof« weg hieher rief, nebst goldenen Bergen eine freie Wohnung versprochen, ihm aber später bedeutet (hoffentlich ohne boshaften zoologischen Hintergedanken), es sei nicht einmal in Schönbrunn eine solche für ihn aufzufinden gewesen.

Ein schlechtbezahltes Lehramt (an der Lehrerinnen-Bildungsanstalt) habe man ihm, nur weil er zu höflich war, entzogen, und nichts sei ihm geblieben, als seine (damals) unbezahlte »Expectanten«-Stelle, sein Hunger und seine – »Gaudeamus«! Mit diesem eigenthümlichen Plural bezeichnet der Wackere, der es mit der Sprache des Tacitus nicht genau nimmt, die Wiener Studenten, für die sein ganzes Herz in Flammen steht.

Für sie und seine heilige Mutter Cäcilia! Andere Minne nahte seinem Herzen nie, wie eine Geschichte darthut, die ebenso wahr ist, wie alles hier Erzählte, und etwas Biblisches hat. Ein Häuflein »Gaudeamus« hatte mit unserm, wie schon erwähnt, damals in Oberösterreich wirkenden Meister ein ländliches Fest gefeiert, an dem, sehr zu seinem tiefinnersten Grauen, auch – Mädchen theilgenommen hatten, und war voll des »schönen Gottes« in die Wohnung eines der Studenten heimgekehrt. Da fingen sie an, heimtückisch Punsch zu brauen und sannen Arges, denn nicht lange tranken sie, da sah sich der fromme Meister allein mit Einer von dem gehaßten, gottlosen Geschlecht, und sie trat ihm verlockend näher (natürlich im Auftrage der muthwilligen Burschen), und lächelte ihn teuflisch lieb und freundlich an.

Doch nicht lange zauderte der gar arg Bedrängte, und wie der in weitesten Kreisen bekannte »egyptische Josef« rief er wörtlich: »Ha – Putiphar!« und raste heim in wilden Sätzen, um sich einen kühlenden Albrechtsberger aufzulegen und unter den Fittigen seines Schutzengels Sechter der schnöden Weltlust zu vergessen!

Sein jahrelanger Aufenthalt in klösterlicher Abgeschiedenheit, dem er allerdings jene geradezu monströse musikalische Gelehrsamkeit und verblüffende Technik auf seinem Instrumente verdankt, die Schüler und Hörer an ihm bewundern, sowie auch sein ausgesprochenes »Pech« im Kleinen und Gro-

ßen haben ihm eine Aengstlichkeit und Schüchternheit im ganzen Wesen beigebracht, die rührend komisch wirken.

Gelegentlich einer Probe zu einem von ihm gegebenen Concerte war's. Er hatte eine seiner brillanten Productionen beendet, bei der ihm, der leibhaftigen Illustration zu Uhland's »Unstern«, wie fast immer, wenn er spielt, irgendein – natürlich »jüdischer« Kobold in eine mißtönige, quitschende Pfeife geschlüpft war und ihm seine prächtige »Toccata« verdorben hatte, und stand am Dirigenten-Pulte, bebend und in Todesschweiß, gezwungen lächelnd, um eine seiner prächtigen Symphonien zu dirigiren. Das Orchester harrt – harrt lange des Zeichens zum Anfange, aber er hält, immer bleicher, den Tactstock als bebendes Fragezeichen in der hocherhobenen Hand, ob denn ja gewiß Niemand gegen seine Existenz etwas Triftiges einzuwenden habe, und fragt endlich im kläglichsten smorzando: »Ja, meine Herren, warum fangen's denn nit an?« – Erst die dringende Bitte um den langersehnten »Niederstreich« bestimmt ihn, zaghaft sein Herrscheramt anzutreten. Und welches Meisterwerk dirigirte er! Welche Fülle prächtiger Gedanken! – Gegen die Form wenden die Fachleute jedoch Manches ein, sowie gegen seiner Werke »göttliche«, reich mit spannungsvollen Generalpausen ausgestattete Länge. Ich kann darüber als Laie nicht mitsprechen und weiß nur, daß die Form ihn im Leben so wenig beschäftigt, daß er beispielsweise irgend eine Aufführung im Arbeitsröcklein dirigirte und erst danach zur schönsten Stunde seines Lebens, zum Mittagstisch, seinen etwas antiquirten Frack anzog.

Irre ich nicht, so war die oben besprochene Symphonie dieselbe, die er, als seinem schrankenlos verehrten Meister Wagner gewidmet, persönlich nach dem »Wahnfried« brachte. Auch an diese Wallfahrt knüpft sich ein charakteristisches, heiteres Geschichtchen.

Der »Meister« nahm das Werk aus den Händen seines Wiener Jüngers huldvoll hänselnd an, indem er ihm auf's bestimmteste versprach, es als Zwischenact-Musik in der »Walküre« aufführen zu lassen (wörtlich!), und benützte die günstige Gelegenheit, einen seiner scharfgeschliffenen Bannblitze auf die »ruppige« Wiener Hoftheater-Wirthschaft« und ihre hochverrätherische Art, die »Meistersinger« zu kürzen, vor dem athemlos lauschenden Jünger loszulassen, der, nach Wien zurückgekehrt, in ehrfurchtsvollem Grauen seinen Freunden von dem furchtbaren Ungewitter, noch immer ängstlich mit den Aeuglein blinzelnd, erzählte.

Herbeck, damals Director der Hof-Oper und in dieser Eigenschaft Preisscheibe Richard Wagner's, war sehr neugierig, wie man in Baireuth seine »Lose kiese« und fragte unsern Bruckner im Vertrauen um seine dortigen Erfahrungen und was Wagner gesprochen. Das war zuviel! Wie konnte er seinem k. k. Chef eine so gewaltige Summe von Grobheiten wieder sagen – lieber wollte er zu lebenslänglichem Blasbalgtreten verurtheilt sein! Und so stammelte er dem Frager, verbindlichst lächelnd, die Hand auf's pochende Herz gelegt, die denkwürdige Antwort: »O, o – Herr Hof-Capellmeister, 's Beste, 's Schönste, 's Allerbeste hat er g'sagt!«

Und das ist's, was auch von ihm allenthalben gesagt werden soll! Nur »'s Beste« von dem wackern, vielgeprüften Manne, dessen künstlerische Vorzüge ganz gewaltig, dessen menschliche Eigenheiten so liebenswürdig und so lustig sind, daß sich ihrer Jedermann lächelnd freuen wird!

Und so sei ihm zur »neungezackten Symphonie-Krone«, die der Rastlose, der sich fünf Zacken derselben schon geschmiedet, sicher rühmlich vollenden wird, nur noch herzlichst als Privat-Kopfbedeckung irgendein sammtenes Hausherrnkäpplein gewünscht und: »Besten Appetit wie bis heute!«

Tatsächlich war also mit Ende des Sommersemesters für Bruckner alles soweit gut gelaufen, daß er sich einen eigentlichen Urlaub in der Ferne gönnte.

Auer gibt als Reiseziel den Mont Blanc an und verknüpft dies mit Bruckners Vorliebe für den Großglockner, den Nordpol und Kaiser Maximilian von Mexiko[125]. Die Reise begann am 13. August 1880 und führte über St. Florian, Oberammergau (wo er den Passionsspielen am 22. und 23. desselben Monats beiwohnte), München, Lindau, Zürich (wo er die mit Wasser betriebene Orgel ausprobierte), Genf, Chamonix, den Mont Blanc, Lausanne, Fri-

[125] Diese etwas merkwürdig anmutende Zusammenstellung von Vorlieben schildert Göllerich/Auer, a. a. O., Bd. IV/2, S. 606, folgendermaßen: *Seine Religiosität und sein Natursinn* [. . .] *führten ihn, der stets für Hohes und Höchstes auf jedem Gebiet schwärmte,* [. . .] *zum Mont-Blanc, den er längst schon als höchste Spitze Europas gerne in Augenschein genommen hätte. Dieser Gipfel, der Nordpol* [. . .] *und Kaiser Max von Mexiko beschäftigten seine Phantasie unablässig.*

bourg, Bern, Luzern (wo er ebenfalls Orgel spielte), über München, Salzburg, Linz und Vöcklabruck nach Wien zurück.

Die wichtigsten Ereignisse, vor allem Begegnungen mit jungen Damen, notierte Bruckner gesondert[126].

1. In Bern war *ein Fräulein in das Haus Postgasse Nr. 22 zur dort wohnenden Freundin* gegangen;

2. In Nauters bei Luzern wohnte *Fräulein Marie Studer*, das er auf der Fahrt von Bern nach Luzern *sprechen durfte.* Im Zug bei Luzern befand sich *bei der Einfahrt rechts ein zweistöckiges weißes Haus*, wahrscheinlich ein Hotel, neuerrichtet, in dessen *zweiten Stock vom Bahnhof am ersten Fenster ein Fräulein zweimal herabgesehen* hatte. *Ist dieß eine Fremde? Woher etc.? Wunderbar!*

3. In Traunstein bei Salzburg sah er die Hotelierstochter *Frl. Wiesbauer. Sie war sehr schön.* In der Sommerfrische Partenkirchen sah er *ein Fräulein mit Vater auf der Straße* und eruierte auf der Fahrt, daß *ein Geschäftsmann hin kommt, dessen Adresse: Franz Harting Innsbruck, Hattinger Ried nächst Wem's Bad Nr. 48* ist.

4. Bruckner machte in Oberammergau die Bekanntschaft des *Frl. Marie Bartl, einer an der Aufführung Betheiligten Jerusalems, die auf ihn während des Spielens tiefsten Eindruck hervorrief.*

Eine Bewerbung um die Stelle des zweiten Chormeisters beim Wiener Männergesangverein, die Bruckner vor und nach seiner Schweizer Reise betrieb, hatte keinen Erfolg. Allerdings ging der Kampf um die regelmäßige Entlohnung für das Lektorat an der Wiener Universität mit der Verordnung des Unterrichtsministers zu Ende, Bruckner ab dem Studienjahre 1880/81 jährlich 800 Gulden auszuzahlen.

> *Auf Ihre Eingabe vom 13. November ds. J. bewillige ich Ihnen für die Abhaltung der Vorträge über Harmonielehre und Contrapunkt an der k. k. Wiener Universität vom laufenden Studienjahre ab bis auf Weiteres eine Jahresremuneration von 800 fl (achthundert Gulden) und ersuche gleichzeitig den Herrn Statthalter für Niederösterreich, Ihnen diese Remuneration in 2 mit Schluß eines jeden Semesters fälligen Raten a 400 fl. gegen Bestätigung des Decanates der philosophischen Fakultät in*

[126] zitiert nach Göllerich/Auer, a. a. O., Bd. IV/1, S. 609

(16 Seiten enthaltend.)

Nr. 540 ...

Im Namen Seiner Majestät

Franz Joseph I.

Kaisers von Oesterreich, Königs von Böhmen
u.s.w. und Apostolischen Königs von Ungarn.

Reise-Paß

für Herrn Anton Bruckner

Charakter
Beschäftigung wirklichen Mitglied der k.k. Hof-Musik-Kapelle etc. etc.

wohnhaft zu

im Bezirke Wien

Kronland

S.m. 28.257

Reisepaß Bruckners

Wien, daß Ihre Collegien mit entsprechender Frequenz abgehalten worden seien, vorschriftsmäßig flüssig zu machen.

Wien, am 28. November 1880.

Der Minister für Cultus und Unterricht.

Dr. Conrad Eybesfeld.

Der Akademische Wagner-Verein bekundete am 27. Januar 1881 die Treue zu seinem Mitglied Bruckner durch die Verleihung der Ehrenmitgliedschaft. Am 20. Februar wird die Zweitfassung der 4. Sinfonie in einem Konzert zugunsten des Deutschen Schulvereins vom Philharmonischen Orchester unter Hans Richter uraufgeführt. Eine Meldung vom 7. Februar 1880[127] besagt, daß vorher schon der erste Satz und das Scherzo (»Jagdbild«) aus der noch nicht im Druck erschienenen Es-Dur-Sinfonie Bruckners kennenzulernen waren; *in diesen zwei Sätzen sprudelt so viel eigenartiges Leben, waltet ein so starkes musikalisches Naturel vor, daß im ganzen Auditorium der Wunsch, auch die anderen Sätze kennenzulernen, rege wurde und daß zu hoffen ist, das Manuskript werde recht bald seinen Verleger finden.* [...] *Sämmtliche Mitwirkende wurden im Laufe des Abends durch lauten und verdienten Beifall ausgezeichnet, der Komponist Herr Bruckner mußte zu wiederholten Malen auf dem Podium erscheinen, um seinem Dank Ausdruck zu geben.*

Die verdächtige zeitliche Nähe von dem oben zitierten Porträt (s. S. 137ff.) und diesem Konzert könnte die These untermauern, beides sei durch Steuerung der Freunde Bruckners beeinflußt worden.

Das Uraufführungskonzert bestritten die Wiener Philharmoniker unter Hans Richter. Attraktion des Konzertes war zweifellos das Auftreten des Intendanten der Herzoglich Meiningenschen Hofkapelle, Hans von Bülow, der seine sinfonische Dichtung *Des Sängers Fluch* selbst dirigierte und Beethovens 4. Klavierkonzert op. 58 spielte. Außerdem stand noch Beethovens Ouvertüre zu *König Stephan* op. 117 auf dem Programm. Aus dieser Kombination von Programmpunkten wurde relativ früh auf ein Mißverhältnis zwischen Bülow und Bruckner geschlossen. In der *Österreichischen Musik- und Theaterzeitung* Nr. 6 und 7/1893 heißt es:

[127] *Neues Wiener Tagblatt* Nr. 37

Hans von Bülow

Bülows sinfonische Dichtung »Des Sängers Fluch« errang nur einen Achtungserfolg, während Bruckners Symphonie enthusiastischen Beifall fand. Darob fühlte sich Bülow tief gekränkt und ist vielleicht auch darin einer der Gründe zu suchen, aus denen sich der berühmte Kapellmeister lange Jahre gegen Bruckner so feindselig verhielt. Tatsächlich hat er nie eine Note von Bruckner aufgeführt und erst die Aufführungen des Te Deum in Berlin (1891) schienen ihn etwas zu Gunsten des Schöpfers umzustimmen.

Kritik und Aufführungspublikum reagieren positiv, allen voran natürlich jene Personen, mit denen Bruckner inzwischen freundschaftliche Beziehungen aufgenommen hatte. So urteilt Eduard Kremser am 3. März 1881 im *Vaterland*:

Eine ganz anders geartete Künstlernatur (man könnte geradezu von einem Gegensatze sprechen) tritt uns in der Person des Komponisten Anton Bruckner entgegen, dessen Symphonie in Es-dur (IV.) in demselben Koncerte unter der Leitung Hans Richters zur Aufführung kam. Bruckner hat nichts von äußerem Glanz an sich, nichts Bestechendes, kaum etwas Gewinnendes, und im Verkehr ein nicht nur bescheidenes, sondern fast demütiges Wesen; er ist ein ausgezeichneter Orgelspieler, einer der ersten, die es gibt, er legt kaum einen Wert darauf. Bei all seiner Bescheidenheit und Demut ist er aber von einem starken Selbstbewußtsein erfüllt. Es wurde mir erzählt, daß er auf die Frage, weßhalb er keine Orgelkonzerte gebe, geantwortet habe, »meine Finger werden begraben werden, das was sie schreiben, wird nicht begraben werden!« Es ist dies eine starke Äußerung, aber sie ist nicht unberechtigt, und ob sich auch über die Wirkungen auf die Nachwelt schwerlich im Vorhinein etwas bestimmen läßt, das ist kein Zweifel, daß Bruckner das Recht hat, seine Tätigkeit auf dem Gebiete der Komposition höher anzuschlagen, als mancher Andere, der einen berühmteren Namen hat, als er.

Bruckner ist der Schubert unserer Zeit. Es ist ein solcher Strom von Empfindungen in seinem Werke, und eine Idee drängt so die andere, daß man den Reichtum seines Geistes wahrhaft bewundern muß, keineswegs aber darüber sich verwundern sollte, daß er für eine solche Masse der köstlichen Edelsteine noch immer nicht die adäquateste Fassung zu finden weiß. Der treffliche Organist, hervorgegangen aus der Schule der alten Kontrapunktisten, könnte sich sehr gerne ebenso gut in den herkömmlichen Formen bewegen und sich in diesen Formen ebenso präzise ausdrücken, als mancher Andere, bei dem die technische Beherrschung eben dieser Formen den ganzen Reichtum ausmacht. Bruckner ringt eben nach einer neuen Form; der Kämpfende aber gewährt noch keineswegs den Eindruck des Siegers; der Strebende gewährt niemals das erfreuliche Bild des Abgeschlossenen und Fertigen, er erscheint immer als ein Werdender, und in den Augen der Kleinmütigen, die für das Großartige eines solchen Prozesses kein Verständnis haben, wird der kühne Werdende nur allzu häufig als ein bloßer Schüler angesehen; daher kommt es, daß so Viele ihn für einen bloßen Nachahmer Richard Wagners halten, was er aber in Wahrheit so wenig und vielleicht noch weniger ist, wie derjenige, der sich von Richard Wagners Richtung gänzlich frei und unabhängig wähnt; denn worauf kommt es an, wenn es sich um die Selbständigkeit eines Künstlers handelt? Doch wohl in erster Linie auf die Ursprünglichkeit der Ideen, auf die Unmittelbarkeit der Erfindung. Nun möchte ich unter sämtlichen Komponisten der Gegenwart denjenigen kennen lernen, der mehr Unmittelbarkeit der Erfindung oder größere Originalität der Ideen besitzt als Anton Bruckner! Ich hoffe, der Komponist soll erst noch geboren werden; heute wenigstens wandelt er unter uns noch nicht einher, um seine Weisheit auf der Straße zu predigen.

Bruckner ist ein Wagnerianer, allerdings genau so, wie Wagner ein Beethovianer, wie Beethoven ein Mozartianer ist, in einem anderen Sinne gewiß nicht. Bruckner arbeitet mit selbsterfundenen Themen und Motiven, und bedient sich hiebei aller derjenigen Errungenschaften, welche sowohl in Bezug auf Modulation, Motivenverflechtung und thematische Gestaltung, als auch in Bezug auf Instrumentation die neuere Zeit zu Tage gefördert hat. Ist man aber darum gleich ein bloßer Nachahmer, weil man das von Früheren Ueberkommene und Ererbte verwendet? Es fragt sich ja doch nur, in welcher Weise dies geschieht, ob man das Ueberkommene in eigentümlicher Weise benützt! Und wahrlich Bruckner tut letzteres mehr, als irgend einer der Neueren; er singt seinen eigenen Gesang, er singt aus der eigenen Saite heraus; er hat der Welt etwas mitzuteilen, was sein eigenstes Eigentum bildet, und es wäre nur zu wünschen, daß ihm hiezu öfter Gelegenheit geboten würde, als es bisher der Fall gewesen. Wenn Herbeck noch lebte! aber Bruckner kann warten; es sind doch bereits einige da, die ihn zu schätzen wissen, und was er schreibt, wird nicht begraben sein.

Bruckner selbst zitiert diese Kritik und jene der *Vorstadtzeitung* vom 8. März als Belege für seinen Erfolg. Er schreibt in einem Brief an Pfarrer Klinger, Taufkirchen[128]: *Erlaube mir Euer Hochwürden auf das »Vaterland« vom 3. März aufmerksam zu machen. Großartig ist die Rezension dortselbst – bin selbst erst aufmerksam gemacht worden. Ebenso auf die »Vorstadtzeitung« vom 8. März, die man mir zuschickte. Beide staunenswerth. Wollte Euer Hochwürden einiges benützen, würde mich sehr freuen.*

[128] Bruckner: *Briefe*, S. 154

Auch Wilhelm Frey reagiert im *Neuen Wiener Tagblatt* vom 22. Februar enthusiastisch:

Musikalischer Ausnahmsfall.

Mitten in den Faschingsrummel hinein, vor dem sich bekanntlich alle ernstere Musik in ein sicheres Versteck zu flüchten sucht, traten plötzlich und in ganz unvorhergesehener Weise zwei musikalische Ereignisse gewichtigster Art: Das außergewöhnliche Konzert der Philharmoniker und die Bülow-Abende. Das außerordentliche philharmonische Konzert hatte theils einen politischen, theils einen sozial-ethischen Charakter; galt ja doch der finanzielle Zweck der Unterstützung des »deutschen Schulvereins« und die Aufführung der Bruckner'schen Symphonie der Ehrenrettung eines unserer bedeutensten Komponisten. Anton Bruckner, dessen Es-dur-Symphonie vorgestern einem großen vorurtheilslosen Publikum zur Beurtheilung vorgelegt, vielmehr vorgespielt wurde, ist eine ganz eigenthümliche Erscheinung. Außerhalb jeder Klique stehend, ist er als produzirender Künstler in allen äußeren Praktiken der, man möchte sagen, gesellschaftlichen Mache hilflos. Unbeholfen wie ein Kind und von einer seltenen Harmlosigkeit, kümmert er sich nicht um Das, was die Welt von ihm denkt und sagt, sondern hat nur immer den Griffel bereit, um seine Gedanken niederzulegen. Dieser Mann muß komponiren und sollte Alles um ihn herum zu Grunde gehen. Das Schaffen ist ihm ein innerlichster Drang und das hat er mit Schubert gemein. Mit diesem letzteren Fürsten im Reich der Tonkunst theilt er allerdings auch noch die fatale Eigenschaft, daß er niemals aufhören kann. Nach dieser Richtung hin, in einer gewissen Maßlosigkeit in der Emanation seiner musikalischen Empfindungen leistet er sowohl als produzirender, wie als reproduzirender Künstler ganz Erstaunliches. Als vor mehreren Jahren einmal in der Josefstädter Kirche ein Konkurrenzspiel auf der Orgel in Szene gesetzt wurde, um denjenigen Künstler ausfindig zu machen, der es am ehesten verdiente, nach London zum internationalen Orgelkampf geschickt zu werden, wurde auch unserem Bruckner ein Thema aufgegeben, ein Thema von nur fünf Takten, welches er fugiren, überhaupt aus dem Stegreif thematisch behandeln und paraphrasiren sollte. Bruckner setzt sich an die Orgel, er begann unverweilt sein knappes ihm von Gottfried Preyer aufgegebe-

nes Thema zu verarbeiten. Das Thema wuchs und wuchs zu einer ungeahnten Bedeutung und alle Zuhörer fühlten sich in der tiefsten Weise davon gefesselt. Von vorne herein war jedem Spieler eine gewisse Zeit zu seiner Aufgabe gesteckt worden, doch Bruckner hatte schon zwei- und dreimal diese Frist überspielt. Die anwesenden Juroren traten an die Orgel und mahnten den Künstler, zuerst leise und dann immer eindringlicher, daß es endlich Zeit zum Abschlusse sei; doch der im Labyrinth seiner Tonwelt Verlorene war taub für alle diese Mahnungen. Er wußte es, daß er nicht länger spielen dürfe, und wußte, daß seine Wahl durch dieses Maßüberschreiten gefährdet sei; aber er war von der Orgelbank doch nicht herunter zu bringen. Das Thema war ihm einmal ans Herz gewachsen und es mußte nach allen Richtungen hin ausgebeutet werden. Und als er nach etwa 25 Minuten sich gehörig ausgethematisirt und ausfugirt hatte, erhob er sich, sprach kein Wort und in seinen Mienen lag nur der eine Ausdruck: »Ich habe mich gehörig ausgesprochen, jetzt thut mit mir, was Ihr wollt«.

So ist Bruckner auch als Komponist. Er schreibt eine Symphonie von vier Sätzen und wenn's sein muß, auch darüber und kümmert sich nicht darum, ob diese Symphonie jemals zur Aufführung gelangen oder gar in Druck gelegt werden sollte. Er schreibt diese Symphonie und denkt sich: »Jetzt könnt Ihr mit mir thun, was Ihr wollt.« Der verstorbene Herbeck war ein fanatischer Parteigänger für Bruckner; er führte damals dessen C-moll Symphonie auf. Aber das Publikum zeigte sich damals ungeduldig, es hatte für das Fremde, den Namenlosen, dem noch kein Herold des Ruhmes vorangeschritten war, kein williges Ohr und nach jedem Satz lösten sich ganze Reihen Abtrünniger aus dem Auditorium ab. Daran war allerdings ein gewisser Eigensinn in der Konzeption jenes Werkes, wie dessen maßlose Länge schuld. Die Philharmoniker, die im Grunde genommen niemals wissen, wie sie es dem Publikum recht thun sollen, ob durch exzeptionelle Aufführung klassischer Werke oder durch fleißige Pflege von neuen Schöpfungen, wagten sich deshalb auch nicht an diese neueste Tondichtung unseres Komponisten. Sie glaubten, die ganze Symphonie auf einmal sei zu viel und wollten deshalb parzelliren. Selbstverständlich konnte Bruckner, konnten vielmehr dessen Freunde nicht darauf eingehen und Hans Richter übernahm es daher, mit seltenem

Freimuthe, die rettende That zu vollführen. Die Es-dur Symphonie, die also am vorgestrigen Tage vor das Forum der Oeffentlichkeit gelangte, ist ein Werk von nicht zu unterschätzender Bedeutung. Bruckner weiß nicht immer die Grenze der absoluten Schönheit einzuhalten, er sündigt nicht selten gegen die Leistungsfähigkeit speziell der Blasinstrumente, er vergeht sich manchmal an einer strengeren Farbengebung und begeht den hier schon öfter gerügten Fehler, nicht zur rechten Zeit aufhören zu können. Aber in diesem musikalischen Herzen lebt eine solche Fülle von neuen Gedanken, in diesem Geiste sprüht es von so zahllosen neuen Kombinationen, daß man gar nicht müde wird, denselben zu folgen und nur immer beklagt, daß dieser Reichthum gar so – verschwenderisch ist. Der erste Satz, der so verheißungsvoll mit dem Hornmotiv beginnt, scheint uns der einheitlichste und reichste. Man könnte zwar mit den zahlreichen Gedanken, die in diesem ersten Satz aufgespeichert sind, für eine ganze Symphonie auskommen, allein es fügt sich doch alles willig in ein Ganzes und führt zum befriedigenden künstlerisch-harmonischen Abschluß. Der zweite Satz ist schon etwas willenloser in dem Festhalten der einzelnen Motive und hier flimmert und flittert es schon im bedenklichen Maße umher. Dasselbe könnte vom dritten Satz, eine Art Jagdbild und dem vierten Satz, der wohl der schwächste ist, gesagt werden. Doch die Fülle geistvoller Ideen verleugnet sich nirgends und es ist nur ein gewisser Mangel an Sinn für einen gesunden Organismus fühlbar und wenn es denkbar wäre, daß aus dieser Masse von Bildern eine Art Anthologie gemacht werden könnte, würde man erst so recht zum Genusse des Werkes gelangen. Der Komponist wurde nach jedem Satz unzählige Male gerufen. Er erschien und im Ausdruck seiner verlegenen Miene waren Verwunderung über sich und Dankbarkeit gegen das Publikum in gleicher Weise gemischt. [...]

Die *Neue Freie Presse* vom selben Tag schildert *vor allem Applaus in Hülle und Fülle* und erwähnt noch, daß *Herr Bruckner nach jedem Satz seiner Symphonie stürmisch gerufen wurde.*

Fünf Tage später reagiert Hanslick im selben Blatt:

Den ungewöhnlichen Erfolg einer neuen Symphonie (Es-Dur von Anton Bruckner) haben diese Blätter bereits gemeldet. Wir können heute nur beifügen, daß dieser Erfolg eines uns nicht ganz verständlichen Werkes uns um der achtenswerthesten und sympathischesten Persönlichkeit des Componisten willen aufrichtig erfreut hat.

Auch die *Abendpost* vom 23. Februar führt aus:

Der letzte Satz ist an sich betrachtet außerordentlich; doch scheint er uns organisch nicht zu den drei vorhergehenden zu gehören. Er ist eine symphonische Dichtung für sich, die wir »Das Weltgericht« nennen möchten.

Max Kalbeck, der Brahms- und Hanslick-Freund, verhält sich parteigemäß reservierter[129]:

Anton Bruckners neue Symphonie in Es-Dur, die unmittelbar nachher zur Aufführung kam, ist das Werk eines Kindes mit Riesenkräften. Ein junger Herkules, der in der Wiege zwei Schlangen erdrosselt, würde vielleicht in ähnlicher Weise Musik machen. Leider nur ist dieses unbändige Kind ein in seinem Berufe ergrauter Mann, der als erfahrener Theoretiker und vorzüglicher Orgelspieler allseitige Hochschätzung genießt. Ja, wäre der treuherzige alte Herr noch ein Jüngling, jung an Jahren, welcher in seiner natürlichen Herzenseinfalt und rührender Unkenntnis menschlicher Dinge dem blinden Drange seines ungestümen Willens folgte und, unbekümmert um Gott und die Welt, darauflos musizierte, so würden wir in den begeisterten Ruf seiner Verehrer einstimmen und jubelnd frohlocken: Siehe da, ein neuer Beethoven! Gesegnet sei, der da kommt im Namen des Herrn! – Bruckners musikalische Begabung steht außer Frage, er tut sie in seiner Symphonie an vielen Stellen glänzend dar; aber dieses köstliche Gut wird von ihm nicht in der richtigen Weise geordnet und verwaltet. Er hält es für unerschöpflich und wirft es mit beiden Händen zum Fenster hinaus, um hinterher zu darben. Auch fehlt ihm die Fähigkeit, Größen zu beurteilen und Entfernungen zu bemessen; er langt nach der Sonne, um das Feuerchen seines Herdes anzuzünden, und schleudert mit der Lanze nach der Mücke. Die vier Sätze seines Werkes sind eine wahre Symphonien-Tetralogie, und jeder einzelne genügt, um ein unvorbereitetes Orchester tot zu machen. In den Gedanken des Werkes herrscht die Unordnung eines Gelehrtenzimmers, wo alles über- und durcheinander liegt und nur der Herr des Hauses

[129] *Wiener Allgemeine Zeitung* vom 23. Februar 1881

sich zur Not zurecht tastet. Gerade die dürftigsten und alltäglichsten Einfälle werden bis ins Unendliche fortgesponnen und bis zum Überdruß behandelt, während das wirklich Originelle und Wertvolle unscheinbar beiseite geschoben und außer acht gelassen wird. Ein umgekehrter Richard Wagner, der die Grenzen seiner Fähigkeiten nicht kennt und letztere selbst am eifrigsten dort sucht, wo sie am allerwenigsten zu finden sind, unter- oder überschätzt Bruckner bald seine innere Erfindungskraft, bald seine äußere Gestaltungsfähigkeit. Er möchte seine Gebrechen nicht mit Vorzügen, sondern mit neuen Gebrechen gut machen. Verstände er, wie Wagner, die Tugenden seiner Fehler zu benutzen, so würde er vielleicht ein großer Symphoniker sein, und wir würden heute nicht nötig haben, sein Werk als ein zum größten Teil verfehltes zu bezeichnen. Das nicht allein für Diplomaten, sondern auch für Künstler wichtige Gebot, zur rechten Zeit zu schweigen, achtet oder kennt Bruckner nicht. Er hat uns so viel zu vertrauen und möchte am liebsten alles auf einmal sagen. Da dies trotz Pauken, Posaunen, Hörnern und Trompeten nicht wohl angeht, greift er wenigstens soweit wie möglich aus, schweift immer wieder ab, wiederholt sich unzählige Male, verwickelt sich in konfuse Widersprüche und kann überhaupt nicht aufhören. Zu diesen Eigenschaften gesellt sich ein Hauch mystischen Tiefsinns, den Bruckner mit vielen begabten Menschen gemein hat. Man merkt ihm an, daß nichts Gemachtes und Erklügeltes an ihm ist, daß er sogar manchmal einen visionären Blick in die Himmelsfernen und Meerestiefen der Musik getan hat. Und dies verleiht seiner Kunst eine unleugbare Gewalt über das Publikum, welches dem extravagantesten und verworrensten Schwärmer immer den Vorzug vor vielen verständigen und klaren, normalen Köpfen geben wird. Wir brauchen nicht zu versichern, daß uns eine solche Erscheinung ebenfalls weit mehr interessiert als ein Dutzend nüchterner Kapellmeister, wollen aber dabei doch nicht vergessen, daß das pathologische persönliche Interesse das ästhetische fachliche übertrifft. Auf Einzelheiten des Werkes einzugehen, wäre sehr verführerisch, insofern es eine Fülle von Stoff zu kritischen Bemerkungen und Detailstudien bietet; da wir aber fürchten müssen, in denselben Fehler wie Bruckner zu verfallen und nicht fertig werden zu können, begnügen wir uns mit den wenigen Andeutungen, und fügen des näheren hinzu, daß die Symphonie den Eindruck eines Musikdramas ohne Text macht, daß der erste Satz der weitaus gehaltvollste und bedeutendste ist, daß die Faktur des Ganzen in Instrumentation, Kolorit und Stimmung wie in einzelnen Wendungen und Details lebhaft an Wagner erinnert. »Lohengrin«, »Holländer«, »Walküre«, »Siegfried« und »Götterdämmerung« haben daran mitgearbeitet, ohne daß ein nachweisbarer thematischer Einfluß zu erkennen wäre. Mit der Aufführung der Symphonie, welche eine ganze Stunde dauerte und alles fast unausgesetzt in Schach und Atem hielt, haben die »Philharmoniker« unter Hans Richters Leitung geradezu Wunder getan; ein großer Teil des außerordentlichen Erfolges, den der nach jedem Satze mehrere Male hervorgerufene Komponist davongetragen, ist ihnen zuzuschreiben.

Als äußere Anerkennung trat noch das Dankschreiben des Deutschen Schulvereins vom 21. Februar hinzu, worin auch von einem durchschlagenden Erfolg gesprochen wird. Ob aber die neuerlichen Verbesserungen, die Bruckner nach der Uraufführung vornahm, auf diese Kritik oder – was wahrscheinlicher ist – den Rat der inzwischen tatsächlich einflußreichen Bruckner-Freunde hin entstand, ist unklar; jedenfalls bleibt sie weiterhin Gegenstand seiner Beachtung und – wie die Uminstrumentierung durch Ferdinand Löwe im Jahre 1887 beweist – auch des Interesses der Freunde Bruckners.

Publikumserfolg bescherten ihm auch sein Auftreten als Orgelimprovisator in einem von Rudolf Weinwurm geleiteten Konzert des Akademischen Gesangvereins und eine Aufführung des von ihm selbst geleiteten *Germanenzuges* vier Tage später.

Ob aus diesem Bewußtsein des Erfolgs heraus das *Te Deum* entstand, wie die meisten Autoren vermuten, kann nicht gültig belegt werden. Jedenfalls ist im Stift Kremsmünster der erste Entwurf der Singstimmen erhalten geblieben, der datiert ist: *am 3. Mai war die Scitze fertig*, am 10. Mai arbeitet Bruckner an der Vertonung des *In te Domine speravi*, und am 17. Mai steht *Gesang*, damit ist vermutlich der Abschluß des Vokalkonzepts gemeint.

Kremsmünster spielte in den achtziger Jahren des vergangenen Jahrhunderts für den Komponisten eine Art Ersatzrolle für St. Florian. Denn zwischen Bruckner und seinem Schüler Pater Rafael Loidol, der als Benediktiner den Namen Oddo erhalten hatte, entwickelte sich eine enge Beziehung, die in oftmaligen Aufenthalten Bruckners im Stift, öffentlichen Orgelkonzerten und

O. A. M. D. G.

„Te Deum"

für

Chor Soli und Orchester

Orgel ad libitum

von

ANTON BRUCKNER.

Partitur Pr. Mk 10. netto
Orchesterstimmen Pr. Mk 15.

Clavierauszug Pr. Mk 4. netto
Singstimmen Pr. Mk 3.
Einzelne Singstimmen à Pr. 75 Pf.

Eigenthum des Verlegers für alle Länder.
Den internationalen Verträgen gemäss deponirt.

Verlag von

TH. RÄTTIG IN WIEN.

I. Bellariastrasse, 10.

Te Deum.
Titelblatt der Erstausgabe

schließlich auch Geschenken und Widmungen (das *Christus factus est* WAB 11) ihre Bestätigung erfuhr.

Ein Bruder dieses Benediktiners, Amand Loidol, schreibt in einem Brief vom 19. Mai 1881 an Pater Oddo[130]: *Mit Prof. Bruckner war ich neulich in »Meistersinger« beisammen; und am anderen Tage, 1. Mai, im Prater, wo wir bis cirka 11 Uhr bei gutem Prälatenwein das Maifest beschlossen. In seiner Wohnung spielte mir derselbe sein neues, erst ins reine zu schreibende Te Deum vor, dessen Themata Bruckner am Karsamstag bei der Auferstehungsfeier in Linz in der Domkirche zum Präludium wählte. Die Linzer: Brava usw. staunten über dieses Spiel.* Interessanterweise aber ließ der Komponist das *Te Deum* bis 1883 liegen, was ebenso darauf hindeuten könnte, daß das Werk nicht unbedingt unter dem gleichen Schaffensdruck wie die Sinfonien entstand. Anstelle der Arbeit am *Te Deum* bemühte er sich nun, die »Sechste« zu vollenden, was am 3. September 1881 auch tatsächlich gelang.

Sofort nach Fertigstellung wurde sie parallel zur 5. Sinfonie von dem Wiener Kopisten Franz Hlawaczek abgeschrieben, später mit einem Widmungsblatt versehen und vermutlich am 13. Juni 1882 dem Widmungsträger, Dr. Anton von Ölzelt, überreicht und sechs Monate später, am 11. Februar 1883, im berühmten »Philharmonischen Mittagskonzert« uraufgeführt – allerdings nur die Mittelsätze.

Der Dirigent Wilhelm Jahn, bis 1897 Hofoperndirektor in Wien, hatte vermutlich das gesamte Werk mit den Wiener Philharmonikern in den Proben durchgespielt, dürfte aber möglicherweise auch wegen der Überlänge des Konzertes die beiden Ecksätze für die Aufführung gestrichen haben. Wenn man bedenkt, daß außerdem Beethovens zweite *Leonoren*-Ouvertüre, ein Cellokonzert von Karl Anton Florian Eckert und die c-Moll-Sinfonie von Louis Spohr auf dem Programm standen, kann man diesen Schritt verstehen.

Hanslicks Bemerkung in der *Neuen Freien Presse* vom 13. Februar 1883: *Im ganzen hat der wilde Komponist etwas an Zucht gewonnen, aber an Natur verloren. Beim Adagio hielten Interesse und Befremden einander im Publikum noch die Waage und es ging, wenn auch zögernd, mit. Bei dem ausschließlich durch Seltsamkei-*

[130] zitiert nach Göllerich/Auer, a. a. O., Bd. IV/1, S. 658

ten fesselnden Scherzo trennte sich aber – wie ein Sportmann sagen würde – das Roß von seinem Reiter.

Im *Neuen Wiener Tagblatt* vom 12. Februar 1883 ist allerdings fast Gegenteiliges zu lesen: *Der Komponist wurde übrigens ganz besonders nach dem Adagio mehrere Male stürmisch gerufen, nach dem Scherzo ebenso stürmisch, jedoch nicht ohne einige Opposition.* Darüber hinaus wird argumentiert: *Das Adagio in seinen verschiedenen Motiven ist etwas musivisch aneinander gereiht; doch ist das erste dieser Motive im ernsten, großen Styl gehalten, der Ansatz im Trauermarsch ruft im Zuhörer etwas allzu direkte Reminiszenzen wach, die Fülle von geistreichen Kombinationen und Wendungen werden aber auch die Gegner der Komposition nicht in Abrede stellen wollen und wäre das Scherzo etwas weniger bizarr, in seinem Schluß etwas weniger abgehackt, so wäre der Eindruck der interessanten Novität jedenfalls reiner gewesen.*

Drei Tage später erhält Bruckner die Nachricht, daß Richard Wagner am 13. Februar 1883 verstorben war. Nach seiner eigenen Aussage war das der Anlaß zur Komposition der Trauermusik für den Komponisten, der ihm zum letzten Mal 1882 bei der ersten Aufführung des *Parsifal* begegnet war. Seit dem 23. September 1881, also zwanzig Tage nach der Vollendung der 6. Sinfonie, hatte Bruckner mit der Partitur der »Siebenten« begonnen. Wie immer in derartigen Schaffenssituationen läßt er wenig Zeit zwischen den einzelnen Werken verstreichen, wenn auch in dieser dritten Schubphase die Bearbeitungen früherer Werke sich immer stärker in die Konzeption der neuen Schöpfungen drängen. Im Fall der »Siebenten« waren es die Durchsicht der f-Moll- und d-Moll-Messe, ja sogar im Stift Wilhering das *Benedictus* der e-Moll-Messe. Immerhin war am 14. Juli 1882 die Skizze des Trios vollendet, knapp einen Monat später dessen Partitur. Zwei Tage vor Jahreswechsel schloß Bruckner den ersten Satz ab, und am 22. Januar 1883 war das *Adagio* fertig skizziert, das mit dem »Wagner-Einschub« am 21. April in der Partitur festgelegt war.

Adagio. Sehr feierlich und langsam

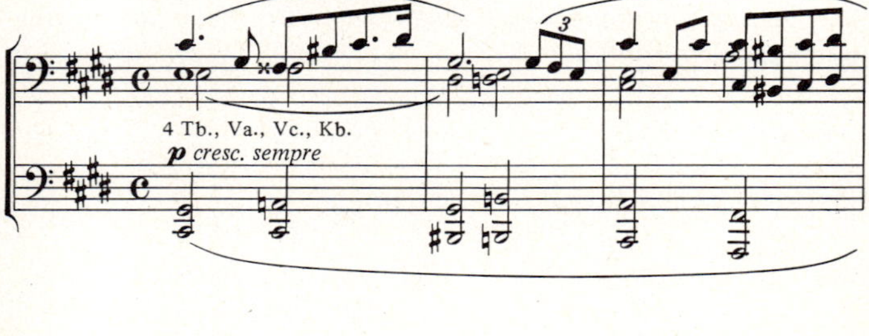

In den Sommermonaten entstand das Finale, *10.* und *17. August*, *3.* und *5. September* lauten die Eintragungen auf dem Autograph.

Die Chronik des Jahres 1883 »schmeckt« nach Alltag: Ostern in St. Florian, ein wenig Orgel-Improvisation in Wien, die f-Moll-Messe in der Hofkapelle, wie zu erwarten die Grabreise nach Bayreuth mit der Teilnahme an der zweiten Aufführung des *Parsifal* und wiederum St. Florian sowie Kremsmünster während der Sommermonate. Natürlich auch dort Orgelvorträge, Gespräche mit den Freunden, Fertigstellungen.

Am 28. September, knapp drei Wochen nach dem letzten Takt der 7. Sinfonie, ist das *Te Deum* in einem Rohgerüst fertig, das bis zum 7. März 1884 ausgefeilt wird. Die Orgelstimme muß Bruckner am 16. März gesondert niederschreiben, weil in der Partitur kein Platz mehr dafür vorhanden ist. Eines ist typisch für die Abschweifungen vom sinfonischen Schaffen: die Stücke werden nicht nur relativ schnell nach der Fertigstellung aufgeführt, sie haben auch Erfolg.

Am 2. Mai 1885 findet im Kleinen Musikvereins-Saal in Wien ein Konzert mit dem Streichquintett und dem *Te Deum* statt. Die Ausführenden waren: Frau Ullrich-Linde, Emilie Zips, Richard Exleben, Heinrich Gaßner und der Chor des Wiener Akademischen Wagner-Vereine, Josef Schalk spielte mit Robert Erben den für zwei Klaviere bearbeiteten Orchesterauszug.

Das Streichquintett war inzwischen zum Repertoirestück geworden, wenn auch nicht mit allen vier Sätzen. Den ersten bis dritten Satz hatte am 17. November 1881 im Akademischen Wagner-Verein das Winkler-Quartett aus der Taufe gehoben, eine Privataufführung fand im Februar 1883 im Saale Bösendorfer statt, ebenso im April 1884, was der inzwischen zum Bruckner-Jünger avancierte Theodor Helm am 8. April in der *Deutschen Zeitung* ausdrücklich als *bedeutendsten musikalischen Eindruck der verflossenen Woche* deutete.

Den bedeutendsten musikalischen Eindruck der verflossenen Woche dankten wir, seltsam genug, keiner öffentlichen, sondern einer (Samstag im Bösendorfer-Saale veranstalteten) Privataufführung, und zwar einem inmitten eines Vortragsabends des Akademischen Gesangvereins eingeschobenen Instrumentalwerke. Es war dies unseres Anton Bruckner's F-dur-Quintett, von den Herren Winkler, Lillich, Schalk, Kreuzinger und Hummer ziemlich befriedigend gespielt und vom Publicum mit stürmischen Beifall aufgenommen.

Während das Finale des Bruckner'schen Quintetts – wenigstens ist der Effect so bei einem erstmaligen Hören – bedenklich abfällt, sind die drei übrigen Sätze im höchsten Grade interessant, und zwar besonders durch die glückliche und originelle Erfindung der Motive. Wie herzinnig spricht gleich das Triolen-Thema des ersten Satzes zu uns und welch' entzückend weiche und sanfte Melodie ist dem Componisten für das Trio des Scherzos eingefallen – welches die Spieler leider durch unmotivierte Beschleunigung seines intimen Charakters entkleideten – eine Melodie, rücksichtlich derer sich jedem vorurtheilslosen Hörer sofort die Ueberzeugung aufdrängt: das hat der Autor von sich selbst, das ist neu, spontan, nicht gemacht, sondern wirklich genial erfunden. Die Perle des Quintetts aber ist das Adagio (in Ges-dur), eines der edelsten, verklärtesten, zartesten und klangschönsten, die in neuerer Zeit überhaupt geschrieben wurden. Während in den beiden ersten Sätzen manches besonders empfindliche Ohr sich durch Härten und Schärfen verletzt fühlen, mancher am Buchstaben hängende Theoretiker vielleicht eine einheitlichere und reicher thematische Entwicklung vermissen mag, hört im Adagio jedes Bedenken auf, und der reinste, idealste Genuß tritt an dessen Stelle. Welch' überschwänglich inniger, in einem wahrhaft »unend-

Arthur Nikisch

lichen« Zuge dahinströmender Gefühlserguß! Dieses Adagio wirkt ungefähr so, als wäre es ein erst jetzt in Beethoven's Nachlaß vorgefundenes, aus der letzten Zeit des Meisters stammendes und von dessen vollster Inspiration beseeltes Stück. Das ist wohl das höchste Lob, das über die Composition eines lebenden Tonkünstlers gesagt werden kann, und wir scheuen uns nicht, es auszusprechen.

War schon 1881 die Uraufführung der ersten drei Sätze positiv aufgenommen worden und hatte sie Anfragen ausländischer Ensembles ausgelöst, so dürfte die durchschlagendste Aufführung des Werkes am 8. Januar 1885 in Hellmesbergers letzter Quartettproduktion in Wien stattgefunden haben. Auch die Uraufführung der 7. Sinfonie, die einen Tag vor Silvester 1884 in Leipzig unter Arthur Nikisch vorausgegangen war, verkündet bessere Zeiten für die Rezeption von Bruckners Werken. Symptom dafür ist nicht nur die gute Presse, sondern auch die für den 27. Januar 1885 angesetzte Wiederholung der Mittelsätze in Anwesenheit König Alberts von Sachsen.

Bruckner selbst nimmt in einem Schreiben an Dr. van Meurs in Den Haag auf die Rezeption seiner Werke Bezug[131]. Dort war inzwischen die 3. Sinfonie mit *großem Erfolge*[132] aufgeführt worden, Hamburg steht zur Debatte, und München hat Bruckner für den März eingeladen. Ja, bis zum Dezember desselben Jahres hatte Bruckners Sinfonie Amerika erreicht: Anton Seidl dirigierte in New York die »Dritte«. Fast fünf Monate lang, vom Jahreswechsel bis Mai, lösen Erfolg, Ehrungen, Freuden einander ab.

Bruckner, der inzwischen um die 4000 Gulden Jahreseinnahmen hat, leidet zwar unter manchen Kritiken, den Problemen mit den Verlegern und der Geschäftigkeit, zu der ihn seine Berühmtheit zwingt. Seiner Schwester Rosalie Hueber in Vöcklabruck schreibt er am 9. Februar 1885, was ihn bewegt:

Meine Lieben!

Hl. Schwager u. Sali!

Danke Euch für das Geschickte. Sali schicke nichts. Hier zehn Gulden. Ich bin gesund und wünsche, daß die Sali auch bald gesund werden möge! Die Gute hat keinen Begriff von dem, was ich zu thun habe! Dann die Correspondenzen im Inn- und Ausland!!! Jetzt ist auch Holland hinzugekommen, wo am 4. d. meine 3te Sinfonie mit sehr großem Erfolge aufgeführt wurde. In Leipzig war am 28. Jänner die 2. Aufführung meiner 7. Sinf. vor dem Königspaare. Die Blätter sind voll Bewunderung; eben so wie die Holländischen. Im März gehts nach München. (In Hamburg steht die Aufführg. ebenfalls bevor.) Leider brauche ich viel Geld. In Haag (Holland) will man mich selbst so gerne sehen. Lebt recht wohl! Grüße an Alle!

Euer Bruder und Schwager

Wien, 9. Feber 1885. *A. Bruckner, m. p.*

Zwar hatte Bruckner nur drei Monate nach dem *Te Deum* bis zum Beginn der Arbeit an der 8. Sinfonie verstreichen lassen, nun aber wird er immer wieder unterbrochen. Und diesmal – spät in seinem

[131] Das Schreiben ist auf S. 281ff. abgedruckt.

[132] Brief Bruckners an Rosalie Hueber in Vöcklabruck vom 9. Februar 1885; der vollständige Brief unten, in: Bruckner: *Briefe*, S. 173f.

Leben, Bruckner hat seinen 60. Geburtstag schon gefeiert – ist die Manie der früheren Jahre vorbei. Er unterwirft sich den Zwängen des Kulturbetriebs, reist hierhin und dorthin zu Aufführungen, verbringt viel Zeit mit Briefen und Verhandlungen, läßt sich immer wieder unterbrechen. Die erste Fassung der 8. Sinfonie braucht deswegen den langen Zeitraum von drei Jahren – eine ungewöhnliche Zeitspanne angesichts Bruckners sonst gehetzt wirkender Dynamik –, weil er nun von den Erfolgen anscheinend gebremst wird. Bruckner lernt die süße Verlockung des Starkults kennen und unterliegt ihr fallweise, ist rastlos, wirkt kleinlich in seinen Forderungen, hat mit Wien nicht mehr viel im Sinn. Wozu noch braucht er, der in der bürgerlichen Karriere ohnehin die Spitze der Gesellschaft erreichte, sei es als Professor, sei es Honorare betreffend, diese Stadt noch mit ihren zwei Parteien, deren eine ihn so überschwenglich lobt wie ihn die andere unsachlich verdammt.

Seine an die Wiener Philharmoniker gerichtete schriftliche Ablehnung einer Aufführung der 7. Sinfonie, um die er selbst zuvor so lange gekämpft hatte, verdeutlicht, daß ein Umschwung im Bewußtsein Bruckners eingetreten sein muß[133]:

Löbliches Comité!

Es wolle mir das ergebenste Ansuchen gestattet sein, das löbliche Comité möge für dieses Jahr von den mich sehr ehrenden und erfreuenden Projecte der Aufführung meiner E-dur Symphonie Umgang zu nehmen, aus Gründen, die einzig der traurigen localen Situation entspringen in Bezug der maßgebenden Kritik, die meinen noch jungen Erfolgen in Deutschland nur hemmend in den Weg treten könnte.

In aller Verehrung

Wien, 13. Oktober 1885 *Anton Bruckner.*

Der Ehrgeiz, Wiens musikalische Persönlichkeit Nr. 1 zu sein, ist vom Erfolg in Deutschland überspielt worden, was Bruckner expressis verbis im Brief vom 7. Juli 1885 an August Göllerich schreibt. An die Seite Beethovens und Wagners gestellt zu werden, gilt ihm mehr als der inzwischen gewohnte Applaus des Wiener Publikums, mehr, als die seitenlangen Elogen der Kritik und die

[133] Bruckner: *Briefe*, S. 196

Persönlichkeiten des Kulturlebens in Wien.
Scherenschnitt von Otto Böhler

Ärgerlichkeiten der Gegner empfangen zu müssen. Göllerich, am 24. Juni *noch wegen der Wortbrüchigkeit*[134], Dr. Helm noch nicht geschrieben zu haben, empfindlich getadelt, hat den Auftrag auszuführen, die Kunde vom »ersten lebenden Sinfoniekomponisten« publik werden zu lassen.

Wozu braucht Bruckner noch einheimische Widmungsadressen, wenn ihm ausländische Könige geneigt sind? Es scheint fast, als würde Bruckner Wien nun mit dem Entzug seiner Werke bestrafen, als wäre hier noch eine Schuld einzulösen, in der die Ensembles standen. Die *Scitze* an Theodor Helm vom 1. Dezember 1885 hat die lapidare Knappheit und wohl auch Ungenauigkeit der Biographie, die meist jene auszeichnet, die erwarten, daß man sie ohnehin kennt. Die bürgerliche Karriere, in mühseligen Schritten und über viele Stationen erreicht und jedesmal zum Zeitpunkt des Erfolgs genau bezeichnet, wird nun selbstbewußt in die knappen Worte *geboren*, *Sängerknabe*, *Lehrer*, *Stiftsorganist*, *Domorganist*,

[134] Bruckner: *Briefe*, S. 191 f.

Hoforganist und *Professor* gezwängt. Keine Rede mehr von den vielen Provisorien, die Bruckner nicht überwand und die Anlaß für die zahlreichen Ortswechsel waren, kein Wort fällt mehr von der *Expectanz*, vom Drängen an die Wiener Universität. Erst im Nachsatz nennt er lässig sein Lektorat[135].

Euer Hochwohlgeboren!

Gestatten mir Hochselber die vorstehende kleine Sckitze über meine Wenigkeit nachträglich übersenden zu dürfen. Mit tiefstem Respekt

Euer Hochwohlgeboren

ergebenster

Wien, 1. Dezember 1885. *A. Bruckner*

Skizze: Geboren 1824 zu Ansfelden in Oberösterreich. Sängerknabe im Stifte St. Florian von 1837–1840. Lehrer von 1841–1855, nebenbei auch die letzten fünf Jahre Stiftsorganist zu St. Florian. Domorganist in Linz 1855 bis 1868. Hoforganist seit 1868 und auch Professor am Conservatorium.

Meine strengen Studien absolvierte ich bei Professor Simon Sechter von 1855–1861 in Wien, wo ich mich immer längere Zeit aufhielt. Dann bis 1863 Composition in Linz bei Otto Kitzler aus Dresden. Im Jahre 1869 conzertierte ich auf der Orgel in Nancy und Paris; 1871 in London, 6mal in der Alberthalle 5 mal im Kristallpalaste mit größten Erfolgen. Compositionen: Drei große Messen, Te deum, Streichquintett, sieben Sinfonien, Chöre etc. etc. etc.

NB. Seit 1875 bin ich Lector an der Universität.

A. Bruckner.

Auch der musikalische Werdegang ist knapp geschildert, fast möchte man sagen, berechnend auf Wirkung ausgerichtet: Simon Sechter als Autorität an der Spitze, und nicht Johann Baptist Weiß aus Hörsching, Komposition in Linz bei Otto Kitzler – und, um hier mehr Nachdruck zu verleihen, der Zusatz *aus Dresden* – Orgel in Nancy und Paris, London – Albert Hall, Kristallpalast.

Auch die Aufstellung der Kompositionen ist vorgenommen, als wäre Bruckner von einem public-relations-Spezialisten beraten

[135] ebda., S. 198 f.

Das Abendmahl.
Gemälde von Fritz von Uhde

worden: Nichts von den Anfängen, nichts von den Auftragswerken, nur was Erfolg hat, was bedeutend ist, wird aufgezählt: *Drei große Messen, Te deum, Streichquintett, sieben Sinfonien, Chöre etc. etc. etc.*

Der Erfolgsrausch, mit der Porträtierung durch Hermann Kaulbach und Fritz von Uhde, zwei in jener Zeit weltberühmte Künstler, nun öffentlich sanktioniert, dauert über ein Jahr. Der gewohnte Ton, reduziert auf die alten, erlernten Formeln, und emotionale Andeutungen über Schwierigkeiten kehren erst nach der *ausgezeichneten, vollendeten Kunstleistung*[136] der Aufführung der 7. Sinfonie in Wien unter Hans Richter und den damit in Zusammenhang stehenden fünf feindlichen Presseorganen wieder, die nun noch einmal nach dem Tod ihres Primäropfers Richard Wagner an Bruckner die Kraft ihrer Partei messen.

[136] so bezeichnet im Brief an die Wiener Philharmoniker am 25. März 1886, in: Bruckner: *Briefe*, S. 206

Anton Bruckner.
Gemälde von Wilhelm Kaulbach

Eine bestimmte Überzogenheit der Aggression, die sich auch in den Kreisen des Publikums bemerkbar machte, resultiert wieder einmal aus der Länge des Konzerts (Méhuls Ouvertüre zu *La chasse de jeune Henri IV.* und Beethovens c-Moll-Klavierkonzert op. 37 vor der Pause) einerseits, andererseits aus den enthusiastischen Aufnahmen, die das Werk in Graz unter Karl Mucks Leitung und bereits im Ausland gefunden hatte. Hier werden umgekehrt reziprok zu Bruckners Erfolg die Gegner mobilisiert, wahrscheinlich auch ein wenig gereizt durch die Wiener Presse oder durch ausländische Publikationen, die auf die Situation in Wien ironisch Bezug nahmen[137]:

Es ist eine Ehrenpflicht für die großen Concertinstitute in Berlin, Dresden und Frankfurt a. Main, hinter Leipzig und München nicht zurückzubleiben. Auch Herrn v. Bülow, dem uner-

137 zitiert nach Göllerich/Auer, a. a. O., Bd. IV/2, S. 336

schrockenen Vertheidiger der unverdientermaßen Zurückgesetzten, würde sich in der Bruckner-Propaganda eine dankbare und lohnende Aufgabe bieten.

Den Wienern aber möge der Ruhm vorbehalten bleiben, ihrem ausgezeichneten Mitbürger dann zu huldigen, wenn auch Krähwinkel und Pfaffenberfurt sich endlich bewogen fühlen werden, ihre Stimmen für Anton Bruckner abzugeben. Oder sollte es wirklich erst noch einer französischen oder ungarischen Comtesse bedürfen, welche Bruckner zu protegieren geneigt sein möchte?

Einen anderen Angriffspunkt für die Presse bot später die Programmeinführung zur 8. Sinfonie, die Josef Schalk für die Besucher des Halb-ein-Uhr-Mittagkonzertes am 18. Dezember 1892 verfaßt hatte[138]:

1. Satz.

Die Gestalt des aischyleischen Prometheus. – Dumpf grollender Trotz, in der Vermessenheit titanischen Kraftgefühles über Götter und Schicksal sich emporhebend. – Leiden und Ringen. – Dem Trostspruche der Okeaniden gleich, sanft und in die Ferne hinaus deutend, erhebt sich der Gesang des zweiten Themas. – Ungeheuerste Einsamkeit und Stille, Selbstgespräche, von zarten Klagelauten bis zu Ausbrüchen wahnsinnigen Schmerzes gesteigert, zuweilen von der Ahnung künftiger Erlösungswonnen durchzittert. Ehern und unerbittlich wächst des Schicksals grauenvolle Macht empor. Knirschend unterliegt Prometheus dem Willen des ihm feindlichen Kroniden, und untersinkend ruft er aus:

»Nur schicklich ist's dem Feind vom Feind zu leiden!
So werfe doch des Blitzstrahls feur'ge Schlange
Sich auf mich nieder, donnernd zitt're rings
Von wilder Winde Wuth durchkrampft die Luft,
In ihren Wurzeln rüttle der Orkan
Der Erde Tiefen und die Fluth des Meers
Verschütte heulend der Gestirne Bahn!
Und stürzt im grausen Wirbel des Geschicks
Mein Leib zum schwarzen Tartaros hinunter:
Er kann mich doch nicht tödten!«

[138] zitiert nach Göllerich/Auer, a. a. O., Bd. IV/2, S. 429

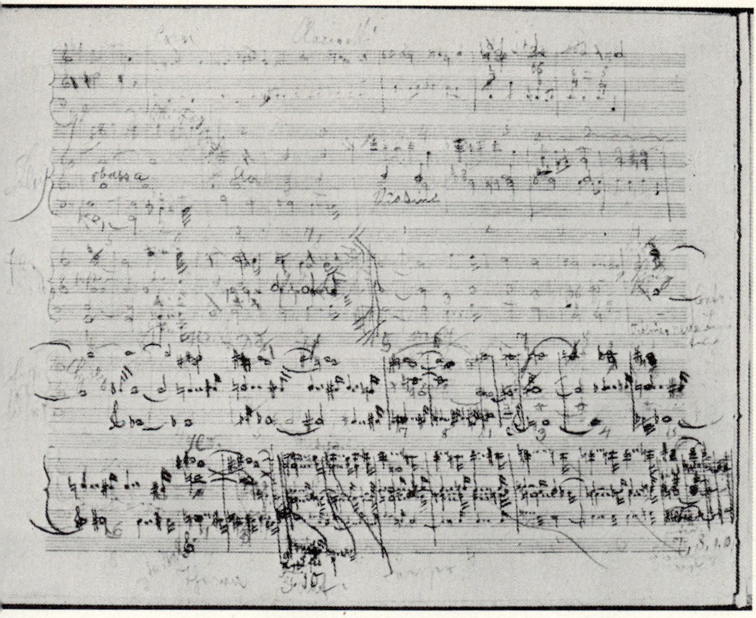

Skizzen zur 8. Sinfonie

2. Satz (Scherzo).

Die idealen Elemente des ersten Satzes treten uns hier gleichsam in realistischer Spiegelung als derbes Kraftgefühl und naive Phantastik entgegen. Thaten und Leiden eines Prometheus erscheinen parodistisch auf ein geringstes Maaß reducirt. Eine Gestalt, welche solche Qualitäten in volksthümlicher Weise verkörpert, stellt sich wohl als ein Gemisch von Eigensinn und Einfalt, von biederem und doch zugleich seltsam unberechenbarem Wesen dar, und so läßt es sich vielleicht annähernd erklären, wenn in halb unbewußter Empfindung hiervon, der Componist selbst diesem Satze den merkwürdigen Namen des »deutschen Michel« gegeben hat. Auch das träumerisch Sinnende, das sich zuweilen bis zu müßig dumpfen Behagen herabsenkt, sozusagen: Faulheit und Sonnenschein fehlen in dem Bilde nicht, und tragen zur Charakteristik der Figur das Ihre bei.

Der 3. Satz (Adagio)

führt in die, dem ersten direct entgegengesetzte Sphäre feierlich ruhiger Erhabenheit. Wie das stille Walten der Gottheit, weit oben thronend über allem Erdenweh und aller Erdenlust, die zu ihm gleich Wolken qualmenden Opferrauches ununterscheidbar emporsteigen, so breitet sich die Fülle seiner Klänge dahin. Nicht Zeus-Kronion, den unerbittlichen, nein – den allliebenden Vater der Menschen, werden wir in seiner ganzen, unermeßlichen Gnadenfülle gewahr.

»Die Sonne tönt nach alter Weise
In Brudersphären Wettgesang,
Und ihre vorgeschrieb'ne Reise
Vollendet sie mit Donnergang.
Ihr Anblick gibt den Engeln Stärke,
Wenn Keiner sie ergründen mag;
Die unbegreiflich hohen Werke
Sind herrlich wie am ersten Tag.«

4. Satz (Finale).

Der Heroismus im Dienste des Göttlichen. – Nicht mehr als Träger nur der eigenen Kraftfülle kämpfend, leidend und erliegend, sondern als Verkünder ewiger Heilswahrheit, Herold der Gottesidee! Diese letztere hat sich als religiöses Empfinden verengt, vermenschlicht und kommt in den vielen choralhaften Theilen des Satzes immer wieder zum Ausdruck. Unablässige Bethätigung in ihrem Dienste und wechselseitige Durchdringung bilden den stets gesteigerten Inhalt der vielen Einzel-Episoden und Durchführungen. In einer Vereinigung aller Hauptthemen, unter welchen auch der »deutsche Michel« nicht fehlt, der sogar jetzt in strahlender Rüstung und mit geswungenem Schwerte, gleich seinem Namensbruder, dem Erzengel, sich an die Spitze der Schaaren stellt, findet das Werk seinen siegreichen Abschluß.

Max Kalbeck reagierte am 3. April 1886 auf die Aufführung der 7. Sinfonie mit einer Rezension in der *Presse*, überschrieben *Dichter und Symphoniker. (Eine zeitgemäße Parallele.)*:

»Ich ging im Walde so für mich hin . . .
Ergeben meiner Gebieterin . . .
Es schienen so golden die Sterne . . .
Da ergreift es die Seele mit Himmelsgewalt . . .
Und schön wird häßlich und jung wird alt . . .
Die Kinder, sie hören es gerne . . .
Verzeih' mir, rief ich, ich meint' es gut . . .
Doch wachsend erneut sich des Stromes Wuth . . .
Wol waren es glückliche Zeiten . . .
Willst feiner Knabe Du mit mir geh'n? . . .
Ich kenn' ein Blümlein »Wunderschön« . . .
Und weiß nicht, was soll es bedeuten . . .«

»Hosiannah! Ein neuer Dichter ist erstanden, ein Lyriker von Gottes Gnaden, ein Originalgenie, ein Elementargeist, ein unbewußt schaffender Künstler, ein Willensbefreier, ein Verstandesbesieger, ein Offenbarungsmensch, ein Ururphänomen. Glückliches Publicum, lies und bete an! Welche Gedankentiefe, welcher rhythmische Fluß, welche Kühnheit des Ausdrucks, welches Feuer der Phantasie, welche Freiheit der Form, welcher Wohllaut der Sprache! Wie? Du lächelst? Du schüttelst ungläubig den Kopf; Du denkst, wir sind nicht recht bei uns oder wollen uns einen Spaß mit Dir machen? Beim Himmel, es ist uns bitter Ernst, wir vertreten eine heilige Sache, und wenn wir außer uns gerathen, so bringt das unsere Begeisterung so mit sich. Längst hat uns Jemand gefehlt, den wir bewundern können; denn der lärmende Enthusiasmus ist unser höchstes Glück, und das Händeklatschen und Beifallsgeschrei unsere größte Freude. Du wirst sagen: was kümmern mich Eure Privatangelegenheiten? Bewundert meinetwegen Euren Dichter nach Leibeskräften, tragt ihn auf den Schultern und küßt ihm die Stiefel, so oft Ihr das Bedürfniß danach empfindet, mich aber laßt ungeschoren. Ich verehre meinen Goethe, meinen Schiller, und wer mir sonst noch gefällt; dann lese ich auch wol der Abwechslung wegen, was Ihr so angelegentlich empfehlt, denke mir das Meinige dabei und kehre mit verdoppelter Liebe zu den erwählten Meistern zurück; aufdringen und einreden aber lasse ich mir nun einmal nichts. Basta! – Mein Gott, mit dem ewigen Goethe und Schiller und Deinen übrigen altmodischen Herren! Merkst Du denn gar nicht, verstocktes Publicum, daß unser frisch entdecktes Genie die Vorzüge der

hervorragendsten früheren Poeten in sich vereinigt? Betrachte doch, ich beschwöre Dich, die beiden Strophen, die wir aus dem erhabensten seiner unsterblichen Meisterwerke mitgetheilt haben, und ihre Schönheiten werden auch Dir ins Auge springen. Gleich der Anfang: »Ich ging im Walde so für mich hin« – ist seit Goethe so etwas geschrieben worden? Und dann sofort das »Ergeben meiner Gebieterin« – hätte Schiller diese Zeilen besser machen können? Er würde vielleicht gesagt haben: »Ergeben der Gebieterin«, aber wie matt und lahm wäre das gewesen, wie rhythmisch lebendig dagegen ist der Vers durch das »meiner« geworden! Die dritte Zeile: »Es schienen so golden die Sterne«, athmet den vollen Zauber Eichendorffscher Romantik. Wo gibt es einen Dichter, der die Plastik eines Goethe mit der Idealität eines Schiller in sich zu vereinigen und obendrein sein Werk noch in die Stimmung eines Eichendorff zu tauchen vermöchte? Aber sollte selbst so etwas schon dagewesen sein, so bringt uns die fünfte Zeile etwas völlig Unerhörtes, Niegeahntes und Unübertreffliches. »Und schön wird häßlich und jung wird alt!« . . . Das ist das charakteristische Zeichen des wirklichen Genies, daß es in der einfachsten Weise ausspricht, was auf den Lippen des Volkes liegt, daß es eine epochemachende allgemein menschliche Wahrheit von unermeßlicher Tragweite und Bedeutung zutage fördert, ohne ein besonderes Wesen davon zu machen. Gäbe es keinen anderen Beweis für die gleichsam aus unberührter Erde aufgewachsene holde Ursprünglichkeit unseres schlichten Poeten, so wäre es dieser unsäglich rührende, treuherzig und naiv vorgebrachte ewig denkwürdige Ausspruch, der wol bald in den Citatenschatz der deutschen Nation übergehen wird. Einen solchen Vers findest Du, geliebtes Publicum, selbst bei den Heroen der Literatur nirgends, Du magst ihre sämtlichen Werke von hinten nach vorn, wie die fortgeschrittenen Geister unseres Schlages zu thun pflegen, oder auch umgekehrt in der gewöhnlichen langweiligen Weise durchblättern. – »Die Kinder, sie hören es gerne«. Wer bei diesem völlig überraschenden Strophenschlusse, dessen Goethe sich keinesfalls zu schämen brauchte, nicht selbst wieder zum harmlos spielenden, glücklichen und unschuldigen Kinde wird, ist jeder menschlichen Regung bar und ledig. Ja, wir gestehen es Dir unter Thränen ein, daß wir kindisch in die Hände geschlagen, gejauchtzt und gejubelt haben, als wir das lasen. Sollen wir Dich noch auf eine anfänglich befremdende, dem Kenner jedoch immer tiefer und klarer einleuchtende fundamentale Neuerung des Dichters aufmerksam machen, welche darin besteht, daß er jeder Zeile seines Werkes unabhängig von der andern ein individuelles Leben verliehen und zwischen den Zeilen einen geheimnißvollen Sinn oder Gegensinn verborgen hat? Dieser Un-Sinn wird dem Profanen wol ewig unverständlich bleiben, während dem Gläubigen, der nichts Besseres thun kann, als sich mit ausschließender Inbrunst tagelang in die mystischen Tiefen des Gedichtes zu versenken, die beseligendsten Blicke in überirdische Regionen von ihm eröffnet werden. Was wir meinen, möge Dir eine genauere Exegese der zweiten Strophe jenes erhabenen Sphärenliedes zu verstehen geben – doch was ist das? . . . Kaum wagen wir unseren Augen zu trauen . . . Wehe und Schmach über Dich, frivoles Geschöpf: Du läufst schon nach der ersten Strophe davon und lässest uns mit dem gepriesenen Dichter allein! Ha, einst wird kommen der Tag, an welchem Du reuig zu ihm und uns zurückkehren wirst! Die Macht des verborgenen Sinnes ist größer, als Du denkst, auch Du hast ihr schon gehorcht und sollst ihr ferner gehorchen! Wir aber werden uns mit gleichgestimmten Seelen verbrüdern zu einer unwiderstehlichen Schaar gewappneter Vorkämpfer der wahren Poesie, die, so weit ihnen ihre Mittel dies erlauben, mit Kopf und Herz und Händen für ihre Überzeugung allerorts eintreten werden, wo immer das Heldenlied ihres Dichters gesungen werden wird!«

Also lautet die wunderliche Zuschrift eines ironischen Schalkes, die wir unseren Lesern nicht vorenthalten wollten, weil sie ein interessantes Ereigniß unseres musikalischen Lebens in eigenthümlicher Weise beleuchtet und vielleicht dazu beiträgt, das Dunkel der über dasselbe verbreiteten, einander so auffällig widersprechenden Meinungen und Urtheile aufzuhellen. Krankheit hat uns verhindert, den Pflichten des musikalischen Berichterstatters zu genügen, und so sind wir leider nicht in der Lage gewesen, über die vielberedete Novität des letzten Philharmonischen Concerts, Anton Bruckner's E-dur-Symphonie, rechtzeitig zu berichten. Das Versäumte wäre für Denjenigen, der auch bei künstlerischen Gegenständen einen Scherz verträgt, bereits nachgeholt, aber wir denken zu ernsthaft über die hundertseitige Partitur einer siebenten Symphonie, mit welcher ein Sechziger ins Feld rückt, als daß wir an dem ohnehin nur bedingt zureichenden safirischen Spiegelbilde des Werkes uns genügen ließen. Ach, die genannten Zahlen führen eine sehr eindringliche und gemeinverständliche Sprache! Wäre doch die E-dur-Symphonie das erste orchestrale Opus eines Zwanzigjährigen; wir brauchten alsdann nicht zu fragen: Wo sind Deine übrigen Werke geblieben, alter Mann? Und der gährende Most, der sich hier wie in anderen Compositionen Bruckners so ganz absurd gebärdet, dürfte uns zuletzt einen guten Wein versprechen. Wenn es Herrn Hans Richter Ernst ist mit seiner so ostensibel zur Schau getragenen Verehrung des Componisten, der gewiß ungerechterweise ein Menschenleben lang ignorirt worden ist, so erwachsen ihm Verbindlichkeiten, um die wir ihn nicht beneiden. Es wird ihm nichts Anderes übrig bleiben, als die sechs früheren Symphonien Bruckner's sobald wie möglich hintereinander aufzuführen. Der mit Lorbeern als »deutscher Symphoniker« gekrönte Componist, seine getreuen Verehrer und die Kritik haben ein Recht, diese Forderung zu stellen. Ist Bruckner der geniale Erbe Beethoven's, als welchen wir ihn anerkennen und bewundern sollen, so übernehme er die Führung in den Philharmonischen Concerten und zeige der Welt, was er vermag! Wer A gesagt hat, muß auch B sagen, und wer die E-dur-Symphonie bringt, muß auch die Symphonien in A-dur, B-dur, Es-dur, D-moll und C-moll bringen, auf die Gefahr hin, die leeren Bänke des Auditoriums zu der neuen Heilsbotschaft zu bekehren. Wir glauben so wenig an die Zukunft der Bruckner'schen Symphonie, wie wir an den Sieg des Chaos über den Kosmos glauben. Aber das ist Ansichts- und Geschmackssache, über welche bekanntlich nicht zu streiten ist. Bruckner behandelt das Orchester gleich einem Instrument, auf dem sich nach Laune und Zufall improvisiren und phantasiren läßt. Seine siebente Symphonie ist nichts mehr als eine theils anlockende, theils abstoßende musikalische Stegreifkomödie mit gegebenen Typen; ein in bunten Farben gemaltes Bild nach Motiven von Beethoven und Wagner. In der breiartigen Masse seines Orchesters zuckt und blitzt es von kochenden Gedanken, aber diese Gedanken sind nicht die fruchtbaren Keime einer nach Gestaltung ringenden neuen, sondern die todten und verstümmelten Überreste einer dem Untergang geweihten alten Welt. Auch mit ihnen wäre etwas anzufangen, wenn den Guß ein Meister überwachte, der die Form beherrscht. Aber die zischenden Flammenbäche schlie-

ßen in Blasen auf, stocken mitten im glühenden Ergusse und zersprengen das Gehäuse. Der relativ gelungenste Satz des Werkes ist der langsame (Cis-Moll), eine ängstlich-schematische Copie des Adagios aus Beethoven's neunter Symphonie mit freier Benützung Beethoven'scher und Wagner'scher Melodien. Siegfried's Exequien aus der »Götterdämmerung«, der Trauermarsch der »Eroica«, die Heilandsklage aus »Parsifal« und thematische, dem Adagio der Neunten entlehnte Bestandtheile sind mit großem Geschick zu einem Tongemälde verwoben, dessen vorwiegend düstere Farbengebung und Klangmischung einen starken Eindruck bei dem Zuhörer hervorbringt. Zwei Paar Tenor- und Baßtuben und eine Contrabaßtuba haben ein tiefes schwarzes Grab, in welches man mit wollüstigem Schaudern hinunterblickt. Aber auch dieses, von übereifrigen Bewunderern in die Wolken gehobene Adagio leidet an dem Grundübel sämmtlicher Bruckner'scher Compositionen, das in dem absoluten Unvermögen ihres Autors besteht, nach den Gesetzen musikalischer Logik zu denken und zu handeln. Mit einer an das Komische streifenden Aufrichtigkeit setzt der Componist in seiner Symphonie die Orientierungsbuchstaben immer an die Stellen, bei denen ihm der Athem ausgegangen ist, und er muß sich alle Mühe geben, mit den vierundzwanzig Lettern des Alphabets auszureichen. wie stolz beginnt er sein Allegro – über tremolirenden Geigen steigt das Thema der Hörner und Violoncelli himmelanstrebend empor – und ein wie klägliches Ende nimmt gleich wieder diese kühne Erhebung! Es war nur eine Rakete, die in den Lüften zerplatzt, kein steigender Stern, kein fliegender Adler, und auf ein musikalisches Feuerwerk läuft es am Ende mit der ganzen Symphonie hinaus. Rührend in ihrer Unbeholfenheit sind die thematischen und contrapunktischen Bemühungen Bruckner's. Im ersten Satze führt er eine bockbeinige, mit einer Sechzehntel-Capriole aufspringende Achtelfigur als selbständiges Motiv ein, von der Niemand sagen kann, woher sie kommt, wohin sie geht – oder doch: sie kommt aus den »Nibelungen« und geht zum Teufel. Eine Melodie wird ihr beigesellt, damit sie sich in ihrer Verlassenheit tröste, und wenn schließlich Alles unter und über einander geräth, ist sie sicher auch dabei. Leere chromatische Scalen, trockene Sequenzen und grausame Scherze der Harmonie, die Einem die Haare zu Berge steigen lassen, sind Bruckner's tägliches Brod. Mit zerlegten Dreiklängen, die nach Art des »Urmotivs« im »Rheingold« rhythmisirt werden, thut er erstaunliche Wunder des Contrapunkts, mancher Stabstrompeter wird ihn darum beneiden. Der unfrei nach dem Scherzo der neunten Symphonie componirte dritte Satz der Symphonie bringt ein Trompetensignal als Hauptthema, das bei dem ersten besten Hochfeuer ausgezeichnete Dienste thäte. Gerade dieses Scherzo zeigt recht augenfällig, daß Bruckner zu jenen nothgedrungenen Neuerern gehört, die mit der bestehenden Ordnung der Dinge nur deßhalb unzufrieden sind, weil sie ihren Platz in derselben nicht ausfüllen können. Pedantisch und mit der Angst eines Rechenmeisters nimmt der ›kühne‹ Componist sein Inventar auf und reiht im Schweiße seines Angesichts eine viertaktige Periode an die andere, damit nur ja kein Versehen unterlaufe! Das Finale beginnt mit demselben Tremolo wie das Allegro und geht auch in dieselbe theatermäßige Apotheose aus, bei der das bengalische Feuer zwar zum Applaus herausfordert, aber keinen sonderlich feinen Geruch hinterläßt. Dazwischen breitet sich ein theils beängstigendes, theils belustigendes Gemisch von Großthuerei und Armseligkeit aus und die anspruchsvolle Breite sucht die mangelnde Tiefe vergebens zu ersetzen. Welche Verwirrung dieses mehr als problematische Werk, das nur von der Gnade seiner großen Vorgänger lebt, in sonst ganz nüchternen Köpfen anstiften sollte, geht unter Anderm daraus hervor, daß der Musikverleger, Herr Albert Guttmann, das höchst ungünstige Votum des berühmten Kritikers Eduard Hanslick für eine Empfehlung seines neuesten Geschäftsartikels angesehen und einer Anzeige desselben als Reclame beigefügt hat.

Gustav Dömpke, wohl der polemischste der Wiener Kritikerschar, stempelte Bruckner zum *Untermenschen*, er komponiere *wie ein Betrunkener*, man müsse *nach Erklärungen für Abnormitäten suchen*[139] etc.

Hanslick sieht den Erfolg vor allem durch Parteilichkeit verursacht[140]. *Bruckner ist der neueste Abgott der Wagnerianer. Man kann gerade nicht sagen, daß er Mode geworden ist, denn das Publikum will diese Mode nirgends mitmachen; aber Bruckner ist*

139 in der *Wiener Allgemeinen Zeitung* vom 30. März 1886
140 *Neue Freie Presse* vom 13. März 1886

Armeebefehl geworden und der »zweite Beethoven«, ein Glaubensartikel der Wagner-Gemeinde.

Daß die Verhältnisse in Wien nicht erst heute aufzudecken sind, wie man aufgrund der gängigen Brucknerliteratur zu meinen glaubt, war damals schon durch einen intelligent beschreibenden Artikel Dr. Hans Puchsteins in der Wiener *Abendpost* vom 27. März nachzulesen. Er definiert, weit entfernt, eine Entschuldigung für diese Verhältnisse zu suchen, lediglich nüchtern die Sachlage.

Ebenso nüchtern ist die Verleihung des Ritterkreuzes des Franz Josephs-Ordens und der Personalzulage von 1886 an Bruckner zu verstehen. Der Anstoß zu diesem Schritt dürfte sicherlich von München ausgegangen sein, wie Bruckner in einem demütigen Schreiben an die Herzogin Amalie von Bayern am 9. Juli des Jahres anmerkt. Hermann Levi bat die Prinzessin Amalie von Bayern brieflich um eine Intervention zugunsten Bruckners am Wiener Hof. Die Prinzessin erreichte diese über ihre Kusine Erzherzogin Valerie, wodurch sich auch die Schnelligkeit der Beantwortung von Joseph Hellmesbergers Gesuch innerhalb einer Woche erklärt. Dieses Gesuch lautete:

Hohes Obersthofmeisteramt
S[einer] *kais*[erlichen] *und königl*[ichen] *Apost*[olischen] *Majestät!*

Der k. k. Hoforganist und Compositeur Professor Ant[on] *Bruckner hat außer seinem amtlichern verdienstvollen Wirken sich insbesondere auf dem Gebiete der musikalischen Composition als hervorragender Meister bewährt. Die kaiserliche Hofkapelle zählt zwei große Messen Bruckner's zu den glänzendsten Tonwerken ihres Repertoires. Insbesonders aber ist Bruckner als Symphoniker hochbedeutend.*

Mehrere seiner großen Symphonieen deren der Meister bis jetzt acht componirt hat, haben in den Wiener philharmonischen Concerten, so wie bei Aufführungen in München, Leipzig, etz. etz. sensationellen Erfolg errungen; desgleichen ein Streichquintett, welches in den Hellmesberger Quartetten bei wiederholter Aufführung verflossener Saison vom Publicum enthusiastisch aufgenommen wurde.

Die Compositionen Bruckner's sind überreich an genialer Erfindung, vollendeter gediegendster Kunstform und wohlge-

eignet, Bruckner's Namen allerwärts zu größter Anerkennung und Verbreitung zuzuführen.

Der gehorsamst Gefertigte wagt daher die unterthänigste Bitte:

Hohes Obersthofmeisteramt wolle sich gnädigst bewogen fühlen, den k. k. Hoforganisten und Compositeur Prof. Anton Bruckner, S[eine]*r kaiserlichen und königlichen Apostolischen Majestät zur Allergnädigsten Verleihung des Kaiserlichen Franz Josef's Orden und auch zugleich für die huldvolle Zuwendung einer Personalzulage von Dreihundert G*[u]*ld*[en] *jährlich, geneigtest anzuempfehlen.*

Kais: Königl: Hofmusikkapelle
Wien, 1. Juli 1886

J. Hellmesberger
kk.Hofkapellmeister

Prinz Constantin Fürst zu Hohenlohe klärte in seinem Aktenvermerk die wahren Verhältnisse. Es ging damit weniger um eine ehrenhafte Auszeichnung für geleistete Arbeit, sondern um finanzielle Kompensation für zu haltende Privatstunden, die den Komponisten wohl an seiner Arbeit hinderten. Bruckner selbst dürfte in dieser Zeit gemerkt haben, daß sein Schaffen durch äußere Faktoren starke Verzögerung erfuhr. Waren es zuerst die Verhandlungen mit den Interpreten, das Hochgefühl nach Vollendung der 7. Sinfonie, so meinte er diesmal, daß die Privatstunden mit Schuld an der nachlassenden Schöpferkraft trügen. Im Gegensatz zum Schaffensschub zwischen der 2. und 5. Sinfonie in Wien war Bruckner inzwischen auch müde geworden, erfahrener im Umgang mit Schülern und, wie sicher mancher Lehrer von sich zu berichten weiß, wohl auch resignierter. Jedenfalls erhielt er, ausgestellt am 7. 8. 1886, das Ordensdekret überreicht.

Theophil Antonicek begründet in seiner vor wenigen Jahren erschienenen Studie *Anton Bruckner und die Wiener Hofmusikkapelle*[141] die unterschiedlichen Standpunkte Hohenlohes und Hellmesbergers damit, daß die Abfassung der Gutachten und der damit verbundene Schriftwechsel auf die Grundsätze der Ordensstatuten abgestimmt gewesen wären, welche mehr auf Tugenden wie Bürgertreue und Pflichterfüllung Wert legten. Bruckner jedenfalls ließ

[141] vgl. Göllerich/Auer, a. a. O., Bd. IV/2, S. 501f.

Bruckner-Biograph August Göllerich

sich selbstverständlich mit der neuen Auszeichnung fotografieren und zog wie gewohnt in seine Sommerferien. Am 24. Juli verließ er Wien in Richtung Bayreuth, wo er sich beim *Bierbrauer vis à vis dem Rößl, wo immer Künstler wohnen*[142] ein Zimmer reservieren ließ. Er traf dort, wie üblich, seine Freunde Hermann Levi, Felix Mottl, August Stradal und August Göllerich, spielte am 4. August bei Franz Liszts Begräbnis die Orgel[143] und gab am Schluß der Feierlichkeiten eine eigene Improvisation über den »Verheißungsspruch« und das »Glaubensthema« aus *Parsifal* zu.

[142] ebda., S. 492

[143] Im Bericht der Bayreuther *Oberfränkischen Zeitung* vom 5. August 1886 heißt es: *Gestern vormittag 10 Uhr hat der Trauergottesdienst in einfacher Weise stattgefunden. Er begann mit der Vigil, bestand in einem Traueramte, bei welchem Hoforganist Prof. Bruckner von Wien die Orgel spielte, die fünf hiesigen katholischen Lehrer das Choral-Requiem sangen, und schloß mit dem Libera, worauf Prof. Bruckner noch eine gewaltige Trauerfuge auf der Orgel spielte.*

Es fällt auf, daß Bruckner diesmal im Rahmen einer Orgelimprovisation nicht, wie so oft in seinen Schaffenszeiten, ein Thema aus seiner eigenen Arbeit wählte, in diesem Falle Material aus der »Achten«, sondern ein Fremdthema suchte. Dies wäre, sofern es von Liszt gestammt hätte, als Verbeugung vor dem Toten jedenfalls eher denkbar gewesen als ein Wagner-Thema. Auch aus diesem Umstand ist zu ersehen, daß Bruckners Beschäftigung mit seiner »Achten«, die nun schon mehr als zwei Jahre dauerte, nicht mehr jene Konzentration besaß, die ihn vormals auszeichnete. Man kann diesen Zustand, wie angedeutet, vor allem durch äußere Störfaktoren erklären, die ja vor allem, weil sie für Bruckner selbst positiv schienen, von ihm auch als solche akzeptiert wurden. Andererseits ist der Gedanke nicht von der Hand zu weisen, daß in der Kontinuität des Brucknerschen Denkens diesmal schon Stokkungen auftraten, die den Schwung, den er noch bei vorigen Sinfonien zeigte, bremsten. Wenn man die 9. Sinfonie als zusammenfassendes Kompendium von Bruckners sinfonischem Denken versteht, das sie wohl in ihrer konstanten Eigeneklektik darstellt, ist man versucht, Ansätze zu dieser Zusammenfassung der bis dahin erreichten Leistung auch in der 8. Sinfonie zumindest spurenhaft zu vermuten. Die zeitlich langanhaltende Reflexion bis zum Ende der ersten Fassung und die Abwesenheit bei Ereignissen, an denen früher die Kraft der gleichzeitigen Beschäftigung mit einem zu komponierenden Werk nachgewiesen werden konnte, läßt vermuten, daß der Druck des Ausstoßes im Fall der 8. Sinfonie nicht mehr so stark auf Bruckner lastete, wie dies früher der Fall gewesen sein muß. Daß Bruckner, wie gewohnt, seinen Urlaub in Vöcklabruck, Steyr und St. Florian verbrachte, wo er sich allerdings wieder dem *Adagio* zuwandte, untermauert den Eindruck einer zu Pausen neigenden Arbeit an seinem Werk ebenso wie das Fehlen jedweden Bezuges in einer zweiten feierlichen Orgelimprovisation, die in der Steyrer Stadtpfarrkirche stattfand und bei der Bruckner das Thema der Österreichischen Kaiserhymne zum Ausgangspunkt nahm.

Auch die Zeitspanne bis zur Vollendung der Erstfassung der 8. Sinfonie am 10. August 1887, also fast noch ein Jahr, war von denselben Unterbrechungen begleitet, die nun schon zwei Jahre die Entstehungsgeschichte des Werkes überschatteten. Die Audienz beim Kaiser (aufgrund der Verleihung des Franz Josephs-Ordens am 23. September 1886) verlief für Bruckner zufriedenstellend, wenn auch mit Sicherheit nicht so, wie er sie später darstellte[144]; die Musikzentren der Welt reißen sich um seine Werke: Dresden, Frankfurt, Den Haag, Utrecht, New York, München, Karlsruhe, Hamburg, Köln, Amsterdam, Boston, Chicago, London – allenthalben ist Bruckners Musik populär.

Probleme gab es neben kleineren Alltäglichkeiten einzig mit der Drucklegung. Bis 1887 waren lediglich die 3. und 7. Sinfonie gedruckt worden, wesentliche Schwierigkeiten dürfte Bruckner auch in dieser Zeit mit seinen Freunden bekommen haben.

Die Bruckner-Partei hatte sich, wie dies oft aus gruppendynamischen Situationen heraus erfolgt, ihres Heroen bemächtigt, war aber strukturell zu einer Eigenständigkeit aufgestiegen, die den Ursprung der Parteilichkeit längst weit hinter sich gelassen hatte. Gerade die Interpreten, denen bis auf wenige Ausnahmen nahezu alle Bruckner-Freunde zugerechnet werden konnten, entwickelten eine Art Eigendynamik in den Angelegenheiten Bruckners, verhandelten hier und dort mit den Verlegern, weil sie gewohnt waren, Verhandlungen zu führen, hatten ihre Vorstellungen, die sie vermutlich auch Bruckner vortrugen und in geschickter Diskussion wahrscheinlich sogar nahebrachten; die Interpretation von Ideen Bruckners verselbständigte sich. Franz Schalk entwarf Programme, die eher seinen Vorstellungen entsprachen, als daß sie objektiv nachvollzogen werden konnten. Die Kritiker bauten Bruckner zum Wagner- und Beethoven-Nachfolger auf, um sich vermutlich selbst in ihrer Einschätzung recht zu geben, die Dirigenten projizierten ihre eigenen Klangvorstellungen, die in der Regel an jenen Wagners geschult waren, auf seine Werke. Die Auseinandersetzungen um eine Wiederaufführung der von Josef Schalk für zwei Klaviere arrangierten 5. Sinfonie im Frühjahr 1887 belegen, daß hier grundsätzliche Differenzen zwischen Bruckner und Schalk bestanden haben müssen. Diese auf Bruckners schlechte Laune zurückzuführen, wie dies Max Auer tat, verkennt wahrscheinlich den Sachverhalt. Es dürften dem Komponisten, der eine konkrete Vorstellung von seiner Sinfonie gehabt haben

[144] Nahezu alle Autoren berichten über jene berühmte Szene, als sich Bruckner während einer Audienz bei Kaiser Franz Joseph eine Gnade ausbitten durfte und schüchtern gefragt habe, ob nicht Seine Majestät dem Eduard Hanslick das Kritisieren verbieten könne; vgl. dazu auch den Brief Prinzessin Marie zu Sayn-Wittgenstein-Berleburg – der Tochter von Liszts Lebensgefährtin und Gattin des Obersthofmeisters Constantin Prinz zu Hohenlohe-Schillingsfürst, dem Bruckner später die 4. Sinfonie widmete – an Göllerich, abgedruckt in: Göllerich/Auer, a. a. O., Bd. IV/2, S. 506

Franz Schalk

muß, bei der Einrichtung für Klavier nur stärkere Bedenken gekommen sein, als dies bei der Umarbeitung für Orchester der Fall war. Hier wird, wie später noch öfter, sichtbar, daß Bruckner die korrigierende Hand auch der wohlgesonnenen Freunde nicht gern oder nur widerwillig hinnahm, war sie doch, so zumindest im Falle Schalks, eine grundsätzlich eingreifende. Bruckner akzeptierte immer dann Verbesserungsvorschläge oder Veränderungswünsche, wenn es um die Präsentation seiner Werke im Konzertsaal ging, konnte aber aus verständlichen Gründen kaum einsehen, daß in Druckausgaben und Klavierauszügen ohne einen solchen äußeren Zwang sein ursprüngliches Konzept verändert wurde.

Der knappe Satz an Theodor Helm im Brief vom 22. April 1887, bezugnehmend auf die 5. Sinfonie, äußert diese tiefe innere Unzufriedenheit[145]: *Auf Ihren Wunsch habe ich die vorläufige Aufführung gestattet.*

[145] Bruckner: *Briefe*, S. 218 f.

Josef Schalk

Es ist schwierig auszumachen, ob Bruckner seinen Freunden gegenüber unterschiedliche persönliche Einschätzungen und Zuneigungen besaß. Nach außen übt er ihnen gegenüber jene Solidarität, die er auch von ihnen erwartet (wahrscheinlich auch erhält), es mögen bei ihm aber gerade in der Zeit eigener Konzeptionen wie im Zusammenhang mit der 8. Sinfonie seine Bedenken, den originären Entwurf zu ändern, größer gewesen sein, als dies in jenen Zeiten der Fall war, als er mit den Adaptierungen seiner Fassungen die Werke den Orchestern »schmackhafter« machen wollte. Die Klavierfassungen von Franz und Josef Schalk, Ferdinand Löwe oder August Stradal, um die wichtigsten zu nennen, dürften dem Komponisten als unwiderruflich in Stein gehauene Veränderungen und Korrekturen seiner eigenen Kompositionen erschienen sein – die er im Notfall akzeptieren konnte und, sofern sie öffentlichen Erfolg einbrachten, wohl auch hinnahm –, die aber dann bei ihm Zweifel auslösten, wenn er an eine originalgetreue Überlieferung an die Nachwelt dachte. Es ist heute nicht abwegig zu vermuten, daß Bruckners Schenkung der von ihm dafür ausgewählten Werke an die Österreichische Nationalbibliothek nicht nur als ein Akt der Loyalität gegenüber dem Staat Österreich aufgefaßt werden kann; vielleicht war es gegen die Möglichkeit, daß andere als seine Niederschriften der Werke Gültigkeit für die Zukunft erlangen sollten, ein letzter Notwehrakt. Bruckner hätte sich, folgt man dieser These, nur an seiner Lebensmaxime orientiert: Erreichtes mit noch besser zu Erreichendem, Nahziel nur mit Fernziel abzulösen, den Augenblick nur so lange gültig sein zu lassen, bis Alternativen sichtbar werden.

Bruckner erfuhr dies in einem für ihn wohl tragischen Zusammenhang mit der 8. Sinfonie. Sie war endlich am 10. August 1887 fertig geworden. Die Eintragungen auf den Notenblättern der einzelnen Sätze spiegeln einiges von den Schwierigkeiten in der Konzeption des Werkes und den durch äußere Umstände oktroyierten Unterbrechungen wider. War am 4. September 1884 der erste Satz als Skizze beendet, so befand sich Bruckner am 22. November 1885 erst beim Buchstaben K der Ausarbeitung des ersten Satzes und vollendete ihn am 7. Februar 1886. Hatte er in das *Adagio* eingetragen: *alte Scitze 16. Februar 85 – neue Scitze 16. Februar 1886* sowie *13. Februar 86*, so sind die Fertigstellungsdaten mit *26. August* bzw. *4. September* angegeben. Trägt der Anfang der Bleistiftskizze des Scherzo den Vermerk *23. Juli 1885, Steyr – Stadtpfarrhof* und am Ende *26. Juli 1885*, so wissen wir heute, daß am 19. bzw. 24. Oktober die Ausarbeitung ihr Ende fand. Hatte am 27. Juli 1886 Bruckner mit der Skizze des Finales *um 4 Uhr abends* begonnen – weitere Eintragungen sind *Steyr, 9. Juli 1885 ¼2 Uhr mittags, 10. Juli 1885 nach 2 Uhr, zart schwärmend* und *Steyr – Stadtpfarrhof, 16. August 1885, A. Bruckner, Halleluja*, so dauerte die Arbeit an der Partitur vom 26. Oktober 1886 bis 22. April 1887.

Da jetzt aber von allem Anfang an immer wieder Änderungen und Verbesserungen, alternative Möglichkeiten mit einbezogen werden, sind weitere Daten vorhanden: 1. und 3. Juli, der 4. und 10. August.

Einen Monat später schickt Bruckner die Partitur an Hermann Levi[146]: *Ich bin so frei, mit Ihrer Erlaubnis, die Partitur der Achten Sinfonie zu übersenden, möge sie Gnade finden! Die Freude über*

[146] zitiert nach Göllerich/Auer, a. a. O., Bd. IV/2, S. 559

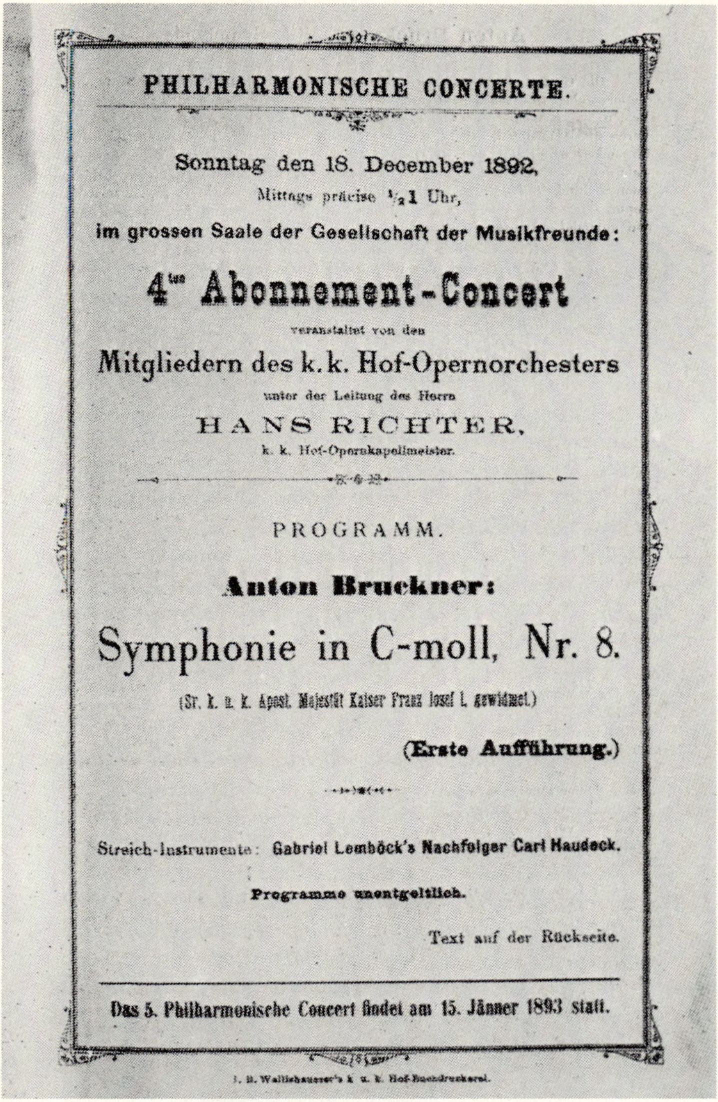

PHILHARMONISCHE CONCERTE.

Sonntag den 18. December 1892,

Mittags präcise ½1 Uhr,

im grossen Saale der Gesellschaft der Musikfreunde:

4ten Abonnement-Concert

veranstaltet von den

Mitgliedern des k. k. Hof-Opernorchesters

unter der Leitung des Herrn

HANS RICHTER,

k. k. Hof-Operncapellmeister.

PROGRAMM.

Anton Bruckner:

Symphonie in C-moll, Nr. 8.

(Sr. k. u. k. Apost. Majestät Kaiser Franz Josef I. gewidmet.)

(Erste Aufführung.)

Streich-Instrumente: **Gabriel Lemböck's Nachfolger Carl Haudeck.**

Programme unentgeltlich.

Text auf der Rückseite.

Das 5. Philharmonische Concert findet am 15. Jänner 1893 statt.

J. B. Wallishausser's k. u. k. Hof-Buchdruckerei.

Achte Sinfonie (Zweitfassung).
Programm der Uraufführung

die zu hoffende Aufführung durch hochdesselben Meisterhand ist allgemein eine unbeschreibliche. Hermann Levi schaut die Sinfonie durch und kommt mit ihr nicht zurecht. Hatte er schon einmal Schwierigkeiten mit dem Finale der 7. Sinfonie gehabt, so sieht er jetzt die Problematik auch in der Durchführung des ersten und im ganzen letzten Satz. Er moniert die schablonenhafte Form und die Ähnlichkeiten mit der 7. Sinfonie[147].

Geehrter Herr Schalk!

Ich weiß mir nicht anders zu helfen, ich muß Ihren Rath, Ihre Hilfe anrufen; Kurz gesagt; Ich kann mich in die 8te Sinfonie nicht finden und habe nicht den Mut sie aufzuführen.

Orchester und Publikum würden, deßen bin ich sicher, den größten Widerstand leisten. Das wäre mir nun einerlei, wenn ich selbst, wie bei der 7ten gepakt wäre, wenn ich, wie damals dem Orchester sagen könnte: Nach der 5ten Probe wirds Ihnen schon gefallen! Aber ich bin furchtbar enttäuscht! Tagelang habe ich studirt, aber ich kann mir das Werk nicht zu eigen machen. Fern sei es von mir, ein Urteil aussprechen zu wollen – es ist ja sehr möglich, daß ich mich täusche – daß ich zu dumm oder zu alt bin – aber ich finde die Instrumentation unmöglich und was mich besonders erschreckt hat, ist die große Ähnlichkeit mit der 7ten, das fast Schablonenmäßige der Form. – Der Anfang des 1. Satzes ist grandios aber mit der Durchführung weiß ich gar nichts anzufangen.

Und gar der letzte Satz – das ist mir ein verschloßenes Buch. –

Was nun tun! Mir graust es, wenn ich daran denke, wie diese Nachricht auf unseren Freund wirken wird! Ich kann ihm nicht schreiben. Soll ich ihm vorschlagen, er möge sich das Werk einmal in einer Probe hier anhören? Ich habe in meiner Not einen mir befreundeten guten Musiker die Partitur gegeben – auch der meinte, eine Aufführung sei unmöglich. Bitte schreiben Sie mir gleich, wie ich mich Bruckner gegenüber verhalten soll. Wenn es damit abgetan wäre, daß er mich für einen Esel, oder was noch schlimmer, für einen Treulosen hielte, so wollte ich mir dies ruhig gefallen laßen. Aber ich fürchte Schlimmeres, fürchte, daß ihn diese Enttäuschung ganz niederbeugen wird.

[147] zitiert nach Göllerich/Auer, a. a. O., S. 560

Kennen Sie denn die Sinfonie genau? Und können Sie da noch mit? Helfen Sie mir, ich bin ganz ratlos!

Mit freundschaftlichem Gruße

Ihr ganz ergebener

München, 30. 9. 87 *Hermann Levi.*

Bruckner wird von Schalk informiert und verfällt, glaubt man den Worten des Freundes, in tiefe Depression. Am 18. Oktober 1887 spricht Schalk davon, daß Bruckner sich *immer noch unglücklich und keinem Trosteswort zugänglich fühle*, daß er andererseits *bereits an der Umarbeitung des ersten Satzes arbeite*[148]. Der genaue Beginn dieser Arbeit ist allerdings nirgends festzustellen. Es wäre demnach möglich, daß Bruckner bereits vor der Absage Levis von sich aus zu Revisionen bereit war, was bedeuten würde, daß er sich die Einstellung der Freunde gegenüber gewissen Problemen soweit zu eigen gemacht hätte, daß er seine grundsätzlichen Gedanken bereits beiseite drängen konnte und sich auf eine Aufführung des Werkes einstellte. Andererseits ist es ebenso möglich, daß Bruckner im Zuge der Umarbeitungen an der 4. Sinfonie anläßlich ihrer Drucklegung und der immer noch andauernden Umarbeitung der 3. Sinfonie das dort erworbene Änderungskonzept sofort in das System der 8. Sinfonie integrieren wollte. Jedenfalls vereitelten diese Fertigstellung von Umarbeitungen und die neuerliche Arbeit an der 8. sowie der 1. Sinfonie eine Weiterführung des originären Schaffensschubes hin zur 9. Sinfonie, obwohl die Partiturniederschrift des Anfangs am 21. September 1887 vorliegt. Hier wird deutlich, daß Bruckners Pläne zu einer 9. Sinfonie sich unmittelbar an die Niederschrift der achten anschlossen, dann aber von deren zweiter Fassung verdrängt wurden.

Eine Aufführung der Urfassung der 8. Sinfonie kam letztlich erst 1973 zustande. Zwar hatte Eugen Jochum am 2. Mai 1954 in München den ersten Satz des Werkes in der ursprünglichen Form vorgestellt, was Volkmar Andreae bei der Gedenkfeier der Internationalen Bruckner-Gesellschaft am 7. Oktober 1956 in Wien ebenfalls tat, aber erst nachdem Leopold Nowak den Band im Rahmen der Gesamtausgabe (Dezember 1972) vorlegte, konnte am 2. September 1973 Hans Hubert Schönzeler in London die

[148] in einem Brief an Hermann Levi; zitiert nach Leopold Nowak, *Neue Gesamtausgabe, 8. Sinfonie von 1887*, Vorwort

vollständige Urfassung erklingen lassen. Damit erlitt die Erstfassung dieser Sinfonie dasselbe Schicksal wie die der 3. und 4. Sinfonie, die ebenfalls erst in den siebziger Jahren dieses Jahrhunderts gültig und vollständig uraufgeführt wurden. Dies war sicher nicht nur durch technische Gründe verursacht worden, die dermaßen lange die Aufführung der Erstkonzeption von Bruckners Gedanken verhinderten, sondern auch der starke Einfluß der Brucknerfreunde und -gemeinde, die sich jenem Klangideal verpflichtet fühlten, dem die späteren Fassungen Bruckners jedenfalls viel näher kamen.

1887 kann also als Beginn des letzten Schaffensschubes Bruckners, der die 6., 7. und 8. Sinfonie entwickeln half, angesehen werden. Die Gedankengänge vor der 8. Sinfonie zeigten schon auf, daß die ehemalige Dynamik doch sehr abgeschwächt war, wahrscheinlich nicht nur aus Altersgründen, sondern auch aufgrund von Belastungen, die seine Position als erfolgreicher Komponist mit sich brachten.

Noch einmal ist Bruckner eine Konzeptionspause bis 1891 – vom menschlichen Standpunkt aus möchte man sagen: – »vergönnt«, nach der die Arbeit bis zum 30. November 1894 kontinuierlich fortgesetzt werden konnte, obwohl am 4. April 1889 bereits Gedanken zum Scherzo entwickelt worden waren. In diese Pause hinein fallen – wie könnte es inzwischen anders sein – die Umarbeitungen jener Werke, die bislang nicht vollendet worden waren, obwohl Bruckner sich bestimmt kontinuierlich mit der Durchsicht beschäftigte. Die Tatsache eines sofortigen Beginns dieser Phase als Reaktion auf die Ablehnung der »Achten« durch Levi könnte vermuten lassen, daß Bruckner sich nahezu vom primären Schaffensdruck erlöst fühlte, weil, gleichgültig wie immer man die Umarbeitung bewerten mag, nicht anzunehmen ist, daß sie dieselbe psychische Kraft kosteten wie die Konzeption neuer Werke.

Hier treffen wahrscheinlich äußere Umstände und innere Geneigtheit, resultierend aus einer großen Unsicherheit, zusammen. Die wenigen Lebenszeugnisse der Zeit geben diese Umstände wieder.

1887–1892

Und immer wieder Umarbeitung
Wiederholung der Gewohnheiten – die Vereinnahmung durch die Wagnerianer – Parteienhader – Beurlaubungen, Pensionen – endlich (Ehren-) Doktorat – erste Sinfonie (Wiener Fassung)

Wie soeben schon ausgeführt, beginnt Bruckner 1887 mit der Umarbeitung der 8. Sinfonie jene Phase, die in der Wiener Fassung der 1. Sinfonie, vollendet am 18. April 1891, ihren Abschluß fand.

Auf seinem Weg, von dem noch einmal das Kompendium der 9. Sinfonie originär Zeugnis ablegen sollte, kommt Bruckner nur mühsam voran. Die Lebensereignisse weichen kaum mehr vom gewohnten Alltag ab, nimmt man psychische Tiefs aus. 1887 registriert Bruckner überhaupt keine für ihn wichtigen Ereignisse, das Jahr 1888 verläuft wie gewohnt mit Aufenthalten in Klosterneuburg, Heiligenkreuz, Bayreuth, St. Florian, Steyr, Ischl und Kremsmünster, mit Alltäglichkeiten der Arbeit, mit Klagen über den Brahms-Kult in Wien, mit üblichen Verliebtheiten in junge Damen, mit den Tätigkeiten als Lehrer. Die Chronisten vermerken als wesentlichstes Ereignis des darauffolgenden Jahres die Begegnung mit Johannes Brahms im »Roten Igel« am 25. Oktober und wieder einmal eine Bewerbung Bruckners als Kapellmeister am Burgtheater, die wie alle Bewerbungen nach Erreichen der Universitätsstelle keinen sozialen Aufstieg mit sich gebracht hätte.

Bruckner bewirbt sich in der Folgezeit eher aus anderen Motiven als aus dem Bestreben, neue Positionen zu erreichen. Die Bewerbung beispielsweise um die Stelle am Burgtheater, für die er sicher nicht geeignet war, mag als Ausgleich zur Belastung der Stelle am Konservatorium verstanden werden, die Bruckner auch bald aufgibt. Äußere Einschnitte des Jahres 1890 sind die am 12. Juli wegen seiner Krankheit ausgesprochene Beurlaubung vom Dienst am Konservatorium, sein Orgelspiel bei der Hochzeit der Kaisertochter Erzherzogin Marie Valerie mit Erzherzog Franz Salvator in Ischl, Verliebtheiten, der Ehrensold des Oberösterreichischen Landtags, was quasi der Rente für Lehrgehilfen entsprach, und die Aufführung der 3. Sinfonie am 21. Dezember 1890 durch die Wie-

Bruckner und Brahms.
Scherenschnitt von Otto Böhler

ner Philharmoniker unter Hans Richter. Die wesentlichen Einschnitte des darauffolgenden Jahres 1891 sind die Ehrenmitgliedschaft der Gesellschaft der Musikfreunde am 15. Januar, die Pensionierung als Professor des Konservatoriums und die Verleihung des Ehrendoktorats der Philosophischen Fakultät der Universität Wien.

Gemeinsames Kennzeichen aller Umarbeitungen dieser Jahre ist, daß nach deren Fertigstellung eine relativ kurze Zeit bis zur ersten Aufführung verstreicht: Bruckner hatte die Stichvorlage des bei Albert J. Gutmann in Wien 1889 erschienenen Erstdruckes der 3. Sinfonie 1887 und Anfang des Jahres 1888 die 4. Sinfonie bis zu dreimal durchgearbeitet und als Abschlußdatum den 18. Februar 1888 eingetragen – Hans Richter führte am 22. Januar desselben Jahres diese Fassung im Wiener Akademischen Wagner-Verein mit den Philharmonikern bereits auf; am 4. März 1889 hatte Bruckner die dritte Fassung der 3. Sinfonie vollendet – am 21. Dezember 1890 stand sie auf dem Programm eines Konzerts der Philharmoniker unter Hans Richter; 1890/91 war die Wiener Fassung der 1. Sinfonie angefangen und am 18. April 1891 vollendet worden – acht Monate später, am 13. Dezember 1891, wurde sie wiederum in einem Konzert der Philharmoniker unter Hans Richter aus der Taufe gehoben. Auch die »Achte«, deren zweite Fassung am 10. März 1890 vollendet wurde, war am 18. Dezember 1892 in der nun schon gewohnten Besetzung mit den Philharmonikern und Hans Richter Mittelpunkt eines Philharmonischen Konzerts. Die kurzen Fristen zwischen Fertigstellung und Uraufführung zeugen von der bedingungslosen Anerkennung Bruckners durch die Wiener Philharmoniker, mit denen sonst relativ schwer umzugehen war und die 1890 noch Schuberts Große C-Dur-Sinfonie für ein Konzert abgelehnt hatten. Sie zeugen außerdem davon, daß nicht nur Bruckners Person, sondern vor allem seine Werke zu einer Institution in Wien geworden waren, die den Rahmen des von jeher relativ konservativen Bereiches der Philharmonischen Konzerte mit prägte. Wenn man es realistisch betrachtet, muß man auch vermuten, daß die schnelle Annahme durch das eigenwillige Orchester dadurch erleichtert wurde, daß die Fassungen weitaus spielbarer gemacht worden waren und die Zermürbung des Widerstandes durch die junge, sich auflehnende Garde der Bruckner-Freunde ihre Früchte getragen hatte. Es wäre sogar möglich, daß die zunehmende Nationalisierung der Wiener Gesellschaft, die nun immer stärker von deutschnationalen bzw. -freundlichen Publikationen geprägt wurde und das alte liberale – auch jüdische – Element in den Hintergrund gedrängt hatte, ebenso als positive Motivation verstanden werden könnte.

Die Aufzählung der wesentlichen kritischen Gegner Bruckners bei der Beurteilung dieser späteren Fassungen der Sinfonien beweist schlüssig, was sich nun auch in ihrem Verhalten geändert hatte. Die *Presse* vom 30. Januar 1888 meinte zur Wiederaufführung der 4. Sinfonie:

> *Der letzte Sonntag war ein Fest- und Ehrentag für den ausgezeichneten Wiener Compositeur, für einen viele Jahre hindurch*

in den Hintergrund gedrängten Künstler. Der Wiener Symphoniker Bruckner, dessen mächtige Schöpfungen bisher nie recht nach Gebühr gewürdigt wurden, kam zu Ehren und der tosende demonstrative Beifall, der Sonntag Mittag die Aufführungen mehrerer Brucknerscher Compositionen im Großen Musikvereinssaal begleitete, schien gleichsam eine unbewußte Abbitte des Publikums zu enthalten für die Kränkungen, welche die Kunst des Meisters jahrelang an Neid und Mißgunst zu erleiden gehabt hatte.

Hanslicks Kritik über die 3. Sinfonie, nach der Aufführung vom 21. Dezember 1890 geschrieben, wurde in der Bruckner-Literatur fast ausschließlich mit den negativ belasteten Vokabeln zitiert. Zusammenfassende Bemerkungen über das gesamte Werk zeigen auf, wie Hanslick einerseits eine kontinuierliche Position beibehielt, andererseits er von sich aus gesehen durchaus richtig den Zusammenhang auffassen mußte[149].

Es ist dieselbe, die 1877 unter der Leitung des Componisten gespielt worden ist. Bruckner unterzog das Werk später einer Umarbeitung, in welcher es jetzt in Partitur und Stimmen bei Th. Rättig in Wien erschienen und von den Philharmonikern gespielt worden ist. Diese Neubearbeitung unterscheidet sich nicht wesentlich von der ersten Fassung. Sie weist einzelne kleine Striche auf und an manchen Stellen Aenderungen in den verbrämenden Violin-Passagen. Einen einzigen ausgiebigen Strich bemerken wir im Finale; derselbe war aber schon in der ersten Ausgabe durch ein »Vide« dem einsichtsvollen Dirigenten nahegelegt worden. Nur die Schlußpartie des letzten Satzes hat der Componist gründlich geändert. Der beste Satz ist jedenfalls das Scherzo, ein rasch fortströmender Dreivierteltact, von einer bei Bruckner seltenen Consistenz der Form. Auch dem gesangvollen Adagio in Es-dur können wir eine geraume Zeit mit Vergnügen folgen, so lange es sich klar und ohne unmotivirte grelle Absprünge entwickelt. Diese bleiben später nicht aus und trüben, zusammen mit der unleidlichen Ausdehnung des Satzes, den guten Eindruck der ersten Hälfte. Der erste Satz, in welchem sich Nachklänge aus der Neunten Symphonie mit etlichen Venusberg-Motiven kreuzen, dann das lärmende Finale sind Stücke, die sich in lauter falschen Contra-

149 *Neue Freie Presse* vom 23. Dezember 1890

sten bewegen und zersplittern. Sie haben mir denselben unkünstlerischen Eindruck gemacht, wie die übrigen in Wien gehörten Compositionen von Bruckner, in welchen geistreiche, kühne und originelle Einzelheiten mit schwer begreiflichen Gemeinplätzen, leeren, trockenen, auch brutalen Stellen, oft ohne erkennbaren Zusammenhang wechseln. Wie helle Blitze leuchten hier vier, dort acht Takte in eigenartiger Schönheit auf; dazwischen liegt wieder verwirrendes Dunkel, müde Abspannung und fieberhafte Ueberreizung. Und Alles zu einer Länge ausgedehnt, welche dem geduldigsten Gemüth zur Qual wird. In Bruckner's Compositionen vermissen wir das logische Denken, den geläuterten Schönheitssinn, den sichtenden und überschauenden Kunstverstand. Daß die D-moll-Symphonie lebhaftesten Beifall fand, wäre viel zu wenig gesagt. Es wurde gestampft, getobt, geschrien; nach jedem Satze mußte der Componist wieder und wieder dankend vortreten.

Wie sehr Hanslick selbst seine Rezension als den Ausdruck seiner künstlerischen Ideologie, keineswegs aber persönlichen Übelwollens verstanden wissen wollte, ist daraus ersichtlich, daß er Bruckner knapp nach dieser Kritik zum Jahreswechsel 1890/91 seine Fotografie mit einer freundschaftlichen Widmung verehrte, was Bruckner sofort an seinen Biographen August Göllerich nach Wels berichtete[150]: *Ich bin noch zu ergriffen von der Aufnahme des philh. Publikums, welches mich wohl zwölf Mal gerufen hat und wie!!! Das war nicht da. Staunen Sie: Hanslick verehrt mir gestern seine Photographie mit Handschrift »meinem verehrten Freunde«.*

Die letzten Worte von Hanslicks Kritik, auf den Beifall bezogen, finden sich übrigens bei nahezu allen Kritiken, so daß viele von ihnen, auch die Bruckner durchaus geneigten, eine Steuerung durch eine parteiliche Gruppe vermuten. Wie es gelegentlich in der Geschichte der Musikkritik vorkommt, entwickelte sich ein Teil der Kritiken zu Kommentaren über die Rezension der Kollegen. Wie andererseits aber auch innerhalb der Wiener Presse ein wenig schludrig mit Informationen umgegangen wurde, beweist der kurze Absatz aus dem *Neuen Wiener Tagblatt.* Dort heißt es am 23. 12. 1890:

[150] Bruckner: *Briefe*, S. 235 f.

Die nun folgende D-moll-Symphonie Anton Bruckners – die fünfte – wurde von den intimen Freunden unseres so sympathischen und reich veranlagten Musikers zu tumultuösen Demonstrationen benützt. Das Werk in seinem ersten, etwas zu sehr gedehnten Satze mehr als eine gewaltige Phantasie als ein streng geschlossener symphonischer Satz, birgt einen außerordentlichen Schatz von Motiven; das Adagio ist weit ruhiger gehalten und bringt seine tiefen Gedanken zu künstlerisch abgerundeter Durchführung. Dies gilt in noch erhöhtem Maße von dem derben Scherzo und das Finale knüpft wieder an das große Thema der Neunten Beethoven's an, mit dem Bruckner dieses sein Werk auch begonnen.

Die deutsch-nationale Tendenz, die inzwischen in Wien eskaliert war, belegt eine Besprechung der *Ostdeutschen Rundschau* vom 21. Dezember 1890:

Viertes philharmonisches Concert am 21. December 1890.

Erste Aufführung der D-moll-Symphonie Nr. 3 von Anton Bruckner in den philharmonischen Conzerten.

Leitspruch: *Ganz unverständliche Melodei!*
Aus allen Tönen ein Mischgebräu'!
(Beckmesser, vulgo Hans Lick.)

»Die Musik ist nämlich eine so unmittelbare Objectivation und Abbild des ganzen Willens, wie die Welt selbst es ist, ja wie die Ideen es sind, deren vervielfältigte Erscheinung die Welt der einzelnen Dinge ausmacht.«

Wie geistvoll und zutreffend ist doch diese Erklärung Schopenhauer's von dem Wesen der Musik, die nicht der realen Welt bedarf, um sich unseren Sinnen mitzutheilen, und doch unser Herz mehr erschüttert und erhellt, als eine andere Kunst. Und schwebt unser Ohr in dem Klangreiche einer Beethoven'schen Symphonie, in welch' einer Welt glauben wir dann zu sein? –– Träumend schließen wir dann die Augen und hellsichtig wird unser Wissen:

Ich war –
Wo ich von je gewesen,
Wohin auf je ich gehe:
Im weiten Reich'
Der Weltennacht.

Die Symphonie ist eine durchaus deutsche Schöpfung, in ihr legte der Deutsche das lautere Gold seines Geistes nieder zu einer Zeit, wo seine Muttersprache verrohte, seine Fürsten sich ausschließlich des französischen Idioms bedienten. Der träumerische, melancholische Charakter des germanischen Volkes konnte sich in einer Kunst am besten kundgeben, die – um mit Wagner zu sprechen – das Witzloseste ist. Was die ekelhafte moderne Gesellschaft an deutschem Wesen nicht verfälscht hatte, das ist es, welches uns mit so ungeheuerer Gewalt erfaßt und fesselt, wenn deutsche Musik ertönt. Es ist ein »Wachauf-Ruf«, der uns aus dem Taumel aufschreckt, in dem wir dahinleben, ein Weckruf, der den Korybantenlärm[151] *unserer Börsen und Synagogen, Fabriken und Eisenbahnen, Operetten und Naturalisten durchdringt.*

Aus dem Tanze hat sich die Symphonie entwickelt, aus einem bloßen Spiele mit musikalischen Motiven, welches eigentlich noch Haydn's und auch Mozart's Symphonien kennzeichnet, wurden durch Beethoven jene gewaltigen Kunstwerke geschaffen, die uns heute mit heiligem Schauder erfüllen. Und zwei große deutsche Meister haben die symphonische Musik weiter entwickelt.

Franz Liszt hat mit der symphonischen Dichtung die alte Form ganz verworfen. Einen poetischen Gedanken durch die Musik zum Ausdruck zu bringen, war sein Bestreben bei der Composition seiner Hunnenschlacht[152]*, seines Mazeppa*[153]*. Wagner spricht in einem Briefe über die symphonischen Dichtungen seines Freundes sich geistreich und klar aus, und deutet auch die Grenze an, welche bei Programmmusik nicht überschritten werden darf. Uebrigens sagen die Namen, welche diese Liszt'schen Tondichtungen tragen, schon Alles.*

[151] Korybanten sind die besessenen Diener der Göttin Rheia-Kybele, die während ihrer kultischen Handlungen orgiastische Tänze aufführten.

[152] Die symphonische Dichtung entstand nach einem Gemälde Wilhelm von Kaulbachs. Sie stellt zwei Geisterheere der gefallenen Hunnen und Christen gegeneinander, wobei nach einer mörderischen Schlacht mit einem altchristlichen Choral der Sieg des Christentums über den Unglauben feststeht.

[153] *Mazeppa*, symphonische Dichtung von Franz Liszt auf eine Ballade von Victor Hugo. Mazeppa, der Nationalheld der Ukrainer, wird verwundet und auf ein Roß gebunden in die Steppe gejagt. Als das Pferd zusammenbricht, wird Mazeppa von Fieberphantasien gemartert, schließlich aber von seinen Freunden dramatisch gerettet.

Anton Bruckner hat die alte Form behalten und nur die rein technischen Fortschritte in der Musik, im Orchester, verwendet. Der greise Meister ist viel zu sehr absoluter Musiker, als daß er bei seinem künstlerischen Schaffen an etwas Anderes, als an Musik denken würde. Er ist der naive Künstler, der aus seinem unerschöpflichen Reichthume an Motiven und Themen gestaltet und bildet. Keine dichterische Idee, kein philosophisches Problem, werden wir aus Bruckner'scher Musik zu vernehmen glauben, frisch wie eine Waldquelle rauscht sie dahin, dann tost sie wieder wie ein gewaltiger Strom in das Meer. Wie wohl thut diese Musik unseren Ohren nach dem tiefsinnig sein sollenden Geschwätze von Brahms. Herr Hanslick kann wohl seine Ideen vom musikalisch Schönen nicht besser ad absurdum führen, als indem er Brahms für den Messias unserer modernen Musikwelt erklärt. Der genannte Kritiker, der mit komischer Angst sich vor jedem Tonstück flüchtet, in dem er einen poetischen Gedanken vermuthet, findet die Musik Brahms frei von jeder Reflexion. Gerade die Werke dieses Componisten verraten einen grübelnden Geist. Was Wagner so köstlich von Berlioz sagt, daß er den Eindruck eines Menschen mache, der uns auf eine oft reizend umständliche Weise mittheilt, daß er uns Nichts zu sagen hat, gilt wohl nicht von dem genialen Franzosen – aber von Brahms.

Wie lächerlich mußten uns daher die Referate über die Bruckner'sche Symphonie vorkommen, die wir da in allen Blättern mit Ausnahme weniger zu lesen bekamen! Da wird Bruckner als ein Programmusiker hingestellt, als ein Tondichter, der dem Fluge einer ausschweifenden Phantasie ohne Rückhalt folge. Richard Heuberger, der Kritiker des »Wiener Tagblattes« und Componist großer Werke, die ihm erst einfallen werden, hört alle Engel singen und sieht verzückte Heilige, wenn die Klänge Bruckner'scher Musik an sein zartes Trommelfell schlagen. Herr Hanslick gar erzählt uns von seiner dreißigjährigen Freundschaft mit Bruckner! Der spaßhafte Mann! – Der arme Tondichter aber hat dieses hohe Gut theuer erkauft!

Es dürfte wohl Manchem, der als naiver Zuhörer dem Concerte der Philharmoniker beiwohnte, da sie die Bruckner'sche D-moll-Symphonie aufführten, ein Räthsel sein, daß Anton Bruckner, der gewiß nicht bei der Presse und beim Publicum im Verdachte einer deutschnationalen Gesinnung steht, in der Weise von der sogenannten öffentlichen Meinung angegriffen wird? – Der große deutsche Meister ist als Mensch naiv und liebenswürdig, sein innerstes Wesen wird so wenig von dem Einfluß jüdischer Elemente berührt, daß er sogar mit Juden oder doch Judenstämmlingen in freundschaftlicher Weise verkehrt. Auch hat er kein »Judenthum in der Musik«, kein »Modern«, kein »Erkenne dich selbst«[154] *auf dem Gewissen! – Anton Bruckner wurde von dem Zeitpunkte an so befehdet, als er seine vierte*[155] *Symphonie dem Meister Richard Wagner widmete. Und wehe denen in der Ostmark*[156]*, die sich als Vollblut-Wagnerianer, wie Wolzogen*[157] *so trefflich dieselben nennt, bekennen! Erlebt doch der akademische Wagnerverein genug Angriffe, obgleich er alle Jene ausgeschieden hatte, die den Vorstand daran in zarter oder grober Weise erinnerten, daß Wagner bis an sein Lebensende Antisemit war.*

»Wenn Niemand Ihre Werke aufführt, so werde ich es thun«, hat sich Richard Wagner gegen Bruckner geäußert. Doch der größte deutsche Künstler hatte zu früh für die deutsche Kunst die Augen geschlossen; die Kritik aber brach über Bruckner den Stab. Seine Liebe und Verehrung für Wagner gab den Feinden jedes wahren deutschen Mannes die Waffe in die Hand, mit der sie ihn ebenso bekämpfen wie Wagner.

»Ich verachte die Presse«, äußerte sich Wagner einstmals bei einer Probe in der Wiener Oper, und leider fehlt Bruckner der Muth, dasselbe zu thun und ordentlich dreinzuschlagen.

Mit welchem Jubel, mit welcher Freude die D-moll-Symphonie von den zahlreich erschienenen Freunden unverfälschter deutscher Kunst berufen wurde, mag dem Meister beweisen, daß das deutsche Volk – wir denken hier an die schöne Definition Wagner's – ihn stets auch nennt, wenn es die Namen Wagner und Liszt ausspricht. Bruckner ist ein echter Künstler, der die Herzen begeistert und erhebt. Doch wenn seine Musik uns entzückt und hinreißt, dann steht er vor uns – der schlichte Mann, und wir erinnern uns mit inniger Rührung daran, daß

[154] Termini, die für die Diktion der Neudeutschen um Richard Wagner stehen
[155] nach der üblichen Zählung die 3. Sinfonie
[156] die schon damals häufig erscheinende Bezeichnung für den österreichischen Raum
[157] Hans von Wolzogen (1848–1938), Verfasser von Erinnerungen an Richard Wagner und Briefpartner Bruckners, vor allem die 3. Sinfonie betreffend

die heiligsten Thränen seinen Augen entfließen, wenn er Richard Wagner's gedenkt.

Josef Stolzing.

Die *Presse* kommentiert diese Inbesitznahme des St. Florianer Komponisten durch deutsch-nationale Kräfte am Heiligabend 1890 treffend:

Bevor der Weihnachtsfriede sich auf die Claviere niedersenkte und eine wohlthätige Feierstille über alle Concertsäle breitete, entzündeten die Philharmoniker durch die Aufführung einer Bruckner-Symphonie noch einen hitzigen Kampf und brachten die musikalischen Gemüther in Wallung. Die Lärmscenen, welche die kläffende Beifalls-Meute im Stehparterre des Musikvereinssaales nach jedem Satze der Symphonie provocirte, spotten aller Beschreibung. Das ist wahrlich nicht die Art, einen Meister zu feiern. Wurden die Symphonien Bruckner's früher todtgeschwiegen, so werden sie jetzt todtgebrüllt. Der conservativen Kritik hat Anton Bruckner stets zum Hohn und Spott gedient. So gerieth er in die Hände politischer Parteigänger, welche auf allen Gebieten sich des »verlassenen Mannes« anzunehmen pflegen, um ihn schließlich gänzlich zu discreditiren. Dieses Schicksal droht dem verlassenen Symphonie-Mann, wenn die Aufführungen seiner Schöpfungen weiter unsere Concertsäle auf den wüsten Ton gewisser Wählerversammlungen stimmen werden.

Mit dieser Einleitung ist die Situation in Wien um 1890 genau beschrieben. Bruckner selbst hatte sich zwar vom bekannten, aber nicht etablierten Orgelkünstler, Improvisateur, Professor und Ehrenmitglied zum Heroen einer ihn vereinnahmenden Gesellschaft entwickelt, hatte Lob, Ruhm und Ehre, Geld und Verdienst, darüber hinaus Berühmtheit in der ganzen Welt erlangt und eine adäquate Presseberichterstattung erreicht, doch bis auf wenige Ausnahmen blieb, ohne daß er dafür verantwortlich zu machen gewesen wäre, die sachliche Auseinandersetzung mit seinem Werk auf der Strecke; eine Auseinandersetzung, die entweder ideologisch anders motivierten Richtungen diametral entgegenstand, der ästhetischen Theorie anderer widersprach oder von den gutgemeinten Verständnishilfen wortreicher Programme und Adaptionen im Sinne einer Annäherung an den Geschmack des Publikums geklärt werden sollte. Daß der Ton dieser Kontroverse aber in Wien nicht unüblich war, beweist ein kleiner Artikel im *Vaterland* vom 7. Oktober 1891 unter der Überschrift *Angriffe gegen die österreichische Kirchenmusik*:

Der bekannte Director der Kirchenmusikschule in Regensburg, Dr. Franz Xaver Haberl, bringt in der letzten Nummer der von ihm redigirten »Musica Sacra« einen Bericht über die jüngst abgehaltene Generalversammlung des Deutschen Cäcilienvereines Graz, welcher auch mit ziemlicher Ungenirtheit die subjectiven Eindrücke schildert, die sein Verfasser – dies ist eben Dr. Haberl – von den kirchenmusikalischen Zuständen in Oesterreich, speciell in Wien, erhalten hatte. Wir haben es stets für nothwendig erachtet, den gelehrten Kirchenmusiker Haberl von dem ewig gereizten und hitzigen Redacteur Haberl zu trennen und der Erstere mag es uns deshalb nicht verübeln, wenn wir seinem alter ego ein wenig näher treten, als er es vielleicht erwartet hat. Aber die Bemerkungen Haberl's über die hiesigen Kirchenmusikverhältnisse fordern geradezu eine Abwehr heraus. Haberl schreibt über eine kirchenmusikalische Aufführung in der Sanct Stephanskirche in Ausdrücken, welche wiederzugeben wir uns aus Anstandsrücksichten versagen müssen. Im Weiteren druckt Haberl die Mittheilung der Blätter über die kirchenmusikalischen Aufführungen in den Wiener Kirchen am 23. v. M. ab und begleitet dies mit den Worten: »Im Theater wird man sich solche Musik, theils wegen ihrer Minderwerthigkeit und technischen Mache, theils wegen der schlechten und mangelhaften Durchführung verbieten.« Nun weist das vorerwähnte Programm zufällig nebst manchem Schund auch Messen von Mozart, J. Haydn, Rheinberger und Schöpf, und Einlagen von M. Haydn, Sechter, Franz Schubert auf – diese wirft Herr Haberl ohneweiters mit dem wirklich »Minderwerthigen« in einen Topf und gelangt dergestalt zu dem lapidaren Satze: »Im Allgemeinen ist leider die Beobachtung zu machen, daß in rein technischer Beziehung, abgesehen von liturgischen und kirchlichen Bestimmungen, die Gartenconcerte der Militär-, Privat- und Damencapellen im Volksgarten, ja im k. k. Prater auf höherer Stufe sich befinden, als die katholischen Kirchenchöre Wiens, die k. k. Hofcapelle nicht ausgenommen.« Wir glauben der Nothwendigkeit enthoben zu sein, die – gelinde gesagt – Sonderbarkeit dieses Vergleiches eingehender zu würdigen und können uns wohl darauf be-

schränken, Herrn Haberl zu dem anderen Sterblichen bisher noch nie zutheilgewordenen Genusse eines Damencapellen-Concertes im – k. k. Volksgarten zu beglückwünschen. Wir wollen auch davon absehen, die wenig manierliche Schreibweise Haberl's, welche nie den Eindruck einer sachlichen Kritik, vielmehr jenen einer galligen Schimpfiade hervorbringt, zu beleuchten; der Ton der »Musica Sacra« war von jeher ein solcher, daß jede literarische Polemik mit diesem Blatte zu einer regelrechten Keilerei mit der Feder wurde, sobald irgendwo eine Stimme gegen das Blatt sich erhob. Aber rein sachlich möchten wir bemerken, daß noch nie die Nothwendigkeit einer Besserung unserer kirchenmusikalischen Verhältnisse von allen betheiligten Factoren so erkannt wurde, wie im gegenwärtigen Zeitpuncte, wo sogar die Regierung mit starker Hand eingreift, um die Reformarbeit zu fördern. Wenn aber Herr Haberl schon in der Aufführung Mozart'scher oder Haydn'scher Messen ein Verbrechen sieht, wenn er die Compositionen unseres hochgeschätzen Gottfried Preyer verwirft, weil sie in »Händel-Haydn'scher Manier« gearbeitet sind, wenn er Anton Bruckner's herrliches »Ave Maria« einen »kirchenmusikalischen Klecks« nennt, dann müssen wir uns wohl heute schon mit der Idee vertraut machen, daß Herr Haberl, wenn er das nächste Mal die Damencapelle im k. k. Volksgarten anzuhören kommt, von unseren Reformen noch immer nicht entzückt sein wird. Wir Oesterreicher werden uns nie und nimmer der kirchenmusialischen Werke unserer Tonheroen Haydn, Mozart und Beethoven entreißen lassen; wir werden nie auf einen Reformater hören, der Werke eines Lißt, Bruckner, Preyer und Anderer als unkirchlich ausmerzen will. Daß doch endlich dieser engherzige Standpunct aufgegeben würde, als ob die Musik in der katholischen Kirche heute dieselbe sein müsse, wie vor 300 Jahren! Die Fortentwicklung der Kunst ist doch nicht gleichbedeutend mit dem Begriffe »Entkirchlichung der Kunst!« – Wir wollen es bei dieser Abwehr vorläufig bewenden lassen.

Der Umstand aber, daß die »Musica Sacra« den jahrelang geführten Kampf gegen die Kirchenmusik Haydn's, Mozart's und Beethoven's noch immer nicht aufgibt, vielmehr auch die bedeutendsten österreichischen Kirchencomponisten der neueren Zeit – Lißt, Bruckner, Preyer, Habert – beständig verunglimpft, daß also sozusagen Alles Oesterreichische in der

Kirchenmusik bekämpft wird, scheint nun doch schon des Momentes der Zufälligkeit zu entbehren. Sapienti sat[158].

Austriacus.

Robert Hirschfeld schreibt in der *Presse* zum Heiligabend 1891:

Anton Bruckner ist Ehrendoktor der Wiener Universität geworden. Diese seltene Auszeichnung hat für Meister Bruckner ihren besonderen Wert. Das weise Urteil der akademischen Behörde hebt ihn über das Parteigetriebe, über den unruhigen Boden, wo die einzelnen an dem Ruhme des Mannes zerren. Die gewaltigen Schöpfungen Bruckners haben ihr Echo auch in den ernsten Räumen gefunden, wo ruhiges Abwägen und leidenschaftlose Erwägung das Entschließen bestimmt. So stark war dieses Echo, daß die Stimme des Protestes nicht heranzuschleichen wagte. Man kann, wie bisher vor der Aufführung Brucknerscher Compositionen den Konzertsaal verlassen oder solchen gefährlichen Konzerten ganz fernbleiben; wir können auch in Brucknerschen Symphonien Kleines bemäkeln, Großes tadeln – aber die hohe Bedeutung Bruckners, des Symphonikers und Kirchenmusikers hat durch den höchsten akademischen Ehrentitel Gewicht erhalten und wird nun nicht mehr wegzuleugenen oder abzuschwächen sein.

Bruckner bleibt mit der Wiener Fassung seiner c-Moll-Sinfonie in der einmal eingeschlagenen Richtung.

Max Kalbeck greift auf deren Aufführung hin in der *Wiener Montagsrevue* vom 21. Dezember 1891 in seiner Stellungnahme zum Programm, das außerdem Beethovens Ouvertüre *Zur Namensfeier* op. 115 und Spohrs Violinkonzert Nr. 8 a-Moll *in Form einer Gesangsszene* op. 47 enthielt, zum Hilfsmittel einer einer poetisierenden Interpretation gegriffen[159]:

Das dritte philharmonische Conzert setzte diesem »schwachen« Beethoven einen starken Bruckner gegenüber. Wie lehrreich, aber wie unvorsichtig!

In Anton Bruckner's erster Symphonie (C-Moll) ist Alles Inspiration und beinahe nichts Arbeit. Wie hübsch beginnt das Werk, und wie garstig endet es! Wir ehen einen frommen

[158] »Dem Weisen möge es genügen.«

[159] *Neue Freie Presse* vom 23. Dezember 1890

Einsiedel in seiner stillen, beschaulichen Zelle sitzen, Dürer's heiligen Hieronymus im Gehäuse. Die Sonne durchleuchtet das getäfelte Gemach und wird den Widerschein der in Blei gefaßten Butzenscheiben an die Wand. Der fromme Mann schreibt gerade an einem gelehrten Werke, vielleicht an der Verteidigung des Zölibats, und das Kritzeln seiner Feder vermischt sich mit dem Schnarchen des Hündleins und dem Schnurren des schläfrig blinzelnden Löwen zu einer angenehmen Musik, welche den Tractat des Heiligen jedenfalls besser fördert, als ein nachbarliches Clavierspiel. Doch, was ist das? Wie mit einem Zauberschlage verändert sich die ganze Situation! Wahrscheinlich hat der Teufel den unbewachten Augenblick benutzt, um durch das Schlüsselloch hereinzufahren und eine gräuliche Verwüstung in dem wohlgeordneten Zimmer anzurichten. Denn das Hündlein fährt aus dem Schlafe empor und holt den ernsten Todtenschädel vom Fensterbrett herunter; der Löwe, den ebenfalls ein katzenhaftes Gelüst anwandelt, mit dem runden Hirnbein Ball zu spielen, macht seinem Schlafkameraden das Spielzeug streitig. Der Schädel ist unter den Tisch St. Hieronymo zwischen die Füsse gerollt, die beiden Bestien rennen bellend und heulend hinterdrein. Schreibpult, Tisch und Lade mit Cruzifix, Tintenfaß und Manuscript werden umgestürzt. Vergebens wirft der entrüstete Einsiedel mit seinen Holzpantinen nach den beiden Vierfüßlern. Sie lassen zwar ihre Beute los, wenden sich aber mit vereinten Kräften gegen den Friedensstifter. Der Hund verbeißt sich aus Unverstand in die große Zehe des Gerechten, der Löwe versetzt ihm einen wohlwollenden Tatzenschlag ins Genick, und Satan triumphirt. Ein wüster Trümmerhaufe, welcher die Gegenstände des friedsamen Gehäuses kaum mehr erkennen läßt, bleibt zum Andenken an die Wohnstätte menschlicher Cultur zurück ... Hector Berlioz, der auf Bruckner's erste Symphonie ebenso unverkennbaren Einfluß ausgeübt hat, wie Richard Wagner auf die späteren Werke des Componisten, würde sich an ein solches Programm gewiß nicht stoßen. Vielleicht acceptirt es auch Anton Bruckner. Nur einen Satz der Symphonie wollen wir von diesem Durcheinander von genialen und barocken Einfällen ausnehmen: das künstlerisch gebändigte, übermüthig wilde Scherzo (G-moll). Mit dem ihm ironisch angehängten Menuettzopf sieht es aus wie ein Balletmeister, der unversehens in einen Rüpeltanz heineingerathen ist. Das kleine Stück bewahrt trotz seiner derb-vlämischen Genremalerei, die an einen echten Bauern-Breughel erinnert, vornehme Haltung.

Die zweite Fassung der 8. Sinfonie, wieder knapp vor Weihnachten, am 18. 12. 1892, durch Hans Richter präsentiert – Johannes Brahms saß in der Direktionsloge –, zeigte deutlich auf, daß selbst die alten Gegner mit Ausnahme des aufrechten Hanslick, der seine ästhetische Anschauung natürlich nicht verraten konnte, längst in das gegnerische Lager übergewechselt waren. Hier wird, gerade am Beispiel Richard Heubergers und Max Kalbecks deutlich, wie sehr Öffentlichkeit einerseits, Prominenz und etablierte Kräfte andererseits das Musikverständnis selbst hochqualifizierter Fachleute zu verändern imstande sind. Die Kritiken der Sinfonie, nebeneinander gestellt, erweisen erst, als wie abhängig sich jene Musikfachleute entpuppten, die vormals ihre Parteilichkeit hintangestellt haben wollten und doch nur das Resümee aus diesen Rezensionen von ihr steuerten. Hanslicks persönliche Haltung kann als Sturheit aufgefaßt werden. Es scheint aber bei genauer Durchsicht seiner Wortwahl, daß in ihm trotz einer bestimmten Geneigtheit gegenüber der Person Anton Bruckners dessen sinfonisches Konzept nicht den eigenen Vorstellungen adäquat schien und er deswegen in der Redlichkeit gegenüber seiner Anschauung gar nicht anders konnte, als immer wieder jene Punkte hervorzukehren, die für ihn nicht akzeptabel waren. Alle Hanslick-Kritiken Bruckners zusammen sind von einer Konsequenz, die ihm jene Achtung zufließen lassen müßte, die ihm bis dahin von der Bruckner-Gemeinde versagt blieb. Er war – so ist vom Anfang an seit der Linzer Zeit festzuhalten – niemals ein Opportunist, was Bruckner betraf. Hanslick analysierte genau und erfaßte die äußeren Züge der grundsätzlichen Problematik exakt. Was er nicht verstand, auch nicht verstehen konnte, war die andersartige Ideologie, die sich von seinem klassischen Vorbild so weit unterschied, daß er sie für die Zerstörung dieses Vorbildes verantwortlich machen wollte. Es ist bemerkenswert, daß der gemeinsame Lebensweg Hanslicks und Bruckners Parallelen aufweist, die beide als legitime Vertreter ihres Faches kennzeichnen, und es ist bemerkenswert, daß die vorzüglichsten Vertreter zweier verschiedener Richtungen im Wiener Raum aufeinanderprallen mußten und diese Auseinandersetzung bis auf wenige Ausnahmen nicht unfair verlief. In Hanslicks formalistischem Denken konnte Bruckner nur jenen Rang einnehmen, der auf einer Linie mit den historischen und wertmäßig erkannten Errungenschaften der Zeit lag. Hanslick hielt die alten Gesetze der Universität gegen Bruckner beharrlich hoch, wie er auch ein klassisch ausgerichtetes Formenideal hochhielt. Bruckner hingegen konnte nicht anders, als immer wieder zu versuchen, diesen Hanslickschen Positionen mit Hilfe von Tricks, Fiktionen, Hartnäckigkeit, aber ebenso mit den Mitteln der Angst, des Verzagens, der Resignation gegenüberzutreten.

Richard Heuberger, der Bruckner schon seit den siebziger Jahren als Chormeister des Akademischen Gesangvereines kannte und im Namen des Komitees der für 1892 geplanten Musik- und Theaterausstellung an den Komponisten mit der Anfrage einer Vertonung des 150. Psalmes herangetreten war, schrieb am 19. Dezember 1892 im *Wiener Tagblatt*:

> *In allem Wesentlichen unterscheidet sich die gestern gehörte achte Symphonie Bruckner's nicht von ihren Vorgängerinnen, wohl aber sticht sie durch spärlichere Erfindung unvortheilhaft von den anderen ab. Den in der 1., 3., 4. oder 7. Symphonie oft so hoch aufspringenden Quell üppigster Melodik sehen wir hier nicht mit derselben Frische sprudeln. Es mag sein, daß die zuweilen, namentlich im ersten Satze, fast ans Rhetorische streifende Ausdrucksweise das mit sich brachte. Am reichsten ist in diesem Punkte noch das Adagio bedacht, ein Satz, der trotz enormer Ausdehnung (er dauert 26 Minuten) ununterbrochen fesselt, herrliche Züge tiefsten Ernstes enthält und – von manchen steifen und eigensinnigen, mehr mechanischen als organischen Stücken abgesehen – zu dem Schönsten gehört, was Bruckner je geschrieben. Der erste Satz, mit einer trotzigen Baßfigur anhebend, im weiteren Verlaufe zum größten Teile von schwermüthigem, schmerzdurchzucktem Wesen erfüllt und in einer genialen, eminent neuen, ergreifenden Weise schließend, hat auch genug an packenden Momenten, um (immer mit demselben Vorbehalt sagen wir es) ganz außerordentlich zu interessiren.*
>
> *Das Scherzo und das offenbar gar nicht dazugehörige Trio sind nach unserer Meinung bereits viel bedenklicher und der letzte Satz dürfte in seiner unverfrorenen Zusammenhanglosigkeit und unsäglichen Einfallsdürftigkeit wohl sogar im Bruckner'schen Lager wenige Vertheidiger finden.*
>
> *Die Instrumentation der Symphonie dagegen ist unbedenklich als ein Sieg virtuoser Orchestrationstechnik zu bezeichnen;*

eine unglaubliche Klangfülle und Farbenpracht ist über das Ganze ausgegossen und blendet auch oft dort, wo die Konzeption nicht Stich hält.

Den Stempel des Ungewöhnlichen, des Ungeheuerlichen mehr als des Ungeheuren, trägt also auch wieder diese neueste Symphonie des berühmtem Komponisten und der großartige, allgemeine, nicht Partei-Erfolg, den dieselbe errang, wird mit dazu beitragen, daß sie nun auch außerhalb Wiens bald bekannt werden wird. Ob ihr wohl irgendwo eine so beispiellos schöne Aufführung beschieden sein wird?! Wir müssen es bezweifeln. Das philharmonische Orchester hat mit der Wiedergabe der enorm schwierigen Bruckner'schen Symphonie seine bisherigen Ruhmesthaten wo möglich noch übertroffen, Hans Richter sich als Dirigent wieder in seiner ganzen Größe gezeigt. [. . .]

Am Schlusse dieser [. . .] *Erörterung bemerken wir, daß wir über Bruckner's Schaffensweise eigentlich nichts Neues gesagt und uns vielleicht gerade in derselben Weise repetirt haben, die wir dem ehrwürdigen Meister zum Vorwurfe machten. Mag sein! Aber immer wieder stehen wir vor seiner Erscheinung wie Thomas vor dem Herrn und sehen die Todeswunde am Leibe seiner Werke... So oft wir aber auch den Finger in dieselbe gelegt: gläubig sind wir nicht geworden.*

Max Kalbeck zog in der *Montags-Revue* vom 19. Dezember ein Fazit:

Das gestrige (vierte) Philharmonische Conzert war ein in jeder Beziehung ungewöhnliches. Als kürzestes aller derartigen Conzerte brachte es die längste aller Symphonien und weiter nichts. Auf dem Programme prangte nur eine Nummer: Anton Bruckner's achte Symphonie in C-moll. Dabei stand, was sonst auch nicht Gebrauch ist, die Widmung zu lesen: „Sr. k. und k. Apost. Majestät Kaiser Franz Josef I." Da das Werk eine Novität war, so fand die erste Aufführung desselben also sub auspiciis imperatoris statt und dem Publikum wurde es demgemäß nahegelegt, von dem Rechte seiner freien Meinungsäußerung den für den Componisten allein wünschenswerthen Gebrauch zu machen. Diese kluge Vorsichtsmaßregel stand nicht in Einklange mit der herausfordernden Kühnheit der Direction, welche den Abonnenten zumuthete, sich eines noch unerprobten Werkes wegen, in ihren Freiheiten und Privilegien verkürzen zu lassen. Selbst bei einem so hoch über jedem Zweifel erhabenen Kunstwerke, wie Beethoven's Neunter Symphonie, deren Aufführung für alle Welt ein musikalisches Fest bedeutet, verräth keine Devotionszeile dem in Ehrfurcht vor dem Genius Beethoven's erschauernden Zuhörer, daß das unsterbliche Musikwerk dem König Friedrich Wilhelm III. von Preußen zugeeignet ist. Zum Glück erwies sich die Cautel als überflüssig und selbst die auf das Schlimmste gefaßten Besucher des Konzertes waren damit einverstanden, daß sie eine halbe Stunde früher als gewöhnlich nachhause geschickt wurden. Denn die neue Bruckner'sche Symphonie hat, wenn auch nicht in allen ihren einzelnen Theilen, so doch im Ganzen einen überraschend günstigen Eindruck hervorgebracht und sich der eigenthümlichen Auszeichnung, die ihr widerfuhr, keineswegs unwürdig gezeigt.

Unter den bisher an die Oeffentlichkeit gelangten Werken des Componisten nimmt sie ohne Zweifel die erste Stelle ein; sie übertrifft die früheren Arbeiten Bruckner's durch Klarheit der Disposition, Übersichtlichkeit der Gruppirung, Prägnanz des Ausdruckes, Feinheit der Details und Logik der Gedanken, womit indessen keineswegs gesagt sein soll, daß wir sie als ein nachahmenswertes Musterexemplar ihrer Gattung ansehen und empfehlen möchten. Im Gegentheil wünschen wir an mehr als einer Stelle des Werkes uns einen erfahrenen und kaltblütigen Praktikus herbei, damit er mit der Scheere des Redacteurs und dem Rothstift des Censors bewaffnet, den ausschweifenden Launen des Componisten Halt gebiete, und sein übermächtiges Wollen auf das vernünftige Maaß eines bescheidenen Könnens zurückführe. Mancher abenteuerliche Seitensprung, mancher barocke Einfall, manche nichtssagende Phrase, manche zur fixen Idee ausartende Schrulle, müßte dem Ganzen zu Liebe geopfert werden. Wozu diese ewigen Wiederholungen subalterner Tonfiguren, dieses manierirte plötzliche Abreißen des thematischen Fadens, diese jäh wechselnden Orkanausbrüche und Windstillen, diese vielen rein äußerlichen harmonischen und dynamischen Steigerungen, diese auf allen Culminationspunkten der Durchführung losschmetternden Fanfaren und Orchestertusche? Ein Drittel der umfangreichen Partitur wäre über Bord zu werfen, um den stattlichen Segler für seine Reise um die musikalische Welt flott zu machen. Und mit einer solchen, schon aus praktischen Gründen gebotenen

Reduction hätten die berathenden Freunde des Componisten sich wahrhaft größere Verdienste um ihn und sein Werk erworben, als mit dem mystischen Halbunsinn einer der Symphonie nachträglich angehängten verdunkelnden Erläuterung, aus welcher sehr zur Unzeit der Schalk hervorblickt.

[...] *Ob sich Bruckner bei dem Scherzo des deutschen Michel oder überhaupt etwas gedacht hat, ist uns sehr gleichgiltig. Sein Scherzo braucht keinen besonderen Helden, seine Symphonie kein Programm, um genau so zu wirken, wie es in den musikalischen Intentionen des Componisten lag. Wir nehmen Bruckner gegen seine Freunde und gegen sich selbst in Schutz. Der Zuhörer, dessen Theilnahme von Anfang an gewonnen ist, folgt ihm von dem bedeutenden Allegro durch das orginelle Scherzo und gesangreiche Adagio über alle Lücken und Unebenheiten des Werkes hinweg mit reger Aufmerksamkeit und stets wachsendem Interesse, und wenn ihm während der endlosen, Episode an Episode anstückelnden Flickarbeit des von tausend deutschen Micheln besessenen Finalsatzes die Geduld ausgeht, so kann weder der programmatische „im Dienste des Göttlichen wirkende Heroismus", noch die contrapunktische Vereinigung sämmtlicher Hauptthemen daran etwas zu seinen Gunsten ändern.*

Das Finale ist den Unterirdischen verfallen; die anderen Sätze würden wir gern wieder hören und wäre es auch nur, um uns an dem prachtvollen Orchesterklange der Symphonie zu weiden, die den Componisten als bewunderungswürdigen Meister der Instrumentation zeigt. Mit der glänzenden Aufführung des schwierigen, doppelt und dreifach besetzen Werkes haben Hans Richter und das Hofopernorchester gerechte Ansprüche auf einen der vielen Lorbeerkränze erworben, die der mit Beifall überschüttete Componist nach jedem Satze der Symphonie empfing.

Trotz der gründlichen Beschäftigung mit seinem Werk mußte der Komponist auch seinem hochverehrten »Leibkritiker« Dr. Theodor Helm eine Korrektur übermitteln. Im Nachsatz zum Brief vom 3. Januar 1893 heißt es[160]: *NB. H. Doktor! Im Finale bei Zz sind alle vier Temen vereinigt. Entschuldigen sehr, daß ich mir erlaube,*

[160] Bruckner: *Briefe*, S. 267

aufmerksam zu machen. Ihre Documente, so herrlich genial unvergeßlich werde ich mir lebenslang teuer aufbewahren.

Die Briefe und Tagebucheintragungen nach der Aufführung der zweiten Fassung der 8. Sinfonie zeugen allerdings auch wieder von der uns schon zur Genüge bekannten Verlassenheit Bruckners, die typischerweise immer dann auftritt, wenn ein Arbeitsabschnitt zu Ende geht bzw. der Wechsel auf eine andere Arbeitsebene erfolgt. Diesmal, an der Wende 1892/93, ist der Grund dafür eine Krankheit. Seit der letzten Revisionsphase klagt Bruckner über verschiedene Symptome, deren Folgen ihn letztlich dem körperlichen Verfall ausliefern. Es beginnt mit Fußschmerzen und endet mit einem Herzleiden. Der Komponist, zeit seines Lebens Kommunikation außerhalb seiner vier Wände suchend, ist nun oft alleingelassen, verständlicherweise auch deswegen, weil niemand seine Wohnung, die deutlich die Eigentümlichkeiten des Junggesellen widerspiegelt, als Treffpunkt für Geselligkeit, Gemütlichkeit und ähnliche kommunikationsfördernde Faktoren betrachtet.

Durch die Krankheit wird es Bruckner unmöglich, seine geliebten Gaststätten aufzusuchen oder an den diversen Versammlungen im Wagner-Verein, dem Akademischen Gesangverein etc. teilzunehmen. Das Verbot des Biergenusses durch den Leibarzt Prof. Schrötter wird ausdrücklich in einem Schreiben an den alten Lehrer Otto Kitzler in Brünn beklagt.

Das ärztliche Zeugnis, geschrieben von Dr. Guido von Török und unterzeichnet von Privatdozent Dr. Friedrich Kraus sowie Prof. Dr. Otto Kahler als Konsiliarius, belegt die unheilbare Erkrankung[161].

Ärztliches Zeugnis.

Herr Professor Dr. Anton Bruckner, k.k. Hof-Organist, Ehren Doctor der philosophischen Fakultät an der k.k. Universität in Wien, I Heßgaße 7 wohnhaft, 68 Jahre alt, wurde von den Gefertigten schon seit längerer Zeit (Sommer 1890), zuletzt seit 3. Mai 1892 ärztlich behandelt.
Herr Dr Anton Bruckner leidet:
1) An allgemeiner Sclerose der Pulsadern (Endarteriitis chronica deformans) mit den-entsprechenden Folgezuständen des Herzmuskels und Klappenapparates. Die dadurch bedingte Schwäche des Herzens verursacht beim Herumgehen regelmä-

[161] zitiert nach Antonicek: *Bruckner und die Hofmusikkapelle*, S. 118

ßig Anschwellung (Oedem) der unteren Extremitäten, an welchen auch Venen-Ausdehnungen (Krampfadern-Varius) wahrgenommen werden können.
2) An Atrophie der Leber (Cirrhosis hepatis) mit mehrfachen Verdauungs-Beschwerden
3) An Zucker-Harnruhr (Diabetes mellitus). Im Harne findet man Zucker bis zu 5%. Der Ernährungszustand sowie die Kräfte des Kranken sind in Folge dieses Leidens in letzter Zeit bedeutend herabgegangen.

Alle drei genannten Leiden sind unheilbar und machen die allergrößte Schonung des Herrn Prof. Dr A. Bruckner ganz unbedingt nothwendig, da andernfalls eine sicher zu erwartende plötzliche Verschlimmerung des Zustandes das Leben des Kranken in der bedenklichsten Weise bedrohen kann. Aus den hervorgehobenen Gründen ist Herr k.k. Hof Organist Dr Anton Bruckner zu jeder, wie immer gearteten Dienstleistung dauernd unfähig, und macht außerdem die in den letzten Monaten bemerkbare Verschlimmerung des Leidens eine besonders sorgfältige Pflege des Kranken bei fortgesetzter ärztlicher Behandlung unerläßlich.

Wien am 11. Juli 1892

Operateur Dr Guido von Török
als behandelnder Arzt
(Wien I Rathausstrasse 19)

Privatdozent Dr. F[riedrich] *Kraus.*
als behandelnder Arzt.

Prof. Dr. Otto Kahler
als Consiliarius.

Die Hofkapelle reagiert auf Bruckners Gesuch[162], das er nach dem 11. Juli 1892 stellte, positiv, und am 24. Oktober 1892 genehmigt Seine k. u. k. Apost. Majestät Oberhofmeister Constantin Prinz zu Hohenlohe-Schillingsfürst die Enthebung vom Dienste als Organist. Damit war Bruckner bis auf die Vorlesungen an der Universität, die er erst 1894 einstellen sollte, einerseits frei von Berufspflichten, die er selbst jahrzehntelang angestrebt hatte, andererseits aber auch finanziell schlechter gestellt, als dies während seiner

[162] siehe den Wortlaut des Gesuchs auf S. 296

Dienstverwendung der Fall war. Aber es gab Konsortien, die sich bemühten, für die finanziellen Verluste einen adäquaten Ersatz zu stellen, wodurch an Rentenquellen außerhalb der Pensionsgelder mindestens 1000 Gulden zusammenkamen und mit dafür sorgten, daß Bruckner sicherlich auch in seinen letzten Jahren keine materielle Not leiden mußte. Die Zeit der 9. Sinfonie, zumindest in ihrer hauptsächlichen Ausführung, ist die künstlerische Begleitung des Rückzugs Bruckners aus den öffentlichen Ämtern, des Genießens eines wohlverdienten Ruhestandes, damit aber auch einer Form von Resignation, mit der sein körperlicher Verfall einherging.

1892–1896

Finale – die neunte Sinfonie – und immer noch Liebe – das Testament – der Tod als Beginn einer Wirkungsgeschichte

Nach der Umarbeitung der 1. Sinfonie, von der die letzte Revisionsphase abgeschlossen wurde, reihten sich mit einer Durchsicht der 2. noch die Vertonung des 150. Psalms und 1893 die Komposition des Chorwerkes *Helgoland* an.

Waren der Anfang des ersten Satzes und die Grundkonzeption des Scherzos zu Beginn der neunziger Jahre bereits vorhanden und setzte nach der Vollendung der Wiener Fassung von Bruckners 1. Sinfonie wohl auch eine intensive Arbeit an der 9. Sinfonie ein, so dürfte er ohne Unterbrechung erst nach Vollendung von *Helgoland* zur Komposition der neuen Sinfonie gekommen sein. Die Daten im Autograph der Österreichischen Nationalbibliothek sprechen eine deutliche Sprache. Am Anfang des ersten Satzes: *Ende April 891*, an seinem Ende: *14. 10. 92* und *23. 12. 93*, am Ende des Scherzos: *27. 2. 893* und *15. 2. 94, Dr. A. Br.*; am Ende des *Adagios* und damit der gesamten Partitur: *31. Okt. 894* und *30. Nov. 894, Wien, Dr. A. Bruckner.*

Das Finale der 9. Sinfonie, das nicht weit über die Skizze hinauskam, hat keine Anfangsdatierung. Eine Notiz im Kalender vom 24. Mai 1894 lautet *erstes Mal Finale, neue Scitze*, dann sind die Daten *19. Mai*, *14. Juni*, *11. August* und *Donnerstag 21.*, *Freitag 23.*, *Samstag* (wahrscheinlich Mai) sowie *Nacht von Donnerstag auf Freitag* im Jahre 1896 eingetragen. Wie bekannt ist, starb Bruckner über der Arbeit an diesem Finale.

In einem Schreiben aus Steyr vom 5. September 1893[163] bot Bruckner dem Schriftsteller Bollé-Hellmund (Pseudonym für die Schriftstellerin Gertrud Bollé) die Komposition einer Oper an und nennt das sich selbst gesteckte Ziel:

> *Dann gedenke ich meine neunte Symphonie ganz fertig auszucomponiren, wozu ich fürchte 2 Jahre zu brauchen. Lebe ich dann noch und fühlte die nöthige Kraft, dann will ich herzlich gerne an ein dramatisches Werk gehen. Wünschte mir dann eins à la Lohengrin, rom. religiös-misteriös und besonders frei von allem Unreinen!*

Helgoland, am 8. Oktober 1893 durch den Wiener Männergesangverein unter Leitung Eduard Kremers in der Winterreitschule der k. k. Hofburg uraufgeführt, erwies sich – fast selbstverständlich – als voller Erfolg. Im November desselben Jahres, als Bruckner wieder schwere Anfälle von Atemnot erlitt, machte er sein Testament[164], erholte sich aber so weit, daß er zu Weihnachten nach Klosterneuburg reiste und kurz darauf, am 3. Januar, nach Berlin zur geplanten Aufführung der 7. Sinfonie, des *Te Deum* sowie des Streichquintetts reisen konnte. Wie gewohnt, verliebte er sich auch auf dieser Reise und feierte Verlobung mit Ida Buhz, einem Stubenmädchen, das er 1891 bereits in Berlin anläßlich der Aufführung seines *Te Deum* unter Siegfried Ochs[165] kennengelernt hatte. Wahrscheinlich hatte er damals schon um ihre Hand angehalten, zumindest blieb er bis zu diesem zweiten Besuch in ständigem Briefwechsel mit ihr. Merkwürdigerweise sind die Briefe Bruckners an das Mädchen nicht erhalten, hingegen die zehn Briefe des Mädchens, die es als fürsorgliches, herzlich zugetanes,

[163] Bruckner: *Briefe*, S. 276; siehe den vollständigen Brief auf S. 298

[164] den Wortlaut des Testaments siehe S. 300f.

[165] Siegfried Ochs (1858–1929), deutscher Dirigent und Komponist. Gründete 1882 in Berlin den Chor der Musikhochschule, der sich seit 1887 Philharmonischer Chor nennt. Da Ochs als einer der profiliertesten Chorleiter seiner Zeit galt, erhielt er als einer der ersten die gedruckte Fassung von Bruckners d-Moll-Messe.

wenn auch naives Geschöpf ausweisen. Da einer Verbindung die verschiedenen Konfessionen der beiden entgegenstanden, dürfte zumindest ein äußerlicher Grund gegen eine Heirat gegeben sein. Bruckner verliebte sich allerdings auf der Reise nach Berlin 1894 in ein anderes Mädchen, dem er von Wien aus seine Fotografie übermittelte. Der, wie sich herausstellen sollte, letzte Aufenthalt in St. Florian war für Ostern 1894 vorgesehen. Am 25. März spielte er sogar einmal noch die Orgel, die Schlußimprovisation, deren Thema er aufzeichnete, beweist seine Vorliebe, in Zeiten originären Schaffens über arbeitsverwandte Themen zu improvisieren.

Die erste Aufführung der 5. Sinfonie mit Orchester, die Franz Schalk in Graz am 9. April 1894 vornehmen sollte, mußte ohne den Komponisten stattfinden, weil er sich die Reise nicht zumuten konnte. Die Aufführung war ein voller Erfolg.

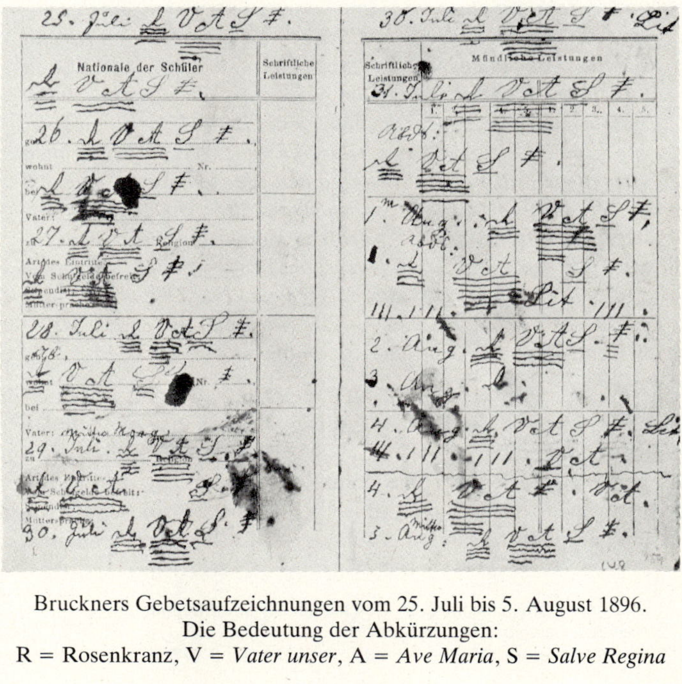

Bruckners Gebetsaufzeichnungen vom 25. Juli bis 5. August 1896.
Die Bedeutung der Abkürzungen:
R = Rosenkranz, V = *Vater unser*, A = *Ave Maria*, S = *Salve Regina*

Ein einschneidendes Erlebnis in dieser Phase langsamen Verlöschens des sich allmählich zurückziehenden Komponisten ist der 70. Geburtstag am 24. September 1894. Wie sehr das gesamte Wien vom Zustand des Komponisten, dem äußeren und wohl auch dem inneren, wußte, geht unter anderem daraus hervor, daß sich viele Glückwunschadressen bereits als Nachrufe verstehen lassen. Linz hatte ihn vorsorglich schon zum Ehrenbürger ernannt, und in Steyr, wohin Bruckner sich vermutlich auch aus Angst vor Überanstrengung hatte bringen lassen, wird er vom Schubert-Bund in Wien und der Liedertafel in Steyr zum Ehrenmitglied ernannt. Ein Glückwunschschreiben trägt auch die Unterschrift mancher Gegner. Es heißt im Schriftstück des Wiener Tonkünstlervereins[166]:

> *Sie blicken auf ein langes Leben zurück und dürfen mit Befriedigung der Anerkennung und der Ehren gedenken, die Ihnen für ein ernstes und hohes Streben geworden sind; Sie werden sich mit Freuden erinnern, wie laute Zustimmung Paul Heyse fand, als er mit begeisterten Worten Ihnen seine Bewunderung und Verehrung aussprach; am wertesten aber wird Ihnen sein, sich von der Jugend, namentlich von der studierenden Jugend Wiens so allgemein und so ungemein hoch verehrt zu wissen und diese Verehrung durch den Akademischen Senat bekräftigt zu sehen. Uns steht nicht die Feder eines Paul Heyse zu Gebote, wir können Sie nur bitten, unseren herzlichsten kollegialen Gruß genehmigen zu wollen und den Wunsch, Sie mögen sich noch lange ungetrübter Lebenslust und ungeschwächter Schaffenskraft erfreuen. Mit der größten Verehrung und Hochachtung der Ausschuß des Wiener Tonkünstlervereins: Johannes Brahms. Anton Door. Eduard Kremser. Jul. Zellner. Richard Heuberger. Ignaz Brüll. Dr. Karl Nawratil. E. Jenner. Hugo Konrat. Albert J. Gutmann. E. Mandyczewski.*

Die Wiener Presse reagiert mit Leitartikeln. Kennzeichnend für die Stimmung ist der Bericht Ludwig Speidels im *Fremdenblatt*[167] vom 4. September. Wie sehr aber Bruckner inzwischen zur Legende geworden war, die seine Freunde und auch ein wenig er selbst mitgeformt hatte, ist im selben Blatt nachzulesen[168], worin Bruckner als *Wiener Figur* geschildert wird. Hier vermengen sich,

[166] zitiert nach Originalmanuskript Gesellschaft der Musikfreunde
[167] *Fremdenblatt* vom 4. September 1894
[168] abgedruckt im Anschluß an den Artikel Speidels auf S. 217ff.

symbolisch für den Geist der Rezeption, sachliche Einschätzung und geliebtes Erscheinungsbild, nüchterne realistische Beschreibung und fabelartiges Konstrukt in einer Publikation derart treffend, daß keine noch so exakte Beschreibung der Zustände das geteilte Rezeptionsbild besser dokumentieren könnte:

Aus bescheidenen Anfängen hat es Anton Bruckner auf eine Höhe gebracht, wo er allgemein als einer der ersten Komponisten unserer Zeit angesprochen, ja von Vielen als die größte musikalische Begabung der Gegenwart gepriesen wird. Wir wissen nicht, in welchem Neste Oberösterreichs Bruckner geboren ist. Als das neugeborene Knäblein 1824 die Welt beschrie, saß Beethoven sinnend über seinen letzten tiefsinnigen Tonwerken; Franz Schubert, dem kaum mehr vier Jahre Lebenszeit gegönnt waren, schuf, wie von der Vorahnung eines frühen Todes getrieben, Werk auf Werk; Richard Wagner aber, der dritte Mann neben jenen Beiden, der den wesentlichsten Einfluß auf Bruckner geübt, lag, musikalisch genommen, noch in den Windeln. Von Bruckner's Knabenjahren und wie das musikalische Talent in ihm erwacht ist, haben wir nichts erfahren können; nur das wissen wir, daß ihm das Leben nicht leicht gemacht worden. Er hat das harte Brod des Schullehrers gegessen. Er versah Jahre hindurch das Amt eines Schulgehilfen auf dem Lande mit einem monatlichen Gehalt von zwei Gulden, so daß er, um nicht zu verhungern, gezwungen war, auf Bauernhochzeiten und Kirchtagen um einen Zwanziger die ganze Nacht zum Tanz aufzuspielen. Wie die Musik seine Brodgeberin war, so war sie es auch, die ihm ideale Flügel wachsen ließ und ihn über die Armseligkeiten eines kümmerlichen Lebens hinweghob. Bruckner ist an der Orgel herangewachsen, einem musikalischen Instrumente, das eigentlich nur das ganz Große auszusprechen berufen ist. Man könnte sagen, seine musikalische Gesinnung, die Kleines und Kleinliches verschmäht, habe sich an diesem würdigen Instrumente entwickelt. Mit Eifer und Energie, oder sagen wir lieber, mit der Liebe des entschiedenen Talentes, warf er sich auf das Orgelspiel, wo denn bald die Fertigkeit der Hände und der Füße – denn die Orgel nimmt den ganzen Menschen in Anspruch – der Beweglichkeit seiner Phantasie entsprach, so daß er im freien Vortrag eine Meisterschaft gewann, deren Ruf bis nach England sich verbreitete. Die Orgel erlöste ihn auch aus der

Dienstbarkeit der Schule. Er wurde als Domorganist nach Linz berufen. In dieser Stellung konnte er aufathmen, weil er, in allerdings bescheidener Weise, seine Zukunft gesichert fand.

Schon zu männlichen Jahren vorgeschritten, fühlte Bruckner, der sich in der Musik bisher naturalistisch fortgeholfen, das Bedürfniß, sich in die Theorie seiner Kunst systematisch einführen zu lassen. Das war im Jahre 1855. Sein Lehrer war Simon Sechter in Wien, der berühmte Theoretiker, der so korrekt und erfindungsarm komponirte. Vier Jahre hindurch, immer zu Ostern und Weihnachten, wo ihm kurze Ferien gewährt wurden, konnte man den Linzer Domorganisten in Wien sehen, wie er zwischen seiner Wohnung und der Wohnung Sechter's hin- und herging, unendliches Notenpapier unter der Achsel, weder rechts noch links schauend. Das waren für Bruckner Zeiten der angestrengtesten Arbeit, wahrhaft musikalischer Robott. Er empfing von Sechter die Lehre und das Beispiel, und das Beispiel arbeitete Bruckner durch alle Formen und alle Tonarten gründlich durch, ganze Tage, halbe Nächte. Er arbeitete wie ein folgsamer Schüler, ohne eigene Einfälle, ohne Umgehung der Regeln. Er war ein Pedant, wie sein Lehrer ein Pedant war. Als Bruckner diesen strengen Kursus durchgemacht hatte, als er sich im Besitze der Grammatik der musikalischen Sprache fühlte, wendete er sich an das Wiener Konservatorium mit der Bitte, eine Maturitätsprüfung im Kontrapunkt ablegen zu dürfen. In der Biographie seines Vaters theilt Ludwig Herbeck die näheren Umstände dieser Prüfung mit. Die Prüfungskommission bestand aus seinem Lehrer Sechter, aus Hellmesberger, Otto Dessoff und Johann Herbeck. Man kam sofort davon ab, an Bruckner theoretische Fragen zu stellen; als Künstler sollte er beweisen, was er konnte. Sich für Klavier oder Orgel zu entscheiden, stellte man dem Kandidaten frei. Bruckner entschied sich für sein Lieblingsinstrument, die Orgel. Man traf sich in der Piaristenkirche in der Josefstadt, wo eine gute Orgel steht. Sechter wurde aufgefordert, ein Fugenthema niederzuschreiben. Es waren vier Takte. Darauf ersuchte Herbeck seinen Kollegen Dessoff, das Thema zu verlängern; auf die Weigerung Dessoff's nahm Herbeck die Verlängerung auf acht Takte selbst vor. »Sie

Photographie von 1894

Grausamer!« rief ihm Dessoff zu. Bruckner besah sich den Schaden, zögerte eine Weile, fing aber dann zu präludiren an und ließ eine so genial durchgeführte Fuge folgen, daß die Herren der Prüfungskommission erstaunt und entzückt waren. »Er hätte uns prüfen sollen«, hörten wir Herbeck sagen. Herbeck ließ nun den begabten Landsmann nicht mehr aus den Augen. Seinen Bemühungen ist es zu danken, daß Bruckner für das Wiener Konservatorium und für die Wiener Hofkapelle gewonnen wurde. Anton Bruckner, der ein Träumer, ein Phantast und dann wieder der weltklugste Mensch sein kann, machte seinem Freunde Herbeck viel zu schaffen, bevor er endlich in Wien eintraf. »Meine Landsleute stoßen mich zurück, ich will aus der Welt hinaus«, schrieb er ihm; nein, schrieb ihm Herbeck zurück, Sie müssen nicht aus der Welt hinaus, »Sie müssen erst in die Welt hinein!« So lange Herbeck lebte, hat Bruckner einen starken Rückhalt an ihm gehabt, Herbeck hielt die größten Stücke auf Bruckner's Kompositionstalent. Nach einer Probe von Bruckner's C-moll-Symphonie sagte er zu dem Komponisten: »Noch habe ich Ihnen keine Komplimente gemacht, aber ich sage Ihnen, wenn Brahms im Stande wäre, eine solche Symphonie zu schreiben, dann würde der Saal demolirt vor Applaus.« Brahms könnte freilich sagen, daß er das nicht wollte, wenn er es auch zehnmal könnte. Von Bruckner's vierter (»romantischer«) Symphonie äußert Herbeck: »Die könnte Schubert geschrieben haben; wer so etwas schaffen kann, vor dem muß man Respekt haben.« Herbeck's Urtheil ist das Urtheil weiter Kreise geworden; es ist sogar von der Wiener Universität bestätigt worden, indem sie Bruckner zum Ehrendoktor ernannte.

Es ist nicht ohne Humor, daß Simon Sechter der Lehrer Bruckner's gewesen. Bei aller Werthschätzung seines Schülers, der so viel bei ihm gelernt hatte, schlug er ein Kreuz vor der freien Richtung Bruckner's, die dem urkonservativen Tonkünstler wie musikalischer Sanskullotismus erscheinen mochte. Sechter mußte sich vorkommen wie ein Huhn, das aus einem unterlegten Ei einen Adler ausgebrütet hat. Bruckner hat zwar nie das große Vorbild Beethoven's aus dem Auge verloren, er hat in manchem Punkte landsmannschaftliche Verwandtschaft mit Franz Schubert; aber das große und bestimmende Ereigniß seines Lebens war Richard Wagner's Musik und alles Radikale, was sich ihm nähert: Hektor Berlioz, Franz

Liszt. Was Wagner nicht ist, will er im Geiste Wagner's sein: der Symphoniker. Mit einer ungewöhnlichen Energie hat er Motivbildungen im Sinne Wagner's unter das Joch der symphonischen Form gebeugt und ihnen Keime zur thematischen Entwicklung eingeimpft. Er hat das als Künstler gethan, nicht als Doktrinär. Daher doch wieder seine Unabhängigkeit von Wagner, sein Einlenken in Beethoven'sche Bahnen, sein Anschluß an Schubert. Bruckner ist in kunsthistorischer Beziehung eine verwickelte Erscheinung, und doch wieder ganz einfach, wie jede große Begabung. Bruckner hat Erfindungen, die ganz sein eigen sind, wahre Kerngedanken, die wie mit einem Knall die historische Schale sprengen. Ein abschließendes Urtheil über Brucker wäre freilich heute noch verfrüht; aber muß man denn immer urtheilen, wo so viel zu genießen ist? Wir verehren den Mann, der Alles, was er geworden ist, durch seine eigene Kraft erreicht, und wir danken ihm von ganzen Herzen für die großen Genüsse, die er uns durch seine geniale Begabung bereitet hat. Das ist es, was wir ihm zu seinem siebzigsten Geburtstage sagen wollten. L. Sp.

Heute also wird der große Organist siebzig Jahre alt. Seit vielen Jahren sieht er wie ein Achtziger aus. Freilich wie ein sehr gesunder Achtziger, einer von jenen, die hundert Jahre alt werden. Jeder Wiener kennt ihn ja als eine »Wiener Figur« erster Ordnung. Die Leute sehen ihm nach, wenn er vorübergeht, mit hastigen kleinen Schritten, das klassische Embonpoint weit vorgestreckt, die bedeutsame, kühn gebogene Nase schroff in die Luft ragend aus dem merkwürdig verrunzelten Antlitz. Vor einem Jahr hat Viktor Tilgner diese Gestalt in Erz gegossen, bis an den Gürtel. Wie sie dastand in ihrer breitspurigen Leiblichkeit, von dem eigensinnigen Umriß des kahlen Schädels gekrönt, mit diesem zerfurchten Angesicht, aus dem jene ganz individuelle Nase sich so imperatorisch herausbäumte, da mochte Einer, der den Meister nicht persönlich kannte, raten: Das ist Kaiser Nero, oder Caligula, oder Heliogabalus im neunzigsten Lebensjahr. Eine so grausame Entschiedenheit liegt in diesem Profil, eine solche Härte steckt in diesem untapezierten Schädel. So stellt man sich die grimmigen Fugenhelden des achtzehnten Jahrhunderts vor, die Hexenmeister des Kontrapunkts, die um Mitternacht an der Orgel saßen und sich vom Teufel die Bälge treten ließen. Wenn dann ein

Dichter kam, wie E. T. A. Hoffmann, der in einer Gänsehaut geboren worden, so machte er einen Solchen zum Helden einer gruseligen Novelle und war sicher, daß der Leser, nachdem er sie gelesen, nicht den Muth haben werde, seine Nachtlampe auszulöschen. Und dabei ist dieser Gewaltmensch eine »Seele«, wie es wenige gibt. Man sieht es ihm deutlich an. Solche kreisförmige Leibesumfänge kommen nur bei seelenguten, selbst von den wehleidigsten Fliegen nicht gemiedenen Menschen vor. Und sein Umfang war ja früher, wenn man so sagen darf, noch kreisförmiger. Es gab für seine Taille keine Kleider auf der Welt und er selber mußte sich welche erfinden. Der Schnitt seiner Beinkleider ist in- und außerhalb der Musikwelt Wiens als durchaus originell anerkannt; Techniker rühmen daran die Lösung der Aufgabe, einen Trichter mit zwei Röhren zu konstruiren. Auch seine kurzen Saccoförmigen Röcke würden keinem anderen Sterblichen sitzen, während sie seine Person ganz stylgerecht umflattern. Sein schwarzer Schlapphut hat nicht minder einen eigenen Sitz und paßt vortrefflich zu dem mächtigen schwarzen Mantel, in den er sich, wie ein rechter »Mann im Mantel der Nacht« bei schlechtem Wetter zu hüllen pflegt. Nein, es gibt keine zweite Figur in Neu-Wien, wie diese. So sieht man nur im vorletzten Bande der illustrirten Musikgeschichte aus, in Holz geschnitten nach einer gleichzeitigen Silhouette.

Aber der Respekt geht vor dem schwarzen Männchen einher, wo immer es sich zeige. Wenn er in einem klassischen Konzerte durch die Bankreihen streicht, als wollte er sie niederfegen, dann wispert es um ihn her bedeutungsvoll, und so manches Auge sucht während der Vorträge in seinem immer sprechenden, mitkomponirenden, mitspielenden Antlitz den Abglanz des Gehörten. Selbst im Gasthause, wo der Mensch meist nur Mensch ist und sich nicht gerade symphonisch benimmt, ist der Altmeister ein aparter Herr, eine »Figur«. Wie aus der Erde gestiegen steht er plötzlich an einem entlegenen Tische und läßt mehrere Hüllen fallen, die ohne daß er's achtet, von irgend welchen Händen aufgefangen werden. Die Kellner bedienen ihn mit Bewegungen, als wollten sie ihm die Hand küssen, ... es weht eine Art geistlicher Atmosphäre um ihn. Sie wissen auch schon, wessen er zu des Leibes Atzung bedarf. Ohne Frage erscheint alsbald ein gewaltiger Suppentopf auf seinem Tische, mit vier Portionen frisch eingekochter Nudel-

suppe. Das ist sein Abendmahl. Dazu erscheint, in unabsehbarer Folge, Glas auf Glas vom blondesten Pilsner. Wie viele, das weiß er nicht. Aber sie müssen ganz aus Schaum bestehen und mit einer einzigen hastigen Bewegung stürzt er jedes hinter den weiten ungestärkten Hemdkragen. Und Alles ringsum hat eine eigene Freude, wenn's ihm schmeckt. Er ist einer, dem man's gönnt. Leute, die er nicht kennt, grüßen ihn. Und meist hat er ein kleines Gefolge von jungen Leuten um sich, die ihn als ihren musikalischen Vater verehren. Er ist ein seltsam geformtes Gefäß der Begeisterung und begeistert auch Andere. Ohne viel und tief zu sprechen, sprudelt er ein ideales Gefühl aus und steckt damit an. Er ist ein großer Naiver vor dem Herrn, ein gewaltiger Ungeschickter, in dem das Element wüthet, so daß man es merkt, durch diese ganze Kruste von linkischer formloser Schlichtheit hindurch. Mitunter geschieht es, daß die Jünger ihn aus Wien entführen, in die breite, tiefe Natur hinein, wo er sich in Naturlauten austoben soll, wie ein Kind. Auch im Winter, durch hohen Schnee, in lustiger Schlittenfahrt, nach Klosterneuburg, oder wo sonst ein warmer Tropfen winkt. Um Mitternacht auf dem Bock jauchzend heimzufahren, einen Vollgeladenen aus dem Straßengraben aufzulesen, und was sonst an harmlosen Abenteuern sich ergeben mag, das ist ihm Kinderlust, das knöpft ihn auf.

Aber das Kind ist ein Riese. Man muß einmal im Auslande herum hören, mit welchen Maßen er gemessen wird. Ich hörte einst in Bern, wo die zweitgrößte Orgel der Welt steht, den dortigen Organisten spielen. Ein tüchtiger Meister, der Jakob Mendel; er ist vor einigen Jahren gestorben. Er spielte Abends im stockfinsteren Dom, in dessen Hallen sich die Zuhörer verloren. Nur oben auf dem Orgelchor brannten zwei Lichtlein, zwischen denen die schwarze Gestalt des Künstlers sich gespenstisch regte. Dann, als er hörte, daß wir aus Wien kamen, umarmte er uns. »Ah, aus der Bruckner-Stadt, da muß ich Ihnen was Rechtes spielen!« Und nun ging es an ein Privatissimum, zu dem das Rieseninstrument seinen letzten Seufzer hergeben mußte. »Ja, der Bruckner sollte da sitzen, der versteht das noch ganz anders!« sagte er, als er uns in Grund und Boden gespielt hatte, »dem reichen wir Alle nicht das Wasser.« Er bereitete sich schon seit Jahren auf eine Reise nach Wien vor, um den »letzten Organisten« vor seinem Tode noch einmal zu hören, aber er war vorher gestorben.

Am 11. November 1894 hält Bruckner seine letzte Vorlesung an der Universität und erhält parallel dazu die Zusicherung einer Ehrenpension von 1200 Gulden jährlich. Die Krankheit Bruckners verläuft sinuskurvenartig. Nach Tiefs, die ihn nach den Sterbesakramenten rufen lassen, folgen Höhen wie zu Weihnachten 1894, als er im Stift St. Florian zum letzten Mal die Orgel spielt. Die Eintragungen bis zum Tode legen nahe, daß der körperliche Verfall auch mit einem geistigen Verlöschen Hand in Hand ging. Daß dieses fast ausschließlich an den persönlichen Kalendereintragungen und letzten Briefen abzulesen ist, nicht aber an den noch erhaltenen Dokumenten – beispielsweise dem Gesuch um eine günstiger gelegene Wohnung –, mag seinen Grund darin finden, daß Bruckners Geist, auf die Formelhaftigkeit derartiger Gesuche trainiert, hier die Früchte einer langen Gewohnheit erntet.

Das letzte Schreiben an Bruckners Bruder Ignaz vom 7. Oktober 1896[169] ist ein zusammenfassendes Zeugnis dieses Verlöschens, das im letzten Jahr an vielen Schriftstücken abgelesen werden kann. Auch daß seit 1895 manche Kalenderaufzeichnungen die Schrift des Schüler-Sekretärs Anton Meißner tragen und daß die Briefe teilweise von diesem beantwortet werden, zeigt, daß mit einer Gesundung Bruckners nicht mehr gerechnet werden konnte.

Am 4. Juli 1895 zog er in dennoch guter Stimmung als neuer Nachbar des österreichischen Thronfolgers, Erzherzog Franz-Ferdinand, in eine Neun-Zimmer-Wohnung im »Kustodenstöckl« des Belvedere, was zweifellos die komfortabelste Behausung in seinem Leben war. Nun war er nur mehr von seiner Haushälterin Kathi, seinem Anton Meißner und den drei behandelnden Ärzten Prof. Schrötter, Dr. Heller und Dr. Weismayr umgeben. Störungen, sei es durch Freunde wie Franz Schalk, Ferdinand Löwe, auch Hugo Wolf, oder Aufforderungen zum Opernschreiben durch Gertrud Bollé, waren nicht mehr erwünscht. Daß trotzdem eine Reihe von Besuchern eintraf, wie Meißner berichtet, muß Bruckner nicht in jedem Fall gemerkt haben, weil die Ärzte mehrmals von geistiger Abwesenheit sprechen. Ab Juli 1896 verfällt Bruckner schnell; er stirbt am 11. Oktober 1896 um ½4 Uhr nachmittags, nach langem schmerzhaftem Leiden und Empfang der heiligen Sterbesakramente im 73. Lebensjahr.

Die gesamte Wiener Presse nimmt das Ereignis als Schlagzeile auf die Titelseite. Insgesamt entstanden zum Tode Bruckners

[169] vollständig abgedruckt auf S. 303

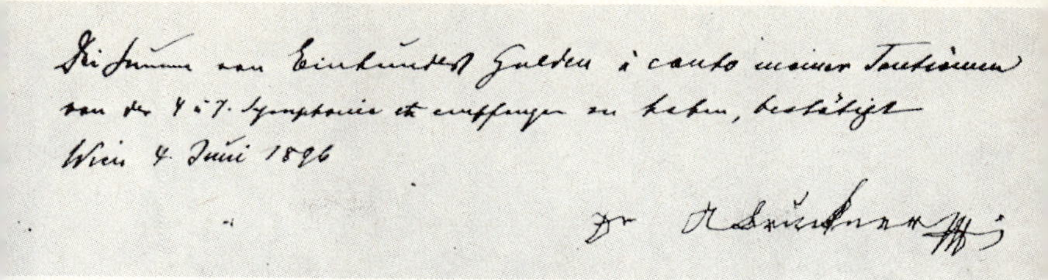
Die Summe von Einhundert Gulden à conto meiner Tantièmen von der 4. 7. Symphonie etc empfangen zu haben, bestätigt
Wien 4. Juni 1896
Dr A Bruckner

Eine Unterschrift – Spiegel des Gesundheitszustandes.
Empfangsbestätigung für Tantiemen

knapp achtzig Artikel, quer durch das gesamte Spektrum der Wiener Presse. Manche von ihnen wie das *Illustrirte Wiener Extrablatt* berichten zwischen dem 13. und 16. Oktober, manchmal sogar zweimal täglich von dem Ereignis. Hanslicks *Neue Freie Presse* geht am 12. bis 15. Oktober darauf ein, die *Reichspost* am 13., 14. und 17., die *Wiener Zeitung* am 13. bis 15. Oktober, das *Vaterland* vom 12. bis 15., das *Fremdenblatt* fünf Tage lang, das *Wiener Journal* drei Tage, die *Arbeiterzeitung* zwei Tage, die *Ostdeutsche Rundschau* vom 12. bis 15., das *Deutsche Volksblatt* vom 12. bis 16., das *Neue Wiener Tagblatt* vom 12. bis 15., die *Presse* in vier Artikeln, die *Wiener Allgemeine Zeitung* in drei Artikeln, übrige andere Wiener Zeitungen wie *Pester-Lloyd*, *Bohemia* und *Kikeriki* berichten mindestens zwei Tage von dem Ereignis.

Linzer Zeitungen berichten ab 13. Oktober sechsmal über den Tod Bruckners. Wie sehr die Bruckner-Gemeinde diese Öffentlichkeit ihres Heroen, die er nun tatsächlich allenthalben findet, mißbilligt, weil sie vermutlich glaubte, ein Anrecht auf eine Primärberichterstattung zu haben, geht aus einem am Donnerstag, den 5. November 1896 in der Morgenausgabe der *Deutschen Zeitung* erschienenen Artikel von Heinrich Schuster hervor, worin er Richard Heuberger vorwirft, am 13. Oktober zwei »ehrliche Worte« gegen Bruckner in der *Neuen Freien Presse* und im *Wiener Tagblatt* gerichtet zu haben:

> *Vor allem war es ein Formfehler, ein auch noch so ehrliches Wort gegen den Todten zu schreiben, der erst auf der Bahre liegt, in der Spanne Zeit vom Hinscheiden bis zur Bestattung hat die ohnehin schmerzlich verwundete und doch der Fassung*

Bruckners Empfang im Himmel.
Scherenschnitt von Otto Böhler

bedürftige Pietät von Angehörigen und Anhängern einen unbedingten Anspruch auf Schutz gegen Verletzung.

Der Artikel versucht weiterhin, die vermutlich schon damals angesprochene und zum Teil mißbilligte Parteilichkeit der Bruckner-Gemeinde zu dementieren, decouvriert sich aber innerhalb des Textes selbst:

Andererseits ist es ganz unrichtig, daß die Verehrung und Förderung Bruckner's von einer Partei ausgeht; die Bannerträger Bruckner's heißen Hans Richter, Hermann Levi, Arthur Nikisch, also Männer die Brahms, dessen Name eine Art Losung der Bruckner-Feinde ist, ebenso geehrt und gefördert haben, wie Brucknern; von Nichtmusikern hat der gewiß unparteiische Paul Heyse Bruckner seine Verehrung besonders ausgedrückt, unter den Kritikern sind aber so entschiedene Verehrer von Brahms, R. Söhle und Arthur Seidl in Dresden und R. Batka in Prag aufs Wärmste für Bruckner eingetreten, und vielleicht darf der Verfasser auch sich selbst nennen, nachdem er vierundzwanzig Jahre lang für Brahms wie für Bruckner schriftstellerisch eifrigst bemüht ist. Aber auch das ist unwahr, daß Bruckner erst von Herbeck »entdeckt« oder »erfunden« und unter freundlicher Antheilnahme von Wagner mit Anhängen versehen worden sei, ganz abgesehen davon, daß Heuberger nicht einmal zu ahnen scheint, wie sehr er mit Nennung dieser Namen für Bruckner spricht, denn diese Beiden konnten nur durch überwältigende Eindrücke zu einer Gönnerschaft bestimmt werden. In Wirklichkeit war aber der erste Beschützer Bruckner's nicht Wagner und nicht Herbeck, sondern noch während Bruckner's Linzer Aufenthalt (wie der Verfasser vermöge seines eigenen damaligen Ferienaufenthaltes bei Linz und seiner damaligen persönlichen Beziehungen sich sehr wohl erinnert) Eduard Hanslick, der ihm seinen Schutz erst später wegen seiner ihm allzu lebhaft scheinenden Begeisterung für Wagner entzogen hat. Die Wahrheit ist somit das gerade Gegentheil von Heuberger's Behauptung: nicht die Verehrung, sondern die Bekämpfung Bruckner's war und ist Parteisache, und zwar geht sie von jener Partei aus, die auf musikalischem Gebiet dasselbe bedeutet, wie auf politischem Gebiete die altliberale, und sich derselben Preßeorgane bedient, ja vielfach aus denselben Personen besteht, endlich aber gleich dieser im Absterben begriffen ist. Das sicherste Zeichen dafür ist an Beiden eben die fixe Idee, daß ihre leidenschaftliche Alleinherrschsucht als Parteilosigkeit und jede Auflehnung dagegen als Parteitreiben zu gelten habe. So recht den altliberalen Vorstellungen von Religion und Kunst entspricht das Bild, das sich Heuberger zunächst von den Lehr- und Wanderjahren Bruckner's gemacht hat, er gilt ihm in dieser Zeit als »Musikträumer«, berauscht vom Weihrauch und dem Gesammtkunstwerk des katholischen Cultus.

Im Rahmen dieser Berichterstattung stehen nicht nur Nachrufe, Nekrologe, Würdigungen, sondern auch eine fast minuziöse Darstellung des Geschehens nach Bruckners Tod. Über Diskussionen im Stadtrat wegen eines Wiener Ehrengrabes, über das Hissen der schwarzen Fahne in der Universität, über die Teilnahme am Leichenbegängnis wird öffentlich diskutiert, diese Diskussionen werden zum Teil in der Presse wiedergegeben. Die wesentlichen Fakten sind allerdings ebenso genau verzeichnet.

Das *Fremdenblatt* berichtet über Anton Bruckners Leichenbegängnis, die Linzer *Tages-Post* schildert am 16. Oktober ausführlich *Dr. Bruckners Leichenbegängnis* in St. Florian:

> *In das Trauergemach, in welchem Bruckner's Leiche lag und welches auf Allerhöchsten Befehl mit Blumen aus der Hofgärtnerei geschmückt war, kamen gestern bis in die letzten Momente Kränze auf Kränze. Um halb 2 Uhr war der Sarg aus Goldbronze geschlossen und verlöthet worden. Unterdessen hatte sich der große Platz vor dem Belvedere mit einer überaus großen Menschenmenge gefüllt. Es bildete sich ein Spalier, inmitten dessen sich vorerst die Chargirten der akademischen Korporationen einfanden, die in voller Wichs vorgefahren waren. Eine Abordnung legte kurz vor 3 Uhr zwei prachtvolle Kränze am Sarge nieder. Bald nachher trugen Bedienstete der Entreprise*[170] *den Sarg aus dem Gemache und stellten ihn auf den sechsspännigen Galawagen. Der Zug rangirte sich, um sich zur Kirche in Bewegung zu setzen. Voraus ritt ein Herold. Ihm folgten die akdemischen Korporationen unter Vorantragung des Universitätsbanners, der »Schubertbund«, viele andere musikalische Vereine und die beiden Blumenwagen. Den Leichenwagen flankirten Magistratsdiener, Chargirte mit gezückten Schlägern und Bedienstete der Entreprise mit brennenden Wachsfackeln. Ein Hausoffizier der Entreprise trug auf rothem Sammtkissen den Franz Joseph-Orden. Im ersten Wagen, der dem Sarge folgte, saßen Bruckner's Bruder Ignaz Bruckner und seine beiden Neffen. Ehe der Sarg auf den Wagen gestellt war, sang der akademische Gesangverein, begleitet vom Waldhornquartett, einen Trauerchoral.*
>
> *An dem dichten Spalier vorbei nahm der Kondukt seinen Weg zur Pfarrkirche zu St. Karl Borromäus. Um halb 3 Uhr fanden sich die Mitglieder des Wiener Männergesangvereines und des Singvereines im Gotteshause ein und nahmen im Presbyterium Aufstellung. Die ersten Trauergäste fanden sich schon nach 2 Uhr ein. Die Auffahrt dauerte bis 3 Uhr. Unter*

[170] hier: das Bestattungsunternehmen

den Anwesenden waren zu bemerken: In Vertretung Sr. Exzellenz des Unterrichtsministers Dr. Freiherrn v. Gautsch, welcher einer Sitzung beiwohnen mußte, die Sektionschefs Graf Latour und Ritter v. Hartel, Se. Exzellenz der General-Intendant der Hoftheater Freiherr v. Bezecny, Ministerialrath Hertz, Hofrath Professor Pölzl, Hofrath Zeißberg, Hofrath Koch v. Langentreu, der Direktor des Hofoperntheaters Jahn, Hofkapellmeister Johann Nepomuk Fuchs, Johannes Brahms, Kompositeur Ritter v. Goldschmidt, viele Stadt- und Gemeinderäthe, Künstler, Professoren etc. etc. Unter großer geistlicher Assistenz nahm Pfarrer Dobner die feierliche Einsegnung vor. Während der Einsegnung trug der Wiener Männergesangverein unter Eduard Kremser's[171] *Leitung das »Libera« von Herbeck vor. Nach der Zeremonie sang der »Singverein« unter Richard Perger's*[172] *Leitung die »Litanei« von Franz Schubert*[173]*. Die begleitende Musik wurde vom Waldhornquartett der Hofoper ausgeführt. Als der Sarg wieder auf dem Wagen stand, trat ein Mediziner vor und nahm im Namen des Wiener akademischen Gesangvereines und der Wiener deutschen Studentenschaft Abschied von Bruckner. Sodann setzte sich der Kondukt um halb 5 Uhr nach dem Westbahnhofe in Bewegung. Der Bürgermeister, die beiden Vizebürgermeister, viele Stadt- und Gemeinderäthe und andere Trauergäste, sowie die Familien folgten im Wagen. In allen Gassen, die der Zug auf seinem ferneren Wege passirte, standen dichte Menschenmassen. Der Sarg mit der Leiche wurde von der Entreprise des pompes funèbres nach dem Geburtsort Bruckner's, St. Florian in Oberösterreich, gebracht, um in der dortigen Stiftskirche beigesetzt zu werden.*

Es war eine großartige Leichenfeier, die sich gestern (Donnerstag den 15. d. M.) in dem sonst stillen Orte St. Florian abspielte. Galt es doch, den berühmten Tondichter Dr. Anton Bruckner die letzten Ehren zu erweisen. Dort in dem herrli-

[171] Eduard Kremser (1838–1914), österreichischer Chordirigent, ab 1869 Chormeister des Wiener Männergesangvereins

[172] Richard Perger (1854–1911), österreichischer Dirigent und Komponist

[173] das Lied *Am Tage Aller Seelen* (*Ruhn in Frieden alle Seelen*), Deutsch-Verzeichnis 343, original mit Klavierbegleitung, bei der Beerdigung Bruckners in einem Arrangement mit Waldhörnern aufgeführt

chen Chorherrnstifte St. Florian, wo er den musikalischen Keim in sich aufnahm, der sich in späteren Jahren zu so herrlicher Blüte entfaltete, hat nun der große Meister die letzte Ruhe gefunden. Das Stift erschloss ihm die herrliche Gruft und ehrt hiedurch nicht nur den großen Meister, sondern sich selbst und das ganze Heimatland des Verblichenen, das er so innig geliebt. Und ganz Oberösterreich hatte seine Vertreter zur Leichenfeier entsendet, welche, wenn auch nicht prunkvoll, doch besonders erhebend wirkte und auf alle, die derselben anwohnten, einen tiefen, unauslöschlichen Eindruck gemacht hat. Es war eine Todtenfeier, würdig dem verewigten Bruckner.

Wir haben bereits in der gestrigen Nummer telegraphisch über das Leichenbegängnis berichtet und ergänzen nun diesen Bericht.

Vor der Leichenkammer des Krankenhauses sammelten sich um ½3 Uhr bereits die Honoratioren, Deputationen, Vereine etc., welche an dem Leichenbegängnisse theilnahmen, desgleichen eine große Menge Trauergäste aus der Umgebung und sonstigen Orten Oberösterreichs. Zu Wagen, per Bahn, mit dem Zweirade und zu Fuß waren hunderte herbeigeilt, um der Beisetzung Bruckners anzuwohnen.

In der in ein Trauergemach umgewandelten Leichenkammer, woselbst Blattpflanzen und Kränze, sowie Lichter den Sarg umgaben, drängten sich die Leute, um das Antlitz des Meisters zu sehen; der Länge des Sarges nach war ein Glasdekkel eingefügt, daher der Leichnam vollkommen sichtbar war. Außer den bereits von Wien mitgebrachten Kränzen, worunter sich auch die der Liedertafel »Frohsinn« und des Musikvereines befanden, wurden am Sarge noch Kränze niedergelegt von der Landeshauptstadt Linz mit der Inschrift: »Die Stadtgemeinde Linz, ihrem berühmten Ehrenbürger«, vom oberösterreichischen Lehrervereine, vom »Sängerbund« Linz, der Liedertafel in Steyr u. m. a.

Um ¾3 Uhr kam die Geistlichkeit mit dem conductführenden Priester Abt Moser, welcher die Einsegnung vornahm, worauf sich der Zug vom Krankenhause weg durch die Hauptstraße des Marktes, in welcher die Laternen brannten, unter dem Geläute der Stiftsglocken und der der Kapelle des Krankenhauses in Bewegung setzte. Den imposanten Leichenzug eröffneten die Schulkinder von St. Florian mit ihren Fahnen, an der Spitze der Krankenhausverwalter Dechant Breselmayr und die Lehrerschaft, welcher folgten der katholische Gesellenverein mit Fahne, die Feuerwehr, der Veteranenverein mit Fahne, alle drei von St. Florian, deren Mitglieder die prachtvollen Kränze trugen; diesen schlossen sich an die Gesangvereine »Concordia« Enns, Liedertafel Steyr mit Fahne, Liedertafel »Frohsinn« Linz mit umflortem Banner; hieran reihten sich die Musik von St. Florian, der Kirchensängerchor, der das Miserere sang, die Geistlichkeit, und zwar die Cleriker und Stiftgeistliche, ferner Abt Grasböck aus Wilhering, Domherr Dullinger aus Linz, Canonicus Dürrnberger aus Steyr, Domvicar Hieselsperger aus Linz und die assistierende Geistlichkeit mit dem Abte von Sanct Florian; sodann folgte der Leichenwagen mit dem Sarge, dem das Kreuz vorangetragen wurde, welches den Kranz der Reichshauptstadt Wien trug. Dem Sarge folgten drei weißgekleidete Mädchen, von denen eine, wie bereits im telegraphischen Berichte erwähnt, auf einem weißen Atlaspolster den Orden des Verblichenen trug, ferner die Verwandten, und zwar der Bruder Bruckners, der eine auffallende Aehnlichkeit mit dem Verstorbenen besitzt und auch in Sprache und Geberde demselben vollkommen gleicht, die drei Neffen, nämlich Söhne der Frau Huber, einer Schwester Bruckners, die an den Leichenbegängnisse nicht theilnahm, die Wirtschafterin Kathi Kachelmayr und sonstige Leidtragende. Sonach kamen die Honoratioren, und zwar: der Statthalter, sowie die bereits gestern genannten Persönlichkeiten und Vertreter der Behörden von St. Florian. Mit dem Statthalter war auch Präsidial-Secretär v. Füger und mit dem Bürgermeister von Linz Vicebürgermeister Doctor Lampl erschienen; ferner Regenschori Bayer aus Steyr, ein intimer Freund Bruckners. Nach dem Sarge schritten jene Vereins-Deputationen, die ohne Fahne erschienen waren, wie: »Sängerbund« Linz, der Musikverein von Linz, der Oberösterreichische Lehrerverein, der »Gutenbergbund« Linz, die Meistersinger aus Linz, »Kränzchen« und Musikverein aus Steyr, Verein der Musikfreunde in Linz, sowie Deputationen von Gesang- und Musikvereinen aus verschiedenen Orten Oberösterreichs, Vertreter von Gemeinden etc. und eine große Zahl sonstiger Trauergäste aus Stadt und Land. Ehevor der Zug bei der Stiftskirche anlangte, war dieselbe bereits zum Theile von Trauergästen besetzt.

Als die Schulkinder die Kirche betraten, erbrausten die Klängen der großen Chrismann'schen Orgel, welche auch der todte Meister so oft und herrlich gespielt hatte. Der Stiftsorganist Hr. Gruber intonierte Reminiscenzen aus »Parsifal«.

Im Mittelgange der Kirche bildeten die Kränze tragenden Vereine Spalier, während die Schulkinder im Seitengange Aufstellung nahmen. Unter mächtigen Orgelklängen wurde der Sarg, der mit den Kränzen der Stadtgemeinde Linz und der Burschenschaften Wiens bedeckt war, in die Kirche getragen und im Presbyterium auf den mit einem schwarzen Tuch bedeckten Fußboden gestellt, umgeben von brennenden Kerzen. Die Cleriker, mit Lichtern versehen, nahmen um den Sarg im Halbkreise Aufstellung, hinter diesen gruppierten sich die Vereine mit den Fahnen an der Spitze, während der Statthalter, der Landeshauptmann, der Bürgermeister von Linz, Vicebürgermeister Dr. Lampel etc. und die anwesenden auswärtigen geistlichen Würdenträger in den Kirchenstühlen des Presbyteriums platznahmen. Der übrige Theil der Kirche war vollgefüllt mit den Theilnehmern am Leichenbegängnisse.

Der Florianer Kirchengesangchor sang zuerst unter der Leitung des Regenschori, Chorherrn Deubler, mit großer Wirkung das »Libera« aus dem Requiem von Bruckner, worauf Abt Moser die abermalige Einsegnung vornahm; hienach sang am Chore die Liedertafel »Frohsinn« unter der Leitung des Chormeisters Herrn Prammer den Trauerchor »Beati Mortui« von Mendelssohn, der in diesem hehren Raume wunderbar klang. Nachdem der letzte Ton dieses Chores verhallt war, wurden die sterblichen Ueberreste des verewigten Meisters in die Gruft getragen; voran schritt die Geistlichkeit mit dem Abte von St. Florian, dann folgte der Sarg und diesem die Verwandten und Honoratioren und zahlreiche Trauergäste; als der Sarg gehoben wurde, um in die Gruft getragen zu werden, senkten sich die Banner.

In der Nähe der Schichten von Todtenschädeln aus den Kriegen der Avaren und Hunnen, gerade unter dem Orgeltische der großen Orgel wurde Dr. Anton Bruckner bei Kerzen- und flammenden Fackelscheine nach nochmaliger Einsegnung durch den Abt und unter Verrichtung von Gebeten beigesetzt.

Um ¼5 Uhr war die Trauerfeier beendet.

Totenmaske

St. Florian, 16. October. Heute früh ½8 Uhr fand in der hiesigen Stiftskirche für Dr. Anton Bruckner ein Seelengottesdienst statt, den Abt Moser unter zahlreicher geistlicher Assistenz celebrierte. Hiebei wurde Bruckners Requiem aufgeführt.

Die Ueberführung der Leiche des Professors Bruckner von Wien nach Asten (St. Florian) erfolge in dem von der Ersten Eisenbahnwagen-Leihgesellschaft beigestellten Salonleichenwagen. Bei diesem Anlasse wurde der erst seit kurzem in Verwendung stehende Waggon von zahlreichen Functionären des Wiener Gemeinderathes besichtigt, welche alle ihrer Befriedigung über dieses Transportmittel Ausdruck gaben.

Die Nekrologe der österreichischen Presse kennzeichnen, gleichgültig, aus welcher Feder sie stammen, einheitlich die Bedeutung Anton Bruckners für die Musikkultur des Landes; was sie unterscheidet, ist die ästhetische Einschätzung seines Werkes. Diese Nekrologensammlung (vgl. S. 307ff.) mag als erster Beleg für die Differenzierungen der Rezeptionsgeschichte Anton Bruckners gelten. Sie spiegeln 1896 bereits wider, was bis zur Stunde Realität in der Einschätzung des kompositorischen Werkes Bruckners geblieben ist: Nur wird heute die ihm gegenüber vertretene Position nicht mehr in jener Deutlichkeit konstatiert wie dies noch vier Jahre vor der Jahrhundertwende der Fall war.

Dokumente

Dokumente über Bruckner

Taufschein-Abschrift 1840[1]

Taufschein.

Daß Anton, des Herrn Anton Bruckner, Schullehrers allhier, und der Theresia, dessen Ehegattin, geborenen Helm, ehelicher Sohn, den vierten Semptember Ein Tausend acht Hundert zwanzig vier (1824) geboren und in Gegenwart der Pathinn Jungfer Rosalia Mayrhofer, Wirtschafterin im Pfarrhofe zu Wolfern, von dem Hochwürdigen Herrn Joseph Guttenthaler, regul. Chorherrn zu St. Florian, und damahligen Cooperator nach christkatholischem Gebrauche getauft worden sei, wird von Endesgefertigten aus dem Taufbuche der hiesigen Pfarr hiemit bestätiget.

Ansfelden am 10ten Okt. 1840.
(L. S.)[2] Joseph Seebacher,
R. Chorherr, w. K. R., Pfarrer.

Zeugnisse aus Windhaag

Unterzeichneter erteilet hiermit dem Herrn Anton Bruckner das Zeugnis, daß selber durch 1 Jahr und 4 Monathe in hiesiger Trivialschule als Lehrgehülfe gedienet und während dieser Zeit durch sein sittliches Betragen und durch unermüdlichen Fleiß und Geschicklichkeit im Lehrfache sich stets ausgezeichnet habe. Überdies hat er den mit dem Lehrfache verbundenen Meßnerdienst mit vieler Genauigkeit verrichtet, daß ich ihm mit Recht besonders als einen Gehülfen empfehlen kann.

Windhaag, den 19ten Jänner 1843. *Franz Fuchs,*
Schullehrer.

[1] Die nachfolgenden Dokumente sind, wenn nicht anders angegeben, nach Göllerich/Auer: *Bruckner*, zitiert.
[2] loco sigilli (an Stelle des Siegels)

Dem Anton Prucker, Lehrgehülfe an der Trivial-Schule zu Windhaag im Dekanate Freystadt vom 3ten Oktober 1841 bis zum 19ten Jänner 1843 wird hiemit auf sein Ansuchen bey Gelegenheit seiner Versetzung in die Gegend des Stiftes St. Florian das wohlverdiente Zeugnis ertheilet, daß derselbe durch seinen Fleiß im Lehrfache, seine achtungsvolle Unterwürfigkeit gegen seine Seelsorger und Katecheten, durch gute Behandlung der Schuljugend auferbauliches Betragen bey den Verrichtungen der Meßnerdienste, sowie überhaupt durch sein wohlgesittetes Betragen die volle Zufriedenheit des Unterzeichneten sich erworben habe. Auch hat sich derselbe mit Vergnügen überzeugt, daß Anton Prucker auch seine freyen Stunden mit allen Fleiß dazu verwendet habe, um sich in der Kirchenmusik immer mehr zu vervollkommnen, und auch andere Kenntnisse besonders in der für den Text der Kirchenmusik nicht überflüssigen lateinischen Sprache zu erwerben.

Derselbe wird daher seinen künftigen Vorgesetzten hiemit bestens empfohlen.

Pfarr Windhaag am 19ten Jänner 1843.

Franz von Schwinghaimb, m. p.
Geistlicher Rat und Pfarrer.

Dieses Zeugnis wird auch dem vollen Inhalte nach hiermit bestättiget vom Dekanate und von der Schulen-Districts-Aufsicht zu Freystadt am 20. Jänner 1843.

Jos. Leuthäuser m. p.,
Kirchenrath, Dechant und Schuldistricts-Aufseher.

Bestallung als Lehramtsgehilfe in St. Florian

Dem von der Pfarrschule Kronstorf zu der Pfarr- und Marktschule St. Florian berufenen Lehramtsgehülfen ›Herrn‹ Anton Bruckner wird hiemit von der gefertigten Schulendistriktsaufsicht die Übersiedlung und Beistellung als I^{ten} systemisierten Schulgehülfen bei der Pfarrschule St. Florian für das zweite große Lehrzimmer mit dem Auftrage erteilt, daß er seinem bisher in Kronstorf an den Tag gelegten Fleiße, seiner Ordnungsliebe und Geschicklichkeit im Lehrfache und guter Kinderbehandlung nicht nur entsprechen, sondern selbe auch noch mehr erhöhen und mit dem bisher bewiesenen guten Lebenswan-

del verbunden hiedurch sich der frommen Liebe und Hochachtung seiner Vorgesetzten würdig zu erhalten befleißigen wolle.

Dekanat u. Schulendistriktsaufsicht Enns
Dekanat St. Florian, am 12. März 1845.

Johann Georg Laschgner,
provisorischer Orts-Schulaufseher.
Michael Rosentritt, Richter.
Mathias Mühlberghuber, Richter.
Joh. Georg Mayerjörg, Richter m. p.

Bestätigt von der Stiftskanzlei St. Florian.

Ruckensteiner.

Zeugniß.

Vorzeiger dieses, Herr Anton Bruckner, aus Ansfelden in Oesterreich ob der Enns gebürtig, hat sich an der kaiserl. königl. Normal-Hauptschule zu Linz im allgemeinen Musikfache und insbesondere in der Harmonie- und Generalbaßlehre einer ordentlichen Prüfung unterzogen und bei derselben am 29. May 1845

in der allgemeinen Musik-Theorie
die erste Klasse mit Vorzug,
in der Harmonik
und im praktischen Orgelspiele
die erste Klasse mit Vorzug

erhalten und zugleich auch in der Vocal- und Instrumental-Musik, namentlich im Choral- und Figural-Gesange sehr empfehlenswerthe Kenntnisse und Fertigkeit bewiesen.

Zu Urkund dessen gegenwärtiges Zeugniss mit folgenden Unterschriften und dem gewöhnlichen Schul-Siegel bekräftigt wurde.

Linz, den 24ten Juni 1845.

Dr. Franz Reider, mp.,
Diöcesan-Schulen-Oberaufseher.
S. Schierfenecker, mp.,
Direktor.
Professor J. Aug. Dürrnberger, mp.,
öffentl. Lehrer der
Harmonie- und Generalbaßlehre.

Zeugniß.

Daß Herr Anton Bruckner vom 23. Jänner 1843 bis 23. September 1845 an der Trivialschule zu Kronstorf als Lehrgehülfe gedient und während dieser Zeit durch unermüdeten Fleiß und Geschicklichkeit im Unterrichte, durch liebevolle Behandlung der Kinder, durch Eifer und Geschicklichkeit in der Kirchenmusik, durch genaue Besorgung des Meßnerdienstes außer den Schulstunden und insbesonders durch einen sehr ehrbaren und untadelhaften Lebenswandel sich meine volle Zufriedenheit erwarb, wird hiemit bestätigt.

Kronstorf Schule, den 23. Sept. 1845.

Franz Seraph Lehofer, mp.,
Schullehrer.

Zeugniß.

Vorzeiger dieses, Herr Anton Bruckner, ein ächtes musikalisches Genie, welches auszubilden er auch unablässig strebt, hat seine bereits erworbenen Kenntnisse im theoretisch-praktischen Orgelspiele dargestellt und mich so eingenommen, daß ich vollkommen überzeugt zu sein wähne, dieser junge Mann dürfe bei seinem rastlosen Eifer und gehöriger Ausdauer es nach wenigen Jahren in dieser Kunst zu noch größerer Vollkommenheit, vielleicht auch bis zu einem Grade von Virtuosität bringen! Seine bisherigen, von mir eingesehenen schriftlichen Versuche und Leistungen in der Composition, vorzüglich aber seine erprobte, phantasiereiche Fertigkeit im Orgelspiel selbst, verdienen schon jetzt die vollste Anerkennung. Aus dieser Ursache wie auch mir zum Vergnügen zögere ich nicht, diesem hoffnungsvollen jungen Mann auf sein Ansuchen gegenwärtiges Zeugniß auszustellen, und ihn allenthalben bestens zu empfehlen.

Seitenstetten, am 1. Juli 1848.

Josef Pfeiffer,
Stiftsorganist und Tonsetzer, mp.

Zeugniß.

Gemäß dessen der Endesgefertigte mit gewissenhafter Wahrheit bestättiget: daß Herr Anton Bruckner, d. Z. Hilfslehrer und Organist an der Chorherrenstiftskirche zu St. Florian in Oberösterreich, eine gründliche und umfassende Kenntniß in der Harmonie und im Kontrapunkte besitze und mit vollem Rechte zu den talentreichsten, fleißigsten und geübtesten Orgelspielern unserer Zeit gezählt zu werden verdiene. Nicht minder schätzbar als sein eminentes Talent ist auch die Ausdauer und rastlose Thätigkeit, womit er sich den Studien der höheren und wissenschaftlichen Tonkunst widmet, wovon bereits mehrere Kompositions-Versuche das rühmlichste Zeugniß liefern. Überhaupt ist Herr A. Bruckner unbestritten eine sehr beachtenswerte Persönlichkeit in der Reihe kräftig anstrebender Künstler, und dem Unterzeichneten gewährt es ein besonderes Vergnügen, dieses wohlverdiente Zeugniß aussprechen und mit eigenhändiger Unterschrift darlegen zu dürfen.

St. Florian, am 27ten April 1855. *Robert Führer,*
Kompositeur.

Abgangszeugnisse St. Florian

Dem Herrn Anton Bruckner, seit 1845 Lehrergehilfe an der hiesigen Pfarrschule, wird hiemit der strengsten Wahrheit gemäß das Zeugnis erteilt, daß er während der Zeit seines Wirkens in der hiesigen Pfarrschule durch einen musterhaft sittlichen Wandel, durch strenge Erfüllung seiner kirchlich-religiösen Obliegenheiten, durch seinen Fleiß in der Schule, durch wahrhaft geistliche Liebe zu den ihm anvertrauten Kindern, durch seltenen Eifer nicht nur in der Wiederholung des katechetischen Unterrichtes den Kleinen die Wahrheiten des ewigen Heiles einzuprägen, sondern auch sie zur Übung derselben zu ermuntern und anzuleiten und ihnen seine Liebe zu Gott, zur Frömmigkeit und zur Religion einzuflößen; endlich durch nie ermüdenden Eifer, sich in den Fächern seines Berufes immer noch auszubilden, sich die Zufriedenheit und die Achtung seiner Vorgesetzten und die Liebe der Kinder und der Pfarrgemeinde im seltenen Maße erworben habe, welche sich in dem allgemeinen und aufrichtigen Bedauern über sein Ausscheiden von der bisherigen Wirksamkeit auf das Unzweideutigste kundgegeben hat.

St. Florian, 15. Dezember 1855.

Jodok Stülz, Pfarrvicar.

Obiges Zeugnis bestätiget die Schul-Bezirks-Aufsicht Enns am 16. Dezember 1855.

Anton Landgraf, Dechant u. Sch. B. Aufseher.

Daß Herr Anton Bruckner vom Jahre 1845–1850 supplierender und vom letzten bis gegen Ende des laufenden Jahres wirklicher Organist an der hiesigen Stiftskirche alle Obliegenheiten seines Amtes jederzeit pünktlich eifrig und zur größten Zufriedenheit seiner Vorgesetzten erfüllt habe. Auch hat er sich innerhalb der genannten Zeit durch seinen ihn besonders auszeichnenden Fleiß bei seiner natürlichen Begabung bereits so ausgebreitete Kenntnisse im Generalbasse und Contrapunkte erworben, daß er als Organist für jede Kathedralkirche nur auf das Vorteilhafteste empfohlen werden kann, wozu ihn überdies sein religiöses Gemüth und sein kirchlicher Sinn ganz vorzüglich geeignet macht. Diesem wird noch hinzugefügt, daß er in der Begleitung des gregorianschen Choralgesanges hier bereits so viele Übung hatte, daß er auf diesem Gebiete der religiösen Musik keineswegs mehr als ein Neuling angesehen werden darf.

St. Florian, am 19. Dezember 1855.

Vidi: Friedrich, Probst. Ignaz Traumihler, Chorregent.

Protokoll

Aufgenommen in der Dom-Sakristey Linz
den 25. Jänner 1856 in Gegenwart der unterzeichneten
Commissions-Mitglieder.

Gegenstand:
Die angeordnete Concurs-Prüfung zur definitiven Verleihung der erledigten Dom- und Stadtpfarr-Organistenstelle zu Linz.

Angemeldete Concurrenten:

1. *Georg Müller, Privat-Musiklehrer in Linz.*
2. *Ludwig Paupie, Organist an der Stadtpfarrkirche zu Wels.*
3. *Raimund Hain, Unterlehrer an der St. Mathias-Pfarrschule zu Linz und Organist daselbst.*
4. *Anton Bruckner, gewesener Stiftsorganist in St. Florian und gegenwärtig provisorischer Dom- und Stadtpfarr-Organist zu Linz.*

Die Concurs-Prüfung wurde auf der hiesigen Dom-Orgel in vorstehender Ordnung und über die von dem mitgefertigten k. k. öffentl. ordentl. Professor der Generalbaßlehre und des Choralgesanges aufgegebenen Themata mit folgenden individuellen Ergebnissen vorgenommen:

1. Georg Müller hat das ihm vorgelegte leichtere Thema in B. maj. ganz einfach abgespielt, ohne irgend eine weitere Contrapunctische Verarbeitung anzubinden; statt welcher er in die mechanische Abspielung eines eigenen Präludiums überging, das ohne Plan und Zusammenhang ganz gewöhnlicher und profaner Art allen Mangel an höherem Studium des Contrapunctes und an Technik zeigte. Derselbe hat sich bald darauf unbemerkt freiwillig entfernt, und der weiteren Prüfung über Choral-Begleitung gar nicht unterzogen.

2. Ludwig Paupie hat das seiner Stellung und Praxis angemessene Thema in C min. mit der Erklärung zurückgelegt, daß es ihm zu schwer sei, und daß er um ein leichteres Thema ersuche, welches ihm auch in D maj. mit allseitigem Einverständnisse gegeben wurde. Statt der kunstgerechten Ausführung dieses Thema's aber ist derselbe ohne alle weitere Spur desselben in den Vortrag eines eigenen Präludiums abgewichen, in welchem er zwar immerhin eine sehr lobenswerthe mechanische

Fertigkeit bewiesen, jedoch auf dem höheren Felde der strengen Grundsätze des Contrapuncts und des nur daraus entspringenden künstlichen Selbstschaffens unbewandert sich verrathen hat. Die verlangte Choral-Begleitung gab er als ihm ganz fremd vor, wonach auch sein Versuch unbefriedigend ausfiel.

3. Raimund Hain hat nach allseitigem Wunsche das von seinem Vorgänger unausgeführt gebliebene Thema in D. maj. übernommen, und dasselbe, sowie auch noch ein zweites Thema, wenn nicht im strengsten Sinne, doch lobenswerth contrapunctisch durchgeführt. Dessen Choralbegleitung war gleich befriedigend, und derselbe hat es immerhin auf eine Kunststufe gebracht, die ihn als achtbaren Organisten für bedeutende Orte wohl eignet, auf welcher Stufe aber ein Stillstand seit geraumer Zeit sehr bemerkbar, und über welche Stufe hinaus ein mühsames Anstreben intelligenter höherer Perfection und vollendeter Meisterschaft eben so sichtlich zu vermissen ist.

4. Anton Bruckner wurde aufgefordert, ob er das von Paupie als zu schwer zurückgelegte Thema in C. min. übernehmen wolle? wozu er sich auch sogleich bereit erklärt, und sowohl dasselbe in einer strengen kunstgerechten vollständigen Fuge, als auch die ihm aufgelegte, schwierige Choralbegleitung mit so hervorragender Gewandtheit und Vollendung zum herrlichsten Genusse, verarbeitet und ausgeführt hat, dessen ohnedies in der praktischen Behandlung der Orgel, wie nicht minder in seinen bekannten sehr gediegenen Kirchenkompositionen bewährte Meisterschaft sich neuerlich mit aller Auszeichnung fest erprobte.

Die Resultate dieser individuellen Leistungen haben sonach von selbst zu dem allseitig gleichen Erkenntnisse und zu dem ganz einhelligen Urtheile geführt, daß unter allen vorstehenden Concurrenten dem Anton Bruckner in vollster Gerechtigkeit entschieden nicht nur weitaus der Vorzug gebührt, sondern daß:

in Erwägung der wichtigen und einflußreichen Stellung eines Domorganisten überhaupt zur Ehre der ersten und obersten Kirche in der ganzen Diözese,
in Erwägung seines nächsten Berufes als Vorbild und Muster wahrer, erhabener kirchlicher Kunstübung für alle Organisten der Diözese und
in Erwägung der daraus von selbst hervorgehenden Nothwendigkeit grundhältiger allgemeiner Anerkennung und Achtung

der Autorität seiner Person im ganzen wissenschaftlichen und technischen Bereiche dieses Faches, insbesondere in Fällen verlangter Belehrung, Unterweisung oder klarer Lichtung vorkommender Zweifel für jeden wahrhaft Fachbeflißenen,

auch einzig nur Anton Bruckner auf Grund seiner langjährigen sehr verdienstlichen ebenso eifrigen Studien als unermüdeten, technischen Ausbildung als für diesen Beruf durchwegs vollkommen gewachsen und würdig erkannt werden kann.

Womit das gegenwärtige Protokoll geschlossen und mit der Fertigung der sämtlichen Comissions-Mitglieder unter vorstehendem Datum bekräftiget wurde

Für den P. T. hochw. Herrn Domscholast und Stadtpfarr-Administrator

J. Storch m.p., Senior.
Vincenz Fink m.p.
Gem. Vorst. Stellv.
Franz Gugeneder m.p.
Domsacristei-Director und Ordinariats Coaen.
J. Aug. Dürrnberger m.p.
k.k. öffl. ordentl. Professor der Generalbaßlehre und des Choralgesanges.
Georg Arminger,
Dom- und Chorvikar.
A. M. Storch m.p.
Kapellm.

Zeugniß

daß Herr Anton Bruckner als Organist nebst einer glücklichen Naturanlage, fleißigem Studium, viel Praktik und dadurch erworbene Gewandtheit im Präludieren und im Durchführen eines Themas zeigt, und folglich unter die vorzüglichsten Organisten gezählt werden kann, bezeuget der Unterzeichnete mit seiner Handschrift und Siegel.

Wien den 12. Juli 1858.

Simon Sechter,
k.k. erster Hoforganist
und Professor am Conservatorium der Musik.

Zeugniß

daß Herr Anton Bruckner, Dom- und Stadtpfarr-Organist in Linz, bei mir die Prüfung über den doppelten, drei- und vierfachen Contrapunkt sowohl mündlich als schriftlich und zwar allseitig zu meiner vollsten Zufriedenheit abgelegt hat und ich ihn daher als einen Meister in diesem Fache anerkenne, so daß jedermann vollkommenes Vertrauen zu ihm haben kann, welches Zeugniß ich ihm daher mit wahrem Vergnügen ertheile.

Wien den 3. April 1860.

Simon Sechter,
k. k. erster Hoforganist und Professor der Harmonie und des Contrapunctes.

Konservatoriumszeugnis[3]

Daß der k. k. Hoforganist Herr Bruckner am hiesigen Conservatorium als Professor für Generalbaß- Harmonielehre u. praktisches Orgelspiel, in ganz vortrefflicher Weise Unterricht ertheilt, durch ausgezeichnete Prüfungs-Resultate sich als eine Lehrkraft gediegenster Art erweist – sowie daß der geschätzte Künstler in den von ihm geführten Classen tadellose Disciplin erhält, bestätige hiemit.

Wien, 12. Okt. 1871.

Hellmesberger
Artist. Director d.
Conservatorium.

»Pragmatisierung« an der Hofmusikkapelle[4]

Hohes kk. Obersthofmeister-Amt!

Indem ich das am 27. Dezember 1877 erfolgte Ableben des kk. Hofmusik-Kapell Mitgliedes Wenzel Fr[iedrich] *Bezdek zu melden habe, beehre ich mich, gehorsamst beizufügen, d*[a]*ß der kk. Hof Organist, Expectant Anton Bruckner nunmehr zur Einrückung in die Wirklichkeit, beziehungsweise in die erste Gehaltskategorie berufen ist. – Bruckner bezog bisher ein jährliches Honorar von 300 Gulden, welches demselben, soweit mir*

[3] Bruckner: *Briefe*, S. 31f.
[4] ebda., S. 41

bekannt, unter dem Titel als Entlohnung für die Dienstleistung eines zweiten Archivars u. substituirenden Gesang Lehrers der kk Hofsängerknaben – wohl meist in Berücksichtigung seiner dürftigen Lebensverhältnisse allergnädigst zugewendet war.

Nachdem Bruckner nunmehr in den Gehaltsgenuß eines wirklichen Mitgliedes einrückt, erscheint die weitere Zuwendung dieses Unterstützungsbetrages umsoweniger nothwendig, als ja Bruckner auch sonst nicht als sosehr mittellos und hilfebedürftig anzusehen ist. Es darf hier wohl auch bemerkt werden, d[a]*ß Bruckner's Gehalt als Professor am Conservatorium sich jährlich auf mehr als 1200 Gulden beläuft.*

Der gedachte Betrag von 300 Gulden dürfte daher umsomehr eingestellt werden, da die Nothwendigkeit einer substituirenden Dienstleistung, sowohl im Musik-Archive wie auch im Gesang-Unterrichte für die kk Hofsängerknaben, nicht besteht.

Zugleich beehre ich mich, ergebenst zu berichten, d[a]*ß dem verstorbenen Mitgliede W. Bezdek ein jährliches Honorar von 300 Gulden für den Violin-Unterricht an die kk. Hofsängerknaben zugewiesen war.*

Bezdek war durch lange Zeit leidend, vom Dienste in der kk Hof Capelle dispensirt – und wurde an die Hofsängerknaben seit länger als zwei volle Jahre gar kein Violin-Unterricht ertheilt, obgleich Bezdek im unveränderten Genusse seines hiefür gegebenen Honorares verblieb.

Ich erlaube mir die ergebenste Bitte, diesen für die musikalische Erziehung der kk Hofsängerknaben so sehr wichtigen Unterricht wieder aufnehmen und weiter fortführen zu dürfen und nehme mir die Freiheit, den kk Hofkapell-Expectanten Josef Maxintsack als für diese Violin Lehrerstelle vorzüglich befähigt und geeignet – hiemit in Vorschlag zu bringen.

Wien 3. Jänner 1878

Einem hohen k. k.
Obersthofmeister-Amte
gehorsam ergebenster
J. Hellmesberger

Antrag des Obersthofmeisters am 2.7.1886 auf Verleihung des Ritterkreuzes des Franz Josephs-Ordens an Bruckner[5]

Allergnädigster Herr!

In dem anruhenden Berichte hat der Hofkapellmeister für den Hoforganisten Anton Bruckner um Erwirkung einer Allerhöchsten Auszeichnung und einer Personalzulage gebeten.

Diese Bitte wird damit motivirt, daß Bruckner, welcher seit dem Jahre 1868 in der Hofmusikkapelle als Organist in verdienstvollster Weise wirkt, auf dem Gebiete der musikalischen Composition, insbesondere aber als Symphoniker Hervorragendes geleistet hat.

Er ist gezwungen, sich zu dem Einkommen, welches er in seiner Eigenschaft als Mitglied der Hofmusikkapelle und als Professor der Harmonielehre am Conservatorium für Musik in Wien bezieht, eine Zubuße durch Lektionen zu verschaffen, die ihm in seiner Beschäftigung als Componist sehr hinderlich sind.

In diesem Anbetrachte und in Würdigung der durch geniale Erfindung und vollendete Kunstform sich auszeichnenden Leistungen Bruckners, durch welche er sich allerwärts Anerkennung errungen hat, glaube ich keinen Anstand nehmen zu sollen, den vorliegenden Antrag des Hofkapellmeisters allerunterthänigst zu befürworten und erlaube mir in tiefster Ehrfurcht die Bitte zu stellen:

Euere Majestät wollen dem Mitgliede der Hofmusikkapelle, Organisten Anton Bruckner das Ritterkreuz des Franz Joseph-Ordens und eine Personalzulage jährlicher Dreihundert Gulden huldreichst zu verleihen geruhen. *Hohenlohe* [m.p.]

Ich verleihe dem Mitgliede der Hofmusikkapelle, Organisten Anton Bruckner, das Ritterkreuz Meines Franz-Joseph-Ordens, und bewillige demselben eine Personalzulage jährlicher dreihundert Gulden. Unter Einem erlasse Ich das Erforderliche an den Kanzler des genannten Ordens.

Ischl, 8. Juli 1886.
Franz Joseph

[5] Bruckner: *Briefe*, S. 52f.

[Rückseite]

Allerunterthänigster Vortrag des treugehorsamsten Ersten Obersthofmeisters, Generals der Cavallerie Constantin Prinzen zu Hohenlohe-Schillingsfürst, in Betreff einer Allerhöchsten Auszeichnung für den Hoforganisten Anton Bruckner.

Wien, am 1. Juli 1886.

Letztes Zeugnis[6]

Nachdem Herr Professor Dr. Anton Bruckner sich bis in sein hohes Alter um die Kunst stets hochverdient gemacht hat, so soll er immer seine vollen Freiheiten haben und dieselbe sein ganzes Leben voll und voll geniessen.

Wien, 20. Juli 1896 *Dr. Heller*

[6] ebda., S. 58f.

Dokumente von Bruckners Hand

Anton Bruckner war dem Hofkapellmeister Ignaz Aßmayer (1790–1862) bereits in St. Florian vorgestellt worden. Das folgende Schreiben zeigt einige Grundzüge im Wesen Bruckners: die Formelsprache, hier besonders devot eingesetzt, um dem Prestige des Hofkapellmeisters im Gegensatz zum »kleinen« Schulgehilfen Rechnung zu tragen: die Großzügigkeit der Widmung, verbunden mit der Hoffnung auf ein Gegengeschäft (was sich in diesem Fall auf Förderung durch Aßmayer beziehen dürfte); die romantische Vorstellung, sein Gegenüber werde Bruckners Talent aufgrund der größeren Erfahrung auf den ersten Blick erkennen, fördern und ihn somit aus der Isolation der Provinz herausholen; eine oft überbordende Emotionalität, die sich in der Äußerung von Komplimenten bis hin zur Schmeichelei darstellt, mit der Bruckner seine Partner überfiel und aus deren Umklammerung man sich nur schwer befreien konnte; die ebenfalls immer wiederkehrende Argumentationsweise der Bestätigung der eigenen Leistung durch andere Persönlichkeiten (die im Postskriptum angesprochene Mitwirkung von »Wienern« bei seiner Probe).

An Ignaz Aßmayer, Wien.[7]

Hochwolgeborner, hochverehrter Herr Hofkapellmeister!

Vor allem meine Gratulation zum hohen Namensfeste. Möge der Himmel stets Ihre Gesundheit ununterbrochen erhalten und Ihnen ein recht hohes Alter erleben lassen. Hochderselbe werden verzeihen, daß ich mich erkühne zu schreiben, schon zum zweiten Male; ich kann mich unmöglich überwinden dies zu unterlassen, weil ich jedesmal darin großen Trost finde, indem ich mich ganz bei Ihnen und mit Ihnen sprechend denke. Ja die freundliche Aufnahme bei Ihnen wird mir immer unvergeßlich bleiben. Auch waren Sie sogar so gütig zu erlauben, daß ich öfter

[7] Die nachfolgenden Briefe sind, wenn nicht anders angegeben, nach Bruckner: *Briefe*, zitiert.

schreiben darf; dies alles tröstet mich daß mein Schreiben nicht als Zudringlichkeit aufgenommen werde. P. T. H. Hofkapellmeister gaben mir voriges Jahr den heilsamen Auftrag fleißig fortzuarbeiten, was ich auch getreulich nach meinen Kräften tue, als einen kleinen Beweis war ich so frei beiliegenden Psalm[8] *als schwachen Versuch Hochdemselben zum hohen Nahmensfeste zu wiedmen; ich bitte sich nicht vielleicht wegen seiner Schwäche beleidigt zu finden, und in jeder Beziehung Schonung und Nachsicht zu haben. Es sei dies nur ein Beweis meiner großen Verehrung gegen Sie. Ich habe hier gar keinen Menschen, dem ich mein Herz öffnen dürfte, werde auch in mancher Beziehung verkannt, was mir oft heimlich sehr schwer fällt. Unser Stift behandelt Musik und folglich auch Musiker ganz gleichgültig – oh könnte ich recht bald wieder mündlich mit Ihnen sprechen! Ich kenne Ihr vortreffliches Herz – welch ein Trost! Ich kann hier nie heiter sein, und darf von Plänen nichts merken lassen. Schließlich bitte noch, P. T. H. Hofkapellmeister, mich in Ihrem werten Andenken zu erhalten, und mir Ihre Gnade und Güte nicht zu entziehen, wenn Sie, mein Glück zu begründen die Gelegenheit haben werden, wofür sich gewiß zeitlebens dankbar erweisen wird*

Euer Hochwohlgeboren

untertänigster

Anton Bruckner, Stiftsorganist.

St. Florian, den 30. Juli 1852.

N. B. Den Psalm habe ich im Stiftszimmer probieren lassen; es haben selbst Wiener mitgewirkt, die sogar Kunstkenner sind und er wurde mit vielem Beifall aufgenommen.

[8] den Psalm 114

1858 – Bruckner hatte mittlerweile die Stelle des Domorganisten in Linz angetreten – wandte er sich an das bischöfliche Ordinariat zwecks Fürsprache für eine Gehaltsaufbesserung.

An das bischöfliche Ordinariat, Linz.

Hochwürdigstes bischöfliches Ordinariat!

Der ehrfurchtsvollst Gefertigte erlaubt sich, einen großen Übelstand, welcher durch die Vereinigung der Dom- und Stadtpfarr-Organistenstelle in Einer Person sich herausstellt, dem hochwürdigen Ordinariate zur geneigten Würdigung und Abhilfe vorzutragen.

Wie bekannt besteht bei der hiesigen Domkirche keine eigentliche Organistenstelle, indem der jeweilige Organist nur den Gehalt der 5ten unbesetzten Chorvikarstelle p. 300 Fl CM zu beziehen hat.

Da dieser Gehalt zu seiner Subsistenz nicht ausreichend erkannt wurde, so wurde demselben auch die Besorgung des Organistendienstes in der Stadtpfarrkirche mit der zukömmlichen Emolumenten[9] *übertragen. Da aber beide Dienste nicht nur an allen Sonn- und Feiertagen, sondern auch sehr oft an Werktagen nicht von Einer Person versehen werden könnten, so mußte der Organist um einen Gehilfen werben; als solcher ließ sich H. Nigrin, der zur selben Zeit eben sein Kürschnergeschäft aufgegeben hatte, und von eigenen Mitteln zu leben hatte, herbei. Bei dessen schon sehr hohen Alter wurde auch sein Spiel schon sehr mangelhaft, und es kamen dießfalls wiederholt Beschwerden an den Gefertigten, dessen dießfällige Verantwortlichkeit ihm wohl sehr schwer fällt.*

Einen anderen Gehilfen zu finden, dürfte bei den zur befriedigenden Leistung nothwendigen Kenntnissen und namentlich bei dem erforderlichen Zeitaufwande sehr schwer, ja bei jetzigen Verhältnissen kaum möglich sein. Dazu kommen noch in neuerer Zeit die Dienstesvermehrungen für den Organisten.

Übrigens fordert auch das neu erwachte kirchliche Leben, daß dem Gesange, namentlich in einer Domkirche, jene Stelle angewiesen werde, die ihm nach kirchlichen Grundsätzen von Altersher gebürt, wozu auch nur solche Organisten beitragen können, die genau mit den harmonischen und contrapunktischen Sätzen

[9] Nebeneinnahmen

bekannt sind. Vielleicht könnte so manches längere Zeit verborgen gelegene Kirchenlied wieder aus dem großen Schatze der katholischen Kirchenlieder hervorgezogen und das Gemüth des Gläubigen dadurch erbaut werden.

Aus diesen Gründen, und insbesonders, da auch bei andern Domkirchen eigene Organistenstellen mit bedeutenden Gehalten bestehen, glaubt der gehorsamst Gefertigte zur Abhilfe der großen gezeigten Übelstände die ehrfurchtsvolle Bitte um Kreirung eines eigenen Gehaltes von 300 Fl CM für die Domorganistenstelle als Zuschuß zu dem bereits bestehenden Bezuge der für die 5te Chorvikarstelle bestimmten 300 Fl stellen zu können, indem nur ein Jahresgehalt von 600 Fl CM bei dem Mangel eines Vorrückungsrechtes und der Pensionsfähigkeit einer solchen Stelle angemessen sein dürfte, und bei einem solchen Gehalte die nach den gezeigten Übelständen nothwendige Trennung des Organistendienstes der Domkirche von dem der Pfarrkirche ermöglicht werden kann.

Geruhe demnach das hochwürdigste bischöfliche Ordinariat diese ehrfurchtsvollste Bitte geneigtest höheren Ortes zu bevorworten.

Linz, den 14. September 1858.

Anton Bruckner m.p.
Organist

In dieser Zeit versuchte Bruckner bereits, in Wien Fuß zu fassen. Wegen der äußeren Bedingungen wandte er sich gerne an seinen Freund Rudolf Weinwurm, von dem er annehmen konnte, daß er mit den Gegebenheiten gut vertraut war. Weinwurm (1835–1922), den Bruckner 1856 kennengelernt hatte, gründete 1857 in Wien den Akademischen Gesangverein, wurde 1867 Chormeister beider Wiener Männergesangvereine und 1880 Universitäts-Musikdirektor. Mit Bruckner verband ihn eine lebenslange Freundschaft.

An Rudolf Weinwurm, Wien.

Lieber Freund!

Jetzt bin ich schon wieder da. Hörst Du – denn ich brauche Dich. Der Kerl kommt gewiß, wenn er mich braucht, wirst Du sagen. Ich habe über Dich u. auch von Dir viel Schönes u. rühmliches gelesen u. gehört, u. freute mich immer innig. Du bist ohnehin schon verständigt, daß ich Ende d. M. u. zwar am 30. Juni also Abends mit dem Dampfschiff in Nußdorf eintreffen u. bis Mitte August bleiben werde.

Da Du nun schon einmal die Quartiermacherstelle in meiner Angelegenheit übernommen hast, so rechne ich auch heuer, obwohl ganz unwürdig u. obwohl Du neue Würden begleitest, wieder auf Deine großartige Aufopferung für mich. Sei so gut, Edler, u. miete mir wieder eine Wohnung, möglichst ruhig u. kühl, wenns möglich wäre mit der Aussicht in einen Garten. Lieber etwas mehr zahlen.

Natürlich nicht gar unendlich weit von Sechter's Wohnung entfernt. Wegen ¼ o. ½ Stunde Entfernung wenn's nothwendig sein sollte, würde ich die Wohnung mit den obigen Eigenschaften, wenn auch etwas theuerer, jedenfalls behalten. Also vom 30. Juni Abends bis 13. od. 14. August, mithin 6 Wochen. Sei sehr gebethen, u. schreibe mir dann recht bald die Adresse in mein Quartier. Ich freue mich schon sehr wieder zu Dir zu kommen, da ich hier keinen solchen Freund besitze. Ich hab erst bei meiner Abfahrt im Dampfschiff gesehen, wie sehr ich Dich liebe. Alois[10] war etwas krank, ist aber wieder genesen u. grüßt Dich. Schreib mir recht bald. Sei gebeten.

Dein Freund

Linz, den 6. Juni 1859. *Anton Bruckner.*

[10] Weinwurms Bruder, Chormeister der Liedertafel des Sängerbundes in Linz

An die Direktion des Wiener Konservatoriums (zum Zusammenhang vgl. Biographie, S. 62ff.)

Hochlöbliches Directorium des Conservatoriums der Musik!

Der Gefertigte, gegenwärtig Domorganist in Linz, hat seit Oktober 1855 aus besonderer Vorliebe für die strenge musikalische Composition unter der Leitung des Hr. Professors Sechter sich mit großen Opfern diesem Studium gewidmet, brachte seit 1858 jährlich zu diesem Zwecke sechs Wochen in Wien zu, wo er den größten Theil jeden Tages bei Hr. Professor Sechter theils Vorträge vernahm, theils Examen bestand, wie beiliegende Zeugnisse a b c d e beweisen.

Die zu diesen vier Privatprüfungen verfertigten Arbeiten wird der Gefertigte einem Hochlöblichen Directorium vorzulegen sich erlauben.

Der Gefertigte erlaubt sich demnach die unterthänigste Bitte, das Hochlöbliche Directorium wolle demselben gnädigst die Zulassung zu einer Prüfung am Conservatorium gestatten, und im Befähigungsfalle den Titel »Professor der Harmonielehre und des Contrapunktes« mittelst eines Diploms gnädigst verleihen.

Den hiezu erforderlichen Bedingungen und Auslagen unterzieht sich der Gefertigte mit größter Bereitwilligkeit.

Der Gefertigte hat Urlaub vom 18. November an, an welchem Tage er sich in Wien bei Hr. Professor Sechter einfinden wird; er bittet daher unterthänigst, ihm in der dritten oder doch in der vierten Woche des November gnädigst einen Tag bestimmen zu wollen.

Hochachtungsvollst

Anton Bruckner, Domorganist.

Linz, den 20. Oktober 1861

An den Musikverein Linz.

Löbliches Komité des Musikvereins!

Geehrt durch die von einem löblichen Ausschusse an mich ergangene Einladung zur Übernahme der artistischen Leitung des Musikvereines, erlaube ich mir, diesfällige Leitung von nachstehenden Bedingungen abhängig zu erklären:

Der Verein kann seine Aufgabe nur erfüllen, wenn ihm die Mittel beschafft werden, welche die ausübenden und unterstützenden Mitglieder sind.

Wolle vor allem ein Anwerben bei den musikalischen Vereinen sowohl, als auch bei den außer Verein befindlichen musikalischen Kräften, deren es doch viele hier gibt, stattfinden, damit der Verein seine artistische Kraft kennt. Dabei wäre ein genaues Verzeichnis zu führen, welche Damen (d. h. nicht Schülerinnen des Vereines) welche brauchbare Schülerinnen des Vereines zum Sopran, zum Alt, welche Herren zum Tenor, welche zum Basse; dann welche zur Streichmusik, welche zur Blasharmonie und wohin?

Das dringend ans Herz gelegte Wort dürfte nicht nur die ziemlich beträchtliche Anzahl von ausübenden Musikfreunden, sondern auch minder für die schöne Sache Eingenommenen bestimmen, als ausübende Mitglieder beizutreten, wobei sie sich aber durch Ehrenwort zu verpflichten hätten, wöchentlich eine Stunde pünktlich einer Probe sich zu unterziehen. Zur Herbeischaffung der materiellen Mittel sind die unterstützenden Mitglieder anzuwerben.

Obwohl eine vorzügliche Gewinnung unterstützender Mitglieder durch gute Vorführung gediegener Werke erzielt werden kann, so wäre doch höchst notwenig, sogleich nach gründlicher Feststellung der ausübenden Mitglieder durch Circulandum die ganze Sachlage, namentlich die Notwendigkeit der materiellen Mittel den P. T. Herren Honoratioren geistlichen und weltlichen Standes und Herren Bürgern ans Herz zu legen und um jährliche Beiträge ad libitum zu ersuchen. Herren, wie Herr Bürgermeister werden gewiß mehr als 2 fl. jährlich beisteuern, selbst wenn sie schon Mitglieder sein sollten.

NB. Da seine Majestät der Kaiser schon anderen Musikvereinen nicht nur in der Residenz, sondern auch in den Provinzen bedeutende Summen zufließen ließ, so dürfte am aller angezeig-

testen ein Majestätsgesuch von größter Wirkung sein. Auf solche Art könnte der Verein materiell gehoben werden; zur Hebung in Beziehung auf die Kunst will ich gerne meine volle Kraft in Bezug auf mein Wissen und Können sowohl, als auch auf die Mühe in der artistischen Leitung anwenden, wenn mir durch angegebene Anbahnung und Organisierung der Weg ermöglicht wird. Daß ich noch mein inniges Ansuchen um eine jährliche Besoldung in bestimmten Betrage für die große Mühe und Verantwortlichkeit der artistischen Direktion des Vereines stellen muß, kann mir unmöglich als unbescheiden gelten von jenen Herren, welche Begriffe von gründlicher, musikalischer Ausbildung in Bezug auf Kosten und entsetzliche Mühe haben, welche einsehen, was es heißt, musikalisch einen Verein heben, und welche meine Verhältnisse überdies kennen.

Linz, den 6. November 1863. *Anton Bruckner.*

An Rudolf Weinwurm, Wien.

Lieber Freund!

Du hast recht oft auch schon die Welt als Pagage [Bagage] *kennen lernen müssen, was ich ungemein bedauere; daher auch Deine gegründete Ansicht über die liebe Menschheit. Diese Ansicht theile ich vollkommen mit Dir. Was ich unter Melancholie verstand – ich drückte mich nur schlecht aus – es ist zum größten Theile nur Feindschaft gegen die Menschheit, deren Liebenswürdigkeit, Aufrichtigkeit und Treue gewiß auch ich bitter genug so oft empfinden mußte und noch empfinden muß.*

Kein Wort vom Vergangenen – aber denke ich habe gegenwärtig nicht eine Lection in der Harmonielehre, und Clavier-Lectionen habe ich auch noch mehrere verloren; ja wenn nicht zufällig ein paar Freunde (um 70 Kreuzer p. Lect.) angenommen hätte, ich könnte wahrlich heuer nicht einmal nach Wien reisen. Du sollst es wissen, nachdem hier so viele Individuen herumlaufen und sogar manche um 20 – ja 10 Kr. pro Lect. geben, ist der Beginn ohnehin kunstsinnig, eine necladante Auswahl geboten. Von einer Gründlichkeit keine Begriffe habend, streben sie solche auch nicht an.

Ich glaube da muß man wohl zu solchen Anschauungen wie wir sie haben, kommen! Unlängst wurde mir erzählt Du habest den Gedanken nach Mexico zur Hofkapelle auszuwandern. Ist etwas Wahres daran? Auch mir wurde ein solcher Antrag gestellt. Schweige gegen Jedermann hirüber und schreib mir.

Gehen wir nach Rußland und wo immer hin wenn man uns im Vaterland nicht kennen will. Du siehst auf welcher Stufe der Zufriedenheit ich stehe und wie ich die Linzer liebe infolge solcher Anerkennung. Schützenberger läßt sich sehr empfehlen und danken ob Deiner Theilnahme; jetzt ordiniert ihm ein Bauer weither von Efferding: der gibt noch Hoffnung – die Ärzte aber nicht. –

Alois habe ich verständigt so wie die gewisse Hartl-Gesellschaft[11]*.*

Ich freue mich wieder auf einen Brief von Dir den lese ich wieder 10mal.

Wir müssen schon großartige Pläne ausführen. Komm holdes Geld! Leb wohl

Dein Alter Freund

A. Bruckner.

Linz, den 18. Oktober 1864.

Für Bruckners Schwäche, sich an jedem seiner Wirkungsorte in ein in der Regel relativ junges Mädchen zu verlieben, steht repräsentativ ein Schreiben an Josefine Lang (1848–1930), das alle Bedingungen aufführt, die ihm zum Eingehen einer Ehe nötig schienen. Die Metzgerstochter gehörte Ende der 50er Jahre zu Bruckners Schülerinnen, als er einen erkrankten Oberlehrer vertrat. Nach reiflicher Überlegung nahm sie den Antrag unter anderem wohl deshalb nicht an, weil ihr der Altersunterschied von 24 Jahren zu groß erschien; sie schickte Bruckners Geschenke, eine goldene Uhr und ein Gebetbuch, durch einen Boten zurück.

An Josefine Lang, Linz.

Sehr geehrtes, liebenswürdiges Fräulein!

Nicht als ob ich mich mit einer Ihnen befremdenden Angelegenheit an Sie, verehrtes Fräulein wenden würde, nein in der Überzeugung, daß Ihnen längst mein zwar stilles, aber beständiges Harren auf Sie bekannt ist, ergreife ich die Feder um Sie zu belästigen. Meine größte und innigste Bitte, die ich hiemit an Sie,

[11] Linzer Verein, benannt nach dem Treffpunkt, dem Café Hartl

Josefine Lang und die letzte Seite des an sie gerichteten Werbungsschreibens

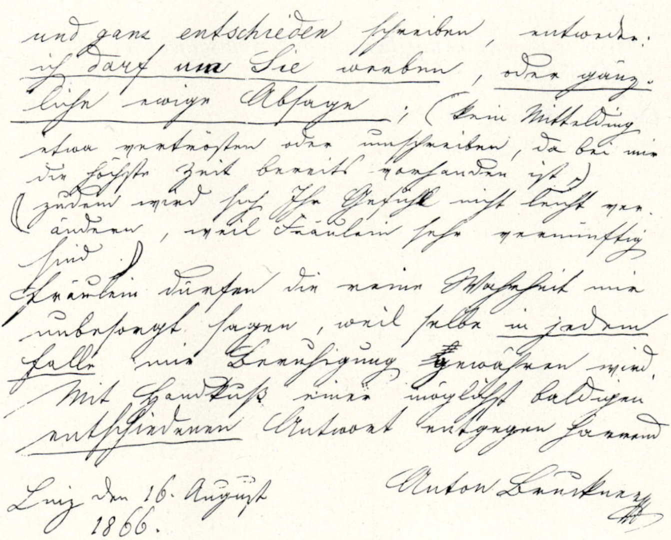

und ganz entschieden schreiben, antworte:
ich darf um Sie werben, oder gänz-
lich ewiges Absagen; (Kein Mittelding
etwa vertrösten oder umschreiben, da bei mir
die höchste Zeit bereits vorhanden ist.)
(zudem wird sich Ihr Gefühl nicht leicht ver-
ändern, weil Fräulein sehr vernünftig
sind!)
Fräulein dürfen die reine Wahrheit mir
unbesorgt sagen, weil selbe in jedem
Falle mir Beruhigung gewähren wird.
Mit Handkuß einer möglichst baldigen
entschiedenen Antwort entgegen harrend
Anton Bruckner m.p.
Linz den 16. August
1866.

Frl. Josefine zu richten wage, ist, Fräulein Josefine wollen mir gütigst offen und aufrichtig Ihre letzte und endgiltige aber auch ganz entscheidende Antwort schriftlich zu meiner künftigen Beruhigung mitteilen und zwar über die Frage: Darf ich auf Sie hoffen und bei Ihren lieben Ältern um Ihre Hand werben? oder ist es Ihnen nicht möglich aus Mangel an persönlicher Zuneigung mit mir den ehelichen Schritt zu thun? Fräulein sehen, daß die Frage ganz entscheidend ist, das eine oder andere bitte ich inständigst mir so bald als möglich eben so entschieden, aber gewiß, ebenso entschieden zu schreiben. Bitte, sagen Fräulein Josefine dieß Ihren lieben Ältern aber sonst Niemanden (bitte das strengste Geheimniß bewahren zu wollen) und wählen Sie einen aus den vorgelegten zwei Punkten der Frage in Einverständniße mit Ihren lieben Ältern. Mein treuer Freund Ihr Herr Bruder hat bereits mich auf Alles vorbereitet und wird auch Sie schon seinem Versprechen gemäß verständigt haben. Nochmal meine Bitte: wollen Fräulein ganz offen und aufrichtig und ganz entschieden schreiben entweder: ich darf um Sie werben, oder gänzliche ewige Absage, (kein Mittelding etwa vertrösten oder umschreiben, da bei mir die höchste Zeit bereits vorhanden ist) (zudem wird sich Ihr Gefühl nicht leicht verändert, weil Fräulein sehr vernünftigt sind.). Fräulein dürfen die reine Wahrheit mir unbesorgt sagen, weil selbe in jedem Falle mir Beruhigung gewähren wird.

Mit Handkuß einer möglichst baldigen entschiedenen Antwort entgegen harrend *Anton Bruckner.*

Linz, den 16. August 1866

1867 zwang eine Nervenkrise den Komponisten zu einer Kur im oberösterreichischen Bad Kreuzen bei Grein. Nach einer dreimonatigen Kurbehandlung mit Kaltwasseranwendungen wurde Bruckner am 8. August als geheilt entlassen. Seinen seelischen Zustand kennzeichnet treffend das folgende Schreiben an seinen Freund Weinwurm.

An Rudolf Weinwurm, Wien.

Kreuzen 19. Juni 1867.

Lieber Freund!

Seit meiner Abreise von Wien weißt Du nichts mehr von mir. Auch Du ließest mir nie etwas wissen. Da ich voraussetze daß es Dir doch recht ist, etwas von mir zu wissen, u. da auch andere Gründe dazu verpflichten, bin ich so frei Dir zu schreiben u. vor Allem mich zu entschuldigen, daß ich noch nicht Deinem Wunsche nachkommen konnte! Magst Du Dir denken oder gedacht haben – oder gehört haben was immer! –! Es war nicht Faulheit – es war noch viel mehr!!! –!; es war gänzliche Verkommenheit und Verlassenheit – gänzliche Entnervung u. Überreiztheit! Ich befand mich in dem schrecklichsten Zustande; Dir nur Dir gestehe ich's – schweige doch hierüber. Noch eine kleine Spanne Zeit, u. ich bin ein Opfer – bin verloren. Dr. Fadinger in Linz kündigte mir den Irrsinn als mögliche Folge schon an. Gott sei's gedankt! er hat mich noch errettet. Ich bin seit 8. Mai im Bade Kreuzen (bis 8. Aug.) bei Grein. Seit einigen Wochen geht's mir etwas besser. Darf noch gar nichts spielen, studieren oder arbeiten. Denke Dir welch ein Schicksal! Ich bin ein armer Kerl! Herbeck sandte mir die Partituren meiner Vocal Messe u. Symphonie ohne ein Wort zu schreiben. Ist denn alles gar so schlecht? Erkundige Dich doch einmal. Lieber Freund schreib mir doch einmal in meinem Exile mir Armen, Verlassenen.

Wärest Du zu Ostern nach Linz gekommen, da hättest Du gestaunt über meinen Zustand. Näheres mündlich. Indem ich Dich 1000mal küsse u. grüße, verbleibe ich im Jammer u. Kummer

Dein alter Freund u. Bruder

Anton Bruckner.

NB. Schreib mir doch einmal! Es wird mir doch ein Trost sein.

Aufnahmegesuch Bruckners als »Expectant«[12].

Promemoria

Der ehrfurchtsvollst Gefertigte ist anno 1824 zu Ansfelden in Oberösterreich geboren, war bis 1855 Lehrer und Stiftsorganist von St. Florian, ist seither Domorganist in Linz.

Seit seiner Jugend widmete er sich mit allem Eifer den contrapunctischen Studien; seit dem Jahre 1855 war er Schüler des sel[ligen] *Hoforganisten und Professors Sechter, und verwendete all sein Ersparniß und alle freie Zeit, ja die Nächte für seine Ausbildung bis Juli 1863.*

Die Resultate der Studien weisen die wahrhaft glänzenden Zeugnisse vor, und erhielt er zuletzt die Befähigung als Lehrer der Composition an Konservatorien.

Als Organist ist er so glücklich, bereits gekannt zu sein.

In Folge seiner jüngst in der kk. Hofkapelle aufgeführten Messe erhielt er die höchst ehrende Einladung und Aufforderung, eine zweite Messe für die kk. Hofkapelle zu komponiren, welche auch bereits in Arbeit sich befindet; überdieß wurde die bereits aufgeführte auf den Wunsch von Seite des kk. Oberst-Hofmeisteramtes bleibend für die kk. Hofkapelle behalten.

Sehr ehrende Einladungen an den Gefertigten sind auch aus München u[nd] *Dresden erfolgt. Compositionen im Kamerstyl, deren er schon mehrere geschrieben hat, als Chöre, Symphonie, wurden jüngst in Leipzig sehr günstig beurtheilt. (Prendelschen-Musikzeitung.)*

Als Dirigent hat er sowol im Gesange als Orchester gewirkt und zwar mit competentesten Anerkenungen.

Schon seit dem Jahre 1851 bemühte er sich in die kk. Hofkapelle aufgenomen zu werden.

In Folge vieler gegebener Hoffnungen betreffs der Realisirung dieser Aufnahme unternahm er die mit so bedeutenden Auslagen und Mühen verbundenen Studien; doch war er bisher nicht so glücklich, sein unabänderlich angestrebtes Ziel zu erreichen.

Jetzt aber glaubt er, sei sein Zeitpunkt gekomen, da die göttliche Vorsehung an Euer Durchlaucht einen eben so gnädigen kk. Oberst-Hofmeister, wie verständnißvollen und selbst

[12] Antonicek, a. a. O., S. 31

ausübenden Künstler an diese oberste Stufe berufen hat; jetzt, da ihm überdieß das nicht auszusprechende Glück zu Theil ward, die hohe Gunst und Gnade des P T Hochwohlgebornen H[errn] *Hofrathes Imhof zu erwerben einzig durch Hochselbe eigene künstlerische Auffassung seiner ersten Leistungen, jetzt glaubt er die fußfällige Bitte wagen zu dürfen um hochgnädige Befürwortung zur allerhöchsten Verleihung der Aufname in die kk. Hofkapelle als kk. Hoforganist, oder als überzähliger unbesoldeter kk. Vice-Hofkapellmeister. Im letzten Falle wäre der Titel, so wie seine Zukunftshoffnung hinreichend, ihm ein nöthiges Einkomen zu sichern. Überdieß ist er im Kanzlei-Fache so wie als Hauptschullehrer zu verwenden, da er 14 Jahre als Lehrer zugleich gedient hat.*

Der Gefertigte wiederholt ehrfurchtsvollst seine unterthänigste Bitte um hochgnädigste Aufname in die kk. Hofkapelle, wird für jede Verfügung höchst dankbar sein, und ist bereit, allenthalben wo und wie es gewünscht würde, sich verwenden zu lassen.

Linz den 14. Oktober 1867. *Anton Bruckner* [m. p.]

Bruckner hatte sich am 29. März 1868 um die Stelle eines Domkapellmeisters und »artistischen Direktors« am Mozarteum beworben. Als Dr. Otto Bach mit dieser Position betraut wird und das Mozarteum Bruckner mit der Ehrenmitgliedschaft tröstet, kann er nicht umhin, seinen Wiener Karriereweg in dem knappen Schreiben zu erwähnen.

An das Mozarteum, Salzburg.[13]

Löbliche Vorstehung des Mozarteums!

Für die gnädige Ernennung zum Ehren-Mitgliede des löbl. Mozarteums statte ich hiemit meinen Dank ab. Eben ist Wien in Unterhandlungen mit mir; man trug mir die Professur des Contrapunctes am dortigen Conservatorium an; hochachtungsvollst

Anton Bruckner mpa Linz 4. Juni 1868.

[13] Hintermeier, a. a. O., S. 4

Im Jahre 1865 war Bruckner dem Aufruf Richard Wagners an seine Freunde, zur geplanten Uraufführung seines *Tristan* am 15. Mai nach München zu kommen, gefolgt. Daß er bei dieser Gelegenheit Anton Rubinstein und durch diesen wiederum Hans von Bülow kennenlernte, hat er dem Umstand zu verdanken, im selben Hotel wie Rubinstein abgestiegen zu sein. Von Bülow (1830–1894) war Pianist, Dirigent und Komponist, verheiratet mit Wagners späterer Frau, der Liszt-Tochter Cosima. Der *Tristan* und die *Meistersinger* wurden unter seinem Dirigat uraufgeführt. Später wandte er sich enttäuscht von Wagner ab und wurde ein enger Freund Johannes Brahms'.

Hans von Bülow hat 1865 in München wahrscheinlich einen Blick auf die Skizzen zu Bruckners 1. Sinfonie geworfen, verhält sich später aber relativ distanziert gegenüber dem ihm intellektuell nicht gleichwertig scheinenden Komponisten.

An Hans v. Bülow, München.

NB. Meine Adresse: Anton Bruckner, Domorganist u. Chormeister in Linz.

Hochwohlgeborner, Hochverehrtester
Herr Hofkapellmeister!

Entschuldigen Herr Baron gnädigst, daß ich Eurer Hochgeboren mit einer Bitte belästigen muß, und zwar in einer Zeit, wo jeder Augenblick für Hochselben goldern ist. Gewiße Umstände drängen mich dringend. Ich war so glücklich mir in Österreich durch mein Orgelspiel einen Namen errungen zu haben. In Wien nannte man mich wiederholt den besten Orgelspieler Österreichs; Bin als absolvirter Lehrer für Conservatorien befähigt (Sechters Schüler). Habe mehrere große Messen geschrieben, wovon die 1te in der Hofkapelle in Wien mit solchem Beifalle aufgeführt wurde, daß eine zweite von kk. Obersthofmeisteramte bestellt wurde. H. Baron hatten die Gnade, vor einigen Jahren einige Sätze meiner C-moll Symphonie anzusehen. Erlaube mir gnädigst die geheime Bitte und Frage: Wenn ich in meinem Vaterlande übergangen werden sollte, da ich nicht ewig in Linz bleiben kann, könnte ich nicht durch Ihre u. P. T. H. Wagners Empfehlung Audienz beim König bekommen, und die Orgl spielen Sr. Majestät, um auf solche Weise vielleicht eine Stelle als Hoforganist o. Vize-Hofkapellmeister zu bekommen sei es in der Kirche o. im k. Theater gegen einen bessern und sicheren Gehalt. Wäre dieß möglich? oder ganz und gar unmöglich für jetzt? H. v. Wagner, der mir unlängst erst so liebevoll geschrieben hat[14] *würde, wenn es überhaupt jetzt möglich ist, gewiß Alles für mich gern thun. Ich bitte Hochselben H. v. Wagner dieß zu sagen, und gnädigst fragen zu wollen, und dann bitte ich unterthänigst, H. Baron wollen mir gnädigst Ihre eigene Antwort, und die H. v. Wagners sobald als möglich mittheilen.*

Und wen es möglich wäre, wie viel jährlichen Gehalt dürfte ich hoffen?

Mit größter Sehnsucht harre ich darauf.

Ich bitte demütig u. innigst diese meine Bitte und Anfrage als tiefstes Geheimnis bewahren zu wollen, und namentlich keinen Wiener etwas hievon zu eröffnen.

Wird die 3te u. letzte Aufführung[15] *am 29. d. sein. Wenn es mir nur etwas möglich würde, möchte ich dann nach München, um den Hochgenuß und die Freude an dem großmeisterlichen Werke theilen zu können mit meinem erhabenen Vorbilde Wagner. Meine Gratulation u. tiefsten Respekt. Bitte innig um gnädige Antwort.*

Euer Hochgeboren

dankbarer

Linz den 20. Juni 1868. *Anton Bruckner.*

[14] Bruckner bezieht sich auf den Brief Wagners vom 31. Januar 1868, in dem dieser die Ehrenmitgliedschaft des Sängerbundes »Frohsinn« annahm und in Ermangelung eines geeigneten Männerchores den Schlußgesang seiner jüngsten Komposition *Die Meistersinger von Nürnberg* zur Festfeier anbot.

[15] der *Meistersinger*

Simon Sechter war 1867 gestorben, und auf Betreiben Johann Herbecks war Bruckner dazu ausersehen, in seiner Nachfolge die Fächer Harmonielehre und Kontrapunkt am Konservatorium zu unterrichten. (vgl. Biographie, S. 91) So sehr es ihn immer in die Metropole gedrängt hatte, so sehr fürchtet er sich nun vor dem Umzug in das beunruhigende Milieu der Großstadt. Bruckner ist niedergeschlagen, unsicher, doch seine Linzer Freunde und nicht zuletzt Herbeck wissen ihn zu überzeugen, so daß er schließlich zusagt:

An das Konservatorium, Wien.

Hochlöbliche Direktion

Ich beehre mich infolge der schriftlichen Beruhigungen, wofür ich hiemit ergebenst danke, und im Vertrauen auf die gemachten Zusicherungen zur Kenntniß zu bringen, daß ich zur Annahme der mir angetragenen Lehrerkanzeln definitiv entschlossen bin, und somit in Gottes Namen schon Anfangs Oktober, meinem so ehrenvollem Rufe folgend in Wien eintreffen werde.

Hochachtungsvoll

Linz, den 23. Juli 1868

Anton Bruckner.

An Johann Baptist Schiedermayr (1835–1911), der als Domdechant in Linz zur Aufsichtsbehörde der Diözese gehörte und früh Bruckners Förderer wurde, berichtet er über seine Triumphe in Frankreich (vgl. hierzu Biographie, S. 92f.).

An Johann Baptist Schiedermayr, Linz.

Euer Hochwürden und Gnaden!

Soeben bin ich aus Paris angekommen, nachdem ich seit 24. April in Frankreich war. Ich habe in Nanzy zwei Konzerte am 28. u. 29. v. M. mitgemacht und weitaus den Vorzug erhalten vor allen dort anwesenden Belgiern, Deutschen und Franzosen. Der Erfolg für mich war großartig. Die musikalischen Zeitungen aus Nancy, Lyon, Paris etc. spenden mir größten Ruhm. Auch in Paris habe ich zweimal konzertiert, zuerst im Atelier des Orgelbauers Merklin und dann in Notre-Dame, wo die größten Künstler aus Paris etc. versammelt waren. Zum Schluß verlangte ich noch ein Thema, welches mir einer der größten Organisten aus Paris gab, und als ich es in drei Teilen durchgeführt hatte, war der Erfolg ein grenzenloser. Solchen Triumph werd' ich nie mehr erleben. Die musikalischen Zeitungen aus Paris sagen, erst durch mich hätte die große Orgel von Notre-Dame ihren Triumphtag gefeiert und man habe in Paris etwas Vorzüglicheres nie gehört etc. Solcher Erfolg, für mich zu überraschend, hat leider auf meine Gesundheit stark gewirkt, doch hoffe ich, durch Gottes Gnade bald wieder ganz gesund zu sein. Von Pater Schneeweiß[16] *einen Handkuß. Solchen auch von mir an die Fräulein Schwestern. Nochmals danke ich Euer Gnaden für alles Gute, das mir zu Ostern so reich zuteil ward. Herr Waldeck*[17] *schrieb mir, meine Messe würde schwer aufzuführen sein, wegen des Raumes. Ich bitte Euer Gnaden gütigst, Sorge tragen zu wollen, dasselbe doch von den Damen und Herren der Liedertafel und des Musikvereines gut jetzt schon studiert werde; denn auf dem Chor ist wohl zu nichts Platz, aber wir können ja selbe im Freien aufführen mit oder sogar ohne Tribüne. Will man aber nur eine kleine Messe und nicht meine aufführen, so ist's mir auch recht. Indem ich meine Bitte nochmals wiederhole, küsse ich ihre Hände und verharre ehrfurchtsvollst*

Euer Hochwürden und Gnaden dankschuldigster Diener

Anton Bruckner.

Von meiner Schwester Handküsse.

Wien, 20. Mai 1869.

[16] Pater Schneeweiß war nach den Angaben Göllerichs Jesuit und Bruckners Beichtvater während der ersten Wiener Jahre.

[17] Karl Waldeck (1841–1905) war der Domkapellmeister in Linz. Ihm hatte Bruckner seine f-Moll-Messe zur Aufführung übersandt.

In den Linzer Gesangverein, die Liedertafel »Frohsinn«, war Bruckner sofort nach seiner Ankunft in der Stadt eingetreten. 1861 übernahm er die musikalische Leitung. Dem Chor sind mehrere seiner Chorkompositionen gewidmet.

An die Liedertafel »Frohsinn«, Linz.

Hochlöbliche Vorstehung der
Liedertafel Frohsinn!

Der ausgezeichnete, unvergeßliche Verein hat mir eine ganz hervorragende Auszeichnung bereitet, indem er mich zum Ehrenmitgliede ernannt hat. Diese mir gewordene Ehre ist um so größer, da dieß sonst nur den hervorragendsten Männern zu Theil zu werden pflegt.

Ich bin hiemit so frei, diesem hochlöblichen, sehr berühmten Vereine für diese so hohe, unverdiente Auszeichnung meinen innigsten Dank abzustatten, und versichere, daß ich, wie bisher, fort und fort an allen Schicksalen desselben innigsten Antheil nehmen werde. Jederzeit wird meine Wenigkeit zu Diensten sein, und heftig erfüllt mich die Sehnsucht nach den heranrükkenden glücklichen Stunden wo ich, angethan mit dem Zeichen des Vereines, dessen Mitglied zu sein mir fortan zu meiner unbeschreiblichen Freude gegönnt ist, persönlich meinen herzlichsten Dank wiederholen kann. Die Liedertafel Frohsinn lebe Hoch! hoch! hoch!

Hochachtungsvollst

Anton Bruckner, m. p.

Wien, den 16. Juni 1869.

Moritz von Mayfeld (1817–1904) war Deputierter der Konstituierenden Nationalversammlung in Frankfurt und hoher Beamter der Statthalterei in Linz. Seine Ehefrau, geborene Edle von Jenny (1831–1908), war jene Pianistin, der Clara Schumann das Zeugnis ausstellte, sie hätte noch keine bessere Dilettantin gehört.

An Moritz von Mayfeld, Linz (zum Zusammenhang vgl. Biographie, S. 93f.).

Euer Hochwolgeboren!

Ich habe das Gewünschte besorgt u. auch berichtigt. Wann meine Messe aufgeführt wird, weiß ich noch nicht. Vor dem 21. d. [M.] *hat der Singverein zum Studieren derselben keine Zeit. Haben Sie die Bombe v. 22. Okt. gelesen? Ich bekam ein Fieber darüber. Herbeck lachte mich gestern nach dem Amte in der Hofkapelle, wo ich spielte, recht aus. Daß irgend etwas in die Öffentlichkeit kam, habe ich Kapellm. Eder zu danken; der mir einen Dienst zu thun vermeinte!!!*

Nun zur oktroirten Beicht. Zwei Mädchen von dem in Linz wohlbekannten Streinz (Realschuldirektor) sollen durch mich gekränkt worden sein, ich soll eine, Urschl im Zorne genannt haben. Jedoch alles Geheimniß – anonym. Papa nahm die Mädchen aus der Schule, u. seit dem verfolgt man (respektive er) mich durch anonyme Anzeigen, daß ich die Mädchen bei der Hand schüttelte, daß ich gegen eine freundlicher sei, ja das ich sogar gefährlich wäre. Daß meine Freundlichkeit und Güte mißbraucht worden sein muß, steht außer allem Zweifel: sonst weiß ich mich nichts schuldig. Das Ministerium ernannte mich wieder für die männlichen Zöglinge, u. gestern sagte mir Herbeck, er habe vom Hofrath Hermann einen 2. Brief erhalten, worin es heißt, daß das Ministerium mich nicht von der weibl. Abtheilung enthebt, sondern wünscht, daß ich selbe behalte, obwohl ich erklärt habe, daß ich jede Lust, dorthin zu kommen, verloren habe. Die dortigen Mädchen sind so überspannt: 2 z. B. spielen, jede will natürlich die Klasse: »vorzüglich« eine von beiden kann nichts u. bekommt »genügend«. Wenn man nun mit dem einen, welche die besten Klasse bekam nur freundlichst spricht, so heißt es, in diese ist er verliebt etc. Mit solchen Leuten zu pactiren ist mir Qual; u. ich fühle mich sehr unglücklich. Wenn ich Herbeck nicht habe, bin ich vielleicht brotlos. Doch

Moritz von Mayfeld

was noch nicht ist, kann noch werden. Sie haben keinen Begriff wie namentlich eine Klasse Musiker mich jetzt verfolgen. Der Monat Oktober hat meinen Nerven unendlich geschadet. Ich habe an Wien jede Lust und Freude verloren. Um leben zu können muß man so viele Anstalten versehen, wodurch man jede Zeit für die Kunst verliert. Der gnäd. Frau meinen Handkuß. Mit tiefstem Respekte

Euer Hochgeboren

dankschuldigster

Ende Oktober 1871. *Anton Bruckner, m. p.*

NB. Bitte vom Streinz Geheimnis zu bewahren, weils ichs nicht gewiß weiß, sondern Vermuthung ist.
Ist Dr. Spies schon in Linz gewesen?

Dem folgenden Gesuch (vgl. Biographie, S. 102), das Bruckner an den englischen Botschafter in Wien richtete, war kein Erfolg beschieden.

An Baron Schwarz-Senborn, Wien.

Promemoria.

Der Gefertigte wurde 1869 in Paris u. Nancy, 1871 in London in eilf Conzerten sehr ausgezeichnet. (Daily News 1. Sept. 1871 Morning Post etc.)

Ebenso in Wien, u. besonders bei Aufführung seiner Symphonie No. 2 ward ihm von den Philharmonikern u. Künstlern überhaupt, als auch vom Publikum die großartigste Anerkennung u. Auszeichnung zu Theil. Besonders No. 3 seiner Symfonien erhielt Richard Wagners Beifall u. Anerkennung der Art, daß Wagner die Dedication mit den schmeichelhaftesten u. aufmunterndsten Worten annahm.

Um Zeit zur Composition finden zu können, ist es nothwendig einen Kunst-Mäcen zu finden.

Lord Dudley dürfte vielleicht nicht abgeneigt sein die Kunst zu unterstützen. Der Gefertigte würde ihm natürlich seine Werke u. sich selbst zur Verfügung stellen für einen jährlichen, ausgesprochenen, versicherten Betrag.

Auch mit einer Anstellung würde d. Gefertigte beglückt werden, wenn nur Mangel der englischen u. französischen Sprache kein Hinderniß sein würde. Sollte H. Lord Dudley nicht gewonnen werden können, so vielleicht ein Anderer, in England oder Amerika. Nur müßte es ämtlich gesichert u. lebenslänglich sein, wenn die Unterstützung auch noch so klein ausfallen soll. –

Dieß die unterthänigste Bitte an Sr. Exzellenz.

Wien 22. Juni 1874.

Anton Bruckner
kk. Hoforganist u. Prof. am Conservatorium
(Währingerstraße 41.)

An die Wiener Philharmoniker.

Hochlöbliches Comité der philharmonischen Gesellschaft!

Nachdem ich nun meine 4. Sinfonie bereits vor Monaten vollendete, ferner noch nicht in die glückliche Lage gekommen bin, mit Ausnahme der C-moll, welche nur durch gütige Mitwirkung der Hochlöbl. philh. Gesellschaft aufgeführt werden konnte, meine Werke in Wien aufgeführt zu hören; so erlaube ich mir eine derselben, welche dem großen Tondichter Hl. Richard Wagner im Jahre 1873 dedicirt, und auch vom selben in sehr ehrender Weise beurtheilt wurde, jene in D-moll (No. 3) einer Hochlöbl. philh. Gesellschaft mit dem ergebenen Ansuchen zu überreichen, dieses, unter den Compositionen der Gegenwart gewiß den letzten Rang nicht einnehmende musikalische Werk, wofür Liszt's u. Wagner's Urtheile die beste Bürgschaft liefern dürften, in der nächsten Wintersaison 1875/76 gütigst in die zur Aufführung kommende Piecenreihe aufnehmen zu wollen. Schließlich erlaube ich mir mitzutheilen, daß ich mich mit einer eventuellen Theilung der Sinfonie in zwei Conzerte einverstanden erkläre, u. daß vollständig geschriebene Stimmen im Conservatorium sich befinden.

Mit ausgezeichneter Hochachtung

sehr ergebenster

Anton Bruckner
kk. Hoforganist u. Professor am Conservatorium.

Wien den 1. August 1875.

Antrittsrede Bruckners an der Wiener Universität, datiert vom 25. November 1875 (Entwurf)[18].

Meine Herren!

Das Hohe kk. Ministerium für Kultus und Unterricht hat mit dem Erlasse vom 8. November mich als Lektor für die Gegenstände »Harmonielehre« und »Kontrapunkt« an der philosophischen Fakultät zuzulassen befunden. Bevor ich jedoch meine Vorträge in diesen Gegenständen beginne, erlaube ich mir, mit dem Vorworte eines Druckwerkes gleich, in wenigen Worten

[18] Schwanzara, a. a. O., S. 53

über die Wichtigkeit als Bedeutung dieser Gegenstände für unser so weit vorgeschrittenes geistiges Leben Erwähnung zu tun.

Wie Sie selbst aus verschiedenen Quellen wissen werden, hat die Musik innerhalb eines Zeitraumes von zwei Jahrhunderten so kolossale Fortschritte gemacht, sich in ihrem inneren Organismus so erweitert und vervollständigt, daß wir heute – werfen wir einen Blick auf dieses reiche Material – vor einem bereits vollendeten Kunstbau stehen, an welchem wir eine gewisse Gesetzmäßigkeit in den Gliederungen desselben sowie eine gleiche von diesen Gliedern dem ganzen Kunstbau gegenüber erkennen werden. Wir sehen, wie das eine aus dem anderen hervorwächst, eines ohne das andere nicht bestehen kann, und jedoch jedes für sich wieder ein Ganzes bildet.

So wie jeder wissenschaftliche Zweig sich zur Aufgabe macht, seine Materiale durch das Aufstellen von Gesetzen und Regeln zu ordnen und zu sichten, so hat ebenfalls auch die musikalische Wissenschaft – ich erlaube mir, ihr dieses Attribut beizulegen – ihren ganzen Kunstbau bis in die Atome seziert, die Elemente nach gewissen Gesetzen zusammengruppiert und somit eine Lehre geschaffen, welche auch mit anderen Worten die musikalische Architektur genannt werden kann.

In dieser Lehre bilden wieder die vornehmen Kapitel der Harmonielehre und des Kontrapunktes die Fundamente und die Seele derselben.

Nach dem Vorausgelassenen werden Sie, meine Herren, mir zugeben müssen, daß zur richtigen Würdigung und genauen Beurteilung eines Tonwerkes, wobei zuerst erforscht werden muß, wie und inwieweit diesen eben erwähnten Gesetzen in demselben entsprochen wurde, sowie zum eigenen Schaffen – nämlich eigene Gedanken musikalisch korrekt verwirklichen, sie belebend machen – vor allem die volle Kenntnis von der erwähnten Musikarchitektur, beziehungsweise von den Fundamenten dieser Lehre notwendig ist.

Aus dem Entwickelten mögen Sie nun selbst entnehmen, daß die Gegenstände »Harmonielehre« und »Kontrapunkt« bei dem im übrigen so weit entwickelten geistigen Leben ebenfalls einen notwendigen Platz finden müssen, wo selbe gepflegt, wo selbe auch ohne den Endzweck, ausschließlich Künstler heranzubilden, gelehrt werden können; denn sie gehören – und das mit Recht – zu den Trägern unserer geistigen Bildung; da wir durch sie in die Lage kommen, unseren Gedanken und Gefühlen nach musikalischer Richtung hin in ästhetischer Weise gerechten Ausdruck zu verleihen.

Nachdem in Deutschland, Frankreich und Rußland usw. vor Jahren die Notwendigkeit, diese Gegenstände im Lehrplan der betreffenden Universitäten einzureihen, schon erkannt wurde, so war dadurch auch dem Bedürfnisse, diesen Gegenständen Eingang in das geistige Leben zu verschaffen, in der beredtesten Weise Ausdruck verliehen worden.

Es würde mich zu weit führen, noch weitere Momente, welche für die Wichtigkeit dieser erwähnten Gegenstände sprechen, anzuführen, jedoch glaube ich nicht unbemerkt lassen zu müssen, daß durch die Kenntnis der Harmonielehre und des Kontrapunktes man so manchmal auch durch Gelegenheitskompositionen in die angenehme Lage kommt, das gesellschaftliche Interesse zu fördern, wodurch nur wieder in erster Linie für das Ich der gewünschte Gewinn resultiert.

Habe ich über die Wichtigkeit sowie über die Bedeutung der Harmonielehre und des Kontrapunktes gesprochen, so will ich jetzt nur in kurzem über die Art und Weise, wie ich diese Gegenstände hier zu behandeln gedenke, sprechen.

Mein langjähriges Studium sowie meine Erfahrungen, die ich als Professor dieser Gegenstände am hiesigen Konservatorium gesammelt habe, sowie meine Kenntnis in der diesbezüglichen Literatur haben mich zu dem Entschluß gebracht, bei meinen Vorträgen mich an keines der jetzt aufliegenden Werke zu binden, sondern frei meine Vorträge zu halten, und zwar aus dem Grunde, weil ich nur dadurch bei der knapp bemessenen Zeit in die Lage komme, aus dem reichen und ausgebreiteten Materiale durch Herausnahme der vorzüglichsten Fundamentalsätze Ihnen ein richtiges, klares Bild aufrollen zu können. Ich werde bei meinen Vorträgen stets bemüht sein, durch klare Darstellung das Verständnis zu fördern und durch anschauliche Beispiele den Buchstaben der Theorie belebend machen, eingedenk der Worte Goethes:

»Grau ist jede Theorie,
Nur grün des Lebens goldner Baum.«

Werde Ihnen manche Härten durch praktische Übungen auf ein Minimum reduzieren, somit Theorie und Praxis innig miteinander verbinden und Sie so mit sicheren Schritten durch dieses Reich des Wissens von einer Grenze zu der anderen bringen, wo ich Sie dann beim Eintritte in das kämpfende Leben mit der Bitte verlassen werde, das Erlernte getreulich auszunützen und meiner wohlwollend zu gedenken.

Habe ich es mir große Mühe kosten lassen, für diese Gegenstände an der Universität eine Pflanzstätte zu schaffen, so bin ich doch verpflichtet, hier öffentlich für die mir dabei zuteil gewordene Unterstützung von Seite des hochlöblichen Professorenkollegiums der philosophischen Fakultät sowie der eines hohen Ministeriums für Kultus und Unterricht dankend zu gedenken, wodurch die schon lange von mir gehegte Idee endlich ist zur Tat geworden.

Zum Schlusse erlaube ich mir, eine Bitte an Ihre werte Adresse, meine Herren, zu richten: Tragen Sie mit Ihrem jungen und frischen Geiste Ihr mächtiges Schärflein dazu bei, daß diese Gegenstände hier an der Alma Mater in Hinkunft die gerechte Würdigung finden mögen, daß diese musikalische Wissenschaft an der universellen Pflanzstätte wachse, blühe und gedeihe. Dixit.

Der Grund für das folgende Schreiben an den Fürst-Erzbischof von Wien dürfte in der ausgeprägten Gewissenhaftigkeit gelegen haben, die Bruckner jede Übertretung eines Verbots erschwerte. Vermutlich hängt dieses Dispensgesuch mit der Tatsache zusammen, daß Bruckner regelmäßig im Gasthaus essen mußte und es ihm unmöglich schien, die gebotenen Fasttage immer einzuhalten; außerdem hatte er zweifellos – wie man aus vielen Berichten weiß – guten Appetit.

Sr. Fürst-Erzbischöflichen Gnaden geruhten gnädigst zu erlauben:

An allen Tagen des ganzen Jahres, bei jeder Mahlzeit Fleisch zu essen und bei jeder Mahlzeit mehrere Fleischspeisen oder auch nach den Fleischspeisen eine Mehlspeise. Aber nicht Fische.

Ausgenommen sind: 1. Der Weihnachtsfesttag, 2. Charfreitag, 3. je einer von den drei Quatembertagen.

Also bei jeder Mahlzeit und wiederholt bei jeder Mahlzeit mehrere Fleischspeisen kann ich geniesen an allen Freitagen und gebothenen Fasttagen des ganzen Jahres, auch in der H. Fastenzeit u. dergl. z. B. H. Adwentzeit, ist mir wie sonst auch Abends u. überhaupt bei jeder Mahlzeit mehrmals H Adwentzeit (d. h.

bei jeder Mahlzeit mehrere Fleischspeisen) Fleisch zu geniesen gestattet.

Wien, den 23. Februar 1876. *Anton Bruckner.*

Gesuch Bruckners um die Vize-Hofkapellmeisterstelle[19].

Euere Durchlaucht!

Gestatten Euere Durchlaucht, daß ich es wage, unterthänigst um gnädige Verleihung der kk. Vice-Hofkapellmeisterstelle zu bitten.

Diese meine sehnlichste Bitte erlaube ich mir zu begründen:

1. Gefertigter ist bei der Kirchenmusik aufgewachsen und kennt genau die Dienste.

2. Hat derselbe wiederholt in der Hofkapelle und in Concerten zur allgemeinen Anerkennung dirigirt.

3. Ist er schon seit 1868 Mitglied der Hofmusikkapelle.

4. Ist traditionell stets für diese Stelle auch schaffende Kraft nicht unerwünscht gewesen.

Letzteres insbesonders ermuthiget mich, nochmals unterthänigst meine Bitte zu wiederholen, da Euere Durchlaucht, selbst so hoch stehend in der Kunst und ein eben so bedeutender Kunstgönner, derlei Verdienste am besten zu würdigen wissen.

Was meine Compositionen anbelangt, so erlaube ich mich auf die Urtheile Wagners, Liszts, Herbecks, Hellmesbergers etc. zu berufen.

Wien den 29. April 1876. *Anton Bruckner* [m. p.]

Mittlerweile war Bruckners 4. Sinfonie, die *romantische*, zu Ende gediehen. Ihre Fertigstellung meldete er sogleich nach Berlin dem dortigen Musikkritiker und Musiktheoretiker Wilhelm Tappert (1830–1907), der 1878 die Chefredaktion der *Allgemeinen deutschen Musik-Zeitung* übernahm. Gleich diesem war Bruckner des öfteren zu Soireen in Wagners Haus Wahnfried in Bayreuth eingeladen, wo die beiden Männer einander erstmals begegneten. Tappert wußte Musikdirektor Benjamin Bilse in Berlin begierig zu machen, Bruckners Sinfonie kennenzulernen. Obwohl Vorbereitungen anliefen – zu ihnen gehört das folgende Schreiben –, kam eine Aufführung aus unbekannten Gründen dennoch nicht zustande.

[19] Antonicek, a. a. O., S. 75

An Wilhelm Tappert, Berlin.

Hochwohlgeborner Herr Professor!

Die Freude, die Ihr hochverehrtes Schreiben in mir sowohl, als auch bei der Akademischen Jugend an der Universität (bei 70 Hörern) im Conservatorium etc. hervorrief, ist unnennbar. An der Universität heftiger Applaus. Vielleicht könnte ich mir durch einen herzlichen Gruß von unseren Studenten an die Hörer und Collegen der Universität in Berlin gewichtige Freunde verschaffen? Im Falle einer baldigen zu hoffenden Aufführung vertraue ich mich ganz dem wohlmeinenden Rathe von Hochdenselben an, ob mein Erscheinen in Berlin rathsam sei oder nicht. In Bezug auf manche Intentionen glaube ich wäre es gut; (z. B. bei den letzten Proben zu sein.) Eine Herzensangelegenheit hätte ich, und zwar die innige Bitte, (falls P. T. Herr Königl. Musikdirector nicht etwa unangenehm berührt werden sollte,) daß im 2ten Satze Buchstabe C u. später H zweimal 1/8 Pause gesetzt und 2mal die Viola etwas verändert würde.

(Vom 10. bis 11. Tact bei C auch das Horn wegstreichen.) Natürlich auf meine Rechnung vielleicht durch ein copirendes Orchestermitglied. Sollte es aber nicht gerne gesehen werden, so ists mir auch so recht.

Auch Herr Prof. Schelle hatte große Freude, und meldet seinen herzlichen Gruß. Ebenso auch Landesschulinspector Robert Niedergefäß. Ein Schreiben habe ich nie erhalten. Welch ein Schuldner ich Euer Hochgeboren bin, vermag nur ein Mensch in meinen Verhältnissen zu ermessen. Doch hoffe ich, mich noch dankbar bezeigen zu können. Mit höchstem Respecte und wahrer Bewunderung verharre ich

Euer Hochwohlgeboren

dankschuldigster

Wien den 6. Dezember 1876. *Anton Bruckner.*

An die niederösterreichische Statthalterei, Wien (vgl. Biographie, S. 126).

Hohe kk. Statthalterei!

Der Gefertigte erlaubt sich, um gnädige Verleihung der erledigten lf. Kapellmeisterstelle an der Kirche »Am Hof« unterthänigst zu bitten, und glaubt diese Bitte unterstützen zu können:

1. Ist Gefertigter bei der Kirchenmusik aufgewachsen und hat bis 1855 als Stiftsorganist in St. Florian, bis 1868 als Domorganist in Linz, und seither als Expectant der kk. Hofkapelle, Lector an der kk. Universität u. Professor am Conservatorium für Orgel, Harmonielehre und Contrapunct gewirkt.

2. Was seine musik. theorethischen Studien betrifft, so hat er dieselben in der Zeit von 1855 bis 1861 unter Sechter, bis 1863 dann in Linz absolviert.

3. Bei seinen Orgelconzerten zu Nancy, Paris und London (1869) (1871) hatte Gefertigter ganz außerordentliche Erfolge.

4. In »Betreff seiner Compositionen« 3 große Messen etc. etc. etc. 5 Sinfonien beruft Gefertigter sich auf die höchst ehrenden Anerkennungen von Seite Wagners (dem die 3. Sinfonie gewidmet ist,) Liszts, Herbecks, Hellmesbergers.

(Director Herbeck erklärte, Gefertigten auf hohen Wunsch das glänzendste Zeugnis in jeder Beziehung ausstellen zu wollen.)

5. Wiederholt hat Gefertigter in der kk. Hofkapelle und in Conzerten hier, (sowohl eigene als fremde Composit: anderswärts im In- u. Auslande) dirigiert.

Wien den 7. Jänner 1877. *Anton Bruckner*
kk. Hoforganist,
Lector an d. kk. Universität,
Prof. am Conservatorium

Ignaz Traumihler (1825–1884) war in der Nachfolge Bruckners seit 1852 als Regens chori in St. Florian tätig. Ihm sind das vierstimmige *Ave Maria* (WAB 5) und das Graduale *Os justi* (WAB 30) gewidmet. Die im folgenden Schreiben erwähnte *Trauerkunde* bezieht sich auf den Tod des Stiftsorganisten Josef Seiberl, der seinerzeit in dieser Funktion Bruckner abgelöst hatte. Als dessen Nachfolger wiederum empfahl Bruckner, wenn auch ohne Erfolg, einen seiner eigenen Schüler.

An Ignaz Traumihler, St. Florian.

Hochwürdiger, hochverehrter Herr Regenschori!

So eben, am 14. d. nachmittags habe ich Ihr Schreiben erhalten, wofür ich sehr danke.

Furchtbar hat mich die Trauerkunde ergriffen! Ein so großer Künstler, Freund und Kollege dahin gegangen! und die Freuden der Ferien – sehr verkürzt! Wohl hoffe ich bis 15. Aug. in St. Florian dienen zu können.

Reflektieren E. Hochw. nicht positiv auf einen Ausländer als Nachfolger, so möchte ich aufs allerwärmste einen absolvierten Conservatoristen der Orgelschule »Hans Rott« empfehlen. Er, der Sohn des sel. Schauspielers vom Theater an der Wien ist ein genialer Musiker, höchst liebenswürdig u. bescheiden, sehr sittlich, spielt Bach ausgezeichnet, und improvisiert (als 18. jähr. Jüngling) staunenswert.

Einen besseren jungen Menschen bekommen Sie nicht. Er war bis jetzt mein bester Schüler. Contrap. studierte er bei Krenn, der ihn ebenfalls sehr liebt, sowie auch Composition. Gegenwärtig ist er Organist bei den Piaristen in der Josefstadt. Er sowol und wie ich meine Euer Hochwürden ebenfalls würden sich sehr glücklich fühlen. Doch will ich keineswegs damit vorgegriffen haben. Mit ausgezeichneter Verehrung und Hochachtung

Euer Hochwürden

Wien, den 14. Juni 1877. *sehr trauernder*
A. Bruckner, m. p.

An Wilhelm Tappert, Berlin.

Euer Hochwohlgeboren!

Ich bin zur vollen Überzeugung gelangt, daß meine 4. romant. Sinfonie einer gründlichen Umarbeitung dringend bedarf. Es sind z. B. im Adagio zu schwierige, unspielbare Violinfiguren, die Instrumentation hie u. da zu überladen u. zu unruhig. Auch Herbeck, dem dieß Werk überaus gefällt, machte dieselben Bemerkungen und bestimmte mich in meinem festen Entschlusse, die Sinfonie theilweise neu zu bearbeiten. Ich bitte daher Euer Hochwohlgeb. recht innigst den P. T. Herrn k. Musikdirektor Bilse gütigst veranlassen zu wollen, daß er mir

Partitur und Stimmen sammt ausgefallener Rechnung sobald als möglich retour senden lassen möge.

Meine Wagner-Sinfonie No. 3 D-moll, ist fertig, und Herbeck wird selbe am 16. Dezember im Musikvereinsconcerte aufführen. Will mir Herr Director Bilse sein Wohlwollen angedeihen lassen, so würde ich diese Sinfonie No. 3 sogleich nach der Aufführung in Wien an Euer Hochwohlgeb. wenn Hochderselbe gnädigst erlauben, senden, was noch immerhin zeitlich genug sein würde. (Unsere Philharmoniker sind der neuen Richtung durchaus abgeneigt; denen gebe ich nichts mehr, da ich bereits mehrere Ablehnungen zu erfahren hatte.) Mein höchstes Staunen erregt die Art und Weise wie Hans Richter mit Wagners heftigsten Gegnern intimmst zu sein versteht[20].

Leider mußte auch ich ihn als Generalissimus der Falschheit kennen lernen. Nun erst wird mir so manches Wort Wagners klar. Innigst bitte ich Euer Hochwohlgeboren ob der vielen Belästigungen nicht ungehalten werden zu wollen. Indem ich meine Bitte, welche ich mir schon am 1. Mai theilweise erlaubte, wiederhole, verharre ich mit tiefstem Respecte dankbarst

Euer Hochwohlgeboren

ergebenster
Anton Bruckner.

Wien, den 12. Oktober 1877.

Herrn k. Director Bilse entbiethe ich meinen Respect und die Bitte um Gewogenheit.

Anton Vergeiner (1858–1901), der als Student der Juristischen Fakultät in Wien Bruckners Vorlesungen hörte und auch als Heimatdichter und Komponist hervortrat, bat Bruckner um Lebensdaten für einen Artikel in der Linzer *Tages-Post*, deren Mitarbeiter er war. Dies geschah offenbar im Zusammenhang mit Bruckners 60. Geburtstag, der im September des Jahres anstand. Bruckner beantwortet hier Fragen nach seiner Ausbildung und über die Positionen von Freunden wie Gegnern.

[20] Obwohl Hans Richter persönlich überzeugter Anhänger Anton Bruckners war, ließ ihn die Furcht vor der Presse und der feindlichen Clique nicht offen für seine Werke eintreten. Der Stardirigent versuchte sich branchenkonform mit beiden Parteien zu vertragen.

An Anton Vergeiner, Freistadt.

Sehr geehrter Herr!

1. Frage: Antw. ja, absolv. in Linz 1841.

2. Fr. Antw. ja, Sechter war mein Lehrer von 1855 bis Ende November 1861 wo ich in Wien am Conserv. eine musik. Maturitätsprüf. ablegte, infolge welcher ich später nach Wien berufen worden war. (Habe in Linz tägl. 7 Stunden studirt u. so viele Clavst. gegeben, u. reiste jährl. 1 o. 2 mal nach Wien auf 6 bis 7 Wochen, wo ich den ganzen Tag über beim Professor zubrachte.)

Von 861 bis Juli 863 hatte ich in der Composit. (prakt.) Otto Kitzler aus Leipzig, der eben Kapellm. in Linz war.

3. Fr. Hanslick war mein höchster u. größter Gönner außer Herbeck. Wie er über mich bis 1874 (wo ich an die Universität als Lector befördert wurde) schrieb, das kommt kaum je wieder. Ja selbst als Komponisten u. Dirigenten hat er mich sehr ausgezeichnet. Bitte übrigens ja nicht Hanslick meinetwegen zu tadeln, denn sein Zorn ist schrecklich; er ist im Stande einen zu vernichten. Mit Ihm ist nicht zu kämpfen. Nur bittend kann man an ihn herantreten. Ich selbst auch so nicht, da er sich stets verleugnen läßt.

4. Fr. Der Musikverein in Linz wird kaum mir zu helfen im Stande sein. Ich kenne ihn nicht. Vielleicht einmal später.

5. Fr. Kapellmeister Arthur Nikisch in Leipzig ist der Lebensretter.

Mit ausgezeichneter Hochachtung Euer Hochwohlgeboren

ergebenster

Wien, 9. Mai 1884. *A. Bruckner.*

Bitte bis post festum wenigstens zu warten. Feindlich sind mir: Hanslick (freie Presse) und seine zwei Adjunkten Kalbeck (Presse) u. Dömpke (allgemeine Zeitung). Diese beiden müssen auf Commando schreiben; die andern Blätter sind mir günstig gesinnt.

Bruckner.

Arthur Nikisch (1855–1922) war Schüler von Hellmesberger und Dessoff. Nachdem er zunächst in der Hofkapelle als Geiger tätig war, wurde er 1882 erster Kapellmeister in Leipzig. Dort hatte er die Absicht, Bruckners 7. Sinfonie aufzuführen. Aber wie schon so oft war Bruckner vom Pech verfolgt: Die Aufführung mußte zunächst verschoben werden, fand dann am 30. Dezember desselben Jahres aber schließlich doch noch statt.

An Arthur Nikisch, Leipzig.

Hochwohlgeborner Herr Kapellmeister!
Edelster hochberühmter Künstler!

Vor allem meine allerinnigste Gratulation zur Verlobung! Gott gebe Euer Hochwohlgeb. die glücklichste Zukunft! Dürfte ich nochmal bitten: findet das Concert jetzt statt? Am 21. d. M.? Und wenn, wann sind die zwei letzten Proben, wozu ich so gerne kommen möchte! Vielleicht höre ich dieß Werk ohnedies nur einmal, da ich in Wien nichts erreiche; daher mir so viel daran liegt es zu hören, ausgenommen, Hochderselbe meine ich solle nicht kommen. Im Falle Hochderselbe meine Anwesenheit wünschen, muß ich von meinen verschiedenen Vorgesetzten Urlaub mir erbitten; daher ich inständigst um baldige Antwort bitte! Meine Freude wäre wohl überaus, von dem 1sten deutschen Dirigenten mein jüngstes Kind in die Welt eingeführt zu wissen! Ich bin schon sehr aufgeregt. Deutsche Zeitung, deutsche Blätter, Bayreuther Blätter schrieben in jüngster Zeit herrlich! Nochmal innigst bittend u. mich und mein Kind Ihrer Gewogenheit empfehlend, bin ich Euer Hochwohlgeboren dankbarster Sie bewundernder

Wien, 11. Juni 1884. *A. Bruckner m. p.*

An Baron Hans von Wolzogen, Bayreuth[21].

Hochgeborner Herr Baron!

Es war cirka anfangs Sept. 873 (Kronprinz Friedrich war eben in Bayreuth) als ich den Meister bath, meine 2. C-moll u. 3. D-moll vorlegen zu dürfen. Der Hochselige weigerte sich wegen Mangel an Zeit (Theaterbau) u. sagte, er könne jetzt die Partituren nicht prüfen, da selbst die Nibelungen auf die Seite gelegt werden mußten. Als ich erwiderte: »Meister ich habe kein Recht, Ihnen auch nur ¼ Stunde zu rauben, und glaubte nur bei dem Hohen Scharfblicke des Meisters genüge ein Blick auf die Themen, und der Meister wissen, was an der Sache ist. Darauf sagte der Meister, mich auf die Achsel klopfend: also kommen Sie, ging mit mir in den Salon u. sah die 2. Sinf. an. Recht gut, sagte er, schien ihm aber doch zu zahm gewesen zu sein, (denn in Wien hatte man mich anfangs ganz zusammengeschreckt,) und nahm die 3. (D-moll) vor, u. unter den Worten: schau, schau – a was – a was – ging er die ganze 7. Abtheilung durch, (die Trompete hat Hochderselbe besonders erwähnt) und sagte dann: lassen Sie mir dieses Werk hier, ich will es nach Tisch (es war 12 Uhr) noch genauer besichtigen. Darf ich wohl meine Bitte vorbringen, dachte ich mir, wozu mich der Wagner aufforderte. Recht schüchtern u. pochenden Herzens sagte ich dann zu dem heißgeliebten Meister: Meister! ich habe etwas am Herzen, was ich mir nicht zu sagen getraue! Der Meister sagte: heraus damit, Sie wissen doch, wie lieb ich Sie habe. Darauf brachte ich meine Bitte vor, aber nur für den Fall, als der Meister einiger Maßen zufrieden sein sollte, da ich Seinen Hochberühmten Namen nicht entheiligen wolle. Der Meister sagte: Abends 5 Uhr sind Sie im Wahnfried geladen, da werden Sie mich treffen, u. nachdem ich die D-moll Sinfonie bis dahin genau angesehen haben werde, wollen wir dann über diesen Punct sprechen. Ich kam eben vom Theaterbau um 5 Uhr in den Wahnfried, als der Meister aller Meister mir mit offenen Armen entgegen eilte, mich in seine Arme einschloß und sagte: »Lieber Freund mit der Dedication hat es seine Richtigkeit, Sie bereiten mir mit dem Werke ein ungemein großes Vergnügen.« 2½ Stunden bin ich dann so glücklich gewesen, neben dem Meister zu sitzen, wo er die

[21] Über die Datierung dieses Briefes herrscht Uneinigkeit. Bruckner: *Briefe*, gibt als Datum 1884 an, Göllerich/Auer, a. a. O., nennt das Jahr 1891.

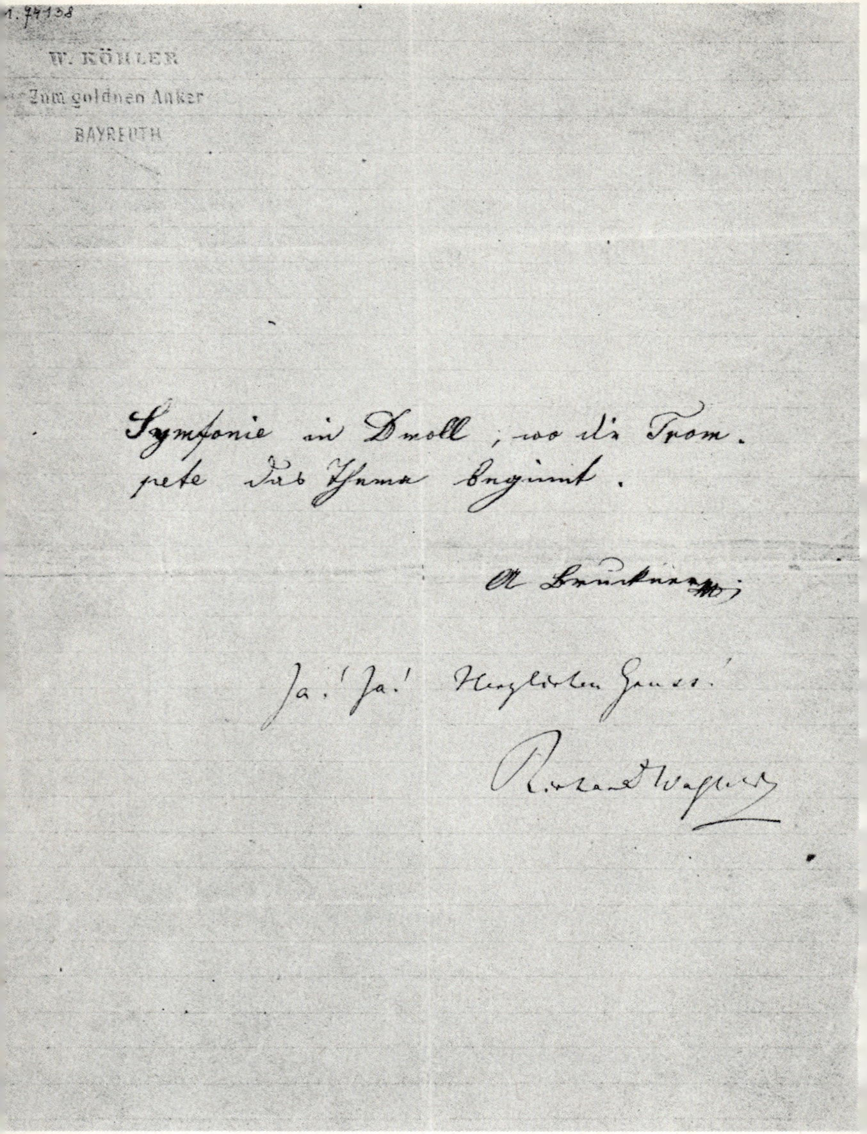
1.74138

W. KÖHLER
Zum goldnen Anker
BAYREUTH

Symfonie in Dmoll; wo die Trompete das Thema beginnt.

A. Bruckner

Ja! Ja! Herzlichen Gruss!

Richard Wagner

Zwei Musikerhandschriften: Bruckner und Wagner

musik. Verhältnisse Wiens besprach, mir Bier entgegenbrachte, mich in den Garten führte u. mir sein Grab!!! zeigte; dann mußte (vielmehr) durfte ich, der Hochbeglückte, den Meister in ein Haus begleiten. Am anderen Tage ließ er mir noch gute Reise wünschen – »also wo die Trompete das Thema beginnt«, hinzusetzend. In Wien, in Bayreuth sagte Er oft: ist die Sinf. schon aufgeführt; aufführen, aufführen. Anno 882 sagte mir der damals schon leidende Meister, indem er mich bei der Hand hielt: »Verlassen Sie sich, ich selbst werde die Sinfonie u. alle Ihre Werke aufführen.« Ich sagte: O Meister! darauf erwiederte der Meister: Waren Sie schon im Parsifal? Wie gefällt er Ihnen? Weil mich Hochselber bei der Hand hielt, ließ ich mich auf die Knie, Hochseine Hand an meinen Mund drückend und küssend und sagte: O Meister ich bethe Sie an!!! Der Meister sagte hierauf: Nur ruhig – Bruckner – gute Nacht!!! Dieß war das letzte Wort des Meisters zu mir. Am andern Tage erhielt ich noch eine Drohung vom Meister, Hochwelcher im Parsifal hinter mir saß, weil ich so heftig applaudierte.

Hl. Baron bitte dieß wohl zu bewahren! Mein liebstes Vermächtnis!!! – bis dort oben!!!

Hl Baron

Mein Magen!!!

dankbarster A. Bruckner, m. p.

In Holland begeisterte sich der Haager Bibliothekar W. L. van Meurs für Bruckners Werke. Ihm gelang es, eine Aufführung von dessen 3. Sinfonie zu initiieren, die am 14. Februar 1885 unter der Leitung von Richard Hohl stattfand.

An Dr. van Meurs.

Euer Hochwohlgeboren!

Danke recht herzlich für Ihre große Gewogenheit. Meister Wagner wollte noch alle meine Sinfonien aufführen, wie er mich wenige Monate vor seinem Tode versicherte. Meine siebente Sinfonie ist am 30. Dezember u. 28. Jänner in Leipzig (vor dem Königspaare) in Concerten des Stadttheaters durch Hl. Nikisch mit ganz außerordentlichem Erfolge aufgeführt worden. Ich erhielt zwei Lorbeerkränze (von der Universität und vom –

Orchester), welches sehr nobel ist. In Hamburg steht die Aufführung bevor. Im März findet dieselbe in München statt, wo Hl. Kapellmeister Levi ganz außerordentlich für dieses Werk schwärmt. Er schreibt nur mehr Bewunderung und Entzücken habe er schließlich. In Wien hat Hellmesberger neulich (am 8. Jänner) mein Quintett aufgeführt. Einen größeren Erfolg hat der Künstler im Quartettspiel nie erlebt. Ich selbst wurde nach jedem Satze wiederholt gerufen, und zwar vom ganzen Publikum; am Schlusse wohl 10mal. Hofkapellm. Hellmesberger wills im November wieder aufführen. Er bat mich, ihm wieder eines zu schreiben, nannte das Werk »Offenbarung« und mich den »Componisten der Gegenwart«. Wien könne stolz sein etc. etc. Das Quintett ist bei Guttmann in Wien (Opernhaus) verlegt. Sonst bin ich in Wien von der Musik-Clique samt und sonders verpönt; (mit Ausnahme der deutschen Zeitung, des fremden Blattes, des Tageblattes, der Morgenpost und der Musikzeitungen.) Euer Hochwohlgeboren begreifen wohl warum. Es ist daher außer der dritten Sinfonie u. dem Quintett nichts verlegt. Ach könnte ich einen Verleger finden! Ich schreibe eben die achte Sinfonie. Herr Brahms behandelt mich beinahe kränkend! –

Schließlich danke ich nochmmals vom Herzen und bitte Hochdenselben um fernere Gewogenheit! Auch danke ich dem ganzen löblichen Vereine und dem Hl. Dirigenten mit dem Orchester. H. A. Simon, Landsmann und Orchestermitglied danke ich ebenfalls innigst. Mit tiefstem Respecte

Euer Hochwohlgeboren dankbarster

Wien, 9. Februar 1885. *A. Bruckner, m. p.*

NB. Für Orgel habe ich nichts geschrieben.

Sr. Hochwohlgeboren
Herrn Hl. Dr. W. L. van Meurs, Bibliothekar etc. etc.
in Haag (Holland).

An Arthur Nikisch, Leipzig.

Liebster Freund! Hochedler Gönner!

Soeben komme ich retour von München, wo am 10. die Aufführung meiner 7. Sinfonie auch äußerst glänzend vor sich ging. Das Publikum nahm sie enthusiastisch auf; auch Dirigent u. Orchester applaudierten heftig. 2 Lorbeerkränze. Nächste Aufführung im Herbste. Die Kritiken sehr gut. Besonders herrlich wieder: neueste Nachrichten, süddeutsche Presse u. d. gl. In einer großen Künstlerversammlung erklärte Herr Levi: »Das sei das bedeutendste sinfonische Werk seit Beethovens Tod.« Ferner: die Aufführung dieses Werkes sei der Stolz u. der Gipfelpunkt seines künstlerischen Wirkens! Und die Tafeln! Auch wird der König verständigt werden. Der Intendant ließ mich ebenfalls zu sich bitten. Ich wurde durch Kaulbach gemalt u. 2mal photographirt. Die 4. Sinfonie wird Dir Herr Levi schicken auf Deinen Wunsch. Bitte melde viele Empfehlungen meinen Gönnern, besonders Herrn Director und Herrn Vogel[22]*, u. Handküsse den Damen. Dich küsse ich tausendmal als die Urquelle alles Guten für mich! und danke, danke, in alle Ewigkeit! Ich sende hier nur die Kritik aus den neuesten Nachrichten; wenn Du sie gelesen haben wirst, bitte ich Dich sie Herrn Vogel gütigst übergeben zu wollen, mit meiner innigsten Bitte um Veröffentlichung – wenn möglich. Vielleicht macht dies auf die Verleger guten Eindruck! Nach der Walküre ließ mir Herr Levi noch 3mal durch die Tuben und Hörner die Trauermusik aus dem Adagio meiner Sinf. spielen. Du wirst recht lachen. Wie geht es Dir? Schreib mir doch! Ich küsse Deiner lieben Frl. Braut die Hände. Voll Dank u. Verehrung und Bewunderung für Dich, edelsten Gönner, bin und verbleibe ich Dein*

dankschuldigster

A. Bruckner m. p.

Wien, 15. März 1885.

NB. Herrn v. Vogel meinen Respect u. Dank! für seine Huld in der Presse.

[22] Bernhard Vogl (nicht: Vogel) war Rezensent der *Leipziger Neuesten Nachrichten* und äußerte sich u. a. in der Neujahrsausgabe 1885 über die 7. Sinfonie.

Der große Erfolg, den die 7. Sinfonie bei den Aufführungen in Leipzig und in München hatte, mag mit dazu beigetragen haben, daß der Allgemeine Deutsche Musik-Verein in das Programm seiner Versammlung in Karlsruhe nun auch ein Werk Bruckners aufnahm. Trotz des Komponisten angestrengter Bemühungen um eine Änderung des ursprünglichen Planes, nur einen der vier Sätze zu spielen, wurde nur die Trauermusik vorgetragen. Seinem Schüler, dem Komponisten, Dirigenten und späteren Direktor der Wiener Oper, Felix Mottl (1856–1911), gab Bruckner während der Vorbereitungszeit in mehreren Briefen detaillierteste Anweisungen:

Hl. Lieber Freund! Hier sende ich Dir die Orchesterstimmen. Die Partitur erhältst Du von H. Levi. Bei X im Adagio (Trauer-Musik für Tuben und Hörner) bitte ich innigst, drei Tacte vor Y das cresc. bis im nächsten Tacte ins fff zu steigern, um dann einen Tact vor Y wieder im 3ten Viertel abnehmen zu lassen. Nimm sicher die Tuben. (Hörner ersetzen keinesfalls die Tuben.) Wäre es nicht erwünscht, auch das Scherzo mit Trio aufzuführen? (Besonders für die Laien). Meine Trauerfeier habe ich bei den Schotten pünktlich gehalten[23]. Der gute sel. Fritz wollte mich bei Gause[24] besuchen!!! Nun sei nochmals herzlichst gebeten um Deine ganze künstlerische Kraft für mein 7. Kind. Schreibe mir einmal. Lebe wohl! Dein alter Freund

Wien, den 29. April 1885. *A. Bruckner.*

Sogleich nach der Münchner Aufführung der 7. Sinfonie setzte sich Hermann Levi für die Annahme einer Dedikation dieser Sinfonie durch den bayerischen König bei Hofe ein, die dann auch erfolgte. Bruckner bedankte sich in einem undatierten, wahrscheinlich am 10. Mai 1885 abgefaßten Schreiben (zur Datierung vgl. den sich anschließenden Brief auf S. 287):

[23] Bruckner konnte am Begräbnis eines Verwandten von Felix Mottl nicht teilnehmen, versprach aber, privat in der Kirche zu beten, was er tatsächlich laut Schreiben im Schottenstift in Wien getan haben dürfte.

[24] ein von Bruckner oft besuchtes Lokal in der Johannesgasse

An König Ludwig II. v. Bayern.

Euere Königliche Majestät!

Aufs tiefste ergriffen und im höchsten Gefühl der Freude bitte ich allerunterthänigst, Euere Majestät wolle allergnädigst gestatten, daß ich für die mir durch Allerhöchste Entschließung Euerer Königlichen Majestät gewordene Allerhöchste Auszeichnung: die allerunterthänigste Widmung meiner VII. Sinfonie Allergnädigst entgegenzunehmen – Euerer Königlichen Majestät meinen ehrfurchtsvollsten, im tiefsten Herzen gefühlten Dank zu Füßen legen dürfe!

Ich kann Euerer Majestät gar nicht beschreiben, wie überaus glücklich ich durch die Allerhöchste Gnade Euerer Majestät geworden bin!

Meister Richard Wagner war es, der mich stets überaus auszeichnete, und noch alle meine Sinfonien aufführen wollte.

Euere Königliche Majestät, der wahrhaft Königliche Förderer des unsterblichen Meisters, waren mir stets das Ideal eines deutschen Monarchen! Euerer Majestät hocherhabenes wunderbares Bild war stets an meiner Seite! Und nun sinke ich in allerehrerbietigster und unterthänigster Ehrfurcht vor Euerer Königlichen Majestät nieder und danke dem Ewigen, daß Er in seiner ewigen Weisheit der Welt einen himmlischen Beschützer und Schirmer der deutschen Kunst verliehen hat in der Allerhöchsten Majestät des Königs, welche Majestät gleich der Sonne die Strahlen Allerhöchster Huld und Königlicher Gnade allen kunstsinnigen Nationen der Erde in wahrhaft Königlicher Pracht und Herrlichkeit übermittelt hat, wofür noch alle kommenden Generationen Euerer Königlichen Majestät fort und fort Ruhmes- und Dankeshymnen anstimmen werden!

Um so glücklicher bin ich, daß auch mich die goldenen Strahlen Königlicher Huld treffen, als ich, bald Ein und sechzig Jahre alt, außer den vielen Schulstunden am Wiener-Conservatorium, auch noch Privatunterricht in der Musik erteilen muß, so daß mir nur sehr wenige Erholungsstunden zur musikalischen Composition übrig bleiben. Da ich mich gerade jetzt kräftig fühle, mein Bestes zu schaffen und mich auch gern der dramatischen Composition zuwenden möchte, so fällt mir dieser Mangel an Zeit schwer aufs Herz!

König Ludwig II. von Bayern

Gestatten mir Euere Majestät zum Schlusse noch die allerunterthänigste Bitte Euere Königliche Majestät wollen Allergnädigst geruhen, auf dem Wege Allerhöchster Entschließung eine Aufführung von meiner Allergnädigst angenommenen Sinfonie, in deren Adagio die Trauermusik zum Andenken an des Meisters Hinscheiden ertönt, vor Euerer Königlichen Majestät in Königlicher Gnade gestatten zu wollen.

Gott segne! beschütze! und schirme Euere Königliche Majestät!

In tiefster Ehrfurcht verharrt

Euerer Königlichen Majestät allerunterthänigster Diener

Anton Bruckner.

Der folgende Brief ist an Marie Demar gerichtet, seine »Flamme« – so Bruckners eigene Bezeichnung für eine heiratswillige Frau (vgl. S. 288) – in dieser Zeit. Auf den Austausch von Fotografien hin scheint sich Bruckner falsche Hoffnungen gemacht zu haben, denn als Marie Demar Bruckners Absichten ahnte, zog sie sich von ihm zurück, da sie nur aus Verehrung für den Komponisten freundschaftlichen Umgang mit ihm pflegte. Die Widmung der 8. Sinfonie nahm sie nicht an; einige Jahre später verheiratete sie sich.

Liebenswürdigste, Edelste Freundin, Fräulein Marie!

Herzlichen Dank für Ihr herrliches Bild. Die treuherzigen, schönen Augen! Wie trösten sie mich oft. Bis zum Ende meines Lebens wird mir die Reliquie theuer und kostbar sein. Und welche Freude bei so oftmaligem Anblicke etz. Auch ich bitte um Ihre so theure Freundschaft, liebstes Fräulein!

Möge mir dieselbe nie entzogen werden! Der meinen sind Sie in Ewigkeit sicher.

So eben habe ich mich beim Könige von Baiern für die Annahme der Widmung bedankt. Levis Werk. Nochmal herzlichen Dank und innigst küßt Ihre gütigen, schönen Hände

Ihr Sie überaus verehrender Freund

Wien, 11. Mai 1885. *A. Bruckner.*

Wie sehr sich Bruckner trotz aller Erfolge im Ausland von seinen Landsleuten verkannt fühlt, wie sehr er sich danach sehnt, eine Ehe einzugehen, zeigt der folgende kurze Brief:

An Moritz v. Mayfeld, Linz.

Hochgeborner Herr Statthalterei Rath!

Ich protestire gegen die Aufführung meiner 7. Sinf. da dieß in Wien wegen Hanslick et Consorten keinen Zweck hat. Wenn die Philharmoniker meinen Protest nicht beachten, so sollen sie thun was sie wollen. Vor Jänner für keinen Fall, da die Stimmen noch nicht im Druck erschienen sind. Überhaupt wird auch die Partitur etc. (Clavier-Auszug) noch längere Zeit nicht erscheinen, wie ich höre. Es sind bei 2 Bestellungen vom Auslande eingelaufen; 3 von Amerika.

Was meine Heirat betrifft, so habe ich bis dato noch keine Braut; könnte ich doch eine recht paßende liebe Flamme finden! Wohl habe ich viele Freundinnen; denn in letzterer Zeit setzen mir die Holden sehr viel nach u. meinen idealisch handeln zu müssen! Schrecklich ist's wenn man unwohl ist! Ganz verlassen! Der Gnädigen meinen Handkuß!

Mit Respekt

Euer Hochgeboren ergebener

A. Bruckner.

Wien 6. Nov. 1885.

Carl Ferdinand Pohl (1819–1887), persönlicher Freund Wagners und Liszts, war seit 1866 Archivar und Bibliothekar der Gesellschaft der Musikfreunde in Wien. Für seine Tätigkeit als Mitarbeiter zahlreicher in- und ausländischer einschlägiger Zeitungen, Zeitschriften und auch Nachschlagewerke (Grove, Eitner) benötigte er die Angaben, die ihm Bruckner im folgenden Schreiben übermittelt.

An C. F. Pohl, Wien.

Euer Hochwohlgeboren!

Wünsche von Herzen gutes neues Jahr! Mögen diese wenigen Daten genügend sein! Bitte um die alte Gewogenheit und verbleibe mit Respekt

Euer Hochwolgeboren

ergebenster

Wien, 31. Dezember 1885. *A. Bruckner.*

NB. 7. Sinf. wird im März aufgeführt werden. Ich habe drei große Messen komponirt. 1. in D anno 1864. Aufgeführt im selben Jahre Ende November zur Cäciliafeier im Dome zu Linz unter meiner Leitung, dann am 6. Dezember desselben Jahres im Redoutensaale zu Linz, ebenfalls unter meiner Leitung im Concerte spirituell. Dann im Dome zu Linz 6. Jänner 1868 ebenfalls unter meiner Leitung. Im Februar 1867 führte selbe Herbeck zum 1. Male in der Hofkapelle auf. Die wiederholten Aufführungen in der Hofkapelle leitete ich. – 2. Messe in E-moll ist eine teilweise achtstimmige Vocal-Messe mit Harmoniebeglei-

tung. Componirt, ich glaube, 1866. Bischof Rudigier gewidmet zur Einweihung der Votivkapelle im neuen Dome zu Linz, 29. Sept. 1869 aufgeführt unter meiner Direktion. Zum 2. Male aufgeführt durch den Musikverein in Linz unter Schreiers Leitung am 4. Oktober 1885. – 3. Messe in F (moll); ebenfalls noch in Linz componirt 1868. Aufgeführt zum 1. Male 1872 im Juni (16. glaube ich) in der Augustinerkirche unter eigener Leitung mit großem Chore und großem Orchester, wie seither nicht wieder. (Herr Regierungsrath Hanslick schrieb herrlich darüber und befürwortete eine große Concertaufführung.) Ist † Hofrath Imhof gewidmet. Am 8. Dezember 1872 zum 1. Male in der Hofkapelle, wie seit[her] *oft. Alle Aufführungen leitete ich. – Außer diesen Messen schrieb ich eine Cantate zur Grundsteinlegung des Domes zu Linz 1862. Ferner Gradualien, Offertorien (vocal) etc. Vor meinen Studien nebst kleineren Einlagen, Tantum ergo etc, etc. eine Messe in B zur Infulation des Stiftsprälaten Maier zu St. Florian anno 1854. Anno 1849 ein Requiem in D-moll für meinen † Gönner Seiler (Stiftsbeamten); im selben Jahre zu St. Florian im Sept. und Kremsmünster am Stiftertag (11. Dez. 1849) aufgeführt.*

An seine Schwester Rosalie Hueber, Vöcklabruck.

Liebe Schwester!

Nehmt mein herzlichstes Beileid zu dem höchst traurigen Verluste Euer einzigen Tochter! Gott gebe Euch Kraft und Stärke! der Verewigten (unserer lieben Nichte) aber die ewige Ruhe! Gestern Mittwoch wurde für die † Johanna bei den Schoten eine h. Messe gelesen, der ich beiwohnte. Beiliegende zwanzig Gulden sende ich zur Unterstützung der Kosten des Leichenbegängnisses. Bethen wir stets für die Theure, die uns vorangegangen!

Der Bruder Anton, m.p.

Wien, 14. März 1889.

Gestern wurde ein junger Offizier, Sohn eines sehr reichen Bürgers bei der Fechtsübung erstochen!

Bruckners Schwester Rosalie

Im folgenden Schreiben, das an seinen – und Liszts – Biographen Göllerich gerichtet ist, bekundet Bruckner ein seltsam anmutendes Interesse für Details an Kirchtürmen. Zur Zeit seiner Nervenkrise in Linz hatte sich bei ihm eine Zählmanie bemerkbar gemacht, die auch im Alter gelegentlich zum Ausbruch kam. Zum Gegenstand hatte diese Manie vor allem Fassadenfenster, Sinfonietakte und eben auch Kirchtürme.

An August Göllerich, Bayreuth.

Edelster treuer Freund und Gönner!

Verzeihen Sie: noch eine Bitte! Ich möchte so gerne wissen, woraus die Spitzen oberhalb der Kuppel der beiden Stadttürme (wo wir waren) bestehen. Nächst der Kuppel ist a) der Knopf: dann b) die Wetterfahne mit Verzierung, nicht wahr? dann ---

c) ein Kreuz??? und Blitzableiter o. was sonst? Ist ein Kreuz?
Was ist bei dem Thurme der kath. Kirche? Glaube, nur Wetterfahne ohne Kreuz?

Verzeihen vielmals, und danke im Voraus. Bitte, notieren sich das alles auf; im Herbste werde ich bitten um Aufklärung, wo ich meinem allerliebsten Freunde und Gönner viel zu sagen haben werde. Mit tausend Küssen

Ihr

Wien, 12. August 1889. *Bruckner, m. p.*

An Kaiser Franz Joseph I.

Eure Kaiserliche und Königliche
Apostolische Majestät!

Der alleruntertänigst Gefertigte, dem vor einigen Jahren das so hohe Glück zu Theil ward, die höchst auszeichnende Allerhöchste Erlaubniß zu erhalten, nach Vollendung seiner achten Sinfonie eine alleruntertänigste Bitte am Allerhöchsten Throne zu Höchstdessen Füssen unterbreiten zu dürfen, ermuthigt sich in tiefster Ehrfurcht zu bitten:

Eure Kaiserl. und Königl. Apostol. Majestät wollen allergnädigst geruhen, die allerehrfurchtsvollste Dedication im Falle Allerhöchster Auszeichnung allergnädigst Gnade zu bewilligen, u. im Falle Allerhöchster Auszeichnung allergnädigst gestatten, die alleruntertänigste Dedication auf das Titelblatt der Partitur setzen zu dürfen!

Wien-März 1890. *Anton Bruckner, m. p.*

Mit Schreiben vom 16. April 1890 erhielt Bruckner den Bescheid, daß Kaiser Franz Joseph der Bitte Bruckners entsprochen hatte.

Auf dem Programm der Philharmonischen Konzerte war der Name Bruckner auch in der Saison 1889/90 wieder nicht aufzufinden. Bruckners »Leibkritiker« Theodor Helm hatte in der Presse schon oft die permanente Mißachtung der Philharmoniker gegenüber Bruckner kritisiert. Bruckner nun nimmt im folgenden Brief die Schuld daran, daß keine Musik von ihm erklingt, auf sich (vgl. das Schreiben an Moritz von Mayfeld, S. 287).

An Theodor Helm, Wien.

Hochwolgeborner Herr Doctor!

In aller Eile bitte ich herzlich, Hochderselbe wollen heuer gütigst meinetwegen keine Erwähnung thun, da ich selbst die Schuld bin, daß die Philharmoniker nichts von mir aufgeführt haben. Den kecken Besen (1. Sinfonie) habe ich ihnen weggenommen, und die D-moll-Sinfonie ist noch nicht erschienen. Richter wußte auch nicht, daß die 6. Sinfonie schon abgeschrieben ist. Beiderseits warteten wir auf die D-moll-Sinfonie, von der mich H. Schalk[25] seit 3 Monaten versicherte, daß selbe sicherlich rechtzeitig kommen werde.

Mit Dank und Respekt

30. 3. 1890. *A. Bruckner.*

Obwohl nun fast 66 Jahre alt, trotz der vielen abgewiesenen Anträge, hatte Bruckner den Gedanken an eine Heirat noch nicht aufgegeben. In Steyr, wo er 1890 im Spätsommer seinen Urlaub verbrachte, bekümmerte es ihn nicht, daß ein Fräulein Payrleitner bereits verlobt war, sondern er schloß nicht aus, daß es sich für ihn entschied. Hoffnung schöpfte er aus einem Schreiben vom Stiftsorganisten Gruber, der ihm Neuigkeiten wohl versprach, aber nicht übermittelte. Bruckner war auf Vermutungen angewiesen und glaubte an einen Zwist zwischen den Verlobten. Als es ihm nicht gelang, Licht in das Dunkel zu bringen, wandte er sich an seinen

[25] und zwar Josef

Freund und Kopisten seiner Werke in Steyr, Leopold Hofmeyr (1855–1900):

Mein lieber Freund!

Stiftsorganist Gruber schrieb mir aus St. Florian vom 2. Mai d. J. Herr Chorregent Bayer in Steyr wird Ihnen ehestens eine freudige – Mitteilung (in gewisser Herzensangelegenheit –) machen.

Gruber muß auch im Stifte davon erzählt haben, da ich von einem Stiftsgeistlichen ebenfalls hierüber einen Brief erhielt.

Ich erlaubte mir vor einigen Wochen an einen Herrn ... zu schreiben, was dies bedeuten soll, und ersuchte um Aufklärung, doch Herr ... gibt mir keine Antwort. Wie oft erinnere ich mich jetzt jener Worte, die Sie zu mir über die Aufrichtigkeit des genannten ... sprachen!!

War vielleicht Frl. Braut Baileitner mit ihrem – entzwei? Seien Sie gütigst besorgt, dies alles für mich zu erfahren. Fragen Sie Herrn ... was er meinte; Ihnen wird er doch Aufklärung geben, und schreiben Sie mir den Stand der Situation ganz genau. Werde gewiß dankbar sein. Herr Dorfer fragen Sie, bitte ich sehr, über alles bei Ritterstein. Wie oft war er dort? Was sprach man? Wo ist er jetzt? Ich hörte einiges, was ich nicht glauben könnte. Sehr freue ich mich auf alle genauesten Aufschlüsse. Lassen Sie sich die Mühe nicht gereuen und erkundigen Sie sich bei mehreren eingeweihten Personen. Auch Herr Stadtpfarrer schrieb mir heuer nicht. Ich meine, daß da manches im Zusammenhang stehen dürfte.

Ihrer Gnädigen meine herzliche Empfehlung! Herr Dorfer soll auch selbst schreiben. Gruß an ihn! Tausend Grüße an meinen lieben Secretär.

Ihr

Wien, 4. Juli 1890. *Anton Bruckner.*

Trotz engagierter Bemühungen war es Levi noch nicht gelungen, für die mittlerweile fertiggestellte 8. Sinfonie Bruckners einen Verleger zu finden. Er hielt es für ratsam, das Werk zunächst zur Aufführung zu bringen und dazu verschiedene Verleger einzuladen, damit diese sich einen Eindruck verschaffen könnten. Als Dirigenten empfahl er Felix Weingartner (1863–1942) in Karlsruhe. Bruckner nahm mit diesem Kontakt auf und schickte das folgende Schreiben nach, als er zunächst keine Antwort bekam.

An Felix Weingartner, Mannheim.

Hochverehrter Herr Hofkapellmeister!

Sonntag war die 2. Aufführung der D-moll Sinf. Nr. 3. Leitung: Hans Richter ideal, Ausführ.: Philharmoniker vollendet; dazu das feinste Publikum mit einem Enthusiasmus und Jubel, der keine Steigerung mehr zuläßt. Könnten H. Hofkapellmeister dieses nicht in die Zeitung einrücken lassen? Wäre recht gut! Wie geht es der achten? Haben Sie schon Proben gehabt? Wie klingt sie? Bitte sehr, das Finale so wie es angezeigt ist, fest zu kürzen; denn es wäre viel zu lange und gilt nur späteren Zeiten und zwar für einen Kreis von Freunden und Kennern. Die Tempi bitte ich, ganz ad libitum (wie Sie selbe brauchen zur Deutlichkeit) abändern zu wollen. Was, bitte ich, habe ich an Gebühr für das Copieren zu zahlen? Bitte sehr!

Haben H. Hofkapellmeister doch einen günstigen Kritiker? Wird H. Schott aus Mainz kommen? Ist Hoffnung vorhanden wegen des Verlages. Die Sinfonie ist dem Kaiser gewidmet, u. möchte ich gerne wünschen, daß der gute Kaiser wenigstens für diese Sinfonie nicht die Verlagskosten zahlen darf. Hans Richter hat mich schon gepeinigt wegen dieser Sinfonie.

Nochmal bitte ich, wie klingt die achte?

Im 1. Satze ist der Tromp. und Cornisatz aus dem Rhythmus des Thema: die Todesverkündigung, die immer sporadisch stärker endlich sehr stark auftritt, am Schluß: die Ergebung.

Scherzo: Hpth.: Deutscher Michel genannt; in der 2. Abtheilung will der Kerl schlafen, u. träumerisch findet er sein Liedchen nicht; endlich klagend kehrt er selber um.

Finale. Unser Kaiser bekam damals den Besuch des Czaren in Olmütz; daher Streicher: Ritt der Kosaken; Blech: Militärmusik; Trompeten: Fanfare, wie sich die Majestäten begegnen. Schließlich alle Themen; (komisch), wie bei Thannhäuser im 2. Akt der König kommend, so als der deutsche Michel von seiner Reise kommt, ist alles schon im Glanze.

Im Finale ist auch der Totenmarsch u. dann (Blech) Verklärung.

Ich bin leider nicht gesund, leide am Magen; muß eben wieder zum Doctor.

Seien Hochselber nicht böse, u. schreiben Sie einmal

Ihrem bewundernden

Wien, 27. 1. 891. *A. Bruckner.*

An Felix Weingartner, Mannheim.

Hochverehrter Herr Kapellmeister!

Da ich seit langem Hals- und Magenleidend bin, rieth man mir einige Zeit aufs Land zu gehen, u. so befinde ich mich jetzt im Stifte St. Florian in Oberösterreich; 1½ Stunde von meinem Geburtsorte Ansfelden (anno 1824). Meine tieferen Studien machte ich bei Prof. Sechter in Wien von 1855 bis 1861; dann Composit bis 1863.

Bitte nur zu verfügen wie es Ihr Orchester erfordert; aber die Partitur bitte ich nicht zu ändern; auch bei Drucklegung die Orchesterstimmen unverändert zu lassen; ist eine meiner innigsten Bitten.

Wenn Schott den Druck übernehmen würde, wäre der Zweck erfüllt u. ich hätte große Freude. Daß sich Hochselber viele Mühe geben, mir u. dem Werke zur Anerkennung zu verhelfen, ist für mich ein großer Trost, namentlich bei Ihrer Genialität!

Bitte ja die Kürzungen im Finale zu acceptieren, denn sonst wäre es zu lange u. würde sehr schaden.

Mit herzlichster Bitte um Ausdauer und Geduld, (bei meiner 7. Sinf. waren in Mannheim 15 Proben) bin ich voll Bewunderung

Euer Hochwolgeboren

dankbarster
Anton Bruckner.

St. Florian bei Linz, 17. März 1891.

Hans Richter führt die 3. (D-m.) Sinf. auch in London auf. (Die 8. hätte er jetzt gern aufgeführt.)

Die Aufführung der 8. Sinfonie in Mannheim wurde zunächst um einige Tage verschoben und mußte dann ganz ausfallen, weil Weingartner einen Ruf nach Berlin erhielt.

Hohes kais. u. kön. Obersthofmeisteramt!

Laut des in A./ anruhenden Zeugnisses d[at]*o 11. Juli 1892, welches von meinen behandelnden Ärzten: D^or^ Guido von Török und D^or^ F*[riedrich] *Krauss und dem Herrn Professor Kahler als Consiliarius ausgestellt ist, tritt bei mir eine Häufung von Krankheitserscheinungen ein, die mir die allergrößte Schonung zur Pflicht machen.*
So schwer es mir auch fällt, bei meiner Hingebung für den Dienst in der k. u. k. Hofmusik-Capelle meine Enthebung von der Dienstleistung anzusuchen, so kann ich doch nicht umhin, den dictatorischen Gebote meiner ärztlichen Consulenten nachzugeben und unter Hinweis auf meine langjährige und von höchster Stelle so gnädig beurteilte Wirksamkeit die ergebene Bitte zu stellen:
Ein hohes kais. u. kön. Obersthofmeisteramt geruhe in Berücksichtigung meines nachgewiesenen leidenden Zustandes, welcher mich zu jeder wie immer gearteten Dienstleistung dauernd unfähig macht, mich unter Belassung meiner Bezüge von den ferneren Dienstleistungen bei der k. u. k. Hofmusik-Capelle zu entheben.

Dr Anton Bruckner [m. p.]

[Rückseite rechte Spalte:]

An das hohe k. u. k. Obersthofmeisteramt
D^or^ Anton Bruckner, Hoforganist, Mitglied der k. & k. Hofmusik-Capelle
bittet aus Krankheitsrücksichten um gnädige Enthebung von der weiteren Dienstleistung unter Belassung seiner Bezüge.[26]

[26] Antonicek, a. a. O., S. 116f.

Das Jahr 1893 brachte die erste schwere gesundheitliche Krise. Auf Anraten der behandelnden Ärzte hielt Bruckners Haushälterin »Kathi« Besucher fern, wovon dieser nichts wußte und sich infolgedessen von seinen Freunden im Stich gelassen glaubte.

An August Göllerich, Nürnberg.

Herzallerliebster hochedler Freund!

Meine allerinnigste Teilnahme zu Deinem Leiden! Tief, sehr tief hat mich Dein Unglück erschreckt, Gott verleihe Dir recht baldige Genesung!

Mein Wasser ist von der Brust abgegangen; die Füße schwellen noch an! Ich fühle mich total verlassen! Niemand will kommen, oder doch höchst selten. Der Wagner-Verein ist ihnen alles! Selbst Oberleitner[27] *ist nur dort! H. Schalk scheint ihn ins Garn gezogen zu haben. Schon vor Monaten hörte ich von Bekannten, daß Schalk meine 3. Messe aufführen will. Mir sagte ers erst vor Tagen. –*

Heute sagte mir Fr. v. Paszthory[28]*: schon am 23. d. –––Ich danke – und erschrecke ––! (mündlich mehr.) Das Kreuz hört hienieden nicht auf! Tausend Grüße und Küsse von*

Deinem

Wien, 10. März 893. *Bruckner, m. p.*

[27] Max von Oberleithner war seit 1889 Privatschüler Bruckners, er veröffentlichte später ein Buch mit dem Titel *Meine Erinnerungen an Anton Bruckner* (Regensburg 1933). Bruckner widmete ihm seine Vertonung des 150. Psalms.

[28] Palma von Pàszthory war die Stieftochter August Göllerichs. Von ihr dürfte Bruckner die Information bekommen haben, daß in knapp zwei Wochen seine Messe aufgeführt werden sollte. Bruckner erschrak wegen der kurzen Probezeit.

Das folgende Schreiben ist die Antwort auf einen Brief der Schriftstellerin Gertrud Bollé, die mit dem Vorschlag, ein Opernlibretto für Bruckner zu schreiben, an den Komponisten herangetreten war. Sie unterzeichnete ihr Schreiben mit *G. Bollé-Hellmund, Schriftsteller*, vermutlich aus der Befürchtung heraus, Bruckner werde einen weiblichen Librettisten von vornherein ablehnen.

An G. Bollé-Hellmund, Berlin.

Euer Hochwolgeboren!

Ihr herrliches Schreiben zeigt mir den großen Genius, der in Ihnen obwaltet. Ich bin leider immer krank! Auf Befehl der Ärzte muß ich jetzt ganz ausruhen. Dann gedenke ich meine neunte Symphonie ganz fertig auszucomponieren, wozu ich fürchte 2 Jahre zu brauchen. Lebe ich dann noch und fühle die nöthige Kraft, dann will ich herzlich gerne an ein dramatisches Werk gehen.

Wünschte mir dann eins à la Lohengrin, rom. religios-misteriös und besonders frei von allem Unreinen!

Ich bin sehr stolz über Ihr staunenswerthes Urtheil. Hoch das Genie!

Also jetzt bin ein gebrochener Mann. Nachher bin ich ja stolz und glücklich einen genialen Dichter zu finden.

Ein Urtheil Wagners über mich erfuhr ich neulich erst, worin er sagte: ich sei der einzige, dessen Gedanken bis zu Beethoven hinaufreichen. Groß! Meinen Dank und tiefsten Respekt.

Steyr, 5. Sept. 1893. *Dr. A. Bruckner.*

Das folgende Schreiben ist an Siegfried Ochs, den Gründer des Philharmonischen Chores in Berlin, gerichtet, der in Anwesenheit des Komponisten das *Te Deum* aufgeführt hatte.

An Siegfried Ochs, Berlin.

Einziger, unvergleichlicher Direktor!

Der Bruckner wird alt und hätte so gern noch die F-moll (nicht wie geschrieben in D) von seinem herzliebsten Chor hören wollen. In Wien weiß keiner von solchem Chor! Bitte, bitte! Das ff-Des-dur im Credo mit Organo Pleno; aber im Agnus keine Orgel, außer beim letzten Unisono-fortissimo. Anfang Benedictus: Der Cellist soll viel Ton geben, sehr warm, stark hervortreten. Ewigen Dank! So wie dort gibt es niegends ppp und ff. Dem Herrn Pauker meine Reverenz; den h-Wirbel werde ich nie vergessen!!! Grüße P. T. Hl. Herrn Dr. Sternfeld[29], *Otto Leßmann*[30].

Daß Herr von Bülow umgestimmt, zu meiner Freude, ist Ihr Werk. Herr v. Weingartner schreibt schöne Briefe, immer weiter.

Hoch, hoch! Hoch! Immer Ihr ewig dankbarer

Berlin, 14. April 1894 *A. Bruckner*

An Ignaz Bruckner, St. Florian.

Lieber Bruder!

Zu Deinem Namensfeste bringe ich Dir meine herzlichste Gratulation dar. Gott erhalte Dich recht gesund, und wolle Dir Seinen göttlichen Segen nie entziehen. Die zehn Gulden sollen Festesgabe sein, und als Abzalung, falls ich noch etwas schuldig sein sollte, dienen.

Einige Kleider wird Dir die Fr. Kathi senden; Du hast voriges Jahr viele Röcke erhalten. Behalte aber die Sachen für Dich.

Meinen lieben Freund Hr. Aigner grüße ich herzlichst! An Hr. Stiftsorganisten meinen innigen Dank u. Gegengratulation. Die Hitze hat mich nach Steyr getrieben, wohin mir auch mein Arzt folgen wird.

Mit brüderlichem Gruße *Anton.*

Steyr Ende Juli 1894.

[29] Vorstand des Allgemeinen Deutschen Musikvereins

[30] Korrespondent des *Musikalischen Wochenblattes* und der *Allgemeinen Musikzeitung*

Bruckners Testament[31].

Für den Fall meines Ablebens treffe ich nach reiflicher Erwägung folgende letztwillige Verfügungen:

I.

Ich wünsche, daß meine irdischen Überreste in einem Metallsarge beigesetzt werden, welcher in der Gruft unter der Kirche des reguliert lateranischen Chorherrnstiftes und zwar unter der großen Orgel frei hineingestellt werden soll, ohne versenkt zu werden, und habe ich mir hiezu die Zustimmung schon bei Lebzeiten seitens des hochwürdigsten Prälaten genannten Stiftes eingeholt. – Mein Leichnam ist daher zu injiciren, zu welchem Liebesdienste Herr Professor Paltauf sich bereit erklärt hat und ist Alles ordnungsgemäß zu veranlassen (Leiche I. Classe), damit die Überführung und Beisetzung in der von mir bestimmten Ruhestätte in St. Florian in Oberösterreich bewirkt werden könne.

II.

Verordne ich, daß dem genannten Stifte St. Florian zur Sicherstellung der Kosten der Instandhaltung meines Sarges, dann von 4 heiligen Messen und zwar 3 Messen, welche an meinem Geburtstage, meinem Todestage und meinem Namenstage, und eine 4. Messe, welche für meine Eltern und Geschwister alljährlich gelesen werden sollen, ein entsprechender Capitalbetrag übergeben werde.

III.

Zu meinem Universalerben berufe ich meinen Bruder Ignaz Bruckner in St. Florian und meine Schwester Rosalie Huber geb. Bruckner in Vöcklabruck zu gleichen Theilen unter sich. Dieselben haben insbesondere die den Erben gesetzlich zustehenden und in den Verlagsverträgen seitens meiner Verleger vertragsmäßig den Erben zugesicherten Tantiemen zu beziehen, welche sich in der Zukunft hoffentlich reichlicher einstellen werden, nachdem ich selbst bei Lebzeiten von meinen Werken kaum irgendeinen materiellen Ertrag bezogen habe.

[31] vom Spätsommer 1893

IV.

Ich vermache die Originalmanuscripte meiner nachbezeichneten Compositionen: der Sinfonien, bisher acht an der Zahl, die neunte wird, so Gott will, bald vollendet werden, – der 3 großen Messen, des Quintettes, des Te Deums, des 150. Psalms und des Chorwerkes Helgoland – der kais. und königl. Hofbibliothek in Wien, und ersuche die k. u. k. Direktion der genannten Stelle, für die Aufbewahrung dieser Manuscripte gütigst Sorge tragen zu wollen.

Zugleich bestimme ich, daß die Firma Jos. Eberle u. Cie. berechtigt sein soll, die Manuscripte der von ihr in Verlag genommenen Compositionen für eine angemessene Zeit von der k. k. Hofbibliothek zu entlehnen, und soll Letztere verpflichtet sein, den Herren Jos. Eberle u. Cie. gedachte Originalmanuscripte für eine entsprechende Zeit leihweise zur Verfügung zu stellen.

V.

Meiner Bedienerin Katharina Kachelmeier vermache ich in Anerkennung der mir geleisteten vieljährigen treuen Dienste einen Betrag von fl. 400. Für den Fall, als sie bis zu meinem Ableben meine Bedienung noch besorgt, soll dieselbe noch weitere fl. 300 erhalten, sodaß sie bei Eintritt dieser Voraussetzung zusammen fl. 700 bekommt. Ich wünsche, daß dieses Legat von meinen Erben ohne jedweden Abzug sogleich nach meinem Ableben ausbezahlt werde.

VI.

Als Testamentsexekutor bestelle ich Herrn Dr. Theodor Reisch, Hof- und Gerichtsadvokat in Wien, XIX., Oberdöbling, und ersuche denselben für die Erfüllung meines letzten Willens Sorge zu tragen.

Urkund dessen, daß dies mein letzter Wille, habe ich denselben in der gleichzeitigen Anwesenheit der mitgefertigten drei Testamentszeugen eigenhändig unterschrieben.

Dr. Anton Bruckner, m. p.

Ferdinand Löwe m. p. als ersuchter Testamentszeuge.
Cyrill Hynais m. p. " " "
Dr. Theodor Reisch m. p. " " "

Bruckners Bruder Ignaz

An Ignaz Bruckner, St. Florian.

Liebster Bruder u. H. Aigner!

Ich bitte Dich nichts mehr an mich zu senden. Ignaz wolle an mich jetzt nichts senden, da ich ihm ebenfalls nichts retourniren kann (mündl. einst mehr).

Dein

Wien, 1896 Okt. *Bruder Anton.*

Leb' wohl, wohl, wolh
Belveverd.

7. Okt. 1896. *A. B.*

Sr. Wohlg. Hr. Ig. Bruck –
im löbl. Stifte zu St. Flor. bei Linz.

Dein Bruder Anton 1896
Dein

Bruckner.

TT A. Br.
Ignaz leb lebe wohl!
Leb webel woll wohl.
Hochl leb wohlf!

Persönlichkeit und Werk in Analyse und Interpretation

Von den Wurzeln unseres Brucknerbildes: die Nekrologe von 1896

Dokumente zur Rezeption

Die Gespaltenheit in der Einschätzung der ästhetischen Leistung Anton Bruckners, die relativ früh eintrat und – so möchte man meinen – bis zum heutigen Tage kein Ende fand, wenn auch eine große Zahl von differenzierten Positionsbestimmungen festzustellen ist, kann man aus den Würdigungen zum Tode Bruckners in der österreichischen Presse ersehen. Dabei fällt auf, daß nur in äußerst vereinzelten Fällen die ideologisch festgefahrenen Meinungen, wie sie im Streit von Brahminen und Wagnerianern eskaliert waren, in dieser Klarheit aufrechterhalten bleiben. Trotzdem läßt sich in einer Gegenüberstellung der wichtigsten Äußerungen zum Tode Bruckners ein breites Band unterschiedlicher Meinungen ableiten, die, liest man sie heute, immer noch eine bestimmte Aktualität in bezug auf herrschende Ansichten verkünden.

Als objektivste Berichte können jene angesprochen werden, die in chronologischer Reihenfolge Leben und Bedeutung des Verstorbenen schildern. Interessanterweise geschah dies am klarsten in der Provinzpresse, der Linzer *Tages-Post* vom 13. Oktober.

Sie schildert Leben und Werdegang, nennt Entstehungs- und Aufführungsdaten von herausragenden Werken und läßt die letzten Stunden Bruckners am Leser vorbeiziehen. Durch den Verzicht auf eine Würdigung oder gar Glorifizierung scheint sie zu argumentieren, die bloße Biographie spreche für sich, obwohl man eigentlich gerade von einer Zeitung Oberösterreichs hätte erwarten können, daß sie den großen Sohn ihres Kronlandes emphatisch auf den Schild heben würde.

Auch der Verfasser des Kommentars in den *Wiener Bildern* vermeidet jegliche Schönfärberei, zählt nüchtern Fakten auf, schließt jedoch mit dem Versuch einer knappen ästhetischen Wertung:

> [. . .] *Bruckner's Stärke ist ein farbenglühendes Colorit. Kühnheit, ja Ungeheuerlichkeit der Conception ist auch seinen*

schwächeren Werken eigen, [an] *Mangel an strenger Logik, an Ebenmaß der Form leiden auch seine besten. Eine Zeit lang entbrannte ein förmlicher Streit um die Werke Bruckner's, ein Kampf, den der Componist vielleicht selbst nicht guthieß.*

K. Anders kommentiert den Tod Bruckners in der *Wiener Allgemeinen Zeitung* in der Ausgabe vom 13. Oktober 1896. Weil man *in Bruckner's so wenig bewegtem Lebenslaufe nur geringes Material für wechselvolle Schilderungen aufzustöbern* vermöge, versucht der Autor eine musikgeschichtliche Einschätzung des Komponisten in seiner Zeit und gegenüber der Vergangenheit – allerdings ohne sich in den immer noch schwelenden Parteienstreit einzumischen:

[...] *Anton Bruckner war ein Fünfziger geworden und der Genius, der in ihm lebte, hatte sich der Welt noch nicht offenbart. Als alter Mann ist er gestorben, überdauert von einem noch sehr jungen Ruhm. Die Kunstgeschichte bietet kein ähnliches Beispiel. Man schlage doch nur die musikalischen Conversations-Lexika aus den Siebziger-Jahren nach. Der Name Anton Bruckner existiert für sie noch gar nicht. Unsere Zeitgenossen, Max Bruch und Ignaz Brüll, sind da in entsprechenden Artikeln gewürdigt, vergebens sucht man zwischen ihnen nach – Anton Bruckner. Als Schöpfer von sechs großen Orchester-Symphonien und bedeutsamen Kirchen-Compositionen noch nicht unter den berufsmäßigen Tonsetzern registriert und lexikographiert zu sein, das konnt auch nur der heiligen Einfalt eines Anton Bruckner widerfahren.*

Und die Anführung dieser nackten Thatsache kennzeichnet den Mann treffender, als die weitschweifendste Charakteristik. Die Einfachheit und Schlichtheit seines Gemüthes verstand sich nie auf Fühlungsuchen mit der Außenwelt. Er war ein Greis geworden und ein Kind geblieben, naiv in seinem Empfinden, arglos und geradeaus in seinem Denken, frommgläubig in seinem Herzen, ungeschminkt in seinem Wesen – und unverdorben in seinen Wünschen. Ein langes Menschenalter ist er durch die Welt gewandert, ohne mit ihren Formen vertraut zu werden. Aber in seinem Innern hatte er sich eine andere Welt zurecht gelegt, welche in seinen Symphonien in so eigenthümlicher Weise Form und Klang gewonnen hat. Wenn man die künstlerische Individualität Bruckner's seiner menschlichen gegenüberhält, so gelangt man zu unerhörten Contrasten. Der schlichte, bescheidene Mann war als Musiker der kühnste Neuerer, der vor keinem Wagniß zurückscheute und stets auf neue musikalische Kampfmittel sann. Er, der im Leben vor lauter Schüchternheit kaum einen geregelten Satz zu stammeln wußte, überrascht als Symphoniker durch wunderbare Ausdrucksfähigkeit, durch die blühendste thematische Eloquenz. Sein bäurisch-demüthiges Gehaben, seine ärmliche Simplicität wandelten sich in seinem Kunstwirken zu kühnem Trotz und blendendem Prunk. Stolzer schritt kein Cäsar zum Siege als Bruckner, wenn er die Sturmcolonnen seiner Themen gegeneinander rasseln ließ, und verschwenderisch wie ein Krösus streute er die blendendste Pracht seiner orchestralen Farben darein. Man muß an einen Gott glauben, der diesem Manne im Busen wohnte, um eine Erklärung solcher Widersprüche zu finden. [...]

Anders schließt später eine anschauliche Schilderung von Bruckners Äußerem an:

Bruckner's Erscheinung konnte nicht mehr vergessen werden, wenn man ihn einmal gesehen. Auf einem feisten Prälatenkörper saß der große, runde Kopf, wie eine Kugel. Schwarze, weite Kleider fielen um seine Schultern, die Aermel glitten bis auf die Fingerspitzen. Der kraftvolle, rothe Hals schien den Zwang eines Hemdkragens nicht zu vertragen, Bruckner trug ihn immer blos. Am stärksten wurde man von seinem Antlitz impressioniert. Imperatorenprofil und Bauernschädel – man konnte sich ihn mit der purpurgeschmückten Toga oder mit dem bebänderten Filzhut denken. Die jäh vorspringende Nase, der sinnlich bewegte Mund, die meisterliche Energie des Kinns und dazu die derbe Fleischlichkeit der Wangen, die vergnügten, harmlos friedlich strahlenden Lichter seiner Augen, gaben ein sonderbares in jeder Bewegung interessantes Gesicht. Dazu die hochgewölbte, steil ansteigende Stirn, auf der gebieterisch die Würde des Künstlers thronte, es war ein Angesicht, das man niemals vergessen kann. [...]

Die *Wiener Zeitung* vom 14. Oktober 1896 läßt ihren Kommentar mit den Gedenkworten des Vorsitzenden des »Wiener Gemeinderathes«, Strobach, in der öffentlichen Sitzung vom 13. Oktober beginnen:

Der Vorsitzende Bürgermeister Strobach eröffnet die Sitzung mit folgenden Worten:

Geehrte Herren! Einer der größten Tondichter der Gegenwart, Anton Bruckner, ist verschieden (Die Versammlung erhebt sich von den Sitzen); still wie sein ganzes Leben vollzog sich auch sein Ende, schmerzlos und ohne Todeskampf entwich seine Seele.

Dieser große Meister der Töne war ein strenggläubiger Katholik. Ueberzeugungstreue, eiserner Muth im Kampfe des Lebens, schlichte Einfachheit und bescheidenes Wesen zeichneten ihn aus. Kein freundliches Geschick war seiner Jugend beschieden, und durch Entbehrungen aller Art führte ihn sein Genius zur Höhe jener Auserwählten, zu denen wir mit ehrfurchtsvoller Bewunderung emporblicken.

Nicht immer wurde seinem großen Können die verdiente Werthschätzung zu Theil, und nur langsam rangen sich seine Werke zur vollen Anerkennung durch, nicht bloß in seinem Vaterlande, sondern auch im Auslande.

Möge die Nachwelt dem großen Todten jene allgemeine Würdigung zu Theil werden lassen, welche der großen Bedeutung des Künstlers entspricht.

Bruckners Name ist unzertrennlich mit unserem Kunstleben verbunden, sein künstlerisches Schaffen hat der Stadt Wien zur Ehre gereicht; wir werden ihm stets ein würdiges Andenken bewahren!

In Anerkennung der großen Verdienste Bruckners um die heimische Kunst hat der Stadtrath den einstimmigen Beschluß gefaßt, die Leichenfeier für den verstorbenen Meister auf Kosten der Stadt zu veranstalten.

Ich bin überzeugt, daß Sie, meine geehrten Herren, Alle diesem Beschlusse zustimmen und durch recht zahlreiches Erscheinen bei der Leichenfeier dem Verewigten die letzte Ehre erweisen werden. (Zustimmung.)

Hanslicks *Neue Freie Presse* reagiert am 12. Oktober 1896 mit einem unerwartet fairen Artikel, der allerdings durch Richard Heubergers Ausführungen vom nächsten Tag (siehe Biographie S. 221ff.) in derselben Zeitung eine Aufwertung erfuhr. Es fällt jedoch auf, daß die journalistische Pflicht und vermutlich auch die dahinter stehende ordnende Hand Hanslicks in keiner Weise von diesem in der Bruckner-Literatur so oft der Feindschaft geziehenen Blatt verletzt wurde.

Eine der originellsten und eigenartigsten Erscheinungen im Musikleben Wiens, Professor Dr. Anton Bruckner, ist gestern Nachmittags im 72. Lebensjahre einem langen Leiden erlegen. Anton Bruckner mußte jahrzehntelang um seine künstlerische Existenz kämpfen, es gelang ihm nicht, als Componist sich durchzusetzen und nicht einmal auf dem ihm eigensten Gebiete, der Kirchenmusik, sich Geltung zu schaffen. Dafür war er als Greis in seinen letzten zehn Jahren der Gegenstand eines ebenso leidenschaftlichen wie übertriebenen Cultus. Die Wagner'sche Schule, welche nach dem Tod des Meisters ein neues sichtbares Haupt brauchte, zog den bescheidenen Musiker, welcher in Wien ein weltvergessenes, träumerisches Dasein führte und ohne Ruhmbegier seiner Kunst lebte, aus seinem Dunkel hervor. Bruckner wurde auf den Schild gehoben, seine Symphonien und Kirchen-Compositionen wurden wiederholt unter dem jubelnden Beifalle der Wagner-Gemeinde aufgeführt, sie nahmen ihren Rundzug durch Deutschland, und so ergoß sich über die letzten Lebensjahre des bescheidenen und liebenswürdigen Musikers ein glänzendes Abendroth.

In Wien zählte Anton Bruckner viele Freunde, und auch solche Männer, welche seinen Compositionen nicht unbedingt zustimmten, zollten seinem selbstlosen künstlerischen Streben vollen Beifall und wußten den genialen Orgelspieler, den vortrefflichen Lehrer der Compositionslehre, den ehrenhaften, von freundlicher Milde erfüllten Menschen hoch zu schätzen. Bruckner war übrigens auch eine in weiten Kreisen bekannte Stadtfigur. Auf einer hohen, etwas zur Fülle neigenden Gestalt saß ein äußerst charakteristischer Kopf, der namentlich im Profil an die Büsten des Kaisers Claudius erinnerte; das Gesicht war stets glatt rasiert, und sein Kopf hatte fast keinen Haarwuchs. Sein Wesen zeigte eine rührende Hilflosigkeit, welche wol dem Umstande zuzuschreiben ist, daß er den größten Theil seines Lebens in stiller Verborgenheit verbracht hatte. Insbesondere machte es im Concertsaal einen wehmüthig heiteren Eindruck, wenn das große Kind Bruckner einem Hervorrufe Folge leistete und den rauschenden Beifall durch eine sehr charakteristische Geste, in welcher ebensoviel Rathlosigkeit als Güte lag, auf das Orchester abzulenken suchte.

Der Lebenslauf Anton Bruckner's ist bald erzählt. Bruckner wurde zu Ansfelden in Oberösterreich am 4. September 1824 geboren. Schon in frühester Kindheit wurde er als Sängerknabe in das Stift St. Florian aufgenommen, wo er auch das Clavier-, Violin- und Orgelspiel erlernte. Später widmete er sich unter Anleitung Simon Sechter's der Compositionslehre, und er galt als eine Autorität auf dem Gebiete des Contrapunktes. Die Orgel beherrschte Anton Bruckner mit der größten Vollendung und der genialsten Technik, und Viele haben ihn den größten Orgelspieler genannt, den die Welt seit Johann Sebastian Bach gesehen hat. Bruckner war seit dem Jahre 1861 Hoforganist an der Wiener Hofcapelle, ferner Professor am Conservatorium und Lector an der Wiener Universität, wo seine öffentlichen und unentgeltlichen Vorlesungen über Harmonielehre und Contrapunkt eine zahlreiche Zuhörerschaft versammelten. Im Jahre 1891 wurde Bruckner zum Ehrendoctor der Philosophie an der Wiener Universität promoviert; vom Kaiser wurde er mit dem Ritterkreuz des Franz-Josephs-Ordens ausgezeichnet. Bald darauf zog sich Bruckner aus Kränklichkeit von seinem Lehramte zurück. Seinen bescheidenen Lebensunterhalt fristete er durch einen Ehrensold, den ihm der oberösterreichische Landtag ausgesetzt hatte, und durch Unterstützungen des Kaisers, der ihm unter Anderm eine Wohnung im Belvedere zuwies. Bruckner war bis zu seinem Lebensende in voller geistiger Frische und unausgesetzt als Componist thätig.

Erst spät, nachdem sein Ruf als Orgelspieler schon ganz Deutschland erfüllte, war Bruckner als Componist hervorgetreten. Seine ersten Werke erzielten jedoch keinen Erfolg, und für seine Symphonien wußte er durch Jahrzehnte nicht einmal einen Verleger zu finden. In der Mitte der Achtziger-Jahre wurde er auch als Musiker mehr anerkannt. Bruckner schrieb neun große Orchester-Symphonien, drei große Messen, ein Streichquintett, ein Tedeum für Orchester und Chor und zahlreiche kleinere Compositionen. Ein abschließendes Urtheil über Anton Bruckner als Componisten läßt sich im gegenwärtigen Augenblicke nicht leicht fällen. Seinen Orchester-Compositionen und insbesondere seinen Symphonien, in welchen die Technik des Wagner'schen Orchesters acceptirt erscheint, wohnt sicherlich ein genialer, ins Gigantische gehender Zug inne, und an Reichthum der Erfindung und technischer Kunst der Verarbeitung fehlt es Bruckner keineswegs. Leider erscheint damit nicht immer das edle künstlerische Ebenmaß und die Klarheit der Durchführung gepaart; speciell seinen Symphonien wird ein Hang zum Maßlosen und Verworrenen vorgeworfen, welcher eine Uebersicht sehr erschwert und einen vollkommenen künstlerischen Genuß nur selten aufkommen läßt. Vielleicht werden seine Kirchen-Compositionen auf die Nachwelt einen längeren und nachhaltigeren Eindruck üben. Es ist übrigens bezeichnend, daß Bruckner die überschwänglichen Lobeshymnen seiner Verehrer, welche ihn als einen zweiten Beethoven priesen, keineswegs ohne Widerspruch annahm und dieselben, obwol er von seiner Kunst hoch dachte, stets bescheiden abwehrte. Im persönlichen Umgange war Anton Bruckner von herzgewinnender Liebenswürdigkeit; sein einfaches, schlichtes Wesen, sein unerschöpflicher, aus einem reinen Innern fließender Humor, seine hohe Begeisterung für die Musik, welcher er sein ganzes Leben mit opfermuthiger Hingabe gewidmet hatte, machten auf Jeden, der mit ihm in Berührung trat, den größten Eindruck. Dem Einflusse der Persönlichkeit Bruckner's ist nicht zum mindesten die fanatische Verehrung zuzuschreiben, die seine Anhänger seinen Compositionen entgegenbrachten. Anton Bruckner hatte Gegner seiner musikalischen Richtung, aber keine Feinde. Sein Tod wird eine schmerzliche, nicht leicht auszufüllende Lücke in der Wiener Musikwelt zurücklassen, welche ihn zu ihren charakteristischsten Vertretern zählte. [...]

Richard Heuberger hatte am 13. Oktober einen Nachruf in der *Neuen Freien Presse* und im *Wiener Tagblatt* erscheinen lassen, der noch einmal versuchte, die Verschiedenartigkeit der Positionen in der Beurteilung Bruckners für sich gültig zu formulieren. Die scharfe Reaktion auf diesen Artikel, der sicher nicht dazu dienen sollte, eine Diskussion am offenen Grabe zu entfachen, sondern sich eher als Abschluß einer jahrzehntelang geführten Diskussion verstanden wissen wollte, beweist, daß die Bruckner-Clique, vielleicht durch den schmerzlichen Tod ihres Heroen dazu bewogen, unsachlicher reagierte, als dies die vermeintlichen Gegner selbst taten.

Die Frage, ob an der Geistesrichtung Bruckners, der als Vierundvierzigjähriger (1868) in die Großstadt übersiedelte, noch viel geändert worden wäre, selbst wenn man die Symphonien sogleich nach ihrer Vollendung aufgeführt hätte, läßt sich nicht mit Bestimmtheit beantworten. In diesem Alter ist der Mann zumeist darüber hinaus, sich vom Grunde aus umzubilden, an der Hand neuer Erfahrungen das Alte, bisher für richtig Gehaltene zu verwerfen, einen neuen Menschen anzuziehen. Damals, als Bruckners überheiße Phantasie in dem Weihrauchdunste von St. Florian, in dem nüchternen Straßenstaub von Linz wie mit Saugwurzeln, leider vergebens, nach einem wirklichen Nährboden suchte, damals hätte er schaffen, viel schaffen müssen, damals würden ihm Aufführungen hohen Gewinn gebracht haben. Er und seine Werke wären in Wechselbeziehung zum Publikum gekommen und er hätte vielleicht gelernt, was vor ihm Mozart, Beethoven und andere respektable Vorfahren aus dem Verkehr mit dem gebildeten, mit dem besten Publikum gelernt haben. Ich sage: vielleicht! Denn im Grunde genommen glaube ich nur zu einem Teile daran; das Maßhalten in Hinsicht auf die Dimensionen seiner Werke, jene Rücksicht auf die Nervenkraft seiner Zuhörer zu nehmen, die namentlich der Musik produzirende Künstler zu nehmen gezwungen und schuldig ist, hätte Bruckner als offener und keineswegs unpraktischer Kopf gewiß gelernt. Ob er aber, selbst bei eifrigster Pflege seines Talents, sich ›im Strom der Welt‹ jenen Grad von Logik angeeignet hätte, dessen Abgang eben die anfechtbarste Seite seiner Werke bildet, jenes treibende, spannende Etwas, das die Schöpfungen echter, großer Meister so einheitlich, so hinreißend gestaltet, das bleibt zu bezweifeln. Von den unbedingten Anhängern Bruckners – und es gibt darunter sehr vorzügliche, von inniger Liebe zur Kunst beseelte Leute – wird nun gerade meistens auf die symphonische Kraft des Meisters hingewiesen, also der Abgang jenes Allerwichtigsten gar nicht empfunden. Da scheint ein Irrtum obzuwalten. Das Mechanische der musikalischen Logik, das Festhalten und Ausspinnen der Motive, die ›thematische Arbeit‹ hatte sich Bruckner so gut angeeignet, wie irgend Einer, der eine leidliche Schule absolvirte. Ja, er tut darin oft mehr des Guten, als den Kompositionen förderlich erscheint. Er ist unerbittlich bis zum Eigensinn. Eigensinn aber ist nicht dasselbe, wie Konsequenz. Zwischen der mit dem Zeigefinger zu verfolgenden, für die Augen nachweisbaren Logik und jener, die wirklich in einem Werke steckt, ist eine Kluft, die sich, je nach Umständen, in ungeheurer Weite auftut. Es kann der Eine unter strengstem Festhalten an einem einzigen Motiv ein unlo-

gisches, unzusammenhängendes Ganzes konstruiren, ein Anderer vermag, ohne sich an Einzelnes zu binden, aus freier Hand ein festgeformtes, streng folgerichtiges Werk aufzurichten. Das sind nur die äußeren Extreme. Bruckner hat sich zuweilen sowohl dem Einen, als dem Anderen genähert. Daher findet man Trockenes, Unreifes neben Herrlichem, Ergreifendem. Der Sprung geht oft mitten durch. Man mag sich noch so vertrauensselig dem anfangs oft intensiv fesselnden Gange seiner Melodie hingeben, es kommt früher oder später der Augenblick, wo die Freude gestört, wo der Faden nicht weiter gesponnen, sondern geknüpft wird. Der Meister, der den edelsten Trunk gereicht, ist es selbst, der dem Genießenden den Becher vom Munde reißt. Dieser Mangel war es nun wohl auch, der den, außerdem in kaum übersehbaren Dimensionen gehaltenen Werken Bruckners den Eingang erschwerte. Man mußte erst daraufkommen, sich an die einzelnen Schönheiten seiner riesigen Orchester-Improvisationen zu halten um solcherweise zu einem relativen Genusse zu gelangen. An einzelnen Schönheiten ist jede der größeren Kompositionen überreich. Mit einigen Geniezügen zaubert er eine süße, träumerische Stimmung hervor, oder eine kirchliche Feier mit all ihren geheimnisvollen Schauern oder eine mit grobkörnigem, oberösterreichischem Humor erfüllte Bauernszene. Wäre eine dieser Anläufe ebenso virtuos zu Ende geführt, wie begonnen, wir besäßen von Bruckner eine ganze Reihe von Meisterwerken. So wie er seine Werke der Öffentlichkeit übergeben hat, sind sie bei all ihrem Reichtum nicht beglückend, weil in sich unfertig.

Der große, unleugbare Erfolg mancher derselben erklärt sich teils aus der Pracht ihres Kolorits, wohl auch daraus, daß vielen sowohl deren Dimensionen, wie die von dem Meister so gerne entfalteten Klangmassen imponiren. Wie er als Orgelspieler vor Allem das machtvolle Ausströmen seines Leibinstruments liebte, wie er sich selbst nicht sättigen konnte an dem Materiellen des Tönegewirres, so hat er auch bei seinen großen Kompositionen alle Register des Orchesters zu ziehen, mit Hintansetzung jeglicher Rücksicht auf die Fähigkeiten der menschlichen Stimme alle irgendwie erlangbaren Kräfte des Chores zu entfesseln verstanden. Er hatte da einen dämonischen Zug, in dessen Bann er sich selbst befand. Er brachte gleichsam ein Stück Natur zum Klingen, und das Instrument, welches am hellsten in dem allgemeinen Chor mittönte, war seine eigene Seele. Mag ihm der Rang eines vollgiltigen Meisters der Kunst auch von einer ferneren Zeit nicht zuerkannt werden, als eine der merkwürdigsten Erscheinungen unserer Zeit, als ein Feuergeist, der so leidenschaftlich an seine Kunst wie an seinen Gott glaubte, wird er auch bei späteren Geschlechtern wenigstens dem Namen nach fortleben.

Ungeteilte Liebe und Verehrung erfreute sich Bruckner als Mensch. Er war als Schulgehilfe wie als berühmter Komponist derselbe treue, rechtschaffene, bescheidene Mann, der vom Cäsar nur das Angesicht, vom Geistlichen – auch an einen solchen erinnerte er – nur die Ergebung an sich hatte. Daß er zu bescheiden und dabei arm war machte es in früheren Jahren wohlsituirten Musikpotentaten möglich ihm ungestraft die äußersten Demütigungen zuzufügen. Er hat auf diesem Gebiete Unglaubliches erfahren müssen. Seine robuste Konstitution, sein Glaube an seine Sendung, sein Bauernhumor haben ihn aber selbst schwere Unbill rasch verwinden lassen. Erst im höheren Alter hat man Bruckner mit jenem Respekt behandelt, den man ihm vor Dezennien nicht hätte vorenthalten dürfen ... Er wurde bei jedem Anlasse gefeiert, die Wiener Universität hat ihm den Doktorhut gesandt und auch sein früher gar zu schmalhänsisches Leben gestaltete sich behaglicher.

Mit der Ausführung großer Pläne – vor Allem seiner Neunten Symphonie – beschäftigt, ist er dahingegangen, seinen Sinn immer nach vor ihm liegenden idealen Zeiten gerichtet. Man könnte ihm des sterbenden Commenius schönes Wort in den Mund legen: ›Und so danke ich meinem Gott, daß er mich zeitlebens hat einen Mann der Sehnsucht sein lassen!‹

Die *Morgen-Presse* vom selben Tag schlägt mit dem Artikel Gustav Schönaichs eine Brücke zu den Kommentaren jener Organe, die im wesentlichen den Bruckner-Freunden nahestanden bzw. von ihnen selbst beherrscht wurden, obwohl gerade in den Vergleichen ebenso versucht wurde, für die Parteilichkeit eine Art historische Relevanz zu finden.

Auch das *Vaterland*, die Zeitung für die österreichische Monarchie, die am Mittwoch, dem 14. Oktober, einen Kommentar von Richard Kralik veröffentlicht, spricht trotz des antiquierten Schreibstils das erkannte Modell – hier zwischen Fortschrittlichkeit und Traditionsverhaftung angesiedelt – deutlich an. Hier scheint, quasi im Staatsinteresse, die ausgewogene Betrachtungsweise, verbunden mit der Bejahung eines katholischen, traditionsbewußten Herrscherhauses, die entscheidende Rolle gespielt zu haben:

> *Von einer Studienfahrt zurückkehrend, die der Beuroner Kunst zu Emaus und St. Gabriel*[1] *in Prag galt, trifft mich als erste Kunde in Wien das Wort: Bruckner ist todt. Meine Seele, noch voll den Bildern einer Kunstübung, die mit klarem Bewußtsein auf die ältesten und erhabensten Kunsttraditionen der Menschheit zurückgeht, mein Ohr, das noch unaufhörlich die strengen Melodienschritte des gregorianischen Chorals in seiner ältesten Tradition, in seiner reinsten, ungeschmücktesten Ausführung widerhallt und tiefergriffen nachtönt, es wird plötzlich mit unwiderstehlicher Macht der Erinnerung von der rauschenden, klingenden, tosenden Fluth Bruckner'scher Harmonien durchströmt. Es gibt kaum einen größeren Gegensatz als diese beiden Kunststyle. Dort ein Hauch wie aus den Vorzeiten des Paradieses, hier das volle Wehen der Gegenwart, ja der mächtig heraneilenden Zukunft. Wir können nicht auf Aelteres, auf Ursprünglicheres zurückgehen, als es jene würdigen Söhne St. Benedict's thun. Wir können dem, was uns erfüllt, keinen moderneren, keinen actuelleren Ausdruck geben als es Bruckner in seiner Tonsprache gelungen ist. Es gibt nichts Allgemeineres, Typischeres als der Canon der Beuroner Kunst; es gibt nichts Individuelleres, Subjectiveres als Bruckner's Tönespiel. Und doch sind beide Richtungen Eins im Ausgangspunct und im Endziel. Beide sind dem innersten Kern des Menschlichen entsprungen: der Religion. Es ist der Kern, dem allein die große Kunst entblühen kann. Das ist so recht »katholisch« im eigentlichsten Wortsinn, daß demselben allgemeinen Mutterboden die mannigfaltigsten, fast gegensätzlich differenzirten Kunstweisen entsprießen dürfen. Es handelt sich dabei nicht darum, welche dieser Kunstweisen zu approbiren, welche zu verdammen sei, sondern höchstens darum, ob die eine oder die andere zu einer bestimmten Zeit mehr der*

[1] Seitdem das Kloster der Augustiner im oberen Donautal im Jahre 1863 sich in ein Kloster der Benediktiner umwandelte, erhielt der gregorianische Choral eine sorgfältige Pflege. Von dort gingen Reformbestrebungen gegen die damals in der Kirche geltende, bei Pustet in Regensburg neu aufgelegte Choralausgabe der Medicaea, welche die Melodien in verkürzter, vielfach verstümmelter und unregelmäßiger Form brachte, aus. In den beiden Prager Kirchen wurde diese reformierte Beuroner Kunst in der täglichen Praxis bei Hochamt und Vesper angewandt.

Pflege empfohlen werden soll. Darin unterscheiden sich ja die Zeiten und auch die Nationen, daß einmal der Conservativismus, ein andermal die Neuerung überhandnimmt. Dieser holde Wechsel droht aber manchmal in allzu einseitigen Gegensatz auszuschlagen, und da ist es dann an der Zeit, auch das Gegengewicht zu verstärken. Es thut gut, eine allzu starr gewordene Tradition von Zeit zu Zeit wieder aufkochen zu lassen und die Parole auszugeben: »Laßt uns dem Herrn ein neues Lied singen!« Diese Parole hat vor einer Generation Lißt, Wagner und Berlioz ausgegeben und Bruckner hat ihr begeistert Folge geleistet. Wir Alle wissen aber, daß diese Schule nicht durchaus gesiegt hat, theils durch ihre Schuld, indem sie dem traditionellen Elemente in der Kunst, das doch auch auf einem psychologischen Bedürfnisse beruht, nicht genügend gerecht ward. Aber wir haben es erlebt, daß sich eine unberufene Seichtigkeit und Bequemlichkeit, die Duselei, der Schlendrian und der Zopf zum Ankläger der neuen Richtung aufgeworfen hat. Nicht ihm aber gebührt diese Rolle. Wenn die subjectivistische Kunst der neuen Zeit einer Ergänzung, eines Gegenwichtes [!] *bedarf, so kann dies nur in der Wiedergeburt der strengsten, grundlegendsten und wurzelhaftesten Traditionen gefunden werden. Danach sehnt und dürstet unsere Zeit, und es ist gute Hoffnung vorhanden, daß das Sehnen nicht unbefriedigt bleiben wird. Es bereitet sich auf allen Gebieten der religiösen wie der weltlichen Kunst ein neues Verständniß für die gesetzhaften Elemente der Kunst, für ihren »Canon« vor.*

Aber wenn auch das neue Jahrhundert die Welt wieder mit frischen, im Urquell alles Lebens gebadeten Augen ansehen wird, die großen individualistischen Meister unserer Zeit werden unvergessen sein. Und so lange es eine Cultur, eine Musik, eine historische Ueberlieferung geben wird, wird der Name unseres großen Landsmannes bleiben. Wie sich auch die Musik verändern mag, man wird es im Gedächtnisse behalten, daß kaum ein Meister kühner, reicher, bunter, selbstvergessener und kunstergebener mit den anmuthreichen Grazien der Harmonie, mit den schlummernden Seelen der Instrumente gespielt hat als Anton Bruckner. Keiner hat es verstanden, die Geister der Melodien zu kunstvollerem, labyrinthischem Reigentanze zu verschlingen. Von ihm kann man es wie von irgendeinem sagen, daß er seine heiligen Gesänge gebetet hat. Sein Schaffen war, was man von jedem echten Künstler sollte sagen dürfen, vom Geiste mönchischer Ascese getragen; denn nur wer ganz auf die Welt verzichtet und ihrer vergißt, wird sich den Eingang zum Ideenreich der wahren Kunst erzwingen. Ihm gebührt die Grabstätte in der Stiftskirche von St. Florian, die er sich so sehr erwünscht hat.

Sie verwahre seinen Staub. Seine Gestalt lebt ja uns und allen kommenden Generationen im verklärenden Kunstwerke Tilgner's[2] *fort. Seine Werke sind unser Erbe, das wir nicht verkümmern lassen sollen. Sein Geist war schon längst an einem schöneren Ort als wir ihm bieten konnten, entrückt der Gunst und Abgunst der Welt.*

Ludwig Speidel schreibt seinen Nachruf im *Fremden-Blatt* vom 16. Oktober 1896. Er versucht, ohne auf die Biographie einzugehen, eine Würdigung der Religiosität Bruckners, seiner Persönlichkeit, seines Charakters, seiner Kirchenmusik und sinfonischen Gedanken, die ihn auf die Lehrmeister Beethoven, Wagner und Schubert zurückführt.

[...] *Anton Bruckner hat sich als Komponist fast ausschließlich in den großen Formen seiner Kunst bewegt. Wie sich der römische Prätor nicht mit geringfügigen Dingen befaßte, so lag es nicht in seiner Art sich mit musikalischen Kleinigkeiten abzugeben. Kirchenmusik und Symphonie waren die Gebiete, auf denen er mit Begabung, Begeisterung und Erfolg arbeitete. Enthusiasmus war die Grundstimmung seiner Natur, woraus das Große und manchmal auch Uebertriebene seines Schaffens entsprang. Die Kirchenmusik wuchs ihm gleichsam auf seinem Wege. Als Dorfknabe und später als Lehrer verkehrte er viel und intim mit der Kirche; auf den Stufen des Altars hat er dem Priester geantwortet, hat er das Weihrauchfaß geschwungen, und in dem jungen Gemüth, in welchem so viel Großes, Unausgesprochenes schlummerte, ist unter den sinnlich-geistigen Schauern des katholischen Gottesdienstes der Text der Passionsgeschichte in künstlerische Blüthen emporgeschossen. Bruckner's Messen sind erlebt. Sie sind wohl aus der Wiener Schule hervorgegangen, wenn man Beethoven's große Messe noch zur Wiener Schule rechnet, aber noch modernere Elemente sind in sie eingedrungen, denn Bruckner hat von dem guten Recht des Tonkünstlers, Gott in der Sprache seiner*

[2] Gemeint ist hier die Büste von Victor Tilgner aus dem Jahre 1891, die Vorbild der Bruckner-Denkmäler in Steyr und Wien ist.

eigenen Zeit zu preisen, den ausgiebigsten Gebrauch gemacht. Bruckner's Symphonien sind zumeist aus Beethoven'schen Einflüssen hervorgegangen. Mächtige Gedanken hinzustellen, die, wie in die Faust gepreßt und dann entlassen, eine ganze Welt von Ideen, Kombinationen und Stimmungen aus sich entwickeln, ist auch Bruckner's Ideal gewesen. Man steht oft erstaunt vor dem gewaltigen Thema, das Bruckner an die Spitze eines Satzes stellt und wie er wieder andere bedeutende Motive im Gefolge hat; aber es fehlt wohl manchmal das Herauswachsen aus dem Hauptthema, der nothwendige Gedankengang, die gewaltige Logik Beethoven's. Seltsam trifft es sich auch, daß die eigentliche Arbeit neben dem Gedanken hergeht, wie ein einmündender Fluß eine zeitlang seine eigene Farbe bewahrt. So war es auch mit Bruckner's Orgelspiel, das wir in seiner besten Virtuosenzeit gehört haben. Seine Improvisationen trugen im Grunde einen, wie man früher sagte, »galanten«, einen homophonen Charakter (melodische Fortschreitungen mit Begleitung) an sich, als Zwischensätze Imitationen, die sich hin und wieder bis zu Prosalien ausdehnten und abrupte kontrapunktische Stellen. Zu einem eigentlichen Stimmengewebe kam es fast nie. Das rührte wohl von Bruckner's verspätetem Studiengang her, der den Autodidakten nie recht überholen konnte. Erfindung und Arbeit wollten sich nie recht zusammenfinden, daher das oft seltsame Bild manches seiner Werke, die aus lauter Gipfeln bestehen. Bekanntlich hat Wagner's Erscheinung einen großen Einfluß auf Bruckner und seinen Styl gehabt. An Wagner hat sich seine Instrumentirungskunst entwickelt, von ihm sind Stimmungen auf ihn übergegangen, die er in seiner Weise gestaltet hat. Neben Beethoven und Wagner hat sein Landsmann Franz Schubert auf ihn gewirkt. Will man einen Inbegriff von Bruckner's Kunst und Leben haben, so lasse man seine »Romantische Symphonie« an sich vorüberziehen. Dorf und Schule, Wald und Kirche, Alles scheint darin aufzuleben und klingend zu werden. Groß und liebenswürdig kommt uns Anton Bruckner daraus entgegen.

Mit seinem Tode ist Bruckner's Werk nicht begraben. Sie hat noch viel reichlicher gehört zu werden als bisher. Die Partituren seiner Symphonien wird man aber nicht aufhören zu lesen, denn findet man in ihnen auch nicht die frei in sich schwebenden Sonnensysteme unserer Klassiker, an wunderbar aufglänzenden Meteoren ist darin kein Mangel.

Die Zeitung *Neues Wiener Journal* vom 12. Oktober 1896 geht mit einem Artikel von Albert Kauders auf den Parteienstreit von Anhängern Bruckners und Brahms' ein. Noch bevor von Bruckner als geistesgeschichtlichem Phänomen oder von seiner Biographie die Rede ist, versucht der Autor, die Gegner als *gläubige Elemente* auf der einen und Verfechter konservativen Gedankenguts auf der anderen Seite herauszukristallisieren.

> [...] *Eine kleine Gemeinde war es zunächst, die sich zu ihm bekannte und seinen tönenden Offenbarungen Glauben schenkte. Die Verfolgung, die sich alsbald erhob, war nur geeignet, die gläubigen Elemente fester zusammenzuschließen. Kein Mittel und Mittelchen verschmähte das Pharisäertum der Kritik, der Zunft und der sogenannten Kunstwelt, um die musikalischen »Ketzereien« Bruckner's aus der Welt zu schaffen. Wie der kühne Reformator der Oper, Richard Wagner, aus allen Kämpfen zu siegreicher Anerkennung durchgedrungen, so sollte doch wenigstens der Richard Wagner der Symphonie zu Boden gedrückt werden.*
>
> *Die letzten zwei Jahrzehnte waren Zeugen dieses Kampfes, der von den Conservativen oft genug mit den erbärmlichsten Waffen gekämpft wurde. Selbst den Fluch der Lächerlichkeit hefteten sie an seine Fersen. Und es ist ihnen lange trefflich gelungen, den Meister um den ihm gebührenden Zoll weltlicher Anerkennung zu prellen. Ein hilfloser kranker Greis mußte er werden, bis daß einige wärmende Strahlen von der Sonne des Ruhmes auf seinen schlichten Lebenspfad fielen. Vor drei Jahren ernannte ihn die Universität Wien zu ihrem Ehrendoctor und kaiserliche Huld gewährte ihm ein trauliches Asyl. Das Häuflein seiner Anhänger ist aber im Laufe der Jahre zu einer gewaltigen Armee herangewachsen, welche bis in das Innerste von der Größe und der künstlerischen Bedeutung des Meisters durchdrungen ist und mit der Kraft der Ueberzeugung dafür kämpfen wird, daß seine grandiosen Kunstwerke in immer weiteren Kreisen zur Anerkennung gelangen.*
>
> *Und so konnte Anton Bruckner die müden Augen schließen in dem seligen Bewußtsein, daß er aus dem Kampfe mit Scheelsucht, Dummheit und Gemeinheit als Triumphator hervorgegangen sei. »Es wird der Ruhm von seinen Erdentagen nicht in Aeonen untergehen.«* [...]

Auch die *Arbeiter-Zeitung* nimmt am 13. Oktober zum Tode Bruckners Stellung, kennzeichnet den Komponisten als jemanden, der Beethoven und Wagner nachgestrebt habe, und deckt mögliche Ursachen für die Schwierigkeiten auf, die es in der Rezeption seiner Werke gebe:

> [...] *Die Größe des Verlusts, den wir erlitten, wird von der Mehrheit derjenigen, die in unseren Musiksälen heute das »Volk« vorstellen, erst später erkannt werden. Liegt es doch im Wesen des Genies, daß es seiner Zeit vorauseilt, und daß seine Bedeutung nur von den im wahren Sinne Edelsten und Besten geahnt und gefühlt, nur von bevorzugten Geistern klar verstanden und voll gewürdigt werden kann. »Vielleicht versteht nur der Genius den Genius ganz«, sagt Robert Schumann, und Schopenhauer vergleicht Talent und Genie mit zwei Schützen, von denen der eine ein Ziel trifft, das alle sehen, während der andere eines ins Auge faßt und erreicht, das die Augen der Zuseher nicht mehr auszunehmen vermögen, von dessen Ueberlegenheit sie sich daher nicht zu überzeugen im Stande sind, und den sie deshalb auch für den schlechteren Schützen halten. So ging es auch unserem Bruckner die längste Zeit seines Lebens. Er schoß immer über den Gesichtskreis der meisten seiner Zeitgenossen hinaus, und obwohl er selbst genau wußte, daß er ins Schwarze getroffen, wollte es ihm die kurzsichtige Menge nicht glauben.* [...] *Mit Kleinigkeiten hat sich Bruckner nie abgegeben, und um die Gunst der Menge hat er nie gebuhlt. Er hatte nichts anderes als sein künstlerisches Ziel vor Augen. Er strebte einerseits Beethoven, andererseits Richard Wagner nach. Die symphonische Form, in der Beethoven unerreichter Meister geblieben, und die ernste Kirchenmusik sagten seiner Individualität am meisten zu, und in diesen beiden Kunstformen legte er seine erhabensten Gedanken nieder. Die Tonsprache und die technischen Ausdrucksmittel, deren sich Wagner in seinen Musikdramen bedient, machte er sich vollständig zu eigen, und er beherrschte sie mit vollendeter Meisterschaft. Es war ihm gegeben, durch Uebertragung des Wagner'schen musikdramatischen Stils auf das Gebiet der absoluten Musik kraftstrotzende Kunstgebilde von edler, herber Schönheit zu schaffen, die ihrem genialen Schöpfer einen Ehrenplatz unter den hervorragendsten Tondichtern aller Zeiten sichern.*

[. . .]*Die kolossale Ausdehnung seiner Tonwerke erschwert naturgemäß die Uebersicht ihrer Form. Man muß ein gutes musikalisches Gedächtniß haben, um die Themen eines großangelegten Werkes beim erstmaligen Hören zu behalten und sie bei wiederholtem Auftreten sowie in ihrer Umgestaltung, Verschlingung und Verwebung mit anderen herauszufinden und wiederzuerkennen. Freilich ist es bequemer, ein kunstvoll aufgebautes, inhaltsschweres und umfangreiches Werk mit einem Witz abzuthun, als sich in seinen Inhalt zu vertiefen und die darin steckende Arbeit zu studieren, und unser Konzertpublikum in seiner überwiegenden Majorität ist auch froh, wenn ihm sein maßgebender Musikkritiker schmunzelnd mittheilt, daß er der »durch ihre erhabene Länge berühmten« Bruckner'schen Symphonie achtungsvoll aus dem Wege gegangen sei, statt sie, wie das seine Pflicht gewesen wäre, anzuhören und nach bestem Wissen und Gewissen darüber zu berichten. Braucht man sich dann doch nicht mehr zu geniren, daß man gleichfalls die Flucht ergriffen hat, und man weiß nun, daß man einen Tondichter, der so unbillige Anforderungen an unser Verständniß wie an unser Geduld stellt, von oben herab behandeln dürfe.*

Bruckner ließ sich durch die langdauernde Versagung aller Anerkennung in seinem Streben nicht beirren, und wenn es ihn auch bitter schmerzen mochte, so lange unverstanden zu bleiben, so besserte er sich doch nicht, machte dem hochverehrlichen Publikum nicht die geringste Konzession und baute, nur seinem inneren Drange folgend, unablässig weiter an seinen grandiosen Tonwerken, die gleich den unsterblichen Werken aller großen Meister erst von der Nachwelt den ihnen gebührenden Zoll der Bewunderung einernten werden. [. . .]

Die *Deutsche Zeitung*, herausgegeben von Dr. Theodor Wähner und als Zeitung Sprachrohr einer stärker werdenden deutschnationalen Strömung, druckt den Nachruf Theodor Helms, Bruckners Vorzugsrezensenten. Es fällt auf, daß Helm mit keinem Wort auf den Parteienstreit in Wien eingeht, sondern sein Memento eher dazu benutzt, eine intensivere Beschäftigung mit Bruckners Werken anzuregen:

[. . .] *Ueberhaupt erscheint es mir jetzt, nachdem der Meister selbst geschieden, als die heiligste Pflicht seiner wirklichen treuen Anhänger, dafür Sorge zu tragen, daß seine Werke in den weitesten Kreisen bekannt werden. Natürlich in würdigen, sorgfältigst vorbereiteten Aufführungen, wozu ja in Wien und jeder größeren Musikstadt die nöthigen Mittel vorhanden und, wie die vielen schönen Erfolge des bereits Aufgeführten zeigen, auch meist verstehende Dirigenten. Zum Glück liegen überdies von den wahrhaft großen Werken des Meisters fast alle in gedruckten Partituren und theils vierhändigen, theils zweihändigen Clavierauszügen vor* [...] *Aber im großen Publikum ist das Alles noch nicht bekannt genug, weil viel zu selten aufgeführt: man sehe nur den Spielplan der meisten deutschen Musikstädte! Nun vielleicht ermannen sich jetzt die ehrenwerthen Musikdirectoren und machen dem todten Meister gegenüber wett, was sie an dem lebenden oft in geradezu unverantwortlicher Weise versäumt.*

Es heißt ja, daß die Majestät des Todes versöhnt – vielleicht, daß Bruckner's Hinscheiden nun auch die hartnäckigen Gegner, die dem Meister das Leben verbittert, milder stimmt, wenn nicht gar Manchen zur besseren Erkenntniß und Umkehr bringt. Damit sich die Urtheile über Bruckner aber klären, damit sich endlich sein originelles Künstlerbild unbeirrt von der Parteien Haß und Gunst in voller Schärfe und Lichthelle herausgestalte, ist – ich muß es hier noch einmal wiederholen – gründlichstes Bekanntwerden mit allen seinen Schöpfungen die erste und nothwendigste Voraussetzung. Mögen dann auch die Clavierübertragungen in den Familien viel mehr gespielt werden, als bisher – eine nicht genug zu empfehlende häusliche Vorbereitung für den vollen Orchestergenuß, welche diesen nicht nur mächtig steigern, sondern auch dem todten Meister Tausende und Abertausende neuer Verehrer zuführen wird. Davon bin ich überzeugt. [...]

Die Zeitung *Deutsches Volksblatt* veröffentlicht mit dem Aufsatz Camillo Horns in der Abendausgabe vom 12. Oktober einen der längsten Artikel. In ihm wird von der Feder eines an Wagner geschulten Parteigängers mit einem Vokabular, das deutlich in die nationalsozialistische Ära weist, Heroengeschichte großen Stils geschrieben, wie sie vor allem in der weiterführenden Bruckner-Literatur bis zum Ende des 2. Weltkrieges vorherrrschte:

[...]*Tief trauert sein Vaterland, Deutsch-Oesterreich, dem Bruckner unwandelbare Treue geschworen, und das er nun doch verlassen mußte, um emporzusteigen »zu and'rer Welten*

Thor«. Den Saiten seiner Harfe, die er, ein echter Barde, zum Ruhme deutscher Kunst meisterhaft schlug, entspringt nicht mehr, einem Waldstrom gleich, die schier unerschöpfliche Fülle seiner gewaltigen Harmonien, entquellen nicht mehr die traulichen Klänge inniger, keuscher Empfindung! [...]

Bruckner liebte es nicht, seine Werke aus bunten Steinchen zusammenzusetzen; wie Fasolt und Fafner fügte er Fels auf Fels und baute sich auf solche Art musikalische Götterburgen. Die Kühnheit, die Fülle seiner überaus plastischen Gedanken allein läßt schon ersehen, daß seine Begabung »kein Pflänzchen, von Alltagsluft hervorgetrieben«, vielmehr »ein mächtiger Kronenbaum« war, »d'rin tausend Knospen leuchtend glänzten«; ein einzelnes Hauptthema Bruckner's schon verräth den gottbegnadeten Symphoniker, als welchen wir diesen Meister allen Nachfolgern Beethoven's ohne Ausnahme voranstellen müssen. Sein Geistesflug erstrebte nicht nur das höchste Gebiet der absoluten Instrumentalmusik, er erreichte es auch, und so gab Bruckner, ein zweiter Grabbe, der Welt eine Reihe großer Werke, denen selbst ein ehrlicher Feind seine Achtung nicht versagen kann. [...]

Vor einem detaillierten Lebenslauf Bruckners bringt Horn auch Anekdotisches:

Auch dem Verfasser dieser Zeilen wird es unvergeßlich bleiben, wie er einmal einer Orgelproduction Bruckner's beiwohnte. Leider dauerte der Genuß viel zu kurz. Eben als das classisch vollendete Spiel in prächtigsten Fluß gerathen war und Bruckner in bewunderungswürdiger Mannigfaltigkeit Haydn's Volkshymne mit einem Contrapunkt nach dem anderen schön und schöner schmückte, ließ ihn der Balkentreter schnöde in Stich. Nach geringer, höchst unliebsamer Pause schloß Bruckner mit wenigen Accorden, in denen das zornerfüllte Gemüth sich förmlich Luft zu machen schien. [...]

Recht böse konnte Bruckner werden, wenn er beim Componiren gestört wurde und Frau Kathi hatte den strengsten Auftrag, zu solcher Zeit Niemanden vorzulassen. Man mußte überhaupt bei der guten Frau wohl angeschrieben sein, um Einlaß zu finden. Als ehemaliger Schüler Bruckner's hielt ich es für meine Pflicht, den Meister zu meinem eigenen Concerte höflichst einzuladen. Mit dem Ausruf: »Zum Teufel, man hat aber auch nicht fünf Minuten Ruh'!« wurde ich bei der Thür von ihm empfangen, um schließlich unter größter Liebenswürdigkeit mit den Worten entlassen zu werden: »einen Anderen hätte ich gar nicht so freundlich begrüßt.«

All' der originellen Aussprüche und Handlungen Bruckner's zu gedenken, hieße Bände [...] *füllen.* [...]

Unser Altmeister wird Bruckner von Carl Joseph Fromm am 14. Oktober in der Überschrift zum Artikel der *Reichspost* – auch ein wichtiges Organ des deutsch-nationalen Verbandes – genannt; nach wenigen Zeilen aber steht diese Inbesitznahme hinter einer sich anschließenden breiten Biographie zurück:

Mit Stolz schicken wir das Wort »Unser Altmeister« als Herold voraus, bevor wir sein Leben in kurzen Strichen zu skizziren versuchen. Ja, er war vollens der Unsere, denn aus all' seinem Denken und Fühlen, aus allen seinen titanenhaften Werken, die sich unmittelbar an die Seite der Werke eines Beethoven stellen, allüberall tritt uns Bruckner als strenggläubiger Katholik entgegen, und das mag ihm so viele Feinde erworben haben, die ihm die Anerkennung versagten und sein Leben zu einem Dornenweg verwandelten. [...]

Die Zeitung *Illustrirtes Wiener Extrablatt*, herausgegeben von Edgar Spiegel, machte am 13. Oktober sogar mit dem Konterfei des Tondichters Anton Bruckner auf und berichtet während der nächsten Tage unter der Rubrik *Was gibt's Neues?* von den einzelnen Vorgängen bis hin zur Leichenfahrt, schiebt am 15. Oktober eine von Theodor Vogel erzählte Geschichte *Ein Ausflug mit Bruckner* ein, hatte aber schon am 12. desselben Monats unter der oben erwähnten Rubrik eine mit Anekdoten und Geschichten durchsetze Würdigung drucken lassen:

[...] *Bruckner gehörte zu den originellsten Straßenfiguren Wiens. Wenn er in den hochgeschürzten schwarzen Hosen, welche die matten Röhrenstiefel sehen ließen, daherschritt, den Leib mit dem Schmerbauche von einem langen schwarzen Rocke umflattert, in der Hand den Calabreser schwingend, um den massigen, wie eine Billardkugel schimmernden Schädel von der frischen Luft umfächeln zu lassen – dann blieben die Leute stehen und blickten dem immer eiligen alten Herrn nach, der gut gelaunt die ihm gewidmeten Grüße erwiderte. Er liebte es, mit persönlichen Bekannten an einer stillen Straßenecke ein Gespräch über Kunstfragen anzuknüpfen, und immer hörte man den Pulsschlag eines guten Herzens in den Urtheilen. Er war von großer Milde und Duldsamkeit, er, der oft Gegeißelte, kannte die Sucht nach Vergeltung nicht. Während ein Theil des Publicums den Meister übermäßig pries und fast Abgötterei mit ihm trieb, wurde er von anderer Seite auf das Heftigste angegriffen und seine Bedeutung arg herabgesetzt. Bruckner war eine geniale Natur, dem leider oft die Selbstkritik und die Kraft fehlte, die Eingebungen seiner überschwänglichen Phantasie zu controliren. Richard Wagner hatte es ihm angethan und dem Banne dieses Giganten vermochte er sich nicht immer zu entziehen. Wenn er aber frei die Schwingen entfaltete, wenn er sich löste von Vorbildlichen, Bizarrerien abwies und dem reinen Schönen nachstrebte in gewaltigem Fluge seiner Erfindungsgabe, dann gelang ihm Großartiges und er bereichert die Musikliteratur mit unvergänglichen Werken.*

Das Organ *Neues Wiener Tagblatt* hatte schon vor dem Kommentar Heubergers (siehe S. 313ff.) mit einem Eigenbericht auf den Tod Bruckners reagiert, der neben einer biographischen eine mitleidvolle und emotional ausgerichtete Persönlichkeitsskizze anfertigte, die Bruckner zu einem »Märtyrer der Welt« und zum Erfolglosen stempelte:

[...] *Die Bitternisse des Lebens, welche wohl kein zeitgenössischer Tondichter so ausgiebig verkosten mußte, wie der Dahingeschiedene, haben die Furchen der Askese früh in sein rundes, volles Antlitz eingekerbt. Und doch war Bruckner glücklich zu nennen! Seine heiße Religiosität, sein aufrichtig frommes Empfinden ließen in ihm das Gefühl der Unzufriedenheit niemals so recht zum Durchbruche kommen, selbst damals nicht, als er noch nach Anerkennung ringend, Täuschung über Täuschung über sich hatte ergehen lassen müssen.* [...] *Eines steht fest: Anton Bruckner war ein Meister, der mit vielen Schwächen große Vorzüge verband, ein Musiker, dem das Schicksal hart mitgespielt, der aber Anspruch darauf hat, daß sein Andenken in Ehre gehalten werde.*

Wie sehr sich schon in seiner Todesstunde die Welt der Anekdoten Bruckners bemächtigt hatte, stellen die verbleibenden Nachrufe in den Feuilletons dieser Tage unter Beweis. Es fällt auf, daß in ihnen nahezu übergangslos Fakten und Fabeln, Realität und Erinnerung, Wahres und Erdichtetes ineinander verwoben werden – in ähnlicher Weise war die Bruckner-Gemeinde bereits vorher einer weitverbreiteten Geschichtchen-Manie erlegen. Dieses Verfahren, das sich bis in neueste Publikationen von Bruckner-Jüngern fortsetzt, war ja schließlich auch das, was die Sicht auf den Komponisten insofern versperrte, als es von mündlich überlieferten Berichten ausging und damit dem Historiker eine richtige Einschätzung nahezu unmöglich machte, zumal man annehmen muß, daß solche Berichte, von Bruckner-Anhängern weitergegeben, zusätzlich durch deren Brille gesehen wurden.

Das Wiener *Fremden-Blatt*, das ausführlich in sechs Berichten auf die Ereignisse um den Tod Bruckners einging, hatte schon in einer ersten Meldung am 12. Oktober diese Mischung vollzogen, sie aber am 29. Oktober noch einmal in einem groß angelegten Feuilleton-Artikel unter dem Titel *Erinnerungen an Anton Bruckner* sanktioniert:

> *Sie haben seinen Leib begraben, nicht in dem stolzen Dom zu Linz, wo ihm Bischof Rudigier seine Grabstätte verheißen, sondern in der bescheideneren Stiftskirche des Heimatsortes St. Florian. Geleitet von sechzig Geistlichen, ist er in die Gruft, dicht unter der großen Orgel, gesenkt worden, um nicht weit gehen zu müssen, wenn es ihn gelüstet, Nachts aufzustehen und eine sechsstimmige Fuge aus den todten Fingern und Beinen zu schütteln, wie er es im Leben so gern gethan. Denn der größte Organist seiner Zeit ist mit ihm verstorben.* [...] *Er war ein gewaltiger Pedalist, wie Bach und Buxtehude, und zugleich der Letzte jener mannhaften Organisten, die sich, stark im Glauben, mit Händen und Füßen in den Himmel hineinmusizirten. Bruckner's unwiderstehliche Beredsamkeit auf der Orgel hat seine Orgelschüler in scheuer Demuth vor ihm erhalten. Von diesen ist er verehrt, ja gefürchtet, von den Anderen blos geliebt und ausgelacht worden. Als es eines Tages im Konservatorium hieß, daß der bisherige Orgelprofessor Bruckner nun auch Harmonielehre und Kontrapunkt unterrichten würde, ging eine laute Fröhlichkeit durch das Haus. Und als Bruckner in seinen weitesten Beinkleidern, mit seinem buntesten Halstuch und seiner größten Schnupftabaksdose in den zweiten Stock hinaufgestapft kam, hatte er keinen geringen Zulauf. Einer der Schüler wollte ihm gratuliren, da sagte er blos: »Du V..chk..l!« Das klang wie der tiefste Ton auf der Orgel der Rührung. Ehe er sich ins Schulzimmer begab, ging er zur Wasserleitung,*

drehte den Hahn ganz auf und wusch sich lange und eindringlich das bartlose Gesicht und den kahlen Schädel. Triefend schritt er dann in das Lehrzimmer, es der im Konservatorium immer vorhandenen Zugluft überlassend, ihm Gesicht und Kopf zu trocknen.

Im Laufe der Zeit hat er seine Schüler freilich wenig gelehrt, und von der steifen Weisheit Simon Sechter's, die er in Massen zu sich genommen, haben sie fast nichts erfahren. Dafür hat er ihnen viel erzählt und sie weidlich geschimpft. Im Grunde ahmte er nur nach, was Hellmesberger ein Stockwerk tiefer that. Hellmesberger schimpfte und erzählte, und Bruckner erzählte und schimpfte. Aber Hellmesberger biß auch, und das that Bruckner nie. Er hätte es auch mit einem ganz neuen Gebiß nicht gethan. Er schimpfte aus Freude am Schimpfen, und zwar im treuherzigen oberösterreichischen Dialekt, nicht in bissigem Wienerisch. Seine Schüler hätten es als Kränkung empfunden, von ihm nicht »titulirt« zu werden. Das Schimpfwort war eben sein Schwert, die Anekdote sein Schlachtroß. Der alte Johann Josef Fux mag den Staub, der ehemals sein Körper gewesen, im Grabe umgedreht haben, wenn er zusah, wie der Professor des Kontrapunkts von der Erklärung eines Intervalls flugs zum Bischof Rudigier, von diesem zu englischen Orgeln, und dann (vermuthlich mittelst Rundreisebillets) zum König Ludwig von Baiern reiste. König Ludwig, Bischof Rudigier und die Reise nach England bildeten die drei Angelpunkte von Bruckner's Beredsamkeit; in diese drei Namen war all sein Erlebtes eingeschlossen, das ihm, dem Bauer, bis zur letzten Stunde groß und wunderbar dünkte. Dieses Wunderbare Jedem, der in gewissermaßen hörigem Verhältniß zu ihm stand, wieder und immer wieder mitzutheilen, selbst wenn der Kontrapunkt darüber in Stücke ging, war ihm Bedürfniß. [...]

Die *Wiener Allgemeine Zeitung* überschrieb ihren Beitrag vom 14. Oktober bereits mit dem später noch oft anzutreffenden Begriff *Bruckneriana* (Originalfeuilleton der *Wiener Allgemeinen Zeitung*) – der Artikel war auch eine public-relations-Geschichte für den Komponisten Carl Goldmark, auf die dann von seiten des Satireblattes *Kikeriki* acht Tage später reagiert wurde:

[...] *Der arme Bruckner mußte aber auch – wie so viele Andere – durch seinen Tod herhalten zur Reclame für einen lebenden Hebräer. Ein hiesiges Doppelschmock-Blatt konnte es sich nicht versagen, in seinem Bruckner gewidmeten Nachruf besonders hervorzuheben: Bruckner habe ausgesprochen, Goldmark käme ihm am nächsten! Der bescheidene, ja schüchterne und verschlossene Bruckner hätte jemals ein Urtheil über einen Anderen öffentlich ausgesprochen! Und wenn er es gethan hätte, würde sein Urtheil gewiß anders als das citirte gelautet haben, denn wie seinen Intimen wohlbekannt ist, stand Bruckner voll und ganz auf jenem Standpunkt, welchen Richard Wagner in seiner Broschüre: »Das Judenthum in der Musik« niedergelegt hatte, gegen welche die verbündete Presse seinerzeit so unzählige giftige Pfeile schoß. Der Doppelschmock hat sich da entschieden in der Person geirrt, welcher er das Citat in den Mund legte; er wollte wohl sagen: Goldmark habe erklärt, er sei es, der Bruckner am allernächsten stehe.* [. . .]

Wollte man einerseits die Bedeutung Goldmarks durch den verstorbenen Bruckner anheben, so wollte andererseits die *Wiener Sonn- und Montags-Zeitung* unter der Überschrift *Bruckner, Brahms und die Kritik* dies Johannes Brahms angedeihen lassen. In diesen beiden Äußerungen ist eigentlich unverblümt das Hinscheiden Bruckners zur Reklame für noch lebende Konkurrenten in Wien benutzt worden, eine Vorgangsweise, die letztlich als die wohl illegitimste erscheint, die in der Gesamtheit aller Bruckner-Nekrologe aufzufinden ist.

[. . .] *Lassen wir nun den guten Bruckner von den Mühsalen seines Erdenwallens in Frieden ausruhen; die Versuche seiner Verehrer, ihn mit Beethoven zu vergleichen, werden wohl auch bald eingestellt werden. Da man aber in einigen musikalischen Kreisen Wiens nicht ungern von den »drei großen B in der Musikgeschichte« spricht (Beethoven, Brahms und Bruckner, oder – nach anderer Lesart: Bach, Beethoven und Brahms), so freuen wir uns, daß wenigstens eines dieser »großen B« noch am Leben ist, obwohl sich Johannes Brahms in seinem allerneuesten Werke (»Vier Gesänge für eine Baßstimme«, op. 121) den ernsthaftesten Todesbetrachtungen hingibt. Binnen wenigen Monaten werden drei Decennien abgelaufen sein seit der ersten Aufführung eines seiner größeren Tonwerke in Wien. Von 1867 an verging nur selten ein Jahr, in welchem nicht mindestens eine der bedeutenderen Tondichtungen dieses Meisters in unseren vornehmsten Concerten zur Erstaufführung gelangt wäre. Die Zahl dieser »Premièren« übersteigt ein halbes Hundert und die bedeutendsten Künstler des In- und Auslandes rechneten es sich zur Ehre an, denselben, namentlich den Werken auf dem Gebiete der Kammermusik, zu häufigen Wiederholungen zu verhelfen. Aber der sogenannten Popularität kehrte Brahms, wie in seinem ganzen Wesen, so auch in seinen größeren Schöpfungen, entschieden den Rücken zu, vielleicht absichtlich, vielleicht weil er nicht anders konnte; obwohl ihm der Werth volksthümlicher Motive kein Geheimniß blieb und obwohl mit den auf solchem Grunde aufgebauten Tonsätzen jederzeit die unmittelbaren Erfolge, den lautesten Beifall aller Zuhörer errang. Im Ganzen jedoch mußte sich Brahms seine jetzige Position an der Spitze des Wiener Musiklebens Schritt für Schritt erkämpfen, und wir schämen uns keineswegs des Bekenntnisses, gegen manches seiner gar zu abstract geistreichen Werke auf Seite der »allergetreuesten Opposition« gestanden zu sein. Allerdings fand er andererseits bei der öffentlichen Kritik auch manche kräftige, man möchte sagen: fast unbedingte Unterstützung; allein nach unserer Anschauung konnte Brahms – wie jeder echte Künstler – durch Zeitungstadel ebenso wenig beirrt werden, wie durch Zeitungslob. Heute gilt Brahms im Reiche der Concertmusik als der erste Componist der Gegenwart, und es wäre kindische Thorheit, zu glauben, daß er durch die Zeitungen zu dieser Geltung gekommen sei.* [...]

Auch das *Linzer Volksblatt* hatte sein Memento am 14. Oktober mit *Eine Erinnerung an Anton Bruckner* überschrieben. Der Text von Ludwig Josef Bermanschläger unterstreicht die Bedeutung, die man den Geschichten über Anton Bruckner beimaß, was daraus hervorgeht, daß sie eineinhalb Seiten vor der eigentlichen Biographie füllen. Dieser vorgeschaltete Teil des Artikels ergeht sich im wesentlichen in einer weitschweifigen, stark ausgeschmückten Erzählung über die erste Begegnung Bruckners mit Wagner in Bayreuth.

Die *Wiener Montagspost* vom 26. Oktober überschrieb ihren Artikel mit *Anton Bruckner – Ernstes und Heiteres aus seinem Leben und Lehren.* Dieser Artikel ist insofern kurios, als er sich zwar anfangs den Anschein gibt, er setze sich mit dem Leben Bruckners auseinander; nach wenigen Sätzen aber ist Bruckner sozusagen schon Professor am Konservatorium, und mit den Worten *Aus dieser Zeit rühren auch die nachstehenden Anekdoten her [...]* wird der Weg für Geschichten frei gemacht.

Noch abrupter wird zur Biographie zurückgekehrt. Ganz unvermittelt heißt es: *Bruckner wurde am Anfang December 1891 zum Ehrendoctor der Wiener-Universität ernannt, welches Ereignis von der letzteren durch einen glänzenden Festcommers des akademischen Gesangvereins gefeiert wurde.* Auch der Versuch, Bruckners Schaffen hervorzuheben – *Da über die Werke unseres größten Symphonikers der Neuzeit im Publikum noch viel Irrthümliches verbreitet ist, dürften folgende Daten willkommen sein* –, wirkt durch eine bloße Auflistung der größeren Werke eher hilflos.

Die später bis hin zu ganzen Bänden ausgeartete Manie, Gedichte über Bruckner zu verfassen, hatte am 18. Oktober 1896 in der satirischen Zeitschrift *Kikeriki* einen ihrer Ausgangspunkte.

So hast Du, großer Meister, ausgerungen;
Ein vielbewegtes Leben sank ins Grab.
Was Du geschaffen, ist für Dich verklungen,
Der Nachwelt bleibt nun, was Dein Geist ihr gab.

Ein christlich Glauben sprach aus Deinem Schaffen,
Drum war Dein Wirken Vielen so verhaßt,
Drum griff zu niedrigsten, gemeinsten Waffen
Das Volk, das Deine Höhe nie erfaßt!

Des Sieg's bewußt, hast Du das Aug' geschlossen,
Dein Schaffen ward begeistert anerkannt,
Ob's auch die Kritikaster hat verdrossen,
Die jetzt noch geifernd schmäh'n an Grabes Rand!

Von höchster Gunst, von edlen Fürstenthronen
Wohl mancher Strahl belebend auf Dich fiel:
Dir bot, Dein herrlich Schaffen zu belohnen,
Des Kaisers Huld ein trauliches Asyl!

So möge jener höchste Herrscher Dir
Dein heilig edles Wirken reichlich lohnen!
Unsterblich bleibt Dein Angedenken hier,
So lange Menschen diese Welt bewohnen.

Am 22. Oktober konnten dann schon treffende Satiren Eingang finden:

Kaum hatte Anton Bruckner die Augen geschlossen, mußte ihn die »Neue Presse« geschwind nochmals »verreißen«, damit – dem todten Löwen der Eselsfußtritt nicht fehle.

In dieser, namentlich den Katholicismus Bruckner's bespöttelnden Kritik wird er ein »wunderliches Original« genannt. Etwas Aehnliches sagte der Spatz über die Nachtigall, als er bei einem Wettsingen dem Gimpel den ersten Preis zuerkannte.

Beethoven hat Glück. Hätte Brahms (Abrahams) die Bruckner'schen Symphonien geschrieben, wäre Beethoven von der »Neuen Presse« schon längst abgesetzt worden und müßte sich mit dem Titel »der große Meister des größeren Schülers« begnügen.

Uebrigens, wozu über die Bedeutung Bruckner's reden? Der todte Bruckner hatte nur den Franz Josefs-Orden, der lebende Goldmark hat bereits den Leopold-Orden. Damit ist doch klar bewiesen, daß Bruckner nur zu den »Berufenen«, aber nicht zu den »Auserwählten« gehörte.

Die Bruckner-Literatur bis hin zu den siebziger Jahren bleibt, wie angedeutet, im Fahrwasser der Nekrologe.

Wenn man eine Gruppierung der Autoren nach ihrer sozialen Zugehörigkeit, Parteinahme oder auch nach ihren Fachgebieten vornimmt, ist leicht einzusehen, warum. Hier spielen Freunde und Schüler, Kritiker und Interpreten, der katholische, nationalistische und nationalsozialistische Autor ebenso eine Rolle wie die historisch-biographische Richtung, die große Diskussionsgruppe um die philologische Texterschließung, die Formspezialisten, die Stilkritiker, die Inhaltsdeuter, die geistesgeschichtlichen Argumenten Verpflichteten oder der religionsphilosophischen Schau Angehörigen bzw. jene Forscher, die synthesenhaft versuchen, eine allgemein gültige Biographie zu verfassen, wobei allerdings die Parteinahme für eine der genannten Richtungen bislang bei keinem der Autoren übersehen werden kann. Daß hier eine in Wien entstandene und immer noch von ihr ausgehende Parteilichkeit selbst bis zur Gegenwart eine entscheidende Rolle spielt, untermauert jene Beobachtung, die keinem entgeht, der mit der Geschichte Bruckners zu tun hat. Die direkte Nähe des Heute zum Gestern, die unmittelbare Nachbarschaft der Gegenwart zur Vergangenheit, das Festhalten an Traditionen, die zwar anders benannt, aber im wesentlichen denselben Werten unterworfen sind, fällt auf. Sich aus diesen Traditionen zu lösen, scheint unmöglich.

Die Geschichte vom Leben des Anton Bruckner mit Hilfe reduktionistischer Formeln, neuer, wenn auch gelegentlicher kühner Interpretationsversuche und höchster wissenschaftlicher Redlichkeit auszuformulieren, sie und ihre Zwänge präsent zu machen, dürfte die Aufgabe sein, der die Bruckner-Forschung sich heute zu stellen hat.

Bruckner – Parallelen zu Schubert und Schönberg

Die sozialen Analogien – vom »Österreichischen« in der Musik

In der Chronologie von knapp dreitausend Jahren europäischer Musikgeschichte sind Schubert, Bruckner und Schönberg, auf ihre Geburtstage bezogen, ziemlich genau durch Vierteljahrhunderteinheiten getrennt.

Schubert, geboren 1797, und Bruckner, geboren 1824, trennt eine einzige, Bruckner und Schönberg, geboren 1875, zwei Vierteljahrhunderteinheiten, exakt fünfzig Jahre.

Weit mehr aber, als diese trockenen Zahlen sagen, lassen sich aus der Sozialgeschichte der drei Komponisten Parallelen ableiten, die kurz skizziert werden sollen.

Schubert, Bruckner und Schönberg entstammen dem großösterreichischen Raum vor dem Zerfall der Donaumonarchie. Ihre Eltern aber erst suchten jene Orte auf, die als Geburtsstätten ihrer berühmten Kinder die Musikologen und Heimatforscher zu gewagten, geographisch ausgerichteten Spekulationen provozierten. Dies bedeutet, daß die enge Verknüpfung mit dem Geburtsort, die bislang eine große Rolle in der Biographie und der Einschätzung der Komponisten spielte, nicht eine historisch gewachsene war, demnach Musik nicht ortsgebunden ist, sondern auf historische Hintergründe hinweist, die über den engen Bereich der Geburtsstätte hinausragen. 1784 verließ Schuberts Vater seine böhmische Heimat und ließ sich in der Wiener Vorstadt Liechtenthal nieder; 1823 übernimmt Bruckners Vater die Schulmeisterstelle von Ansfelden. Wie schon ausgeführt, waren die Vorfahren im niederösterreichischen Voralpengebiet bzw. dem nördlich der Donau gelegenen Raum mit Nahverbindungen zur Böhmischen Masse ansässig. Schuberts und Bruckners Vater gehen denselben Ausbildungsweg: beide werden Schulmeister. Vater Schönberg zählt – zumindest von der sozialen Schicht her – zur selben Kategorie; mittelständische Kaufleute müssen wohl zur kleinbürgerlichen Mittelschicht gerechnet werden. Nicht unerwähnt kann in diesem Zusammenhang bleiben, daß die Geheimnisse der Abstammung erst relativ spät aufzudecken waren: 1933, als Ernst Schwanzara die Vorfahren des Komponisten aus St. Florian erstmals als niederösterreichische Bauern ausmachte, im Falle Schönberg, als Fritz Racek endgültig das Wiener Geburtshaus fand.

Auch wenn die Zeugnisse für die Bildungsgrade Schuberts und Bruckners sich in Sprache und Wissen unterscheiden, haben die beiden Komponisten nahezu identische Lebenswege: die praktische Lehre zuerst in der Obhut des Vaters, die Ausbildung in staatlichen Lehrerseminaren, die Stellung als Hilfslehrer, das Mißvergnügen an dieser Tätigkeit und schließlich der Kampf um die Berechtigung, als autonomer Komponist zu existieren.

Schönbergs praktische Lehre in der Bank ähnelt in Aufbau und Strenge dem strikten Erziehungsgerüst der Lehrerseminare. Was die angesprochenen Komponisten wieder eint, ist schließlich das Verlassen dieses wirtschaftlich sicheren Berufszweiges, weil die Fortschritte in der musikalischen Lehre zu schöpferischen Prozessen befähigte. Die Existenznot zwingt sie zu angewandter Musik: Schubert zum »Lieferanten« der Wiener Unterhaltungsindustrie, Bruckner auf die Orgelbänke von St. Florian und Linz, Schönberg zum Ensemblegeiger in Alexander von Zemlinskys Privatorchester *Polyhymnia*, später im Berliner Kabarett *Überbrettl*. Diese Positionen als »Überzeugungstat« allein zu begreifen, wie dies Freunde und Liebhaber in ihren Interpretationen versuchten, wird angesichts des von geradezu messianischem Sendungsbewußtsein angetriebenen Kampfs für eine autonome Musik kaum aufrechtzuerhalten sein. Allen dreien gemeinsam ist auch der Drang, die Ausbildung in der Jugend während des gesamten Lebens zu vervollkommnen, nicht autodidaktisch allein, sondern in der vertrauten Form des Unterrichts bei einem Lehrer. Zwei Wochen vor seinem Tod meldet sich Schubert bei Wiens Kontrapunkt-Papst Simon Sechter als Schüler für das Studium der Fuge an; Bruckner läßt sich bis zum Totenbett im Jahre 1896 immer wieder in Zeugnissen seine Fähigkeiten bestätigen. Das Lehrerbewußtsein mit seinen Zwängen, aber auch ideellen Werten prägt die Komponisten in ihrer Zeit. Gibt Schubert vor allem aufgrund der Zwänge und wahrscheinlich auch der Mühsal, Kinder musikalisch zu unterrichten, zuerst auf, so entwickelt Bruckner wie Schönberg den Drang, die höchste Stufe in der Hierarchie der Didaktik zu erklimmen: den Posten eines Universitätslehrers.

Es mag stimmen, daß auch die ökonomischen Beweggründe eine Rolle gespielt haben, vielleicht auch die Illusion, von dieser Stufe aus besonders Musikinteressierte erreichen zu können. Wichtiger scheint aber noch das Bedürfnis gewesen zu sein, die Ideen aus dem eigenen Schaffensprozeß jenen der hohen Wissenschaft gleichrangig an die Seite stellen zu können. Für Bruckner gibt es keinen größeren Triumph als die Erklärung des damaligen Rektors der Wiener Universität, des Physiologen Adolf Exner[3]: [...] *wo die Wissenschaft Halt machen muß, wo ihr unübersteigliche Schranken gesetzt sind, dort beginnt das Reich der Kunst, welche das auszudrücken vermag, was allem Wissen verschlossen bleibt. Ich, der Rector magnificus der Wiener Universität, beuge mich vor dem ehemaligen Unterlehrer von Windhaag.*

Dieses Prestigedenken, das Bruckner und Schönberg gemeinsam war, ist aber nicht als zufällige subjektive Eitelkeit zu verstehen. Die Wurzeln dazu dürften in einer österreichischen Lehrtradition begründet sein, die drei Viertel des 19. Jahrhunderts noch einmal mit der Würde der Generalbaßlehre ausstattete und die den Musiker vom Lehrer gar nicht mehr trennen konnte. Daß Schönberg noch im 20. Jahrhundert ein Kind dieser Tradition war, wird in seinen Worten hörbar[4]: [...] *es ist keine Kunst, glatte Talente glatt sich entwickeln zu lassen. Aber wo Probleme bestehen; diese zu erkennen; ihnen beizukommen –und– last not least: Erfolg zu haben: das ist der Lehrer.*

Im *Musikalischen Taschenbuch 1911* wurde Schönberg noch deutlicher[5]:

> *Ein wahrhafter Kunstlehrer habe seine Schüler zu strenger Sachlichkeit zu führen, die vor allem das auszeichnet, was wirklich persönlich ist. So könnte ein Kunstlehrer auch den Talentierten dazu bringen, solche Äußerungen zu tun, die eine Persönlichkeit angemessen ausdrücken. Der Glaube an die alleinseligmachende Technik müßte unterdrückt, das Bestreben nach Wahrhaftigkeit gefördert werden... Man kann sich von der Sprache tragen lassen, aber sie trägt nur den, der imstande wäre, sie selbst zu erfinden, wenn es sie nicht gäbe.*

Schönbergs Lehre, die trotz der schriftlich fixierten Harmonielehre von 1911 den Gesamtkomplex Komposition erfaßte, wartete

[3] zitiert nach *Pester Lloyd* vom 13. Oktober 1896

[4] Brief Schönbergs an Emil Hertzka, dem damaligen Direktor der Universal Edition, Wien, in: *Arnold Schönberg. Briefe*, hg. v. Erwin Stein, Mainz 1958, S. 18

[5] Arnold Schönberg: *Probleme des Kunstunterrichts*, in: *Musikalisches Taschenbuch*, Wien 1911, S. 26f.

freilich mit einer anderen Schülerliste auf, als dies Bruckner mit seinen Vorlesungen über Harmonielehre und Kontrapunkt vergönnt war, wenn es auch verblüfft, welche später berühmten Wiener die zwei Wochenstunden über die Vorlesungen über Harmonielehre und Kontrapunkt belegten.

Bruckners zahlreichen unbekannten Schülernamen und den Glanzlichtern Gustav Mahler und Rudolf von Steiner stand Schönbergs Nachfolge-Elite Alban Berg, Anton Webern, Hanns Eisler, Roberto Gerhard, Nikos Skalkottas gegenüber.

Nicht zu lösen von dem unbedingten Willen, sich selbst mitzuteilen, ist der Umstand, daß beide – Bruckner wie Schönberg – viele Mißerfolge einzustecken hatten, bevor sie den Katheder des Universitätslehrers besteigen konnten. Bruckners hartnäckige Ablehnung durch die Philosophische Fakultät und die für Wien typische Verzögerungstaktik der Akademie für Musik und darstellende Kunst gegenüber Schönberg beweisen, daß trotz Tradition und sich heftig einsetzender Zeitgenossen das etablierte Element die Kraft des Schöpferischen zu fürchten wußte. Das war für Bruckner und Schönberg gleichermaßen von Nachteil, da sie einer Gruppe Engagierter zugehörten, deren eigentliche Führer sie nicht waren und die sowohl in Ziel als auch Methode den konservativen Gruppen in nichts nachstand. Die Aura des Skandals, die beide Namen umgab, erweckte teilweise gesellschaftliche Aggressionen, bevor noch ein Ton erklungen war. Die Gefolgschaft Richard Wagners und Hugo Wolfs, Mahlers, Oskar Kokoschkas und Karl Kraus' tat ein übriges dazu, die Mißbilligung zumindest formal zu rechtfertigen.

Schubert erlebte dieses Schicksal eigentlich nur im Rahmen der Entwicklung der deutschen Oper, wo sich – ähnlich wie später Brahminen und Wagnerianer – die »Italiener« unter Rossini und die Deutschfreundlichen unversöhnlich gegenüberstanden. In diesem Zusammenhang ist festzustellen, daß der Freundeskreis der drei Komponisten von nicht unbeträchtlicher Bedeutung für die Rezeption bereits zu Lebzeiten, vor allem aber nach deren Tod war. Freunde bedeuteten für die in strengen Traditionen erzogenen Musiker nicht nur die Erfüllung biedermeierlicher Sozialgewohnheiten, sondern auch die emotionale Erlösung aus der Disziplin ihrer Arbeit. Bruckner fuhr – wie oft in seinem Leben – auch hier mehr eingleisig, weil er nahezu ausschließlich Musiker zu seinen Freunden hatte, die selbst um ihre Reputation im Musikbetrieb kämpften und von der Problematik, die sich aus der Praxis ergab, fast erdrückt wurden, die da ist: die Verstrickung im Wirrwarr musiktechnischer Fragen, die konträren Standpunkte von Dirigent und Orchester, die Angst vor den Kritiken, der Zeitdruck bei den Produktionen, die Gunst des Publikums.

Schubert wie Schönberg kannten wiederum auch Musiker ihrer Zeit, doch die Bestätigung kam von woanders: von der Radikalität des Aufbruchs in eine neue Zeit, die Wissenschaft wie Kunst als auch Gesellschaft gleichermaßen durchdrang. Es ist nicht verwunderlich, daß sie – wie Johann Mayrhofer – gefährdete Existenzen waren, die sich manchmal nur durch den Tod ihrer gesellschaftlichen Wirklichkeit entziehen konnten, daß Literaten und Maler den Horizont des Musikers auf verschiedenen kulturellen Ebenen erweiterten, ähnlich wie die Solidarität des Mißerfolgs im Wien von 1900, die Sigmund Freud und Ludwig Wittgenstein, Gustav Klimt und Oskar Kokoschka, Otto Wagner und Adolf Loos, die Wiener Werkstätten, die Secession, Hermann Bahr, Franz Werfel, Karl Kraus einte[6].

Schubert und Schönberg schienen voll integriert, Bruckner stand – wie bereits angedeutet – relativ allein. War Schubert und Schönberg die Musik gewiß wichtig, so doch nicht als einziger Faktor. Aufgrund der Beziehung zu ihren Zeitgenossen wußten sie um die Fortschritte der künstlerischen Ideen in Dichtung und Malerei. Schönberg konkurrierte fast mit den Malern seiner Zeit, entwarf patentreife Zeichnungen für Buchdruckerpressen und Schreibmaschinentische, für Notenschreibmaschinen mit kommentierendem Text, beschäftigte sich mit dem Design von Umsteigefahrscheinen für die Berliner Verkehrsgesellschaft, drückte sich verbal und stilistisch adäquat seiner Zeit aus.

Schubert nahm sich nicht nur die Texte der Zeit zum Sujet für seine Kompositionen, sondern muß auch immer wieder in die Diskussionen um Literatur und ihre Ausdrucksweisen hineingezogen worden sein, wie seine wenigen Schriften belegen.

[6] Erst in den letzten Jahren und vornehmlich durch amerikanische Forscher (Johnston und Schorske) wurde die Zeit nach 1900 in Wien als eine der fruchtbarsten für die Entwicklung des 20. Jahrhunderts überhaupt beschrieben. Wenn auch einzelne Persönlichkeiten wie Hans Swarowsky oder Walter Obermayer auch früher schon auf die »geistige Topografie« hinwiesen, erfahren die Genannten erst heute ihre rechte Würdigung; vgl. auch Walter Obermayer, *Dokumente aus Schönbergs Wiener Zeit. Ein Versuch zur geistigen Topografie Wiens im 1. Viertel des 20. Jahrhunderts*, in: *Arnold Schönberg, Gedenkausstellung 1974*, Wien 1974, S. 20f.

Bruckners schriftliche Quellen können höchstens als Kompendium feststehender Konventionsformeln angesprochen werden, wie sie heute noch im Beamtendeutsch auftauchen. Was Schubert an Inspiration in den Texten der Lyriker fand und Schönberg zur dramatischen Musik des Opernhaften trieb, kompensierte der Organist im Erzählstil der Messe. Und dennoch dürften die Ergebnisse des Wirkens aller dreier Komponisten nicht so weit voneinander entfernt stehen, wie Äußerlichkeiten vermuten ließen.

Harald Kaufmann, der viel zu früh verstorbene österreichische außeruniversitäre Musikwissenschaftler, dem bis jetzt wohl als einzigem gelang, etwas vom *Österreichischen in der Musik* dingfest zu machen, sah die Parallelen in der Parataxe[7].

Spätestens in der Musik Bruckners ist die parataktische Entwicklungslinie zu jener Eigenart gediehen, daß sich der sinfonische Inhalt, die Vorgänge im Zellengewebe des Komponisten betreffend, nicht mehr mit der sinfonischen Großform im Ganzen deckt, die den klassischen Typus wiederholt. Sind vorher formale und inhaltliche Disposition gegenseitig durchwachsen, ist in der guten Komposition das eine zugleich das andere, so umgibt bei Bruckner die Sonatenform die Komposition nur mehr wie eine Schale. Die frühen Sinfonien sind auch äußerlich formgläubig, hierarchiefromm. In der Achten und Neunten Sinfonie fehlt dieser Optimismus längst. Es gibt hier jene Augenblicke von Verlorenheit, von schlafwandlerischem Schreiten einer einsamen Melodiestimme über Abgründen, die den nachbarocken Homo religiosus von Zweifeln und Ängsten zerwühlt zeigen. Hier hat sich die Parataxe ihr inneres Ausdrucksbild geschaffen.

Für Schönberg galt neben der Restauration hierarchischer Formalordnungen, die zeit seines Lebens ihn sowohl theoretisch wie praktisch begleiteten, der Fund der Zwölftonordnung als doppelsichtige Zusammenschau von beiordnender Demokratie der Einzeltöne und konstruktivem hierarchischem Schema, überaus österreichisch in seiner Zwiespältigkeit, die in sich progressive Radikalität und finalisierende Allegorie gleichzeitig barg.

7 Harald Kaufmann: *Versuch über das Österreichische in der Musik*, in: *Fingerübungen*, Wien 1970, S. 32

Dieses allegorische Moment, von Kaufmann als *Sprachfigur der in sich widerspruchsvollen, zerbrochenen, geborstenen und durch die Kraft des Bedeutens wieder zusammengefügten Welt*[8] definiert und am Musterbeispiel österreichischer Musikgeschichte nachgewiesen, vereint Schubert, Bruckner und Schönberg mit der lokalen musikalischen Tradition seit dem Barock. Der Rückbezug auf diese Stilepoche, deren wichtigste Repräsentanten bis heute nicht zur vollen Wirkung in Wien kamen – wer kennt schon Johann Joseph Fux und Matthias Georg Monn –, dieser Rückbezug auf das Barock wird Gegenstand einer Untersuchung sein müssen, die auch die Allegorie beinhaltet. Jener Konservativismus, der Schubert, Bruckner und Schönberg als Adaptoren historischen Materials vorgeworfen wird, bezieht seine Grundlagen nicht nur aus der persönlichen Lebenshaltung im Wiener Bereich, sondern auch aus dem Wissen um die Werte der Vergangenheit. Alban Berg beschrieb die satztechnischen Mittel Schönbergs anhand des Streichquartetts op. 7 von 1905[9]: *Mannigfaltigkeit im Harmonischen; Vielstufigkeit; solcher Harmonik angepaßte Melodik; unsymmetrische Kunst der Variation in Thematik; Harmonisierung in Kontrapunkt und Rhythmus; Polyphonie und kontrapunktische Satztechnik; Vielgestaltigkeit und Differenziertheit von Rhythmen.*

Selbst unter dem Einfluß der Unsymmetrie der Themen hätte dies alles auch dreißig Jahre früher für Bruckner gelten können oder achtzig Jahre früher für Schubert, wie die späte Rezeption der schwerer zugänglichen Werke, die eigentlich erst in unserer Zeit erfolgt, ausweist.

Aus der Tonsprache der Wiener Tradition heraus stellten die Komponisten Emanzipationsansprüche an Faktoren, die für die Zeit ungewöhnlich waren und in der Zeit bestimmend wurden. Schubert machte hörbar, daß eine emotionale Dimension neben dem vollkommensten Text (Goethe!) noch möglich war und damit, unabhängig vom dramatischen Gestus, lyrische Dialektik zwischen Wort und Ton spürbar vollzogen werden konnte. Bruckners revolutionäre Tat war der lückenlose Nachweis der Evolutionsfähigkeit von musikalischem Material, die er in den ersten fünf Sinfonien wesenhaft vollzog und von der 6. bis zur 9. Sinfonie noch einmal additiv auf Kompendienart zusammenfaßte.

[8] ebda., S. 38

[9] Alban Berg: *Warum ist Schönbergs Musik so schwer verständlich?* In: *Musikblätter des Anbruch*, VI. Jahrgang 1924, S. 339f.

Hatte Schönberg eine neue Grammatik geschaffen, mit der die Funktionalharmonik liquidiert worden war, so entwickelte Schubert eine neue Grammatik für die Behandlung nichtdramatischer Texte einerseits, für die Ausweitung streng eingeengter Formen in der Instrumentalmusik andererseits. Diese Ausweitung erfolgte nicht in der Etablierung eines neuen formalen Prinzips, sondern – neben dem Mittel der Wiederholung – in der Überlagerung origineller melodischer Einfälle, einer radikalen Veränderung der harmonischen Struktur, der Hinzufügung von Neuem, Aktuellem, sei es aus der Musik Italiens übernommen oder aus dem Experimentierfeld des Liedschaffens hergeleitet.

Bruckner sprengte die formalen Ebenen zwar auch durch Wiederholungen, vor allem aber durch das Aufgliedern musikalischer Prozesse von der »Stunde Null«, dem nicht vorhandenen Klang, bis zum kaum mehr hörbaren Übereinanderlegen thementragender Melodiekonzepte in den Finale seiner Sinfonien. Wer die Rezeptionsgeschichte dieser drei Komponisten betrachtet, dem fällt auf, daß der Zugang zu gedruckten Quellen wohl schwierig gewesen sein muß, denn erst in unserer Zeit entstehen jene Gesamtausgaben, die frei von übereifriger Verbesserungswut oder zu einseitigen Eingriffen vermeintlicher Freunde uns den Blick auf die Werkgestalt ermöglichen, deren Wert manchmal von einer großen Gruppe, im allgemeinen aber doch eher von wenigen Menschen erkannt wurde. Als gemeinsames Konstruktionsprinzip könnte gelten, der Ton gewordene Gedanke sei aus dem Material der Musik erdacht, aus dem Leben des Tones heraus entwickelt, immanent musikalisch, allein logisch und essentiell.

Deswegen dürften die Schwierigkeiten in der Rezeption aufgetaucht sein, weil die Gefälligkeiten vordergründiger musikalischer Phänomene aufgrund einer weniger leicht zugänglichen Vergeistigung des musikalischen Materials zurückgedrängt wurden. Es ist bei den drei genannten Komponisten nur erschwert möglich, Zuflucht zu Kriterien zu suchen, die außerhalb der musikalischen Gesetzlichkeit liegen. Die Beliebtheit der einschlägigen Werke zu Lebzeiten der Schöpfer beweist, daß diese Zuflucht emotional besetzt war: bei Schubert in den Liedern, die vom Schmerz und von der Liebe sangen, bei Bruckner in der 7. Sinfonie mit dem *Adagio* auf den Tod Richard Wagners, bei Schönberg in jenen Werken, die mit spätromantischen Gefühlswerten ausgestattet waren. Diese eine Seite der Kompositionshaltung Schuberts, Bruckners, Schönbergs möge nicht vernachlässigt werden. Ausmachen aber wird ihre Bedeutung für die Musikgeschichte der andere Aspekt: das fortschrittliche Element in der Beschäftigung mit dem Material; und da liegen trotz des Dreivierteljahrhunderts Abstand nicht so weite, nicht so große Welten zwischen den Komponisten, wie bislang eine in den Gefühlsinhalten der Romantik verhaftete Hörerschaft zu meinen glaubte.

Bruckners Sinfonie

Klassisches Modell mit Formkomplikationen – Themensubstanz mit Alterationschromatik – Kompendiencharakter der 9. Sinfonie

Die Literatur über die Sinfonien Bruckners spiegelt deutlich jene Positionen wider, nach deren Kriterien die Untersuchungen vorgenommen werden. Dies trifft sowohl auf den analytischen Aspekt wie auch auf die Frage nach Wert und Fortschrittlichkeit zu. Obwohl im Vergleich zur übrigen Bruckner-Literatur die analytische Betrachtung einen weitaus geringeren Teil ausmacht, als man meinen könnte, zeichnen sich hier, in der Regel durchaus mit legitimen Methoden erarbeitet, Untersuchungsergebnisse ab, die – so möchte man meinen – jedem Forscher recht geben und auch der Erwartungshaltung des Spezialisten nicht widersprechen. Historischer Ansatzpunkt in diesen Untersuchungen war zweifellos das formale Gerüst der Sonatenhauptsatzform, vor allem die Erweiterung dieser Form durch ein drittes Thema. Bruckner selbst hat bereits in seiner 1. Sinfonie, sogar schon in den Studienarbeiten von 1863 und 1864, den dritten Hauptgedanken mit einbezogen, ihn damals allerdings in der Reprise noch fallenlassen. Die 1. Sinfonie von 1866 impliziert diese Dreiteilung auch für die Reprise und schließt, wohl aus Gründen einer Gewichtung analog zum Erreichen der Tonika zum Schluß eines Werkes, mit einer Coda.

Diese Coda, die später im Verhältnis zur Exposition einen immer breiteren Raum einnahm, fast die Hälfte der Exposition ausmachen konnte, sich in der Regel aber bei einem Drittel der Taktzahlen einpendelte, findet mit der Einführung des dritten Themas und der ausführlichen Verarbeitung eine konsequente Rechtfertigung. Es fällt auf, daß im Strukturplan der Kopfsätze von der 1. bis zur 9. Sinfonie diese Coda mit dem Hauptthema bzw. deren Abspaltungen umgeht, ein Konzept, aus dem das Streichquintett F-Dur mit der Präsentation des fixierten zweiten und ebenso fixierten dritten Gedankens herausfällt. In der 9. Sinfonie – hier läßt Bruckner das Hauptthema erst Takt 63 einsetzen und verbringt die Takte bis dorthin mit einer introduktionsartigen Festigung der Tonika d-Moll – wird dieser Introduktionsgedanke in logischer Konsequenz ebenfalls in die Coda eingeschlossen, gehört er doch großformal zum Hauptteil der Exposition. Bruckner bleibt in den beiden letzten Sinfonien bei dem Grundschema von 1866 haften; so ist die Reprise der 8. Sinfonie nahezu ein formales Spiegelbild der 1., während die 9. Sinfonie sich mit einer Reihung der in der Exposition vorgenommenen komplizierten mannigfachen Überlagerungen begnügt. Aus diesem Schema bricht lediglich die 2. Sinfonie aus, die mit vier Themenkomplexen operiert, dafür aber eine vereinfachte Durchführung aufweist.

Für sich genommen, sind die frühen Sinfonien des zweiten Schaffensschubes (2. bis 5. Sinfonie) Schritte zu einer Erweiterung, wie sie später in der 8. und 9. Sinfonie nur mehr durch eine Kombination der bereits erreichten Ziele vorgenommen wird. Die beiden letzten Sinfonien zeigen sich formal daher nur als Zusammenfassung bereits einmal vorgenommener Versuche, betreten nicht aber Neuland, läßt man – die 5. Sinfonie einmal ausgeklammert – die formale Dimensionen annehmende Introduktion unberücksichtigt, die den Entwicklungstakten jeder Sinfonie entspricht, dort aber meistens geringe Ausmaße hat.

Bruckners Finalsätze verlaufen in der Regel analog zur Entwicklung der Kopfsätze. Auch hier steht in der 1. Sinfonie das Grundschema eines Sinfoniesatzes mit drei Themen, der wiederum mit einer Coda abgeschlossen ist. Daß die Coda in den Schlußsätzen weit länger als in den Kopfsätzen angelegt wird, hängt zweifellos mit dem Charakter eines die Sinfonie beendenden Satzes zusammen. Die Schlußbetonung muß deswegen nachdrücklicher ausfallen, weil nicht nur ein einzelner Sonatenhauptsatz zum Ende kommt, sondern ein Gesamtwerk, eine zyklische Auseinandersetzung von Gedanken, die, wie noch nachzuweisen sein wird, thematisch immer unmittelbaren Bezug zueinander haben. Deswegen verschmelzen sie großformal zu einer Einheit, deren absolutes Ende nicht nur zum unmittelbar vorhergehenden Teil in Beziehung gesetzt werden kann, sondern zur Gesamtlänge. Daher ist die Coda der 1. Sinfonie in der Linzer Fassung nur 30 Takte kürzer als die Exposition, jene der 2. und 3. auf ca. 100 Takte Abstand gegenüber der Exposition ausgedehnt, ebenso die Coda der 5. Sinfonie, während die Schlußabschnitte der 4., 6., 7. und 8. Sinfonie wieder geringere Ausdehnung haben können. Diese nicht so zwingende Notwendigkeit resultiert daraus, daß in der 4. eine ebenfalls nahezu vierteilige Exposition, in der 5. der fugierte Schlußsatz, in der 6. und 7. Sinfonie eine Kombination von durchführungsartiger

Entwicklung und Reprise festzustellen ist und in der 8. Sinfonie der hauptthematische Bereich tongetreu die Themen der vorhergehenden Sätze aufgreift, so daß durch deren Präsentation der Schlußcharakter ohnehin naheliegt.

Bruckners Durchführungen der Sonatenhauptsätze sowohl im Kopfsatz als auch im Finale sind Abspaltungsprozesse, die, vermutlich aus ökonomischen und kleinformalen Erwägungen, niemals alle Themengruppen umgreifen, die in der Exposition vorgestellt wurden. Schon die 1. Sinfonie verzichtet auf den Nebengedanken, die 2. unterschlägt das IV. Thema, die 3. Sinfonie läßt nicht nur Unterteilungen des Hauptgedankens, sondern auch das III. Thema fallen, die 4. Sinfonie streicht den dritten Gedanken ebenso wie die 5. Sinfonie (wohl wegen der *Adagio*-Introduktion). Die 6. Sinfonie, die bereits Durchführung und Reprise verknüpft, greift den zweiten Gedanken erst wieder vor Schluß auf, in der 7. Sinfonie entfällt ein Überleitungsmodell, in der 8. der dritte Gedanke, und erst die »Neunte« mit einer zur 6. Sinfonie analogen Entwicklung kann bis auf die vierte Introduktionsabspaltung und eine Überleitungsgruppe das Wiederholungsmodell durchführen.

Auch in dieser Systematik fällt auf, daß die erreichten Veränderungen gegenüber den vorangegangenen Sinfoniemodellen im wesentlichen mit der 7. Sinfonie abgeschlossen sind und 8. wie 9. Sinfonie nur mehr Erweiterungen der Dimension, aber keine grundsätzlichen formalen Änderungen gegenüber den früheren Werken aufweisen, wie in der Übersicht rechts exemplarisch dargelegt wird[10].

Der Schlußsatz der 9. Sinfonie, zumindest in der Version von E. D. R. Neill und Giuseppe Gastaldi von 1962, weist sogar darauf hin, daß Exposition und Durchführung sowie Reprise fast ein identisches formales Vorgehen haben. Das Schlußkapitel des I. Satzes der 9. Sinfonie kann als Wegweiser in diese Richtung verstanden werden, weil bis auf geringfügige Umstellungen und Reduzierungen der Formablauf von Exposition und Durchführung wie Reprise identisch ist. Auch die Tempowahl in der Folge Langsam – Tempo I – Langsamer – *Moderato* argumentiert in dieser Richtung.

[10] In dieser tabellarischen Übersicht haben die Abkürzungen folgende Bedeutungen: I = Introduktion, A = Hauptgedanke, B = zweiter Gedanke, C = dritter Gedanke, Antic(ipation) = Vorwegnahme, I_D = Durchführung des Introduktionsgedankens, ~ = entspricht inhaltlich, A_{1abc} = mehrere Untergruppierungen, die – besonders in der Coda – oft einzeln herangezogen werden, alt. = alternierend.

V_1 Exposition	VI_4 Exposition	IX_1 Exposition
I_1 1–14 I_2 } I_3 (15–30) I_3 } I_4 (31–54)		I_1 1–18 I_2 19–26 I_3 27–38 I_4 39–62
A 55–100	A_1 1– 28 A_2 29– 64	$A_{1,2}$ 63–76 77–96
B 101–160	B 65–124	$B_{1,2}$ 97–130
	A_{2c} 125–129	I_D 131–152
	C_{Antic} 130–134 A_{2c} 135–144	C_{Antic} 153–166
C_1 161–198 C_2 199–236	C 145–176	C_1 167–190 C_2 191–206 C_3 207–226

VI_1 Durchführung und Reprise	VI_4 Durchführung und Reprise	IX_1 Durchführung und Reprise
C_2 145–158 $A_1 + C_2$ 159–194	$A_1 + C$ 177–196	I_1 } I_2 alt 227–276 C_2 277–302
A_1 195–208	$A_1\sim$ 197–228	I_1–I_4 303–332
A_1 } A_2 209–218	A_1 } A_2 229–298	$A_1\sim$ 333–399 A_{1b} 400–420

B 245–284	B 299–331	$B_{1,2}$ 421–458
C 285–308	C 332–370 + Grundrhythmus	$C_{1,2}$ 459–504 Choral 505–518
Coda	Coda	Coda
$A_1 + A_1$ 309–344 (Choral) 345–352 Schluß 353–369	A_{2c} 371–384 $A_{2a,b}$ 385–406 A 407–415	$A_{1b} + A_{1a} + I_2$ 519–547 A_{1b} 548–550 Schluß I_1 551–567

Hatte Robert Haas den Zusammenhang der Expositionen in den I. Sätzen von Bruckners 3. und 9. Sinfonie fixiert[11], so ist aus dem Schaubild unschwer zu ersehen, daß hier ebenso Analogien zur Exposition der 5. und dem Finale der 6. Sinfonie auftauchen, in der Durchführung überhaupt die 6. mit von zentraler Bedeutung für die 9. Sinfonie gewesen sein muß.

Wie schwierig eine sachliche Verbalisierung der Form ist, soll die Analyse der Exposition des I. Satzes von Robert Haas belegen[12]:

> *Die Exposition des I.* [Satzes] *behandelt die 1. Gruppe ganz anders als sonst mit Ausnahme der Dritten, die eine Vorstufe darstellt (wie schon die durch Ausdrucksmangel behinderte g-Ouvertüre); zwei H*[auptgedanken]*, der 1., der im Chaos tastet und sich zum ersten Aufschwung sammelt (Beisp. 1), doppelt*

1.

a)

[11] Robert Haas, a. a. O., S. 153
[12] nach ebda., S. 153f.

b)

so lang als der 2., der mit furchtbarer Unisonomajestät (Beisp. 2) vorstürzt (26 und 13 Takte), sind durch zwei Steige-

2.

rungswellen (24 und 12 Takte) getrennt, ein längerer, leiser Orgelpunktanhang (über D[-Dur]*, 3 Fall-Linien mit Einwürfen nach Nebenstimmen des 1. H.) verschwimmt in mystischem Dämmer. Die wunderbare Lyrik der 2. Gruppe reiht (fast durchweg in Viertaktern und mit vielen Redikten) Blüte an Blüte; der 1. H. (Beisp. 3), der wieder mit einer polyphonen*

3.

Ballung beginnt (1. Takt) und diese als Nachsatz im Mollecho wiederholt, rahmt den Formbogen (in A) und erscheint auch in der Mitte (in E, Umkehrung), während zuvor nur ein Nebengedanke ausgeführt wird. Die 2. Zwischenpartie (in C) spendet mit großen, leuchtenden Melodiebogen und in starker polyphoner Stimmführung die Ausdruckshöhe (2. H., die Mittel-

stimme im Vc., I. Hr. und I. Klar. beginnt mit dem früheren Nebengedanken), auch der sehr erweiterte Bogenschluß endet mit mächtigem melodischem Schwung, der nun aber wehmütig abgedämpft wird und in ein geheimnisvolles Vorspiel mündet (T. 153, Langsamer), das den 1. H. der 3. Gruppe (in Umkehrung) mit mystisch-pastoralen, fahl verklingenden Rufen vorausnimmt. Dieser tritt dann in energisch schreitender Fassung (Beisp. 4, in der Haupttonart d!) wieder auf, während die

4.

Bewegungsfläche bis zum Schluß durch schaukelnde Bässe festgelegt wird. Die 3. Gruppe belegt einen Reprisenbar, bei dem im Gegenstollen die zuvor nur zaghafter einsetzenden Hörner mit einer stolzen Gegenlinie die Führung beanspruchen. Der Abgesang bildet selbst einen Bar, dessen Vorstollen (Epilog) einen sehnsuchtsvoll schmerzenden Gesang enthalten (Ges), während der Abgesang zum Kopf des 1. H. der 3. Gruppe zurückkehrt. Die Koda (F) verflutet und verzittert in ländlichem Frieden.

Die Scherzi der Sinfonien 1 bis 9 haben ebenfalls formal ein Grundmodell und benutzen die von Beethoven entwickelte Form als Schema. Was sie von diesem unterscheidet, ist ihre Ausdehnung, die in der 6. Sinfonie auf das Minimum von 44 Expositionstakten zusammengedrängt ist und in der 5. Sinfonie auf 132, also dreimal so viel Takte, erweitert wurde. Mittelteil und Wiederholung der Exposition sind analog aufgebaut, wenn auch von unterschiedlicher Länge.

Die Entwicklung der Coda in den Scherzi findet nur bei der 1., 2. und 4. Sinfonie breit angelegt statt. Alle anderen Werke begnügen sich mit entweder originalen Schlußgruppen des ersten Teils oder geringfügigen Erweiterungen in Form einer Bestätigung der Tonika. Die Trios, zwischen die beiden Scherzo-Komplexe gestellt, fallen durch ihre Knappheit aus dem Rahmen, die nur in der 5. und 9. Sinfonie größeren Formen weicht. Macht das Thema im Trio der 5. noch weniger als die Hälfte des Scherzos aus, so kommt es in der 9. bis auf zwei Takte an dessen Länge heran. 4. und 6. Sinfonie stellen mit ihrem Anteil von 46 bzw. 52 Takten die kürzesten Trios.

Am stärksten von allen Sinfoniesätzen differiert das *Adagio* Bruckners – in einer oberflächlichen Betrachtungsweise schlechthin zum Gütezeichen seiner Kunst avanciert –, weil viele Dirigenten dazu neigen, den II. Satz durchweg zu langsam zu nehmen. Die Tempo-Überschriften Bruckners hingegen weisen auf ein zügigeres Tempo hin: *Andante* in der 2., 3. und 4. Sinfonie, *Adagio alla breve* für die 5., *Feierlich, doch nicht schleppend* bei der 8. Sinfonie. Die Bezeichnung *feierlich* eint 6. bis 9. Sinfonie.

Der Ausgangspunkt Bruckners für die Form ist ein Rondo A-B-A-B-A, das allerdings in die Richtung einer Liedform, zweiteilig und mit einer Art verkürzter Sonatenhauptsatzform, umstrukturiert wird. Diese Umstrukturierung ist von der 5. Sinfonie an nachweisbar, in der ein Komplex von zwei Themen bei der Wiederholung durchgeführt und in der Reprise auf ein Thema reduziert wird. Deswegen auch sprechen manche Autoren vom Begriff der »Liedsonate«, z.B. bei der 6. Sinfonie, oder der Mischung aus Lied- und Sonatenform in der 7. Sinfonie. Die beiden letzten Sinfonien sind ebenfalls, wenn auch viel ausgedehnter, dieser Form verpflichtet, wobei dann die Schlußgruppe als eigenständige Coda definiert werden kann.

Unabhängig von der gestischen Intervallsprache, die an anderer Stelle untersucht wird (vgl. S. 366ff.), kann für jedes sinfonische Werk Bruckners der innere Zusammenhang aller zentralen Themen der Sätze auf eine Grundsubstanz reduziert werden, eine Errungenschaft, die Beethoven zur Meisterschaft geführt hatte und die, wie vieles aus der Tradition, für Bruckner als unverzichtbares Erbe gegolten haben muß.

Dieses Modell wird ebenfalls lange vor den späten Sinfonien sichtbar, gelegentlich auch hörbar. Eine modellhafte Zusammenfassung für die 5. Sinfonie legte Rudolf Klein[13] vor; derartige Untersuchungen erweisen phänomenologische Prozesse in gültig anerkannten Kunstwerken ohne Rücksicht darauf, ob eine Intention des Komponisten vorlag oder nicht. Allerdings dürfte die Beschäftigung mit Bach und Beethoven, die Bruckner sein ganzes Leben lang begleitete, ihm den Blick für derartige Vorgänge sowohl rhythmischer als auch thematischer Natur geschärft haben.

[13] Rudolf Klein: *Bruckners 5. Symphonie*, in: *Das Symphoniekonzert, ein Stilführer*, Wien–München 1971, S. 169

A: II. Thema des I. Satzes in der Version von T. 326. B: Thema des *Adagio*. C: Thema des Scherzo. D. Thema des Finales. E: Fugenthema des Finales (4. Einsatz). Anschließend dessen Spiegelung über die Vertikalachse (Krebs). F: Der Krebs von E als Ausgangsbasis von G: Thema des I. Satzes.

Wahrscheinlich kann man im Falle Bruckners noch weiter gehen. Es stellt sich nämlich bei Durchsicht der Sinfoniesätze und ihrer Intervallsprache schnell heraus, daß jedes der Werke seine gültige Charakteristik vor allem durch die Themenstellung und den Umgang mit ihr erhält. Waren es in der 1. Sinfonie die Vorhalte, die zum Prinzip erhoben wurden und die wahrscheinlich in Verbindung mit dem »beat«-artigen Rhythmus Bruckners Wort (er spricht vom *kecken Besen*, vgl. das Schreiben Bruckners auf S. 292) und Hugo Wolfs Ratlosigkeit gegenüber dem frühen Werk hervorrief, das dem Wesen nach Ansätzen der 2., 3., 5. und 8. Sinfonie verwandt erscheint,

so ist die 2. Sinfonie von einem Terzenmodell bestimmt, das von der Schleifmelodik bis zur Groteske reicht und durch die Schärfung der kleinen Sekunde noch unterstrichen wird.

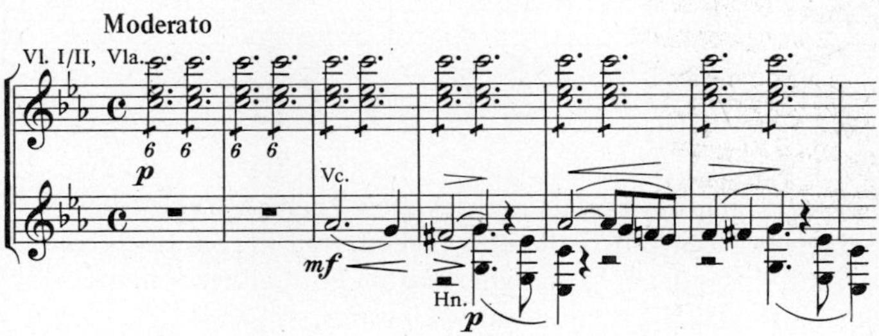

Die 3. Sinfonie verbindet »Akkorddurchspringung« mit Bogenstruktur,

die »Vierte« sieht ihr Thema in der extensiven Präsentation der kleinen Sexte als Nebennote der thematischen Quinte,

die 5. Sinfonie schließlich greift – fast möchte man glauben, in Einbeziehung der bereits entwickelten Themenstruktur des vorhergehenden Schubs – die dort diskutierten Fragen noch einmal auf und verbindet sie, kombiniert sie mit Formalkomponenten, die ebenfalls teilweise schon angerissen waren.

Wie später die 8. Sinfonie, so kann sie als Zusammenfassung der unmittelbar vorausgehenden Phase (von der 2. bis zur 4. Sinfonie) angesehen werden.

Die 6. Sinfonie, die zum ersten Mal das Modell der ineinander übergreifenden Durchführung und Reprise durchexerzierte, wahrscheinlich von der Fugen-Sonatensatz-Kombination der 5. Sinfonie ausgehend, hat rhythmische Präferenzen für die Kurzantizipation und operiert, was die Intervalle betrifft, noch einmal mit dem Quintsprung und seiner Sextausweichung.

Die 7. Sinfonie schließlich zeichnet den – fast unendlich – weit reichenden Intervalldurchsprung und die überlange melodische Formel nach, ist demnach stark von der funktionalen Harmonik bestimmt, die ja die Flächigkeit dieser Sinfonie ausmacht.

Die 8. Sinfonie, wieder am Ende eines Schaffensschubes stehend, nimmt ebenso die nun diskutierten Modelle zusammenhängend nochmals auf. Dies betrifft einerseits die Sechzehntel-Antizipation, die nun zum Sekund- und Sextauftakt umfunktioniert wird, die Enharmonik der 7. Sinfonie, ihre Akkorddurchspringungen und das Punktierungsschema der 6. Sinfonie.

Die 9. Sinfonie, in ihrer letzten Entwicklung wohl deutlich durch die Phase der Umarbeitungen von den vorhergehenden getrennt, braucht ihre lange Entstehungszeit für die Bewältigung der angestrebten Zusammenfassung bereits vorher gelöster Probleme. Letztlich werden keine neuen Informationsmodelle innerhalb der 9. Sinfonie vorgestellt, weil selbst die Umstellung des Scherzos an die zweite Stelle, nach dem Kopfsatz, bereits in der »Achten« probiert worden war und die formalen Gesichtspunkte, wie in der Grafik S. 347f. angedeutet, bereits ihre Vorformen erfahren hatten. Bruckner verwendet natürlich diese Erfahrungsbereiche nicht collagenartig, wenn auch solche Fremdbestimmungen durch Übergriff auf andere künstlerische Disziplinen völlig legitim sind, sondern die Leistung dieser Sinfonie besteht in der Integration von fremdbestimmten Bereichen, die allerdings aufgrund der Erfahrung zu beherrschen waren, in einem Gesamtzusammenhang.

Dieses Vorgehen Bruckners im Spätwerk (über dessen Entstehung er ja starb) hat allerdings Parallelen in der Musikgeschichte, die kurz erwähnt werden sollen.

Es fällt auf, daß die letzten Werke Beethovens, Verdis, Schuberts, Mozarts, letztlich sogar Haydns nicht als fortschrittlich in der Entwicklung formaler Errungenschaften allein qualifiziert werden dürfen. Allen genannten Komponisten ist gemeinsam, daß sie in den letzten Jahren ihres Schaffens Erreichtes, meistens lange vorher Erreichtes, noch einmal zusammenfassen oder in der Reflexion ihrer Arbeit auf jene historischen Epochen Bezug nehmen, die sich ihnen am Anfang des kompositorischen Lernprozesses nicht selten zuerst erschlossen.

In diesem Zusammenhang ist erklärlich, daß Mozart am Ende seines Schaffens noch einmal die Integration von barocker Fuge und klassischer Sonatenform versucht (Finale der »Jupitersinfonie« KV 551) oder wie im Fall der *Zauberflöte* (Ouvertüre) dasselbe Moment auf die Oper übertragen möchte. Parallel dazu erzwingt Beethoven den Bezug zu Palestrina und der frühbarocken Vokalwelt, bringt ihn in die inzwischen reichlich »klassisch« ausgerichtete Messe (»Missa solemnis«) und die noch klassischere Sinfonie (9.) ein. So greift Schubert im Fragment seines *Lazarus* weit hinter die Entsprechung des Szenischen, wie sie sich im Oratorium breitmachte, zurück und bewirkt so ein uns heute modern anmutendes Verfremdungsmoment. So greift Giuseppe Verdi in den *a-cappella*-Chören seiner *Quatro pezzi sacri* selbst mittelalterliche Tonfortschreitungen thematisch auf und setzt sich mit der Syllabik des Gregorianischen Chorals auseinander.

So bringt Haydn am Schluß seines Lebens die Einfachheit und Schlichtheit bis zu den Rückgriffen des in der Jugend erworbenen reinen zweistimmigen Satzes in die unvollendeten Streichquartette ein oder schafft eine »Summa missarum« in der »Harmoniemesse«, in der er den Oktavsprung der »Nelsonmesse«, die Melodik der

»Mariazellermesse«, die Thematik der Credo-Fuge der »Theresienmesse«, den Doppelfugencharakter in der »Heiligmesse« noch einmal übergreifend zusammenfaßt.

Es gibt gewiß die Möglichkeit, diese gemeinsamen Momente auch als Nachlassen der schöpferischen Kraft, als Folge von Krankheit oder Altersschwäche zu begreifen, die den Komponisten nicht mehr dazu befähigt, Neues, Ungehörtes vorzustellen, sondern allenfalls dazu, bereits Erworbenes zu wiederholen.

Allen genannten Tonkünstlern aber ist gemeinsam, daß bei keinem vom Modell der bloßen Imitation auszugehen ist, sondern sie schaffen durch die Kombination, Integration, durch das collagierende Verfahren Neues.

Für Anton Bruckner scheint dieselbe Formel anwendbar zu sein. Hatte er in den früheren Sinfonien bis an die Grenzen des Möglichen für ihn wichtige Zielvorstellungen erforscht und gegen den Widerstand der Öffentlichkeit letztlich auch durchgesetzt, so beschäftigen ihn am Ende seines Lebens, an dem er tatsächlich körperlicher Schwäche anheimfällt, die Verknüpfung des Erreichten, der Versuch der Integration, die Übernahme in einen anders gearteten Zusammenhang, die Gesamtschau des von ihm mühsam Erworbenen.

Es ist verständlich, daß bei Bruckners Persönlichkeitsstruktur und Lernerfahrungen eine Rückbesinnung auf vorhergegangene Stilepochen wie das Barock vonnöten ist, weil er nahezu sein gesamtes Wissen ohnehin aus traditionell festgelegten Modellen erwarb, Barock und Klassik für ihn zumindest in Messe und Sinfonie Ausgangspunkte waren, auf die er sich zeit seines Lebens besann. Für ihn ist typisch, daß in seinem Schaffen jede Musik anderer Gattungen Auftrags- oder Gelegenheitsmusik ist, daß das Zentrum seiner Arbeit ausschließlich diesen historischen Modellen verhaftet ist und er deshalb auch auf nichts zurückgreifen kann, weil er die Inhalte der vergangenen Zeit noch präsent hat. Bruckners zeitgemäßer Anteil an der tonalen Sprache des Jahrhunderts war die Alterationschromatik, die das letzte Stadium der Funktionsharmonik darstellt. Die Modulation, die auf dem Gebiet der Oper zu der vom Text geforderten und gelenkten »psychologischen Modulation«[14] (Richard Strauss) wird und durch die Funktionsaufhebung der Modulation damit eine emanzipierte Stellung

[14] vgl. William Morris: *Richard Strauss. Das Opernwerk*, München 1981, S. 103

gegenüber der funktionellen Harmonie einnimmt, bezieht sich bei ihm trotzdem noch auf einen tonalen Kernpunkt. Weil in seiner Zeit und auch durch ihn selbst die eigentliche harmonische Idee des Sonatensatzes (Exposition = Grundtonart, Durchführung = Modulation, Reprise = Grundtonart) von selbst aufgehoben worden war, versucht er eine Neuverteilung der formtragenden Elemente von Motivik und Rhythmik her. Er ersetzt, wo immer er kann, den zentralen harmonischen Gedanken durch Nebenwege oder beharrt auf ihm überlange Zeiten, um nachzuweisen, daß die Wichtigkeit ihrer Existenz nicht imstande ist, den melodischen Einfall, sei er melodisch, rhythmisch oder instrumental erfunden, zu hemmen.

Bruckner verbindet damit zwei entgegengesetzt entworfene Modellvorstellungen von Musik zu einem Ganzen. Obwohl er einerseits dem Außenstimmensatz, der Baßordnung der Generalbaßlehre, unterworfen ist, entwirft er andererseits durch eine dialektisch dazu stehende harmonische Struktur, die ebenso oft von Mittelstimmen oder Oberstimmen abhängt und sich nicht mehr dem strengen Generalbaß unterwirft. Wie sehr ihm die Grenzen der Modulationsfähigkeit, die früher oder später in die Auflösung der Tonalität münden müßte, bewußt war, geht daraus hervor, daß die Schlüsse aller Werke ausgedehnte Bestätigungen des tonalen Zentrums, das auch in anderen Formteilen seiner Werke gelegentlich nur mehr schwer auszumachen ist, erfordern. Die Auflösung der Tonalität wurde später in anderen Ländern und von anderen Komponisten durch die Farbe vollzogen, den Einsatz tonaler Farbwerte und die immer komplizierteren Rhythmen erreicht. Bruckner hat seinen Beitrag in der Entwicklung nicht leisten wollen oder können, indem er solche Akzente setzte, sieht man einmal von bestimmten Harmonieschichtungen ab, die sich allerdings aus völlig anderen Motiven ergeben.

Die 9. Sinfonie – als Kompendium seines Lebenswerkes interpretierbar, wenn auch nicht in Unkenntnis der anderen Werke gleichsam als »Wörterbuch« für die ästhetischen Errungenschaften benutzbar, weil Komplexität und Vielfalt der angerissenen Probleme zu intensiv auf den Hörer einstürmen – dokumentiert für den, der sich mit Bruckners Sinfonik im allgemeinen auseinandergesetzt hat, die Rückschau auf ein anstrengendes, aber ergiebiges Leben. Der Fortschritt seiner Sinfonik besteht darin, Lösungen, die er in der Fortführung akustischer Prozesse entwickelt hat, zu kombinieren, Prozesse, deren gründliche Diskussion allerdings jenen Werken vorbehalten ist, die sich ihnen im gesamten unterworfen haben. Wahrscheinlich wird damit eine Renaissance in der Bewertung der frühen Sinfonien bis hin zur »Siebten« eingeleitet werden müssen, um erst die Impulse, die Bruckner gegeben hat, verdeutlichen zu können. Es scheint, als wären die achtziger Jahre dazu bereit. Die siebziger Jahre des 20. Jahrhunderts jedenfalls haben den Anfang gemacht. Von der Bereitschaft der Zeitgenossen, Interpreten wie Hörern, wird es abhängen, ob man sich mit der Rezeption der Zusammenfassungen (der späten Sinfonien also) begnügt oder tatsächlich in das Neuland einer bislang relativ unbekannten Sprache früherer Sinfonien Bruckners vorstoßen möchte.

Zur Systematik von Melodiemodellen Bruckners

Geste und Heimatweise – »Bruckner-Rhythmus« und *-tremolo* – der Quint-Oktav-Sprung und die expressive Terzdurchschreitung

Wenn auch die Bruckner-Gemeinde das Werk des Komponisten als unverwechselbare Eigenschöpfung verstehen wollte, so zeigt eine Systematik der Melodien Bruckners, die ca. 6000 melodische Formeln rhythmisch und nach Intervallen gliedert[15], daß Bruckners Sprachformeln der musikalischen Vergangenheit bis hin zum Gregorianischen Choral verpflichtet sind, daß er aber durchaus auch die heute als Ausdruck der Romantik eingestufte Melodie des 19. Jahrhunderts verwendete und mit Ausnahme des Hoffnungstypus der Terzdurchschreitung (s. S. 383f.) und des Quint-Oktav-Motivs (s. S. 378ff.) sowie der Verwendung des *tremolo* (s. S. 371ff.) und des »Bruckner-Rhythmus« (s. S. 370f.) weniger eine eigenständige Melodik entwickelt hat, sondern eher mit den Mitteln der Kombination operierte.

Selbstverständlich lassen sich die historischen traditionellen Einflüsse in der Vokalmusik und vor allem in der Vertonung des katholischen Meßtextes offenkundiger nachweisen als in der Form absoluter Musik. Die Bewegungen des *ascendit* und *descendit* im *Credo*, symbolische Andeutungen des Auf- und Niedersteigens mit Hilfe von Notenskalen, finden sich zwangsläufig in allen Messen wieder, ebenso der chromatische Quartfall (»passus duriusculus«) des Schmerzes beim Gedanken an die Verstorbenen bei *mortuorum* oder *mortuos* wie die assoziativen Collagen des Gregorianischen Chorals in der e-Moll-Messe.

Die tradierten *unisono*-Gedanken der kirchlichen Einheit in der *Credo*-Stelle *Et unam sanctam catholicam ecclesiam* werden beachtet, die Mysterien-Signa des *Et incarnatus est* im Sinne Beethovens (»Missa solemnis«) gestaltet. Auch im großformalen Bereich achtet Bruckner auf die Lehren der Wiener kirchenmusikalischen

[15] Wagner: *Melodien*, Band 2

Schule[16], die im Österreich des 19. Jahrhunderts generell das musikalische Verständnis aller Lehrer und Organisten prägte. Es waren laut Ignaz von Mosel[17] noch um 1841 die großen und doch formal einfachen Kompositionen eines Giovanni Pierluigi da Palestrina, Antonio Caldara, Nicola Antonio Porpora, Franz Thuma, die Messen von Georg Reutter, Florian Leopold Gaßmann, Joseph Bonno, Johann Georg Albrechtsberger, Joseph und Michael Haydn. Das *Christe eleison* des *Kyrie* kontrastiert zum eigentlichen Bittgesang durch Solobesetzungen; die Fugen oder Fugato-Ausführungen des *Amen*, des *Cum Sancto spirito* sind klare Anleihen aus der Vergangenheit. Das *Sanctus* wirkt als Lobgesang und das *Benedictus* als dialektisch-lyrische Ekstase analog Beethovens »Missa solemnis«.

Am deutlichsten lassen sich die Anleihen aus dem Kirchenstil der Zeit in Bruckners e-Moll-Messe nachweisen, weil in ihr das Ideal der Restaurationsbewegung (des bayrischen Cäcilianismus, der in Österreich als solcher nie nötig war, weil er aus der Tradition natürlich gewachsen war) in der Verbindung mit Palestrina dokumentiert wird. *Kyrie* und *Agnus Dei* sind demnach Bittgesänge mit Gestenmelodien der Schritt-Sprung-Technik, bei der die Wirkung durch die Abwechslung größerer Intervallsprünge mit kleineren Intervallschritten erzeugt wird. Getreu dem Vorbild Palestrinas setzen die vier Chorstimmen nacheinander mit Tonika und Quint, schließlich kleiner Terz und kleiner Sext ein (siehe Notenbeispiel

[16] Wiens Traditionalismus wurde während der ersten Hälfte des 19. Jahrhunderts von zwei Komponenten gefördert, die in ihrer Struktur und ihrem Selbstverständnis zutiefst traditionell verstanden werden müssen: dies sind die Kirche einerseits und der Unterricht andererseits. Beide bauen auf Bestehendem auf, und beide vermeiden nach Möglichkeit Experimente. Daran hat sich bis zur Gegenwart nahezu nichts geändert. Die Kirchenmusik und ihre Praxis sind zwischen 1800 und 1850 noch immer stark dem Barock verbunden. Der Generalbaß besteht nirgends so lange weiter wie in den Orgelkompositionen, durchaus zum Leidwesen von Organisten und verständigen Theoretikern. Der »Verkaufswert« des Generalbasses ist ungleich höher als der von Harmonielehre. Die Produktion von Musik wird nicht als kunstphilosophischer Akt gewertet, sondern als Handwerk. Da der Kirchenmusiker jener ist, der das Handwerk am besten versteht – schließlich ist er in Kontrapunkt und Generalbaß bestens geschult ([...] *was Haydn und Mozart so groß gemacht hat, ist eben, daß sie ihren Fuchs und Kirnberger auswendig wußten, ihren Bach und Händel gründlich studierten* – Ignaz von Mosel: *Die Tonkunst in Wien während der letzten fünf Dezennien*, in: *Jahrbücher des deutschen Nationalvereins*, 3. Jahrgang [Stuttgart 1841], S. 190f.), vgl. auch Wagner: *Harmonielehren*, S. 13

[17] von Mosel: a.a.O., S. 190

S. 71). Die *Christe eleison*-Stelle ist hier scheinsolistisch geführt, indem alle acht Stimmen kontrastierend gegeneinander stehen. Die Eingangsworte von *Gloria* und *Credo* sind syllabisch vertont und werden von den statischen, lauten Fundamentalblöcken des *Laudamus* polarisiert. Der Mittelteil des *Qui tollis* ist der Tradition gemäß im Tempo zurückgenommen, um dann die Hauptthematik in Wiederholung erneut aufzunehmen. Das *Credo*-Motiv in der e-Moll-Messe sah schon Bruckner-Biograph Max Auer als *beinahe in Lisztscher Art durchgeführte*[s] *Hauptthema*[18] an, das sich jeder Stimmung anpaßt. In einer genauen Untersuchung der Messe jedoch fällt auf, daß es Bruckner nicht um ein bloßes Collage-Prinzip historisch anerkannter Strukturen geht, sondern daß er, ohne die Gesetze der Tradition zu mißachten, durchaus seinen eigenen Beitrag in Form der schrittweisen Terzdurchschreitung leistet, die bestimmend für das *Christe eleison*, das *Gloria* und das *Credo* ist. So werden der »Bruckner-Rhythmus« im *Et vitam venturi* als Steigerung hinzugezogen und aus dem Quint-Oktav-Sprung, Bruckners letztlich am weitesten entwickelter Intervallstruktur, der musikalische Duktus des *Kyrie* als Entwicklungsthema, das *Et iterum* in der Majestäts-Symbolik und die Interpunktionsqualität an den Schlußstellen von *Kyrie*, *Gloria*, *Credo* und *Agnus Dei* dokumentiert.

Bruckner scheute sich nicht – weder in der Vertonung der Messe, bei der ein historischer Ansatz in Wien gewissermaßen zum »guten Ton« gehörte, noch in seiner sinfonischen Musik – Anleihen bei seinen musikalischen Vorgängern zu nehmen, Anleihen, die fast so weit gehen wie die Übernahme von Zitaten aus der Musik Richard Wagners in die Erstfassung der 3. Sinfonie[19]:

[18] Auer, a. a. O., S. 190

[19] nach Haas, a. a. O., S. 118; das erste Beispiel faßt charakteristische Harmonien des *Tristan* zusammen, das zweite stammt aus dem »Schlaf der Brünnhilde« aus der *Walküre*.

Das *Requiem* auf den Tod Franz Seilers (WAB 39), am 11. März 1849 vollendet und 1892 noch einmal überarbeitet, zitiert hör- und analysierbar die Mozart-Vorlage,

das Finale der 5. Sinfonie nimmt, der Wiederaufnahme von Themen aus den vorangegangenen Sätzen halber, auf den Schlußsatz von Beethovens »Neunter« Bezug, in der Verbindung von einer Fuge mit drei Subjekten und der Sonatenhauptsatzform auch auf Mozarts »Jupitersinfonie«, das *Adagio* des Quintetts in F-Dur, 1879 vollendet und 1885 mit allen vier Sätzen durch das Hellmesberger-Quartett uraufgeführt, reizt zum Vergleich mit Beethovens späten Streichquartetten. Wahrscheinlich darf es mit zum »Österreichischen« in der Musik gezählt werden, daß man sich selbst im 19. Jahrhundert – einer Zeit, in der die Erfindung als das Nonplusultra künstlerischer Arbeit galt – in Wien nicht scheute, Anleihen bei den Vorgängern zu nehmen, die unüberhörbar waren. Es mag – so ist für Johannes Brahms zu vermuten – dahinter auch die Absicht gesteckt haben, jenen heroischen Historismus in das musikalische Schaffen zu übertragen, der die Kultur der Wiener Ringstraße bestimmte[20]. Für Bruckner diesen Vorgang darauf beschränkt zu sehen, scheint abwegig, weil er von allem Anfang an, noch vor seiner Wiener Zeit und wahrscheinlich sogar ausführlicher als andere Komponisten, in den wichtigen siebziger Jahren sich mit jener musikalischen Produktion hörbar auseinandersetzte, die ihm in der täglichen Begegnung offenstand. Das Werkverzeichnis von Renate Grasberger weist immerhin 54 Nummern geistlicher Vokalmusik aus und erfaßt ebenso viele weltlicher Vokalmusik, die in der Rezeption bislang relativ unbekannt blieben. Hier würden Nummer für Nummer wahrscheinlich jene geistigen Vorfahren sichtbar werden, die aus dem Repertoire der Zeit bekannt waren und die Bruckner als Vorlage für seine Übungen dienten.

Das 19. Jahrhundert ist melodisch vor allem durch die typische Gestenmelodie gekennzeichnet. Die Hauptmerkmale dieser neuen Melodik – Farbigkeit, Erregung, Aufgeschlossenheit verkündend – wurden in den zwei kritischen Jahrzehnten zwischen 1795 und 1815 entwickelt, am ausgeprägtesten wohl in der Opernmusik Etienne Nicolas Méhuls. Diese Opern beinhalten, inhaltlich wie musikalisch, alles, was bis zur Spätromantik hin das Wesen romantischer Melodik ausmachte. Kennzeichen sind: Anspannung, sich aufbäumen, ausschwingen, emporschnellen, wogen,

[20] Bekanntlich wurden die wichtigsten Gebäude der Wiener Ringstraße im Stil jener historischen Epochen errichtet, denen sie inhaltlich zufallen: das Parlament im Stil des griechischen Tempels, das Rathaus im Stil des gotischen Rathauses, die Museen im Stil der Renaissance etc.

branden, sich wälzen, Unruhe verbreiten, umfassend wirken, Leidenschaft zeigen, erhitzen, dämonisieren oder Natur andeuten. Die Inhalte dieser Assoziationen sind in der Oper Krisen, Katastrophen, Tod, Rettung, Rausch voll Leidenschaft, Glück, Naturschönheit, Waldzauber und Dämonie. Webers »Ozeanarie« aus *Oberon* (1826), Beethovens »Krönungskonzert« in Es-Dur (1809), Wagners Opern und Verdis *Requiem*, Liszts *Faust-Sinfonie* und César Francks d-Moll-Sinfonie atmen denselben Geist.

Bei Bruckner findet sich dieser Typus systematisiert im durchbrochenen Akkord und in der Kombination von Schritt und Sprung. Das dritte Thema des Kopfsatzes der 1. und 3. Sinfonie,

das Finale der 5. und der 8. Sinfonie,

schließlich repräsentativ der Beginn des III. Satzes der 9. Sinfonie

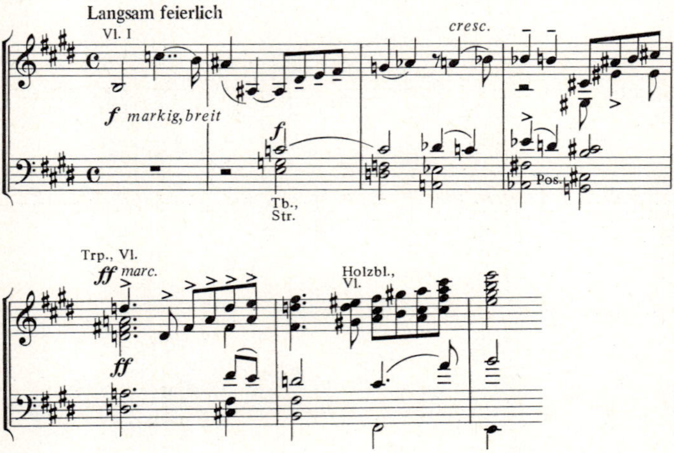

sind die stärksten Ausprägungen dieses Typs. Akkordzerlegungen wie im Kopfthema der 7. Sinfonie (siehe Notenbeispiel S. 355 unten) oder in den meisten langsamen Sätzen zeigen einerseits Einigkeit und Stärke (im *Credo* der großen drei Messen), andererseits Ungewißheit, Bescheidenheit, auch Eindringlichkeit. Das Pendant zur Gestenmelodie, der romantische Belcanto, der als

Wiedergeburt des »stile rappressentativo«[21] vor allem die großen Melodien Robert Schumanns kennzeichnet und hinter welchen immer Rede, Diktion oder Deklamation zu verspüren ist, findet sich bei Bruckner parallel zu Franz Liszt in der Bogen- und Schleifenmelodie. Das *Adoratur* im *Credo* der Messen in d- und f-Moll zählt dazu wie das *Benedictus* aller drei Messen. *Kyrie* und *Ora pro nobis* werden von der Schleifenmelodik getragen, beide Bewegungsformen schließlich machen im Terzbereich Zeichen tiefster Emotion bei Bruckner aus.

Die Durchschreitung der Quartsextakkord-Linie, die für Brahms in der Nachfolge Mozarts, Beethovens und Schuberts bestimmend war und als »Heimatweise« gekennzeichnet wurde, ist beim Komponisten der »Heimaterde«, zu dem ihn die Bruckner-Freunde machten, relativ selten aufzufinden, am ehesten in der Ländler-Melodie des Scherzos der 4. Sinfonie.

Schon eher bestimmend ist die hornartige Dreiklangszerlegung, ebenfalls häufig bei Brahms, bei Bruckner repräsentativ im Finale der 1. Sinfonie, den Kopfsätzen der 4. und 6. Sinfonie und der

[21] Diese revolutionäre Neuheit des deklamierenden Gesanges (zu Beginn des 17. Jahrhunderts von der »Florentiner Camerata« entwickelt) wird mit *Unregelmäßigkeit, Besonderheit*, dem *Symmetrielosen, Phantastischen, Überschwenglichen, Ungeduldigen* beschrieben; vgl. Bence Szabolcsi: *Bausteine zu einer Geschichte der Melodie*, Budapest 1959, S. 86.

Begleitung des Basses bei der Stelle *Te ergo quaesumus* im *Te Deum*.

Allerdings sind die Naturpoesie Wagners und der »Deutsche Wald« Webers als deskriptive Vorlage nicht das Problem des Komponisten, dessen Musik man allein aus der Natur der Landschaft verstehen wollte. Seine Form von Deskription weicht nach Ernst Kurths feinfühliger Unterscheidung[22] einer Transkription, lange vor Ligetis Leere des kosmischen Raumes in den Klangflächenkompositionen.

Wenn man für Mozart und Beethoven so etwas wie eine persönliche Melodie annimmt, das Immer-wieder-Zurückkehren zum gleichen Thema etwa oder die immer klarere und endgültigere Ausprägung des Gedankens, so könnte man analog dazu von einem persönlichen Rhythmusmodell Beethovens und Bruckners sprechen. Für Beethoven war es jener, der ihn quälte und verfolgte, der in der 5. Sinfonie paradigmatisch wurde, jener prägnante Rhythmus von vier gleichen Schlägen, dessen letzter die stärkste Betonung aufweist; für Bruckner derjenige, welcher als »Bruckner-Rhythmus« bezeichnet, zwei Zählzeiten dreien gegenüberstellt. Das kann nicht bedeuten, daß dieser Wechsel bei anderen Komponisten grundsätzlich fehlt, doch wurde er von keinem so konsequent zum Eigengesetz erhoben wie von Anton Bruckner. Ob in der Folge zwei nach drei oder umgekehrt, quasi diachron oder synchron, gleichzeitig erklingend, ob in der Großform eine Viererphrase gegen den Dreierrhythmus stehend, immer wird ein Schwerpunkt im Stilbewußtsein Bruckners entwikkelt. Bruckner verwendet »seinen« Rhythmus ganztaktig in den Kopfsätzen der 3., 6., 8. und 9. Sinfonie, im II. Satz der 1. Sinfonie, in den Trios der 7. und 9. Sinfonie, im Finale der 4. Sinfonie, im *Gloria* der f-Moll-Messe, im *Credo* der e-Moll-Messe, in *Benedictus* und *Agnus Dei* der d-Moll-Messe, im Finale des Streichquin-

[22] Ernst Kurth: *Bruckner*, Leipzig 1925, Bd. I, S. 510, Anm. 1

tetts, im 150. Psalm, in *Helgoland*, im *Abendzauber* (WAB 57) und in *Das deutsche Lied* (WAB 63), quasi breit über sein ganzes Werk verstreut und immer wieder jene Eindringlichkeit kündend, mit der sich die sprachlichen Rhythmen und die gleichwertigen Rhythmen der Kirchenmusik gegenüberstehen[23]. Der Wechsel von zwei und drei verschärft diesen Sprachausdruck der Anrede oder emotional belasteter Gedankeninhalte durch einen Bewegungsimpuls, bringt quasi Geschehen in Gang oder verlangsamt es, verändert jedenfalls den inneren Rhythmus und fordert so verstärkt die Aufmerksamkeit des Hörers heraus. Daß Gleichzeitigkeit mit diesem »eingeschmuggelten« Notenwert der Triole auch das Element von Unruhe, Hast, Verdichtung, Steigerung einschließt, liegt auf der Hand. Den »Bruckner-Rhythmus« selbst von Wagner herzuleiten, wie dies Erwin Doernberg infolge Bruckners *Meistersinger*-Erlebnisses von 1867 tut[24], scheint hinfällig, wenn man bedenkt, daß er bereits ein wesentliches Merkmal der d-Moll-Messe von 1864 beim Lichtbegriff des *Lumen de lumine* und bei der ersten Wiederholung des *Agnus Dei* sowie im *Dona nobis* darstellt und in der 1. Sinfonie von 1865/66 ebenso auftaucht. Andere Autoren vermuten eine Abstammung vom Gregorianischen Choral oder von der spätmittelalterlichen Polyphonie sowie eine mögliche Herkunft von den Volkstänzen Oberösterreichs. Vermutlich wird die Abspaltung vom gleichwertigen Rhythmus, dessen Herkunft aus der Sprechweise des Gregorianischen Chorals unzweifelhaft erscheint, verbunden mit einem dynamisch forcierenden Element zu sehen sein.

Völlig ungeklärt sind aber auch Herkunft und Funktion von Bruckners *tremolo*, obwohl sich Autoren damit auseinandergesetzt und verschiedene Thesen entwickelt haben. Alfred Orel versuchte die Funktion des *tremolo* von der harmonischen Flächenstruktur her zu erklären, dadurch, daß Bruckner die Möglichkeit kenne, die Rhythmik des Themas allein wirken zu lassen, mit

[23] vgl. Manfred Wagner: *Romantik und Personalstil in der Melodie Anton Bruckners*, in: *Festschrift zum zehnjährigen Bestand der Hochschule für Musik und darstellende Kunst in Graz*, Wien 1974, S. 270; gleichwertige Rhythmen in der Kirchenmusik sind solche, deren Struktur aus gleich langen Notenwerten besteht. Sie tauchen in Bruckners Kirchenmusik entweder als komponierte Deklamation mit hohem Eindringlichkeitswert auf (Os-ju-sti) oder erzeugen eben jene Eindringlichkeit durch sprachliche Gleichgewichtung von Silben, die eigentlich nach Längen und Kürzen gegliedert sein müßten.

[24] Doernberg, a. a. O., S. 80

anderen Worten den Untergrund in der Tat nur als solchen zur Geltung zu bringen, paradox ausgedrückt einen Fall »arhythmischen« Untergrunds, als *tremolo* auf einem liegenbleibenden Ton oder Akkord[25].

Dika Newlin hingegen nimmt eine Herkunft aus dem Orchestervorspiel der Oper an[26]: *Während sich die langsame Einleitung der klassischen Sinfonie aus der alten Formanordnung langsam – schnell der Lullyschen französischen Ouvertüre herleitet, ist der Ursprung des Brucknerschen Tremolos erst im Wagnerschen Musikdrama zu suchen.* Diese Bemerkungen richteten sich vor allem gegen den Entwicklungstheoretiker Ernst Kurth, der im *tremolo* einen Ausfluß der Kräftebewegung innerhalb der Brucknerschen Energetik sah[27]. Bei einer Systematisierung aller auftretenden *tremoli* Bruckners läßt sich keine der Autorenthesen verallgemeinern, sondern es zeigt sich deutlich, daß Bruckner das *tremolo* nur zweckgebunden einsetzt. Demnach wäre ein theatralisch-dramatisches *tremolo* festzuhalten, als dessen Prototyp das Finale der 8. Sinfonie angesprochen werden könnte. Hier wird im Sinn Monteverdis die Aufregung des »stile concitato«[28], die rasche Tonwiederholung als unmittelbarster Ausdruck der Erregung definiert. Eine andere Möglichkeit des theatralisch-dramatischen *tremolo* wäre das Pauken-*crescendo* vor dem *Tu ad dexteram Dei sedes* aus dem *Te Deum.* Ernst Kurth hat diese Stelle überzeugend im Sinn der Entwicklungsmotivation erklärt, wobei er meint, daß mit dem *tremolo* nicht die Erlösung, sondern die Wirre und Leere dargestellt würde, die zu den *vollen Klänge*[n] *der strahlenden Himmelsweiten* im Kontrast stünden[29].

Bruckners sinfonisch-dramatisches *tremolo* rührt wahrscheinlich von der Bekanntschaft mit dem Anfang von Beethovens 9. Sinfonie her. Dies trug ihm zwar den Vorwurf ein, er *hülle alles im Tremolo ein*[30], welche Beobachtung tatsächlich auch bei einer oberflächlichen Interpretation gemacht werden könnte. Denn in der Tat sind die notierten *tremoli* bei Bruckner nicht so häufig, wie

[25] Alfred Orel: *Anton Bruckner. Das Werk, der Künstler, die Zeit*, Wien 1925, S. 48

[26] Dika Newlin: *Bruckner-Mahler-Schönberg*, New York 1947, S. 92

[27] Kurth, a. a. O., S. 433

[28] Claudio Monteverdi in der Vorrede zu *Combattimento di Tancredi e Clorinda*; vgl. auch Walter Gscheidler: *Heinrich Schütz und der stile concitato von Claudio Monteverdi*, Kassel 1934, Bsp. 14, S. 42

[29] Kurth, a. a. O., Bd. II, S. 1267 f.

[30] ebda., Bd. I, S. 334, Fußnote 2

gemeinhin angenommen wird. Allerdings haben andere Nebenstimmen bei flüchtigem Hinhören tremolierende Tendenzen wie die Mikrobögen im Sekundbereich, die engen Schleifen und Spiralen[31], die vor allem im schnellen Tempo und bei ungenügend präziser Interpretation ins Wirrhafte abgleiten können. Bruckners Anwendung des *tremolo* steht im Rückgriff auf traditionelle Gewohnheiten als Steigerungsmittel. In nahezu allen kadenzartigen Bildungen am Schluß der Sinfoniesätze, aber auch einzelner Abschnitte derselben finden sich in den Pauken *tremolo*-Vorschriften, meistens im *fortissimo*. Kennzeichnend für ein Werk, in dem das *tremolo* neben einer rein dynamischen und verstärkenden diese Funktion der Schlußbestätigung erfüllt, ist Bruckners 1. Sinfonie. Von dem »Atemholen« zur Coda des I. Satzes (1. Fassung, T. 340) reicht das Paukentremolo bis zum Schlußakkord; auch die Coda des II. Satzes, eine ruhige Schlußgruppe, hat ein Paukentremolo bis zur letzten Note (T. 158), ebenso das Scherzo (Coda, T. 135).

Im Finale hat die Pauke nach dem viertaktigen *tremolo* auf der Dominante außerdem noch ein Solo auf der Tonika, vermutlich eine aus Beethovens c-Moll-Sinfonie (Überleitung zum Finale) übernommene, ausdrückliche Deklaration des Grundtones C.

Die 2. Sinfonie kennt außer in den Pauken überhaupt kein kadenzierendes *tremolo*, weil der Schluß des Finales als Manifestation des »Bruckner-Rhythmus« zu verstehen ist. Die 3. Sinfonie bezieht sich sowohl in ihrem I. Satz als auch in ihrem Finale auf das

[31] Wagner: *Melodien*, Bd. II, S. 179

»Thema regium« – den Zentralgedanken – der Sinfonie. In der 4. Sinfonie gehört das Geigentremolo zum integralen Bestand der Sprachformeln, ebenso in der 6. und 7. Sinfonie. Bruckners 5. Sinfonie wiederum setzt dem Blech tremolierende Kurzskalen der Streicher entgegen (T. 493), im I. Satz der 9. Sinfonie hingegen sind es tremolierende Akkorde (ab T. 551). Wie nahe dem Ausdrucksgedanken Bruckners für eine Schlußformel das *tremolo* stand, beweisen auch die beiden Fassungen der 8. Sinfonie. In der zweiten Fassung von 1890 hat die Pauke, ausgehend von ihrer martialischen Verwendung bei der Todverkündigung, das letzte *tremolo* (T. 404), in der Notierung auffallend ähnlich einigen anderen c-Moll-Stellen wie im Finale der 1. Sinfonie von 1866 (T. 223) und im *Adagio* der 2. Sinfonie (T. 31). In der ersten Fassung von 1887 hingegen, die bekanntlich eine *fortissimo*-Coda hat, tremolieren die Streicher in Skalen, die Pauke besteht auf ihrem Wirbel auf C (T. 437).

Aus wohl verständlichen Gründen wird nicht immer genau unterschieden werden können, ob ein *tremolo* gewohnheitsmäßig in den Kadenzen oder aus Gründen einer klanglichen Verstärkung entstanden ist, schließlich kann auch die Coda trotz aller formalen Eigenständigkeit als bloße Verstärkung des sinfonischen Gedankens begriffen werden. Demnach verstehen sich Tonrepetitionsstellen in den Bläsern der e-Moll-Messe bis auf die *Et resurrexit*-Stelle als kadenzierende Intensivierung, demnach erklären sich die *tremolo*-Ausbrüche der Pauken in der d-Moll-Messe und auch der f-Moll-Messe, dem *Te Deum* und dem 150. Psalm aus dem Text: *Laudamus te, Cum Sancto Spiritu* im *Gloria*, dem Beginn des *Credo*, dem *sedet ad dexteram*, *Et iterum venturus*, *iudicare*, *cuius regni*, *Et exspecto resurrectionem* im *Credo*, dem *Hosanna*. Bruckners Entwicklungstremolo ist mit der *Et resurrexit*-Stelle des *Credo* in der f-Moll-Messe verhaftet. Dort nämlich wird eine *tremolo*-Form eingesetzt, die von den Forschern philosophisch verschieden gedeutet wurde[32], deren gemeinsame Komponente aber im Vorgang einer Entwicklung zusammengefaßt werden könnte. Gestalt-

[32] Ernst Kurth sah darin die strahlend-naturhafte Lebensbetonung und die stärkste Lebensabwendung, a. a. O., S. (599) f. August Halm sieht das *tremolo* als *etwas wie eine Vorzeit, etwas beinahe Unzeitliches* an, in: *Die Symphonien Anton Bruckners*, München 1914, S. 42. Alfred Orel meint, das *tremolo* könne *im Gegenteil sowohl allergrößte Ruhe als auch stärkste Bewegungsanspannung zum Inhalte haben*, a. a. O., S. 48; vgl. auch Manfred Wagner: *Vorwort zu einer Bibliographie, dargestellt an jener über Anton Bruckner*, in: *Musikforschung* 26/1973, S. 233

mäßig zeigen dies deutlich die *tremoli* zu Beginn der 4. und der 9. Sinfonie oder – analog zu Beethovens Scherzo der »Neunten« – in nahezu allen Scherzi Bruckners, in denen sich, parallel zum *Ritmo di quattro battute* Beethovens, Metren aus vier Schlagzeiten ergeben. Deutlich wird diese Vorgangsweise, nämlich ein Musikstück mit einem unhörbaren Klang (der nicht notiert ist) zu beginnen, ihn auf unbetontem Taktteil aus dem Nichts entstehen und erst später mit der Betonung des Taktteiles Gestalt werden zu lassen, in der 9. Sinfonie manifestiert. Dort beginnt nämlich das Scherzo mit einer Pause, Kennzeichen für eine Art Negativton, der Bruckners Ausgangspunkt von einem nicht hörbaren Klang signifikant macht. Die Scherzi der 5. und 6. Sinfonie beginnen ebenfalls auf unbetontem Phrasentaktteil mit Andeutungen im *pianissimo*, desgleichen das Thema der 4. Sinfonie. Damit ist das *tremolo* zu Beginn nicht Schilderung irgendwelcher Inhalte (wie bei Wagner), sondern formbildendes Prinzip der Klangwerdung. Bruckners *Et resurrexit* der f-Moll-Messe kommt demnach nicht vom Theater, sondern von der inhaltlichen Vorstellung, daß sich der Gedanke der Auferstehung aus dem Nichts des Todes entwickle. Der Weg beginnt bei der Pause, dem »negativen Klang«, zieht sich am Paukenwirbel hoch und verstärkt sich taktweise im Quint-Oktav-Umfang, um nach acht Takten erst den *tutti*-Klang für das *Et resurrexit* erreicht zu haben (T. 190). Der Gedanke des Weges vom absoluten Nichts des Todes bis zum Sieg über ihn ist naheliegende Interpretation dieser Textstelle.

Wie sehr eine Grundtonart mit diesem Mittel der Entwicklung gefestigt werden kann, beweisen die ersten 18 Takte der 9. Sinfonie, in denen die Tonika d durch den Aufbau des zugehörigen d-Moll-Dreiklanges unterstrichen wird. Genauso entwickelt sich der Anfang der 4. Sinfonie Bruckners. Was Halm als *Zittern der stehenden, starkbestrahlenden Luft*[33] definierte und Kurth als *Bild des Werdens, der aufstrahlenden Schöpferfülle*[34] aufzeigte, ist gewissermaßen der Prozeß, Bruckners Quintthematik im Ansatz von unten her zu betrachten. Der Ablauf der ersten Takte wäre also sinngemäß, vom Metrum her gesehen, folgender:

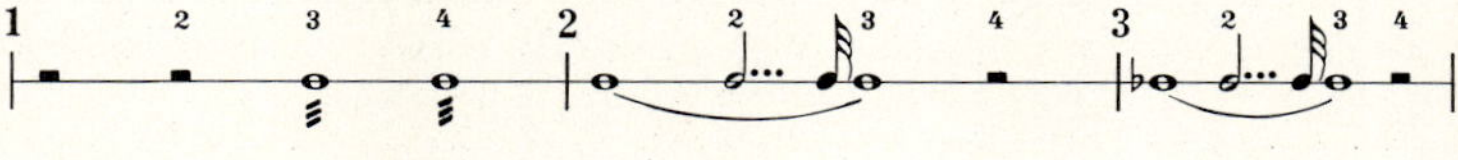

[33] Halm, a. a. O., S. 136
[34] Kurth, a. a. O., Bd. II, S. 606

Entsprechend dem »Wellengefüge« Ernst Kurths ist theoretisch anzunehmen, daß bei Vorhandensein eines Entwicklungstremolos der Gegenpol in einem Erlöschen, einem Vergehen gefunden werden muß: *Aus dem Nichts, von dem sich die erste sinfonische Klangbildung herauslöste, verhallt diese ins Nichts zurück.*[35]

Tatsächlich finden sich in Bruckners Werk weite Abschnitte, die der Vermutung des Nachhalls recht geben könnten. Wie im Finale der 1. Sinfonie die Pauke nach einem *tremolo* im *fortissimo* in doppelt punktierten Rhythmen vier Takte nachzittert (T. 148), dürfte auch das »echte« *tremolo* im Übergang zur Trompeten-Coda, die in T. 309 beginnt, Nachhallcharakter (T. 300) haben. Parallelstellen mit Verknüpfungstendenz finden sich in der Coda des Kopfsatzes der 2. Sinfonie (T. 518), am Ende der Scheinreprise des I. Satzes der 3. Sinfonie (Fassung von 1889, T. 402), mehrmals hintereinander im Finale der 4. Sinfonie (z. B. T. 85). Bruckners 5. Sinfonie kennt das Nachhalltremolo im Takt 27 des II. Satzes. In der 7. und 8. Sinfonie halten sich thematisches *tremolo* und Nachhalltremolo die Waage, weil sie, ohne einander zu stören, ineinander übergehen können. Die 9. Sinfonie zeichnet am Schluß des ersten Hauptthemas das zur Genüge erprobte Nachhallmodell in den Pauken, das bis zur A-Dur-Dominante des II. Themas durchhält (T. 75). Auch der Orgelpunkt des Kontrabasses am Ende der dritten Themengruppe wird in der Pauke zu einer Art Nachhall umfunktioniert, wofür auch die Abspaltungen im I. Horn sprechen (T. 225). Nicht anders verhalten sich Pauke und Streichergruppe in der Reprise (T. 391, siehe Notenbeispiel). Hier stoßen zwei dramaturgisch verschieden auslegbare *tremoli* aneinander, das c als verklingende *fortissimo*-Stelle und das A als Orgelpunktfarbe zum Triolenthema, das sich aus dem *unisono*-Gedanken entwickelt hat.

[35] Kurth, a. a. O., Bd. I. S. 432f.

Wie in vielen fragwürdigen Passagen Bruckners ist auch hier die letzte Entscheidung der Dynamik vorbehalten. Das c obliegt dem *diminuendo*, das A erklingt als neue Ausdrucksform im *pianissimo*.

Gewiß werden durch die bislang aufgeführten Beispiele für ein *tremolo* die vertikalen Klangflächen mit verändert. Bruckners Klangfarbenschattierungen reichen vom bebenden Schatten, einem *pianissimo*, bei Streichinstrumenten am Griffbrett ausgeführt wie in der Exposition des Kopfsatzes der 4. und 7. Sinfonie, bis zum dumpfen Grollen einer Verzögerung auf der Dominante in der Exposition der 8. Sinfonie. Wenn der Komponist aber das Paukentremolo in einer vom Gehör eindeutig bestimmbaren Tonhöhe braucht, setzt er dem samtweichen, düsteren Paukenklang gerne ein »klärendes« Instrument hinzu, z. B. die Violen im I. Satz der 9. Sinfonie (T. 77), die Kontrabässe im Scherzo der 5. Sinfonie (T. 311), das I. Horn vor der *ostinato*-Stelle im Kopfsatz der 2. Sinfonie (T. 481), die Bässe im *Non confundar* aus dem *Te Deum* (T. 442). Daß es Bruckner in der Regel nicht vorherrschend auf eine verwirrende Geräuschkulisse mit theatralischer Wirkung ankam, ist daraus zu ersehen, daß er das gebrochene *tremolo*[36] kaum verwendet, sondern im Orchestertremolo eine Art Tremulant erblickte, dessen Registereigenschaft ihm von der Orgel her geläufig war. Als Registerzüge sind demnach die aufeinanderfolgenden *tremolo*-Abläufe im I. Satz der 5. Sinfonie zu interpretieren (T. 51). Damit wird das I. Thema quasi registriert.

Den Charakter einer Registrierung haben verständlicherweise auch alle *fortissimo*-Stellen innerhalb der Sinfoniesätze. Zum Organum plenum kann der Tremulant, für welche Lage auch immer, nicht fehlen. Analog zu Max Reger verwendet Bruckner diese Registrierungen in den *Adagio*-Sätzen. Schon im *Adagio* der 1. Sinfonie wird damit die Reprise eingefärbt, in der 2. geht es um eine Anreicherung mit Triolen in den Bässen, in der 3. gibt es eine Beschleunigung, wenn ab der Reprise in den Violen die Achteltrio-

[36] vgl. H. Kunitz: *Violoncello-Kontrabaß. Die Instrumentation 13*, Leipzig 1961, S. 1481; Kunitz beschreibt, daß sich sehr unterschiedliche Klangwirkungen durch verschiedene Grade der Dynamik beim *tremolo* in den tiefsten Lagen des Kontrabasses ergeben. Diese Grade reichen vom bebenden Schatten über das dunkle Grollen bis zur Klangfusion, die nahezu Geräuschcharakter besitzt. Technisch wird das gebrochene *tremolo* durch wechselnden Ausdruck zweier nebeneinander liegender Finger auf einer Seite erzeugt.

len über  und  zu  verdichtet werden. Auch im *Andante quasi Allegretto* der 4. Sinfonie (Fassung von 1878) obliegt der Viola die Veränderung des Farbwertes (T. 221). Der Registeraufbau des *Adagio* der 6. Sinfonie wiederum entspricht jenem der 3., jener der 7. gleicht dem der 5. Sinfonie. Bruckners *Adagio* der 8. Sinfonie hebt die zweite Themengruppe durch eine *tremolo*-Stelle in den Violinen, entsprechend einem »Vox-caelestis«-Register[37], ab (T. 47). Ein sehr seltenes Bläsertremolo (repetierende Sechzehntel in den Klarinetten) verändert im selben Satz den Farbwert in Vorbereitung zur gewaltigsten *tremolo*-Stelle Bruckners, kulminierend im Beckenschlag (Fassung von 1890, T. 239).

Auch der Schlußsatz von Bruckners 9. Sinfonie ist überreich an *tremolo*-Farbwerten. Der ganze Streichapparat, vom Kontra-Fis bis fis''', wird zitternd umspannt (T. 17), ausgelöst von der Krise zweier aufeinandergetürmter Septakkorde. *Tremoli* im Diskant und solche der Mittellage wechseln einander ab, Sextolenunterteilungen in den Holzbläsern untermauern die Tubenaufgänge zum Zitat des ersten Hauptthemas.

Allgemein läßt sich feststellen, daß Bruckners Anwendung des *tremolo* in den aufgeführten Richtungen summarisch in der 9. Sinfonie zusammengefaßt erscheint. Damit wird dieses Werk, das für sich selber keine einzige Neuerung in Bruckners Konzeption enthielt, wie in vielen Fällen, so auch in Bezug auf das *tremolo*, zum »Compendium generale« des oberösterreichischen Komponisten.

Auch für die melodischen Formeln, an denen die Eigenständigkeit von Bruckners Musiksprache dargestellt werden sollen, ist die 9. Sinfonie der unumgängliche Kompendienband. Es geht hier um den Quint-Oktav-Sprung und Bruckners expressive Terzdurchschreitung. Eine Systematisierung des Quint-Oktav-Sprunges in Bruckners Gesamtwerk entwickelt eine Parallele zum *tremolo*, deren logischem Verlauf man sich nicht entziehen kann. Bruckner verwendet den Quint-Oktav-Sprung nämlich auch als Entwicklungsthema. Er verfestigt die Tonika mit Hilfe der Repetition der Prime oder mit dem Verstärkungseffekt des quasi identischen Einzeltones, der Oktav. Daß die Tonika aber auch durch die leere Quinte ohne tongeschlechtsbestimmende Terz zur Bestätigung der Tonika beitragen kann, beweist der Beginn der 3. Sinfonie, wenn die Klarinetten mit dieser leeren Quint (d-a) einsetzen, einer

[37] ein sehr »durchsichtiges«, schwebendes, leises Orgelregister

Parallelstelle zu Beethovens »Neunter«, die Beethoven mit der Quint a-e auf der Dominante beginnt. Aus dem Zusammenklang d-a bei Bruckner wird – analog zum Tonika-Dominante-Tonika-Signum Beethovens – mit dem Trompeten-Thema in Takt 5 aus Simultanem Sukzessives, aus Statik Bewegung, aus der Zelle ein entwickelter Gedanke.

Dementsprechend scheinen aus dem Evolutionsmechanismus hervorgegangen zu sein: das Horn-Cello-Motiv am Beginn der 7. Sinfonie, das mit seiner Tonfolge e-H-e-h-e'-gis'-h' (siehe Notenbeispiel S. 355 unten) im Vorspiel zu Richard Wagners *Rheingold* mit der Tonfolge Es-B-es-g-b-es'-g' ein Pendant findet;

die Hornstelle zu Beginn der 9. Sinfonie (T. 19;vgl. Notenbeispiel S. 349 oben), die den Ansatz zum ersten Hauptthema in sich trägt (T. 63; vgl. Notenbeispiel S. 357 unten); die Cello-Kontrabaß-Floskel im 2. Takt des Scherzos der 3. Sinfonie,

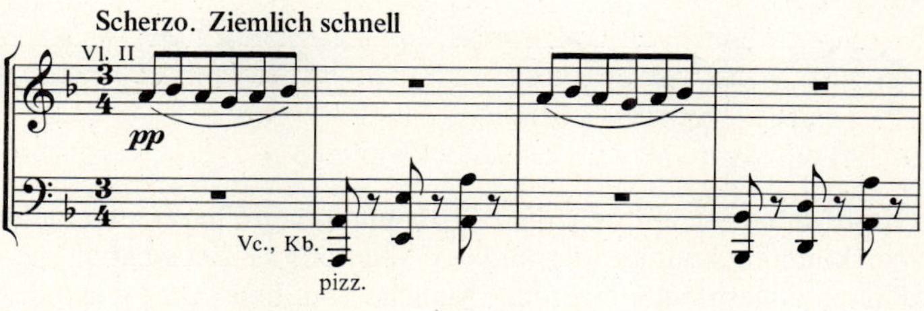

die für das Streicherthema (ab T. 19) die Zelle darstellt;

die Violafigur es-B-Es des *Resurrexit* aus dem *Credo* der f-Moll-Messe (T. 193),

ebenso das Holzbläserthema des Scherzos der 5. Sinfonie;

schließlich auch das Oboenmotiv aus dem Mittelteil des Scherzos der 9. Sinfonie.

Diese Melodiestrukturen, die z. T. thematischen Charakter annehmen konnten, können aufgrund der Ableitung als Entwicklungsgedanken angesprochen werden. Manche von ihnen aber – wie die *Resurrexit*-Figur – leiten zu einem neuen Aspekt über, dem Quint-Oktav-Sprung als Erfassungsbegriff, einer Art »Rufthema«[38].

Schon Johann Philipp Kirnberger schrieb der reinen Quint im Steigen die Eigenschaften *fröhlich*, *mutig*, im Fallen *zufrieden*, *beruhigend* zu[39]. Der Rufcharakter, dessen Differenzierungen die Weite vom flehentlichen Bitten bis zur stürmischen Aufforderung

[38] Manfred Wagner: *Der Quint-Oktavschritt als »Maiestas«-Symbol bei Anton Bruckner*, in: *Kirchenmusikalisches Jahrbuch* 56/1972, S. 97 ff.

[39] Johann Philipp Kirnberger: *Kunst des reinen Satzes*, Berlin 1776, Bd. II, S. 103 f.

umspannen, fand in der musikalischen Terminologie immer wieder seine Bestätigung. Händels *But oh*-Ausrufe in der *Cecilien-Ode* von 1739 operieren ebenso damit wie Grétrys »Lied des Blondel« aus *Richard Coeur-de-Lion* (1784), Schuberts Prometheus spricht Zeus mit der Quint an, eben damit setzt auch das erste Thema der *Schlacht von Kerschenetz* in Rimskij-Korsakows Oper *Die Legende von der unsichtbaren Stadt Kitesh* von 1904 ein.

Bruckner eröffnet mit dem flehenden Quint-Motiv *Kyrie* und *Agnus Dei* der d-Moll-Messe. Den ruhigeren, demütigen Sprung nach unten behält er dem *suscipe*-Gedanken des Solobasses im *Gloria* der d-Moll-Messe vor, der Solo-Oboe im Thema des *Adagio* der 5. Sinfonie oder der Baßlinie des Hauptthemas der 6. Sinfonie. Die Verbindung Quint-Oktav dient manchmal auch zur Verstärkung der angesprochenen Ebenen. Schon Händel hatte die Aufforderung *Behold and see!* (*Der Messias*, Nr. 27) zur Oktav gespannt, dergleichen *Great God! who yet but darkly known* aus *Belshazzar.* Im *Streit zwischen Phoebus und Pan* läßt Bach den Hilferuf *Patron! Patron!* (Nr. 3) sich von der Quint zur Oktave ausdehnen, Franz Schubert erfaßt *die fernen Lieben, die ihm daheim geblieben* mit derselben Geste (im Lied *Der Alpenjäger*). Daß Bruckner den Oktavsprung ebenso als Zeichen für Umspannung ansieht, bestätigen neben der Fuge *Alles, was Odem hat* aus dem 150. Psalm das sehr ähnlich konzipierte Thema des Finales in der 5. Sinfonie oder verschiedentliche Anrufe aus der d-Moll-Messe (*Jesum Christum, Dominus Deus, Tu solus Sanctus*).

Zwischen den Positionen des Anrufens, der Erfassung und der Majestät ist die Stelle bei den Worten *ex Maria virgine* aus dem Credo der f-Moll-Messe angesiedelt. Neben dem stark emotionalisierten »Fürsprache-Charakter« an Maria könnte ohne weiteres die in der bildenden Kunst schon bei Giotto und Duccio di Buoninsegna bekannte Maestá, die Übertragung königlicher Rechte auf die Gottesmutter, vermutet werden. Eine Analogie findet sich bei Giovanni Battista Pergolesi im *Stabat mater* bei den Worten *Sancta mater, istud agas.*

Überlegungen zum Quint-Oktav-Sprung als Majestätssymbol müssen zwangsläufig beim *Te Deum* Bruckners einsetzen. Mit dem sich fast durch das gesamte Stück hindurchziehenden Symbol c-g-g-c in Auf- wie Abwärtsrichtung setzt Bruckner ein unüberhörbares Zeichen. Damit gelang ihm zweierlei: die knappste Darstellung eines Gedankens (sie schlägt eine Brücke zu den vier Noten von Beethovens »Schicksalsmotiv«) und gleichzeitig der Schritt bis zu den verschwimmenden Klanggrenzen, weil mittels dieser Geste allein die Tonart nicht fixiert werden kann: einerseits also Bewahrung und Verlebendigung ältesten Musikgutes, andererseits Öffnung in die Zukunft. Verständlicherweise ist diese Majestätssymbolik in den assoziativen Textstellen der Messen immer wieder aufzufinden, so (die Beispiele beziehen sich auf die f-Moll-Messe) in der Wiederholung des *Gratias* im *Gloria* und *Rex caelestis*, auch im Themenkopf der *In Gloria*-Fuge. Die Fanfaren des *Et iterum* aus dem *Credo*, die das Jüngste Gericht signalisieren, blasen d^{II}-a^{I}-d^{I}, auch die Erwartung der Auferstehung wird unter dem Aspekt der Siegesbotschaft beleuchtet. Majestätsthematik findet sich ebenso im *Dominus Deus sabaoth* aus dem *Sanctus*, im *Hosanna* und im *Dona nobis* des *Agnus Dei*. Der Quintruf aus der d-Moll-Messe und die Quintumkehr aus der e-Moll-Messe haben nichts gemeinsam mit dem die Majestät ansprechenden und auch darauf vertrauenden Quint-Oktav-Sprung der f-Moll-Messe.

Daß Majestät auch Stärke bedeutet, furchtbare Macht, Angriff, Aggression, ist aus der *Iudicare*-Vertonung ersichtlich. Demnach muß der Quint-Oktav-Sprung auch als Aggressivitätsmotiv verstanden werden. Auffälligerweise setzt Bruckner das Prinzip dort ein, wo vom Donner die Rede ist (in *Das deutsche Lied* und *Helgoland*). Daß er selbst etwas von dem leicht aggressiven Charakter seiner 1. Sinfonie überzeugt war, beweist die Bezeichnung *das kecke Beserl.* Das treibende Motiv liegt in den Hörnern. Im Schlußsatz der 1. Sinfonie von 1866 (T. 208) kehrt ebenfalls ein Quint-Oktav-Thema wieder, das jenem Hauptthema im Finale der 5. Sinfonie eng verwandt ist. Kurz und bündig steht auch das formelhafte Trompetenmotiv als Thema des Scherzos der 7. Sinfonie, das im Finale ganz ausgeformt wird. Ausgeformt heißt bei Bruckner auch oft Schlußpunkte setzen; demnach wird der Quint-Oktav-Sprung zu einem Interpunktionszeichen, das inhaltlich Lebensende signalisiert, formal das Ende des Musikstückes andeutet. Ausgangspunkt ist das *Amen* der e-Moll-Messe, alle Schlußtakte der einzelnen Teile dieser Messe außer dem *Benedictus*, die Baßführung des *Halleluja* im 150. Psalm und die Schlüsse der 3., 6. und 9. Sinfonie, während die 1. mit Dominante-Tonika schließt, die 2. den Tonikabereich ab der Stretta überhaupt nicht mehr verläßt und 4., 5., 7. und 8. Sinfonie innerhalb der Symbiose aller Themen kaum mehr hörbar jene Quint-Oktav-Schritte aufgesogen haben, die in den vorangegangenen Sätzen regierende Thematik darstellten.

Diese weitreichenden Differenzierungen, die sich beim Quint-Oktav-Symbol Bruckners herauskristallisiert haben, stellen in sich keinen Widerspruch dar, wie man aus den Symbiosen der Sinfonieschlüsse ablesen kann, sondern sie beleuchten nur den Großraum, der für die Ausgestaltung ein und desselben Gedankens Bruckner zur Verfügung stand. Hatten *tremolo* und Quint-Oktav-Sprung oft den Charakter des Leeren, Großen, des kosmischen Raumes (eine Metapher, die später für Ligeti bedeutsam wurde) angenommen, so besetzt eine bei Bruckner immer wieder auftretende Terzdurchschreitung einen Emotionalisierungscharakter, der schließlich zum Begriff »expressive Terzdurchschreitung«[40] führte.

Die Terzmelodik hatte Mozart bereits zu einem wesentlichen Höhepunkt seines musiktypologischen Denkens geführt. Ob sie als Verengung der Akkorddurchschreitung aufzufassen ist oder als mikromelodische Ornamentik, als Quasi-Abspaltung jenes Quartsextakkord-Typus[41] angeführt werden kann, der bei Mozart fast immer als Eröffnung, als Portal mehrerer Opern erschien, ist bislang nicht eindeutig. Allein in C-Dur erscheint diese Wendung am Anfang von *Bastien und Bastienne*, *Il Re pastore*, *Die Entführung aus dem Serail* oder im Durchführungsteil des I. Satzes der F-Dur-Klaviersonate KV 332[42]. Beethoven jedenfalls hatte die Idee in den Menschlichkeitsmelodien wie der Oboenmelodie in der Arie des Florestan und dem Finale des II. Aktes (*O Gott, welch ein Augenblick*) aus dem *Fidelio* wie auch dem Finale der 9. Sinfonie weitergesponnen, und vermutlich stammen daher jene Eindrücke, die Bruckner bewegten, an jenen Stellen, die emotional beladen waren, dieses Motiv einzusetzen. Die sprechendste Stelle dafür ist das *Non confundar*-Zitat aus dem *Te Deum*, das einen Hoffnungstypus alten Charakters verkörpert, der als eigentlicher Gegensatz zu Wagners »*Tristan*-Seufzer« verstanden werden muß, weil er dieselbe Sehnsucht artikuliert; sie bleibt aber bei Wagner unerfüllt, bei Bruckner hingegen birgt sie in sich selbst im Erreichen einer neuen Grundstufe (Tonika) das Geheimnis der Erfüllung. Diese Stelle ist der »Himmel« des Sinfonikers wie des Dramatikers, sofern der Vokalkomponist Bruckner als solcher angespro-

[40] Wagner: *Melodien*, Band I, S. 86f.

[41] Szabolcsi, a. a. O., S. 175; hier ist eine Melodieführung gemeint, die aus Tönen des Quartsextakkordes besteht und sowohl auf- als auch abwärts geführt sein kann (vgl. S. 369).

[42] Szabolcsi, a. a. O., S. 153

chen werden kann (vgl. die Textstelle *zum Himmel geschickt* in *Helgoland*), das »Credo« seines Schaffens, dokumentiert (wörtlich im *Credo* der f-Moll-Messe) die Hoffnung auf die Güte Gottes im *Miserere* eben dieser Messe, das Mysterium Crucis aus dem *Vexilia regis* (WAB 51), die Anbetung des *Sanctus* der d-Moll-Messe, der Ausdruck, die Assoziation, die sprachliche Gestalt des Christus-Motivs im *Kyrie* der f-Moll-Messe, das Ansprechen der Gottesmutter aus dem *Ave Maria*, das himmlische Jerusalem aus dem *Tota pulchra es* und die Sprachfigur der »Trösterin Musik« aus dem gleichnamigen Lied (WAB 88).

Analog zu diesen Textstellen laufen Trio und Finale der 8. Sinfonie, Finale der 1. Sinfonie und Trio des Streichquintetts ab. Im Gegensatz zu Liszts Gottesbegriff, aus der realistisch-deskriptiven Beschreibung des Chorwerks *Via Crucis* abzulesen, ist Bruckners musikalisch-theologischer Ansatz eindeutig mit diesem Hoffnungstypus auf den »Christus triumphans« der romanischen Kunstauffassung bezogen. Diese enge Melodik, die in der Literatur auch als Ausdruck engen Bewußtseins definiert wurde, verträgt sich sehr wohl mit der Stelle *Patrem immense maiestatis* aus dem *Te Deum*, weil darin wohl gleichzeitig die Kompression der Relation[43] zur immer wiederkehrenden Hoffnung aufgezeigt wird. Es ist bezeichnend, daß in keinem Werk Bruckners diese Melodieformel zur Groteske umgeformt wird, während – wie das Beispiel des III. Themas der 7. Sinfonie im I. Satz eindeutig klarmacht – das Quint-Oktav-Motiv durch den jambischen Grundrhythmus und die Verfremdung der gewöhnlich *forte* auftretenden Wendung im *pianissimo* eine unheimliche Wirkung erhält.

[43] vgl. Wagner: *Romantik*, S. 275; in einer Analyse der Textstelle *Patrem immensae maiestatis* aus Bruckners *Te Deum* (Takt 99) stellte der Autor die These auf, daß die Terzdurchschreitung dieser Stelle von zwei Ansatzpunkten her verstanden werden müßte; einerseits als Kompression des weitgespannten Quint-Oktaven-Raumes zur Enge der kleinen Terz, motiviert aus einer (nicht mehr vorstellbaren) Steigerung der Macht, und andererseits aus der Relation des Gebetes zum Vater, dem Endadressaten jedweder Hoffnung. Kompression (der nicht mehr vorstellbaren Macht) und Relation (im Abstand von Beter und seinem Gott) sind demnach die Signa dieser konventionell schwierig zu verstehenden Textstelle.

Das Dilemma der Fassungen

Zerstücktheit statt Anpassung – Schichten wie auf Orgelmanualen – die Nähe zum Wagner-Klang – und was ist heute aktuell?

Schon 1919 forderte Georg Göhler[44] als wichtige Aufgabe der Musikwissenschaft gegenüber Anton Bruckner, Ordnung in das Problem der Fassungen zu bringen, ein Problem, das bis heute, trotz verschiedener Verbesserungen, immer noch zu Mißverständnissen, Vorurteilen, ja parteilichen Kämpfen Anlaß gibt. Spiegeln die Konzertprogramme gegenwärtig nur vereinzelt die Existenz von verschiedenen Fassungen wider, weil einerseits es nur wenige Dirigenten wagen, die Orchester mit den relativ mühsam einzustudierenden Urfassungen zu behelligen, andererseits zögern, sich nach den einmal erarbeiteten Erkenntnissen der späteren Fassungen noch mit dem ursprünglichen Notentext zu beschäftigen, so dokumentiert die Einspielung der 8. Sinfonie auf Schallplatte deutlich zwei verschiedene Ansätze, die besonders in den USA ausführlich diskutiert wurden.

Bislang existieren über dreißig ausführliche Aufsätze zu diesem Thema, nicht mitgezählt jene Kurzreferate, die in den verschiedenen Revisionsberichten und Monographien, in den Katalogen und Programmheften, in Zeitungsartikeln und Vorworten zu Partiturausgaben erscheinen. Allein, die Titel lassen erkennen, wie emotional belastet engagierte Bruckner-Anhänger wie Wissenschaftler sind. So reagiert Alfred Orel auf Georg Göhler mit einer »Erwiderung«, Max von Millenkovich-Morold und Max Auer beanspruchen für sich den »wahren« und »echten« Bruckner. Der Dirigent Hans Weisbach definiert den »originalen«, Frank Wohlfahrt den »Ur«-Bruckner. Original und Bearbeitung, Urfassung und Endfassung, Für und Wider der Gesamtausgabe unter ihren wissenschaftlichen Leitern Joseph Haas, Alfred Orel und Leopold Nowak sind seit 1930 zu einem Zentralthema der Bruckner-Literatur geworden.

[44] Georg Göhler: *Wichtige Aufgaben der Musikwissenschaft gegenüber Anton Bruckner*, in: *Zeitschrift für Musikwissenschaft* 1/1919, S. 293

Gewiß, die Sachlage ist auch nicht einfach zu überblicken. Bruckner hat unzweifelhaft selbst dazu beigetragen, daß Mißverständnisse entstanden, die – verfolgt man selbst neuere Schriften wie Claudia Röthigs *Studien zur Systematik des Schaffens von Anton Bruckner*[45] – bislang nicht aus der Welt geschafft sind. Er hat andere überarbeiten lassen und hat selbst nach freier Entscheidung überarbeitet, aus Motiven heraus, die letztlich nicht gültig beweisbar, aber als wahrscheinlich annehmbar sind.

Nicht nur die drei großen Messen sind überarbeitet worden, sogar die »Nullte« Sinfonie wurde noch einer Revision unterzogen. Die 1. Sinfonie hat eine »Linzer« und eine »Wiener« Fassung, je eine Umarbeitung erfuhren die 2., 5. und 8. Sinfonie, zwei Umarbeitungen die 4. und drei letztlich sogar die 3. Sinfonie, wenn man des Komponisten eigene Hand als einzigen autorisierten Korrektor ansieht und nicht die zahllosen Eingriffe von Freunden, Helfern, Interpreten einbezieht.

Die Gesamtausgabe der Österreichischen Nationalbibliothek unter Leopold Nowak hat sich ausdrücklich die Zielsetzung auferlegt, unabhängig von einer persönlichen ästhetischen Einschätzung die Voraussetzung für eine Diskussion anzubieten, indem sie das authentische Material hierfür vorlegte. Wahrscheinlich ist eine endgültige Entscheidung, welche Fassung denn als die Bruckners Absichten am nächsten kommende anzusehen ist, gar nicht denkbar, weil eine Reihe von Argumenten für jede dieser Fassungen angeführt werden kann und Vorlieben eigentlich nur aus dem persönlichen Standpunkt heraus entwickelt werden können. Abgesehen von einer solchen rein subjektiven Einschätzung bedeutet es letzthin eine einseitige Bevormundung gegenüber dem Publikum, das bei so unklarer Quellenlage ein Recht darauf hat, Bruckners Werk in seinen verschiedenen Varianten kennenzulernen. Obwohl Detailstudien vorliegen, die sich mit der Problematik dieser Fassungen auseinandersetzen, gibt es bislang nur wenig Literatur, die dem Musikfreund ermöglicht, auf den ersten Blick die Tragweite dieser Fragestellung zu erkennen. Wenn das Thema einmal angeschnitten wird, so geschieht dies im wesentlichen wie folgt:

1. Die Diskrepanzen zwischen den einzelnen Fassungen finden gar keine Erwähnung. Dies trifft vor allem auf jene Publikationen

[45] Claudia Röthig: *Studien zur Systematik des Schaffens von Anton Bruckner = Göttinger musikwissenschaftliche Arbeiten* 1978

zu, die bis 1930 schon deshalb nicht zu Äußerungen in der Lage waren, weil eine Gesamtausgabe fehlte; die diese Umstände vernachlässigen zu können glaubten, weil sich für die inhaltliche Deutung keine Konsequenzen ergäben (z. B. diverse Konzertführer); die von der (meist unausgesprochenen) Vermutung ausgingen, die Differenzierung spielte für die spezifische Themenstellung ihrer Bruckner-Sicht ohnehin keine Rolle.

2. Die Diskrepanzen der Fassungen werden in einer Art allgemeiner Statistik erwähnt. Im wesentlichen betrifft dies Ausstellungskataloge, Werkübersichten im Anhang monographischer Arbeiten, teilweise Vorwörter zu Partiturausgaben (auch der Gesamtausgabe), selbstverständlich das Werkverzeichnis, das Renate Grasberger 1977 (!) erst vorlegen konnte.

3. Die Diskrepanzen zwischen Ur- (= erster) Fassung und späteren Fassungen werden entweder per se als von Bruckner selbst aufgehoben betrachtet, von der ästhetischen Einschätzung her als »Verbesserung« definiert, was eine rein private Wertung darstellt, oder die Unterschiede werden dadurch als beseitigt angesehen, daß die späteren Fassungen aus Gründen der Chronologie die vorher vorgelegten aufheben. In diesem Zusammenhang ist symptomatisch, daß Leopold Nowak immer wieder von Bruckner-Anhängern bedrängt wird, um die Rechtmäßigkeit der Urfassungen zu kämpfen, wie dies 1975 anläßlich einer »echten« Uraufführung der 4. Sinfonie im Rahmen des Linzer Brucknerfestes geschah, obwohl dies weder in seiner Absicht lag, noch gar als seine persönliche Aufgabe angesehen werden konnte.

Der angesprochene Aspekt, spätere Fassungen seien Verbesserungen, zieht sich durch das gesamte Musikschrifttum über Anton Bruckner, auch wenn er nicht deutlich ausgesprochen wird. Selbst Leopold Nowak, der sagte[46]: *Ob und wie man diese erste Fassung im Vergleich zur zweiten zu beurteilen hat, ist nicht Sache der Gesamtausgabe*, wählt manchmal Worte, die dem Leser den Aspekt der Verbesserung zumindest suggerieren. Verständlich scheint dies einerseits aus Bruckners persönlichen Anmerkungen und Aufzeichnungen zu sein, andererseits aus den sehr frühen und massiven Behauptungen in der Sekundärliteratur.

Sieht man einmal von den Briefstellen Bruckners ab, die wegen ihres formelhaften Charakters, ihrer aktuellen Zielgerichtetheit

[46] wie etwa im Vorwort zur Gesamtausgabe der 8. Sinfonie, Fassung von 1887, Wien 1972

und der Bruckner eigenen Parteilichkeit nicht als Quellen für eine kontinuierliche ästhetische Einschätzung herangezogen werden können, so zeigen die vielfachen Interpretationen dieser Überarbeitungsmanie Bruckners auch Unsicherheit in der Bewertung der Realität. Autoren sprechen von *der Tragödie der Überlieferung, die sich hier abgespielt hat*[47], von Bruckners »Conscientia scrupulosa«, die sich – je nach Einschätzung – auf den religiösen Aspekt (über die von Gott verliehenen Talente)[48], den fanatischen Fleiß[49], die strenge Selbstkritik[50], den Formalzwang[51] reduziert. Für die Differenzierungswut werden demnach Lernprozesse angenommen, ebenso Anpassungen an die Konzertpraxis, Gesten der Unterwürfigkeit gegenüber Persönlichkeiten, Verlagsinteressen und immer wieder Bemühungen und Ratschläge der Freunde Bruckners, die offenbar einem anderen Klangideal verpflichtet waren als dem, welches dem Komponisten selbst vorschwebte. Für Erwin Doernberg[52] ergeben sich die Umarbeitungen aus der Biographie selbst, für Rudolf Louis[53] aus der Notwendigkeit des zu erlangenden Ruhms. Den Ausweg aus dem Dilemma der Fassungen hat die Literatur über Anton Bruckner nicht angeboten. Neu zu stellen wäre nämlich nicht die Frage nach »der« gültigen Fassung der einzelnen Werke, weil sie durch die Existenz mehrerer, von Bruckner selbst niedergeschriebener Möglichkeiten von vornherein ad absurdum geführt wird. Eher schon wird man in der nüchternen Beurteilung des Lebenswerkes Anton Bruckners auf alle Fassungen zurückgreifen müssen, die von der Gesamtausgabe mit dem notwendigen ernsthaften philologischen Ansatz vorgelegt wurden.

Erst durch eine musikwissenschaftlich haltbare und nach einer alle Fassungen betreffenden Breitenanalyse, die letztlich nichts anderes ergeben kann als das gültige Nebeneinander aller verschiedenen Denkmöglichkeiten des Komponisten, werden jene Aspekte im Schaffen aufgedeckt werden können, die bis jetzt aus bio- und topographischen Gegebenheiten eher voreiligen Schlüs-

47 Oskar Lang: *Anton Bruckner – Wesen und Bedeutung*, München 1973, S. 117

48 Auer, a. a. O., S. 5ff.

49 Ernst Decsey: *Bruckner – Versuch eines Lebens*, Berlin 1919, S. 39

50 Orel, a. a. O., S. 150

51 Manfred Wagner: *Zum Formalzwang im Leben Anton Bruckners*, in: *Österreichische Musikzeitschrift* 9/1974, S. 418ff.

52 Doernberg, a. a. O., S. 127

53 Rudolf Louis: *Anton Bruckner*, München 1905, S. 132

sen zum Opfer fielen, wissenschaftsfeindlichen ästhetischen Privatansichten, die bis zur subjektivistischen Vorliebe reichen oder auch einer geringen Neigung zum Umgang mit dem tatsächlich spieltechnisch komplizierten Orchestermaterial verschiedener Fassungen.

Wie ein Symposion des Linzer Brucknerfestes 1980 beweist, wird das Problem der Fassungen zum zentralen Anliegen der nächsten Jahre avancieren müssen, will man nicht den unseligen Streit um die Originalfassungen, der selbst die Anhänger Bruckners in gegensätzliche Lager spaltete, endlos andauern lassen.

Ohne jetzt auf eine Detailstudie[54] des Autors über die Fassungen der 3., 4. und 8. Sinfonie einzugehen, scheint geboten, an dem anschaulichsten Beispiel der Bruckner-Literatur, dem I. Satz von Bruckners 4. Sinfonie in den Fassungen von 1874 (im Rahmen der Gesamtausgabe vorgelegt Wien 1975) und 1878/80 (vorgelegt Wien 1953), zu demonstrieren, was – abgesehen von Aspekten, die zu sehr ins Detail gehen – die beiden Ausgaben geistig trennt.

In der akustischen Gegenüberstellung der beiden Fassungen, wie dies zum ersten Mal bei der Uraufführung der 4. Sinfonie in ihrer Erstfassung 1975 in Linz durch die Münchner Philharmoniker unter Kurt Wöß geschah, wurde allgemein der Eindruck einer grundsätzlichen Andersartigkeit konstatiert (was sich 1978 bei der österreichischen Erstaufführung in Hinsicht auf die Urfassung der 3. Sinfonie wiederholen sollte). Es wäre nun denkbar, die beiden Fassungen Takt für Takt gegenüberzustellen, eine Methode analog zu Claudia Röthigs *Versuch der Schließung der Autographe zur Achten Sinfonie*[55]. Vermutlich aber würde eine derartige Systematik nur Verwirrung stiften, weil in der konsequenten Aufeinanderfolge von Takten schnell andere Gesetzmäßigkeiten der Taktfolgen in den Fassungen auftauchen, was Bruckner durch seine in der Partitur fortlaufenden Ziffern einerseits, durch die Studierbuchstaben andererseits selbst zum Ausdruck brachte. Im Kopfsatz der 4. Sinfonie decken sich Bruckners Eintragungen noch in der Exposition, klaffen aber in der Durchführung bereits so weit auseinander, daß Bruckners Buchstabe M der zweiten Fassung (Beginn der Reprise) dem Buchstaben P in der ersten entspricht.

[54] Manfred Wagner: *Der Wandel des Konzepts. Zu den verschiedenen Fassungen von Bruckners Dritter, Vierter und Achter Sinfonie*, Wien 1980

[55] Röthig, a.a.O., S. 227

Auch die Taktzahlen geben keinen Aufschluß. Die erste Fassung ist mit ihren 630 Takten der zweiten, die 573 aufweist, numerisch überlegen. Tatsächlich geht dies im wesentlichen auf Kosten der Coda, denn die Exposition der 2. Fassung ist sogar zwei Takte länger als die der ersten, die Durchführung nur 15 Takte kürzer, und erst in der Reprise beginnen die Zahlen auseinanderzulaufen. Hinzu kommt noch ein Moment, das gerade im Falle Bruckners besondere Beachtung verdient: es existieren nämlich nahezu keine Formanalysen, die völlig miteinander übereinstimmen. Streitfall seit eh und je ist hier der Beginn der Reprise, nämlich ob er beim Einsatz des Hauptthemas oder dem Beginn des *tremolo* anzusetzen sei, ebenso der Ansatz zur Coda. Wahrscheinlich erklären sich diese Differenzen aus dem verzweifelten Versuch, Bruckners Satzgefüge in das Korsett der vertrauten Sonatenhauptsatzform zu zwängen, anstatt darauf zu vertrauen, daß Bruckner von einer Periodizität im Denken ausging. An anderer Stelle wurde schon darauf hingewiesen (vgl. S. 375), daß diese Periodizität, die generell den ersten Fassungen weit deutlicher, spektakulärer innewohnt als den späteren, durch Pausen erzeugt wird, was in Rezeption und Interpretation sogleich erkannt worden ist. Auf diese Pausen nimmt Eduard Hanslick Bezug, wenn er den *Zerfall der Dritten Sinfonie* anspricht[56]:

> *Sie haben mir denselben unkünstlerischen Eindruck gemacht, wie die übrigen in Wien gehörten Compositionen von Bruckner, in welchen geistreiche, kühne und originelle Einzelheiten mit schwer begreiflichen Gemeinplätzen, leeren, trockenen, auch brutalen Stellen, oft ohne erkennbaren Zusammenhang, wechseln. Wie helle Blitze leuchten hier vier, dort acht Tacte in reiner und eigenartiger Schönheit auf; dazwischen liegt wieder verwirrendes Dunkel, müde Abspannung und fieberhafte Ueberreizung.*

Gustav Mahler, der dieses Additionsprinzip hingegen schätzte, bezeichnete die Pausen in Verbindung mit den dynamischen Kontrasten als *Zerstücktheit*[57].

Beide Beobachtungen sind von der Sache her richtig, haben aber – und das ist in der Vorliebe des einen, Mahler, und der Abneigung

[56] *Neue Freie Presse* vom 24. Dezember 1890, auch abgedruckt in Eduard Hanslick: *Aus dem Tagebuch eines Musikers*, Berlin 1892, S. 306

[57] Natalie Bauer-Lechner: *Erinnerungen an Gustav Mahler*, Wien 1923, S. 16

des anderen, Hanslick, begründet – grundverschiedene Konsequenzen.

Graphisch läßt sich das Strukturenmodell der genannten beiden Fassungen des I. Satzes der 4. Sinfonie einfach sichtbar machen.

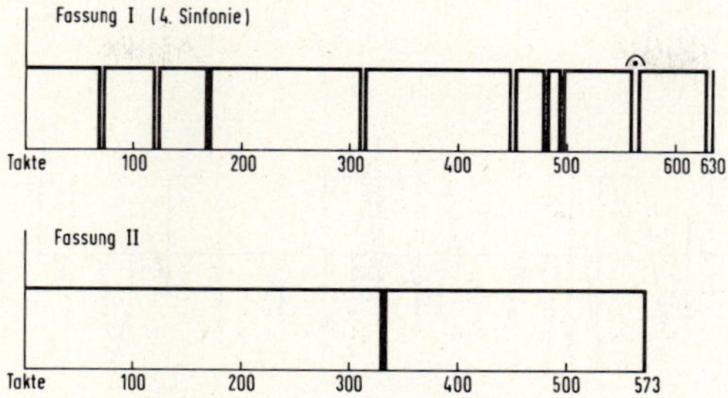

Was durch die Pausen horizontal erreicht wird, gelingt Bruckner auch durch dynamische Kontraste, die Hanslick wie Mahler ebenso ansprachen. Hanslick meinte über den I. Satz der 3. Sinfonie[58]: *Der erste Satz, in welchem sich Nachkläge der Neunten Symphonie mit etlichen Venusberg-Motiven kreuzen, dann das lärmende Finale sind Stücke, die sich in lauter falschen Contrasten bewegen und zersplittern.* Was anderes kann mit dieser Bemerkung gemeint sein als die relativ übergangslosen, aneinanderperlenden, neuansetzenden Strukturformeln, die Bruckners gesamtes Werk kennzeichnen, aber besonders deutlich in den ersten Fassungen zum Ausdruck kommen. Auch eine Gegenüberstellung des dynamischen Verlaufs der I. Sätze in den verschiedenen Fassungen ist schon vom Optischen her ein Argument, das die Beobachtung Hanslicks wie Mahlers stützt. Während in der ersten Fassung oft keine dynamisch verlaufenden Übergänge existieren, was zu dem »zerrissenen« Eindruck führt, gibt es in der zweiten Fassung nicht nur auskomponierte Übergänge, sondern auch solche, die sich wie in den unterbrochenen Linien vom Nachhall bzw. einer gewissen Echowirkung herleiten lassen.

[58] *Neue Freie Presse* vom 24. Dezember 1890

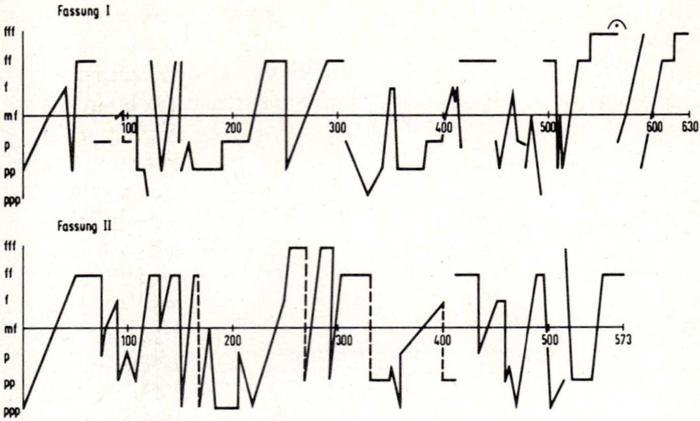

Mit dieser dynamischen Entwicklung hat aber auch der Bläsersatz zu tun, der in den Fassungen wichtige Unterschiede aufweist. Was Robert Haas *polyphone Entlastung der Gesangsgruppe*[59] nennt, ist, allgemein gesprochen, die Aufhebung des Blockhaften im Holzbläsersatz. Bruckner spricht in seinen ersten Fassungen, von der Partitur aus gesehen, mehr Ebenen in Form einer Registrierung an als in den zweiten. Das gesamte Orchester scheint sich in einen fundamentalen Streicher-, Blechbläser-, Holzbläser- und Oberstimmensatz aufzuteilen. Der Oberstimmensatz wird in der Regel von Flöten und den I. Violinen gehalten, in den zweiten Fassungen auch von Oboen und Klarinetten. Damit ergibt sich eine akkordische Registrierung für die tieferen Holzbläser, wodurch gleichzeitig das Spannungsverhältnis zwischen Oberstimme und den darunterliegenden Stimmen erhöht wird. In den zweiten Fassungen ist diese Blocksituation zugunsten einer schärferen Durchdringung des Streichersatzes mit Hilfe eines dagegengesetzten Bläsersatzes aufgehoben. Andererseits aber verlieren dadurch die Holzbläser die eigenständige Funktion, wie sie noch in den ersten Fassungen vorhanden ist. Tatsächlich müssen dort die Instrumentalisten der oberen Partitursysteme nahezu ununterbrochen das Geschehen verfolgen. Pausen für sie gibt es nur an wenigen reinen Streicherstellen, und auch dort werden gerne Klarinetten und Fagotte, die tiefen Holzblasinstrumente (wahr-

[59] Haas, a. a. O., S. 209

scheinlich aus dem Spätwerk Mozarts, sicher aber von Richard Wagner mit übernommen) als Farbe eingeführt.

Am deutlichsten wird die eigenständige Kraft der Holzbläser in der Coda der 4. Sinfonie in deren erster Fassung. Sie übernehmen Figuren, die einmal in einem Seitengedanken (bei T. 311) aufgetaucht sind, und entwickeln sie zu einer Art ostinatem Begleitmodell, das knapp hundert Takte vor Schluß beginnt und eigenständig die These vom separaten Bläsersatz untermauert.

Die Graphik vermag die Verschiedenheit der Auffassungen sichtbar zu machen.

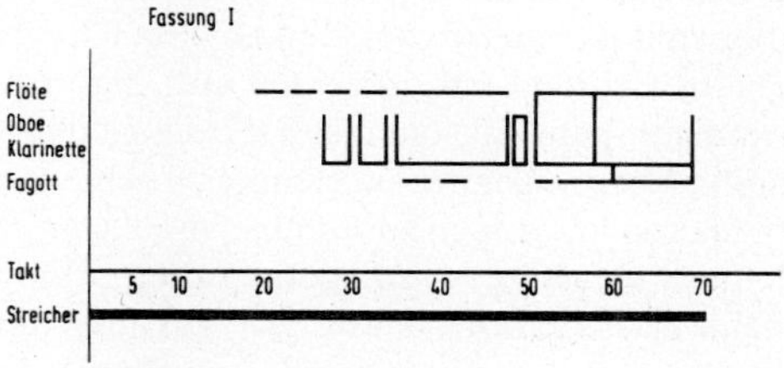

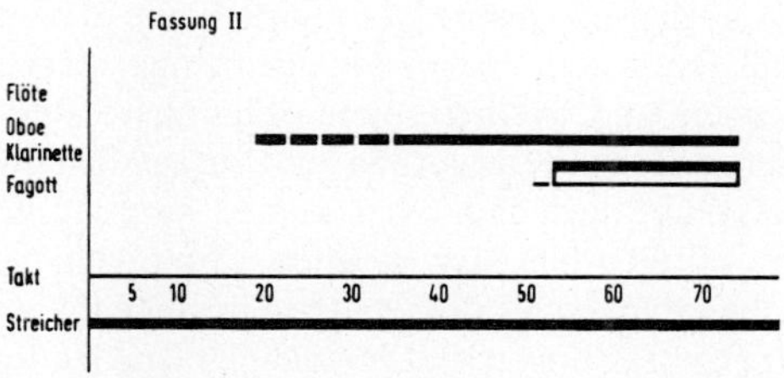

Aus dem Partiturbild der beiden Fassungen der 4. Sinfonie ist abzulesen, daß Bruckners erste Überlegungen durchweg komplizierter, mannigfaltiger, aber auch informationsreicher geschrieben sind als die späteren zweiten Fassungen. Typisches Kennzeichen dafür ist der Nebengedanke aus dem Kopfsatz der Sinfonie, in dem Bruckner konsequent nicht zwei Themen wie später gegeneinander setzt (Violine I und Viola), sondern einen Kontrapunkt in den Violoncelli dagegen stellt (T. 71), der später (T. 308) Führungsqualität verliehen bekommt. Wie wichtig diese Strukturierung dreier Themen gewesen sein muß, geht auch daraus hervor, daß der Zweitgedanke der Viola mit seiner Sextakkordstruktur (T. 71) ein ausgebautes Überleitungsmodell zur Durchführung (T. 169) wird. Mit dieser Form der solistischen Präsenz, nur im umgekehrten Verfahren in Klarinetten und Fagotten, wird im Zuhörer das

Gefühl für eine Linie geweckt, die ihm bis dahin, wenn überhaupt, dann nur nebensächlich erschien. »Ohrenfällige« Unterschiede wie die Begleitfigur der Flöte statt der Violine zum Einsatz der Reprise oder der konsequente *forte*-Einsatz der Pauke als Quasi-Auftakt zum *fortissimo*-Thema (T. 428) erklären sich aus den eben getroffenen Feststellungen. Es war in der 2. Fassung, bei der die Flöte nie solistisch hervortrat, verständlich, daß sie die Stelle der führenden Geige einnimmt, nicht aber in der 1. Fassung, die Flöte und Geige als Außenstimmen gleichwertig behandelt.

Für den in Perioden denkenden Bruckner ist naheliegend, deutliche Satzzeichen zu geben, bevor ein neuer Abschnitt beginnt, eine Art Doppelpunkt, wie er vom Paukenwirbel dargestellt wird.

In der Themenstellung unterscheiden sich die ersten und die zweiten Fassungen generell kaum, es sei denn, daß mehr Zwischenabschnitte (die an Wagner angelehnten Themen der 3. Sinfonie) in den früheren Fassungen vorkommen und dann – vermutlich aus Gründen der Ordnung – eliminiert werden. »Verarbeitungssubstanz« heißt das Stichwort, das die zweiten Fassungen nicht als Verbesserung der ersten erscheinen läßt, sondern als Arbeiten mit ganz anderen Zielsetzungen. Man wird heute davon ausgehen müssen, daß Bruckners erste Fassungen seine ursprünglicheren Formulierungen sind, weil sie ohne erkennbare Redaktion von seiten anderer geschaffen wurden und dieses Schaffen sich als bewußte Handlung auch dadurch dokumentiert, daß sie schon von der reinen Schreibarbeit her gesehen wesentlich mehr Arbeit gemacht haben müssen als die zweiten Fassungen.

Bruckners Erstfassungen sind gewöhnlich von den Instrumentalisten schwieriger auszuführen, weil der Komponist keine Rücksicht auf Spielweise und Orchestergewohnheiten nimmt, sich auch nicht um eine akustische Ökonomie bemüht, wenn beispielsweise obertonreiche Geigen die Flöten zudecken können oder wenn schnelle Geigenläufe in Gefahr geraten, nicht deutlich genug hörbar zu sein. Bruckner strukturiert die ersten Fassungen nach anderen Gesichtspunkten als die späteren. Wahrscheinlich wird man hier am ehesten von einer relativ unveränderten Übernahme des üblichen Gebrauchs der Register auf der Orgel sprechen können, die auf vier Manualen vier verschiedene Klangblöcke gegeneinanderstellt, welche strukturell wie von der Farbe her unterschiedlich verwendet werden.

Nach heutiger Einschätzung sind die späteren Fassungen als Anpassungen zu begreifen, was aber nicht wertend zu verstehen ist, denn dadurch, daß man den zweiten oder späteren Fassungen gegenüber den Urfassungen den Vorzug gäbe, würde man letztere geringer schätzen. Anpassung kann auch für den Komponisten kritische Neubesinnung der eigenen Vorstellung zugunsten einer allgemein größeren Verständlichkeit bedeuten, was heißen kann, daß die individualistische Position zugunsten einer kommunikativeren aufgegeben wird. Tatsächlich dürften die wesentlichen Beweggründe, weitere Fassungen zu erstellen, für Bruckner darin gelegen haben, daß er eine Aufführung seiner Werke ermöglichen wollte. Diese Möglichkeit verschaffte er sich einerseits dadurch, daß er selbst dirigierte – was am Beispiel der 2. Sinfonie deutlich wird, als er auf eigene Kosten die Einstudierung der Wiener Philharmoniker übernimmt –, andererseits durch Änderungen aufgrund des Drängens seiner Freunde, die allesamt die ästhetische Sprache der Zeit (also Wagner und Brahms) als Musiker so gut kannten, daß sie Bruckner aus Freundschaft dazu rieten, sich nicht allzu weit von deren Orchesterbehandlung zu entfernen.

Eine nüchterne Betrachtung läßt zu dem Schluß kommen, daß es, wären Bruckners erste Fassungen von Interpreten wie Publikum auf der ganzen Linie akzeptiert worden, wahrscheinlich nur in den seltensten Fällen zu Zweitfassungen gekommen wäre, da Bruckner bei jenen Sinfonien, die Erfolg hatten (die 7. Sinfonie beispielsweise), auf ein derartiges Vorgehen verzichtete. Welche Motive Bruckner dazu drängten, einmal Gedachtes nochmals zu überarbeiten, tatsächlich ausschlaggebend für die Arbeit waren, wird wohl kaum mehr festzustellen sein. Wichtig ist aber zu betonen, daß der Komponist, selbst mit einem skrupulösen ästhetischen Gewissen ausgestattet und, wie sein gesamter Lebensweg zeigt, versessen auf öffentliche Anerkennung, von der Persönlichkeitsstruktur dazu neigte, immer wieder Anläufe zu einer Position – sei sie gesellschaftlich oder kompositorisch – zu machen. Diese Anläufe, die Bruckner im persönlichen Bereich wie kaum ein anderer Komponist immer und immer wieder unternahm, prägen auch die Geschichte des Gesamtwerks. Ob und wie groß der Einfluß der Freunde und Interpreten, als repressive Toleranz verstanden, dann das auslösende Moment für die wiederholten Anläufe gewesen sein mag, konnte bislang nicht definitiv geklärt werden. So ist bei heutiger Quellenlage davon auszugehen, daß die verschiedenen Fassungen mancher Werke Anton Bruckners analog seinen persönlichen Merkmalen verschiedene Anläufe zur Bewältigung eines zentralen Problems darstellen, das gemäß

Bruckners eigener Erkenntnis auch verschieden gelöst wurde. Es ist wichtig festzuhalten, daß es damit nicht zu einer Konkurrenzsituation der verschiedenen Fassungen im Hinblick auf die Qualität einer endgültigen Fassung kommen kann, sondern jede für sich genommen eine bestimmte Stufe im Überlegen Bruckners beinhaltet. Die erste Fassung ist jeweils zweifellos die direkteste, persönlichste und von außen am wenigsten beeinflußte, die zweiten und späteren Fassungen sind Varianten, die den Einfluß von außen, die bessere Ausführbarkeit der einzelnen Stimmen im Orchester, die Rezeptionshaltung von Kritikern und Freunden, die mögliche Annahme durch das Publikum einbezog. Es mag schon sein, daß Bruckner selbst von einer persönlichen Warte her Verbesserungen vorbedachte, wahrscheinlicher aber ist, daß ihm, der zeit seines Lebens eine ausnahmslos kurzfristige Zielvorstellung bei der Erfüllung seiner Wünsche bevorzugte, Andersartigkeit und Anpassung gar nicht als jene Diskrepanz, die wir heute erkennen, ins Bewußtsein drangen. Die Möglichkeit unbenommen, alle Fassungen kennenzulernen, die uns nach Erstellung der Gesamtausgabe erst heute wirklich möglich ist, werden je nach ästhetischem Ansatz die der jeweiligen Zeit am meisten entsprechenden Fassungen Priorität erlangen. Für die Richtigkeit dieser Annahme spricht, daß nach der Interpretationswelle von Bruckners Musik mit Wagner-Aura bis in die siebziger Jahre hinein das strukturalistische Denken in der Interpretation überhand nahm, weswegen – so wäre zu vermuten, sofern von Interpretenseite die Bereitschaft hierzu vorhanden ist – im Augenblick und wahrscheinlich noch für die nächsten Jahre die ersten Fassungen uns wichtiger scheinen als die späten – weil sie jenen Sprengsatz für die Zukunft in sich bergen (vgl. das Folgekapitel), der uns bislang bei Bruckner zu wenig deutlich wurde: ein Grund, warum einzelne Autoren ihn zu den unwesentlicheren Komponisten seiner Zeit stempelten.

Musik von gestern – Provokation für heute

Zum Einfluß Anton Bruckners auf die musikalische Gegenwart

Bis in die frühen siebziger Jahre dieses Jahrhunderts hinein galt allgemein die These, daß als Schnittpunkt zwischen Tradition und musikalischer Gegenwart das Werk Gustav Mahlers zu gelten habe. Kurt Blaukopf versuchte, dies aus der vorweggenommenen Stereokonzeption der Sinfonien abzulesen, andere Theoretiker bezogen sich auf die ungewöhnlichen und unkonventionellen Instrumente, die Mahler für den Ausdruck seiner Gedanken einsetzte und die – zumindest teilweise – auch in der heutigen Musizierpraxis eine große Rolle spielen.

Erst die Flut von neuen Interpretationen, die 1974 mit den Bruckner-Festwochen in Wien ihren vorläufigen Höhepunkt erreichte und die sich in neuen Schallplattenaufnahmen unter nicht ausschließlich Wagner-Spezialisten wie Carlo Maria Giulini, Claudio Abbado, Günther Wand, wohl auch dem »späten« Karajan in der Öffentlichkeit niederschlug sowie dem Vorliegen der Erstfassungen, die im Falle der 8. Sinfonie 1973, der 4. Sinfonie 1975 und der 3. Sinfonie 1978 auch reale klangliche Gestalt erfuhren, revidiert diese Anschauung nach und nach. Wenn diese Revision auch bislang nicht von der Musikliteratur mit aufbereitet wurde, so beweisen Aufführungszahlen und die Beschäftigung zeitgenössischer Komponisten mit dem Werk Anton Bruckners, daß hier etwas vom zukunftweisenden Aspekt seiner Kompositionen aufgezeigt wird, was bislang verborgen schien.

Der Schweizer Klaus Huber beispielsweise zitiert Bruckner original und verfremdet in seiner Komposition *Turnus*[60], einem Werk, das den Prozeß der ablaufenden Zeit aufzeigen möchte. Der Hörer wird niemals an das schon Gehörte zurückgeführt, sondern Vorgänge steigern und verlieren sich, erzeugt durch eine Konfliktsituation von leisen *pizzicato*-Stellen, punktierten tiefen Bläsern

[60] für einen Dirigenten, Inspizienten, Sinfonieorchester und Tonband (1974)

mit Klangblöcken, die aufeinanderprallen und, in den verschiedenen Abschnitten von Huber als *Niemandsland* bezeichnet, eine Art Befreiungsakt quasi in einem Gang durch musikalische Errungenschaften nachvollziehen wollen. Welchen emotionalen Stellenwert Huber seinen Klangblöcken beimißt, ist aus dem in der Partitur aufzufindenden Terminus *Re(Ex-)pressionen* abzulesen, einer Wortkombination aus Repression und Expression. Es kann daher nicht zufällig sein, daß gerade innerhalb dieses prozessualen Demonstrationsobjektes Bruckner-Musik an das Ohr des Hörers dringt. *Turnus* unterscheidet sich auch demnach von anderen zeitgenössischen Kompositionen, z.B. dem *Bruckner Dialog*[61] Gottfried von Einems, einer Auseinandersetzung mit Widmungscharakter. Zitat in der Musikgeschichte bedeutet nämlich immer Auseinandersetzung, sei es in ironischer oder ernst gemeinter Absicht. Vermutlich haben also die Komponisten der Gegenwart und – vermutlich aus denselben Gründen – die Interpreten der Musik Bruckners einige Kriterien erkannt, die für die zeitgenössische Musik Geltung haben, Ansätze vielleicht, die heute erst zu ihrer vollen Durchformung finden. Grob gesprochen, ist dies wahrscheinlich das Prinzip der Entwicklung, wie es Bruckner vor allem zu Beginn der Sinfoniesätze anlegt, und die Erforschung des Materials, konkreter: des Klanges, was immer noch als Hauptziel z.B. der Arbeit Karlheinz Stockhausens angesehen werden muß. Ebenso wichtig dürfte Bruckners Idee der Architektur sein, die ein Schichtdenken kennzeichnet, das später seine Entsprechung in den Modellen der seriellen Musik findet. Diese Qualität des Klangfeldes ist bei Bruckner auf dynamische Bereiche konzentriert. Zwar gibt es auch bei ihm Klangkombinationsspiele, die über die damalige Orchesterpraxis weit hinausreichen – nicht üblich war beispielsweise der tiefe Holzbläsersatz, den Bruckner in der Erstfassung der 4. Sinfonie deutlich herausstrich, oder das Diskant*tremolo,* eine Art Orgeltremulant im Kopfsatz der 5. Sinfonie –, wichtiger aber dürfte immer noch die dynamische Komponente gewesen sein. Denn wie anders wäre es zu erklären, daß es die »negative« Musik, die Stille, längst vor John Cages Demonstrationsstück *4'33"*[62] in Bruckners Kompositionen angedeutet gab.

Wie bei Cage durch den genau 4 Minuten und 33 Sekunden am Klavier verharrenden Pianisten lautlos deutlich wird, was an Klang

[61] für Orchester, op. 39 (1974)
[62] für beliebige Besetzung (1952)

fehlt, so geschieht Vergleichbares bei Bruckner in den Anfangsgründen der Sinfonien oder in den als Interpunktion zu verstehenden Zäsuren, etwa im Kopfsatz der 4. Sinfonie. Das Schaubild des I. Satzes weist es graphisch einwandfrei nach: die Generalpausen, in der ersten Fassung siebenmal eingesetzt, verdeutlichen Abschnittscharaktere, in der zweiten Fassung wurden sie in der Regel eliminiert, um Ausschwingvorgängen Platz zu machen, die von decrescendierenden Hörnern und vom *tremolo* gehalten werden. Mit Hilfe dieser als Zeichensetzung zu verstehenden Stille erzielt Bruckner einen weit stärkeren Kontrast als in der zweiten Fassung. Gleiche Funktion haben auch die konträren dynamischen Vorschriften *pianissimo* und *fortissimo*. Während sie in der ersten Fassung achtmal bestimmende Kraft erfahren, werden in der zweiten Fassung diese aufeinanderprallenden Kontraste durch *crescendi* und *decrescendi* gemildert und nur mehr als Überraschungseffekt innerhalb eines Abschnittsgefüges eingesetzt. Am Beginn und am Ende bedeuten diese Pausen – gleichgültig, ob notenschriftlich fixiert wie im letzten Takt der ersten Fassung oder metrisch vorhanden wie zu Beginn der Sinfoniesätze – jene verstreichende Zeit, bis aus dem unhörbaren Klang ein fixierbarer Ton entnommen werden kann oder aus dem hörbaren Klang der Nachhall in die Stille verschwindet. Von diesem Entwicklungsgedanken des »Nichttones« ausgehend, kommt Bruckner zwangsläufig zu jenem Mittel, das ihm als akustische Darstellung von Vorgängen geringster dynamischer Herkunft dienen muß – dem *tremolo* –, die oft als Einschwing- und als Ausschwingvorgänge (Entwicklungstremolo und Nachhalltremolo) bezeichnet werden können.

Der Musikpsychologe Ernst Kurth hat lange vor der materiellen Zuschreibung dem Prozeß der Entwicklung einen adäquaten des Verfalls entgegengesetzt[63]:

> *In diesem letzteren Sinne aber wiesen schon mehrere der früheren Beispiele inmitten von Steigerungen oder aber auch von gedehnter Höhepunktsübersteigungen Zwischenglieder auf, die ohne weiteres in der Bedeutung von tiefen Eindrücken hervortreten. Derlei breitet nun Bruckner, der Klangplastiker in seiner eigentümlichen Weitenschau mit Vorliebe nach plötzlich verhallenden Höhepunkten in die Sinfonik in genial ver-*

[63] Kurth: *Bruckner*, Bd. I, S. 433

schiedenen Formen und Wirkungsinhalten zwar, aber stets in einer unverkennbaren inneren Raumsymbolik eines Gegensatzes von klangspezifischer Weite und Leere gegenüber der vorherigen Verdichtung und Gipfelstellung.

Spätestens seit György Ligetis Einführungen zu seinen musikalischen Werken ist dieser Terminus der musikalischen Leere in den Begriff des »imaginären musikalischen leeren Raumes« übergewechselt. Tatsächlich setzt Ligeti in vielen seiner Kompositionen diese aus Gründen des Klanges spezifizierte Räumlichkeit thematisch um, und zwar analog zu Bruckner nicht nur in den Orgelwerken, sondern auch in konventionellen Formen wie dem 2. Streichquartett von 1968. Nicht ohne Grund prägte er die charakteristischen Bezeichnungen *stets sehr mild* und *wie aus der Ferne*, womit unzweideutig an die Netzgewebe von *Atmosphères* und *Lux aeterna*[64] angespielt wird. Wenn auch der zweite Satz des Streichquartetts *sostenuto molto calmo*, also mit derselben Bezeichnung wie für die Bewegung des *Lux aeterna*, überschrieben wird, können Parallelen nicht mehr geleugnet werden.

In engem Zusammenhang mit dieser Erforschung des Materials von der Dynamik her steht bei Bruckner und wohl auch bei zeitgenössischen Kompositionen die Behandlung charakteristischer Intervallphänomene, wobei gewiß der Eigenwert an sich weniger eine Rolle spielt als die nicht gleichzuhaltende und deshalb in der Praxis auch oft vernachlässigte, d. h. verkürzte Darstellung von liegenbleibenden Tönen. Konkret ist dies deutlich am Beispiel der Quinte abzulesen. Erst 1977 ist wieder aktuell, was Bruckner in den Finalsätzen der 7. und 9. Sinfonie thematisch hervorkehrte. Die gehaltene Quint in den Hörnern, damals nur sieben Takte lang, heute – wenn man so wollte und wie die Beispiele des Avantgardekomponisten La Monte Young bezeugen – Stunden. Damit werden musikalische Klangvorgänge im Hinblick auf die Zeit und auf die ihrem Leben innewohnende Veränderung durch die Zeitdauer festgeschrieben, untersucht, verdeutlicht. Die Endpartien in Bruckners Musik, das Versinken des Klanges in die Leere der Stille, sind ein Parallelfall, wie er noch dazu im selben Intervall kaum konstruktiv herzustellen wäre.

Wenn wie hier einem leeren, »toten« Intervall Lebendigkeit in der Darstellung nachgesagt und durch die Praxis auch bewiesen

[64] *Atmosphères* für Orchester (1961): *Lux aeterna* für 16stimmigen Chor (oder Solisten, 1966)

wird und wenn dies als Argument für musikalische Aussage auch mit der Differenzierung einer tonlichen Schwebung zu akzeptieren ist, dann taucht im Verlauf der Interpretationsgeschichte noch eine Reihe ähnlicher Probleme innerhalb der Finalsätze von Bruckners Sinfonien auf. Tatsächlich ist vieles von dem dort schriftlich niedergelegten Material bis heute kaum oder nur teilweise hörbar geworden, weil es in der Interpretation noch immer am schwierigsten ist, fünf bis acht verschiedene thematische Schichtungen transparent zu machen. Wahrscheinlich aber kann eine Auseinandersetzung mit den verfeinerten Darstellungsmethoden neuer Musik – beispielsweise immer wieder addierte Bandbeispiele oder konstruktivistische Playback-Verfahren – auch hier Lösungen anreißen, die bis heute lediglich vorstellbar scheinen, vielleicht aber in naher Zukunft realisierbar sind.

Sind Parallelen des Klangcharakters zur zeitgenössischen Musik im Werk Bruckners – vielleicht weniger bewußt als auch dem täglichen musikalischen Umgang entsprungen – schon deutlich zu erkennen, so ist das noch mehr bei der architektonischen Idee dieses Komponisten der Fall, denn sie ist von einem Denken in Schichten gekennzeichnet, jenem Bereich, der in der seriellen Musik nahezu thematischen Charakter erfuhr. Als Beispiel dafür steht die Entwicklungsstruktur der 9. Sinfonie, an deren Anfang aus der Stille heraus ein Ton entsteht, der von den Holzbläsern als Tonika gefestigt, dann die harmonischen Eigenfähigkeiten dieser Grundstufe in den Hörnern durch die aufeinanderfolgende Darstellung der Entstehung eines d-Moll-Dreiklanges abgetastet wird, schließlich der Dreiklang auch in einer Ausweichung nach Ces-Dur präsentiert und gleich darauf in einer neuerlichen Konfrontation mit der Tonika d-Moll in ornamentaler Umspielung in seiner Wichtigkeit bestätigt wird. Beim Hauptthema schließlich läuft im dreifachen *forte* die dynamische Klangfarbenentwicklung parallel mit der architektonischen Entwicklung, weshalb alle Hauptthemen Bruckners zumindest in *forte*-Ebenen angesetzt sind, weil das Hauptthema schließlich immer eine Kombination der beiden vorher aufgezeigten Möglichkeiten der Zentrumsbildung eines Tones darstellt. Dies ist ein fast als didaktisch zu bezeichnender, sich selbständig entwickelnder Prozeß, bei dem aus kleinen Elementen größere Zusammenhänge hergestellt werden. Die lineare Komponente dabei bleibt dem *tremolo* überlassen, das nur der dynamischen und artikulierten Schärfe des Hauptthemas weicht, sich sozusagen hinter dem dreifachen *forte* »versteckt«, um gleich wieder, als Nachhall verfremdet, aufzutauchen. Dieses Prinzip des Sich-Verbergens bestimmter Strukturen in einer nicht Baustein wieder für sich herausr ablösenden Weise, ist genau jenes Prinzip, nach dem György Ligeti *Clocks and Clouds*[65] konzipierte. Der Komponist drückte dies so aus[66]:

> *Meine Komposition hat zwar nichts mit dem Inhalt des Popperschen Aufsatzes zu tun, doch gefiel mir Poppers*[67] *Titel und erweckte in mir musikalische Assoziationen an einem Formvorgang, in dem rhythmisch und harmonisch präzise Gestalten allmählich in diffuse Klangtexturen übergehen und umgekehrt, wobei also das musikalische Geschehen hauptsächlich aus Prozessen der Auflösung von »Uhren« zu »Wolken« und der Kondensation und Materialisation von »Wolken« zu »Uhren« besteht. Diese Vorgänge sind nicht linear. Der Übergang von »Uhren« zu »Wolken« und zurück ist unregelmäßig und vertrackt, auch gibt es ständig Überlappungen und Aneinanderschichtungen von musikalischen Vorgängen, so daß »Uhren« innerhalb von »Wolken« ticken und »Wolken« gleichsam von innen heraus die »Uhren« aushöhlen und verflüssigen.*

Versteht man nun diesen Vorgang als strukturelles Modell, wird schnell einsichtig, daß Bruckner aufgrund seiner Kompositionsweise als Strukturalist anzusprechen ist, als Vertreter jener zeitgenössischen Tendenz, die in den späten fünfziger Jahren von Adorno mit dem Verdikt »Formelkram«[68] belegt wurde, obwohl bis heute wesentliche Teile des musikalischen zeitgenössischen Schaffens davon geprägt sind. Glaubt man den Erinnerungen Natalie Bauer-Lechners, so wurde dieser Begriff zumindest assoziativ schon einmal zu Bruckner in Beziehung gebracht, und zwar von Gustav Mahler, dem sie die Worte zuschreibt[69]: *Bei Bruckner wird man durch Größe und Reichtum der Erfindung hingerissen,*

[65] für 12stimmigen Frauenchor (oder Solisten, 1973)

[66] auf dem Cover der Schallplatte *Musikprotokoll 1973, Steirischer Herbst*, hg. vom ORF 1973

[67] Der Titel des Werkes bezieht sich auf einen Aufsatz des österreichisch-englischen Philosophen Sir Karl Raimund Popper *Über Uhren und Wolken*, einen Aufsatz, der über exakt meßbare Vorgänge in der Natur (Uhren) und unbestimmte, nur statistisch beschreibbare Vorgänge (Wolken) handelt.

[68] vgl. *Einleitung in die Musiksoziologie*, Frankfurt/M. 1962, S. 198f.

[69] Bauer-Lechner, a. a. O., S. 16

aber auch jeden Augenblick durch ihre Zerstücktheit gestört und wieder herausgerissen.

Genau diese Zerstücktheit und der umgekehrte Vorgang, die sinnvolle Eingliederung des zerbrochenen Teiles in die Großform, ist in der Interpretation zum vorherrschenden Thema der Bruckner-Bewältigung heute geworden. Im Schaffen Bruckners ist von diesem Gesichtspunkt aus leicht eine Parallele zu Stockhausen zu ziehen, und zwar zu seinem knapp halbstündigen Werk *Gruppen* (1957) für drei Orchester, weil darin Struktur ebenfalls nicht so sehr in der linearen Entstehung, sondern im Zerreißen, der Zerstückelung des einzelnen Apparates gezeigt wird. Wie bei Bruckner geht es nicht nur um die Übertragung der Raumklangkonzeption auf den instrumentalen Apparat, von Interpreten oft als »Registrierung« bezeichnet, sondern auch um den Reichtum an Tonsatztypen, an Farben, an Charakteren, die Stockhausen gegeneinandersetzt, um die Stärke der bildnerischen Phantasie und um die dialektische Schlüssigkeit, die von den statisch wirkenden Blöcken der drei Orchester quasi abschnittweise gegliedert wird.

Strukturierung in der Musik bedeutet aber immer auch Tendenz zur Verräumlichung. Deswegen auch dauert der Weg bis zu den Themen Bruckners so lange, weil sie aus dem Einzelton des *tremolo* heraus entstehen müssen, also synthetisch aus Bausteinen zusammengefügt werden, obwohl analytisch jeder Baustein wieder für sich herausgelöst werden kann, damit also selbständig zu machen ist. Form wird bei diesem Prozeß nur als Gerüst benutzt und oft nicht einmal als solches, wie die vielen Analysen beweisen, die, obwohl sie von gleichen methodischen Voraussetzungen ausgehen, dennoch zu verschiedenen Resultaten geführt haben. Hier ist ein Vorausdenken auf die periodische Musik zu konstatieren, in der es um Aufhebung der Groß- oder Kleinformen geht und statt deren die sich in jedem Moment neu prägende, eigenständige formale Kraft angesprochen wird, eine »Forma formans«, die von der Bewegung gewissermaßen wie von einem Atem zusammengehalten wird.

Ebenso radikal wie John Cage in seinem »Schweigestück« hat Steve Reich in seinem 1971 entstandenen Werk *Drumming* in einfachster Form das rhythmische Grundmodell des gesamten, eineinhalb Stunden langen Werkes vom Anfang her abschnittweise verändert. Bruckner selbst hat mit der Eintragung von Studierbuchstaben in seinen Partituren nahegelegt, daß viel von seiner Musik periodisch angesehen werden muß. Gerade die Erstfassungen der Sinfonien weisen auf, wie unverfälscht – manche meinen, auch unkontrolliert – Bruckner diesem Prinzip huldigte. Bevor nämlich noch die wohlmeinenden Freunde, die seine Musik »konsumierbarer« haben wollten, ihn zu weiteren Fassungen überreden konnten, ist deutlich zu erkennen, daß hier bestimmte Formeln prägend für die Gestaltung ganzer Sinfoniesätze waren. Diese Formeln, wie es beispielsweise der Quint-Oktav-Sprung für die 3., 7., 9., ja sogar für die 5. Sinfonie ist, können mit einem modernen Begriff als Module definiert werden, wie im *Te Deum* der Quint-Oktav-Sprung seinen plakativsten Einsatz erhielt. Auf den Gesamtbau bezogen, geht es also – selbst über die Dauer ganzer Sinfoniestrukturen hinweg – um Reaktion oder Kettenreaktion, Transformation und Mutation, gelegentlich auch Imitation und Variation von einmal entwickelten Gebilden, die in den Finale der jeweiligen Werke zu einem einzigen musikalischen Netz als Rückkoppelung an die Modellvorstellung des Anfangs verbunden werden. Diesen Vorgang hat Karlheinz Stockhausen in seiner *Prozession*[70] als gültiges Erklärungsmoment festgelegt. Funktionell gesprochen, bedeutet dies eine Erzeugung von Emotionalität durch Anpassung, Adaptierung, mehr oder weniger didaktische Hinführung zu bestimmten ästhetischen Endprodukten, die aber mit dem Erscheinen ihrer vollendeten Gestalt wieder durch langsamen Abbau sozusagen ihrer Emotionalität beraubt werden und sich hinter das Gewebe feststehender Formeln bis hin zum Ursprung zurückziehen können. Nichts anderes geschieht bei Stockhausen, wenn Zeitabschnitte gespiegelt werden, oder aber auch bei Terry Riley, der dynamisch ähnliche prozessuale Vorgänge entwickelt und wieder rückentwickelt.

Bruckner selbst versuchte, diese Errungenschaften von der Erforschung der Klangmaterialien einerseits und einer synthetisch aufzubauenden Architektur andererseits in einer dialektischen Kombination zum Gewebe zu verbinden. Für die Zukunft der Musik, für heute also, dürften diese Bewußtseinsvorgänge ungleich wichtiger gewesen sein als die oftmals zitierten, streng formalen Erweiterungen des III. Themas oder die Integrierung des Chorals.

Das Gewebe schuf Bruckner mit der Erfüllung der romantischen Forderung nach dem »Nicht-enden-Wollen« einer Musik, was man

[70] für Elektronium, Klavier, elektrische Bratsche, Tam Tam, Mit-Mikrophonist, Filter und Regler (1967)

allgemein als »unendliche Melodie« bezeichnet, konkret: entweder im konstanten *tremolo*, das sich bald in die Mikro-Organismen von Begleitstimmen in bogenförmige Schleifen, Skalen oder Spiralengestalten auflöst. Damit schuf er sich Hintergrund und hörbaren Freiraum für die Organisation der Hauptlinien, die kontrastierend engmaschig wirken. Als Ergebnis dieser Dialektik resultiert dann eine in der Regel transparente, aber relativ kurzatmige Linienführung, deren Blockhaftigkeit durch die dynamischen Kontraste noch unterstrichen wurde. Problematisch dabei, und deswegen auch in der Rezeption immer wieder angegriffen, erscheinen die – beinahe möchte man sagen – erzwungene Wiederholbarkeit infolge der Kurzstruktur und die ziemlich schnell erschöpften Mittel der dynamischen Kontrastbildung, weil sie im wesentlichen über laut und leise nicht hinausreichen können. Deswegen haben Bruckners *fortissimo*-Stellen heute in der Interpretation immer etwas vom Rauschklang des Wagner-Orchesters an sich. Die Lautstärke der additiven Momente verdeckt oft die vertikale Strukturierung, wenn – wie im Finale der 8. Sinfonie – die zentralen Gedanken aller vier Sätze zusammentreffen und damit ein Netz gewebt wird, für dessen akustisch deutliche Auflösung bislang die Interpretation noch wenig anzubieten hat.

Ein umfassendes Verstehen der zusammengetragenen Elemente aus den bereits aufgezeichneten Bereichen ist im bloßen Hörvorgang nahezu unmöglich, zumindest nach dem heutigen Stand der Interpretation. Daraus aber ergibt sich eine weitere Parallele zur Musik der Gegenwart. Schon aus der Furcht, »konsumiert« werden zu können, widerstrebt es Komponisten oft, sich und ihre Werke als sogleich erfaßbare Objekte anzubieten. Hans Swarowsky hatte das für Arnold Schönberg legitimiert[71]: *Bei alle dem, was Folkloristen, Impressionisten, Neo-Klassizisten und Neo-Romantiker gleichzeitig unternommen haben, um den Zeichen der Zeit genüge zu leisten, bleibt doch Schönbergs Gedanke der einzige aus dem Material der Musik erdachte, aus dem Leben des Tones heraus entwickelte, somit der einzig logische, essentielle. Die Menschen freilich gingen nicht mit, und man darf es ihnen nicht verargen. Schönbergs Musik mangelt die »Gefälligkeit« in weitestem Sinne und es ist nicht jedermanns Sache, für deren Verlust einen Tausch mit der Vergeistigung einzugehen.*

[71] Hans Swarowsky: *Zur Einführung*, in: *Arnold Schönberg. Gedenkausstellung* 1974, Wien 1974, S. 15f.

Diese Attribute, für Schönberg formuliert, galten nicht nur für die Rezeption vieler Werke Bruckners in seiner Zeit, sondern – wie für die seiner zeitgenössischen Kollegen – auch oft in der Gegenwart. Es ging ihm, analog zu Versuchen von unseren Zeitgenossen, um orchestrale Klangfarben, um Auseinandersetzungen mit dem Klangmaterial, das – wie es scheint – bis heute immer noch nicht ausdiskutiert ist. Bruckner versuchte in der erstarrten Form des Scherzos den »organisierten Lärm« in die tonale Musik miteinzubeziehen, versuchte des weiteren das Zurückführen vormaliger »seliger« Tanzmelodien auf Minimalfloskeln zugunsten eines straff organisierten Rhythmus; er trachtete mit dessen Kraftlinien neue Klangflächen zu umreißen, von der Formschablone abzuheben; er versuchte, den »negativen Klang« als Zäsur, als Vorbereitung und symbolischen Nachhall. Er polarisierte Kontraste, bevor noch Orgelspezialisten wie Ligeti und Messiaen Exzeß und Mystik zur Sprache brachten. Die Idee der Architektur war ihm modellhaft vertraut, noch bevor sie mit Hilfe des Modulors[72] in der seriellen Musik definiert wurde. Strukturelles ist bei ihm vorgeformt, bevor die periodische Musik ihre mathematisch exakten nachweisbaren Beispiele liefert. Die Verräumlichung war bei ihm ein Thema, ehe Ligeti oder Steve Reich deren bizarre Momente einfangen konnten; und Schichtenstrukturen waren hörbar, noch bevor Stockhausen die statischen Blöcke als Demonstrationsobjekte quasi aufeinander losließ. Zeitdauer und die Veränderung statischer Intervallgrößen interessierten ihn, bevor La Monte Young zu Stunden dauernden »Monstersitzungen« mit einem einzigen erklingenden Intervall aufrief.

Die Komponisten der Gegenwart haben sich bereits gewisse Stellen im Gesamtwerk Bruckners nicht entgehen lassen und an der Lösung der dort bereits aufgeworfenen Fragen mit ihren eigenen Werken Beilhife zu leisten getrachtet. Die Interpreten andererseits haben, wenn sie sich mit den Problemen der Gegenwart beschäftigen, diese also ihnen vertraut ist, einen neuen Blick für die Aussage der Musik Bruckners bekommen und sie – zumindest teilweise – auch umgesetzt. Das Publikum wird jetzt beweisen müssen, wieviel es von den Zukunftsperspektiven, den Visionen in eine hundert Jahre ältere und völlig veränderte Welt verstanden

[72] Darunter versteht man jenes ordnungstiftende Gestaltungsprinzip in der seriellen Musik, das sowohl die Struktur der kleinsten Einheit (des Moduls) bestimmt als auch die Zusammensetzung der gesamten Komposition in der Kombination dieser Module.

hat. Dieses Verständnis wird aber nicht nur an der Zahl verkaufter Karten bei Bruckner-Konzerten abzulesen sein, sondern wohl auch an den Besuchsfrequenzen bei Konzerten mit Werken zeitgenössischer Komponisten, die – wie angedeutet – zumindest in weiten Bereichen immer noch jene Fragen diskutieren, die Bruckner in seinem Oeuvre angeschnitten hatte.

Werkverzeichnis*

I. Geistliche Vokalmusik

Pange lingua WAB 31 für vierstimmigen gemischten Chor (zwischen 1835 und 1843)

Messe C-Dur (Windhaager) WAB 25 für Alt, 2 Hörner und Orgel (um 1842)

Pange lingua (*Tantum ergo*) WAB 32 für vierstimmigen gemischten Chor (1843)

Libera me, Domine (I) WAB 21 für vierstimmigen gemischten Chor und Orgel (um 1843)

2 *Asperges me* WAB 3 für vierstimmigen gemischten Chor und Orgel (zwischen 1843 und 1845)

Christus factus est (I), Messe ohne Kyrie und Gloria; Choralmesse für den Gründonnerstag WAB 9 für vierstimmigen gemischten Chor (1844)

Messe ohne *Gloria* (»Kronstorfer Messe«) WAB 146 für vierstimmigen gemischten Chor (1844)

4 *Tantum ergo* WAB 41 für vierstimmigen gemischten Chor (1846)

Tantum ergo WAB 42 für fünfstimmigen gemischten Chor und Orgel (1846)

Requiem WAB 39 für Soli, vierstimmigen gemischten Chor, Orchester und Orgel (1848/49)

Tantum ergo WAB 43 für vierstimmigen gemischten Chor und Orgel (1848 oder 1849)

In jener letzten der Nächte WAB 17 für vierstimmigen gemischten Chor (um 1848)

Entsagen WAB 14 für Sopran- oder Tenor-Solo, vierstimmigen gemischten Chor und Orgel oder Klavier (um 1851)

Magnificat WAB 24 für Soli, vierstimmigen gemischten Chor, Orchester und Orgel (1852)

* auf der Grundlage von Renate Grasbergers *Werkverzeichnis Anton Bruckner*. Die verschollenen Werke (WAB 132–135), die Entwürfe (WAB 136–143) und zweifelhafte Kompositionen (WAB 144 und 145) sind nicht einzeln aufgeführt.

Psalm 114 WAB 36 für fünfstimmigen gemischten Chor und 3 Posaunen (1852)

Totenlied Nr. 1 WAB 47 für vierstimmigen gemischten Chor (1852)

Totenlied Nr. 2 WAB 48 für vierstimmigen gemischten Chor (1852)

Psalm 22 WAB 34 für vierstimmigen gemischten Chor und Klavier (um 1852)

Libera me, Domine (II) WAB 22 für fünfstimmigen gemischten Chor, 3 Posaunen, Bässe (Violoncello/Kontrabaß) und Orgel (1854)

Vor Arneths Grab WAB 53 für vierstimmigen Männerchor und 3 Posaunen (1854)

Missa solemnis in B WAB 29 für Soli, vierstimmigen gemischten Chor, Orchester und Orgel (1854)

Tantum ergo WAB 44 für vierstimmigen gemischten Chor, 2 Violinen, 2 Trompeten und Orgel (1854 oder 1855)

Festgesang WAB 15 für vierstimmigen gemischten Chor, Sopran-, Tenor- und Baß-Solo und Klavier (1855)

Ave Maria (I) WAB 5 für vierstimmigen gemischten Chor (mit Sopran- und Alt-Solo), Orgel und Violoncello (1856)

Dir, Herr, dir will ich mich ergeben WAB 12 für vierstimmigen gemischten Chor (zwischen 1858 und 1868)

Psalm 146 WAB 37 für Soli, vierstimmigen gemischten Doppelchor und großes Orchester (1860)

Am Grabe WAB 2 für vierstimmigen Männerchor (1861)

Ave Maria (II) WAB 6 für siebenstimmigen gemischten Chor (1861)

Afferentur regi WAB 1 für vierstimmigen gemischten Chor, 3 Posaunen und Orgel *ad libitum* (1861)

Festkantate WAB 16 für vierstimmigen Männerchor, Bariton-Solo, Blasorchester und Pauken (1862)

Psalm 112 WAB 35 für achtstimmigen gemischten Doppelchor und großes Orchester (1863)

Messe Nr. 1 d-Moll für Soli, vierstimmigen gemischten Chor und großes Orchester (1864)

Trauungslied WAB 49 für vierstimmigen Männerchor mit Soloquartett und Orgel

Messe Nr. 2 e-Moll WAB 27 für achtstimmigen gemischten Chor und Bläser (1866)

Messe Nr. 3 f-Moll WAB 28 für Soli, vierstimmigen gemischten Chor, großes Orchester und Orgel (1867/68)

Pange lingua et Tantum ergo WAB 33 für vierstimmigen gemischten Chor (1868)
Inveni David (I) WAB 19 für vierstimmigen Männerchor und 4 Posaunen (1868)
Asperges me WAB 4 für vierstimmigen gemischten Chor (um 1868)
In S. Angelum custodem WAB 18 für vierstimmigen gemischten Chor (um 1868)
Locus iste WAB 23 für vierstimmigen gemischten Chor (1869)
Tota pulchra es WAB 46 für Tenor-Solo, vierstimmigen gemischten Chor und Orgel (1878)
Zur Vermählungsfeier WAB 54 für vierstimmigen Männerchor (1878)
Os justi WAB 30 für vier- bis achtstimmigen gemischten Chor (1879)
Inveni David (II) WAB 20 für Singstimme mit Orgel (1879)
Christus factus est (II) WAB 10 für achtstimmigen gemischten Chor, Streicher und 3 Posaunen (um 1879)
Ave Maria (III) WAB 7 für Altstimme und Klavier, Orgel oder Harmonium (1882)
Te Deum WAB 45 für Soli, vierstimmigen gemischten Chor, großes Orchester und Orgel *ad libitum* (1884)
Christus factus est (III) für vierstimmigen gemischten Chor (1884)
Salvum fac populum WAB 40 für vierstimmigen gem. Chor (1884)
Veni creator spiritus (Orgelbegleitung) WAB 50 (um 1884)
Ecce sacerdos WAB 13 für achtstimmigen gemischten Chor, 3 Posaunen und Orgel (1885)
Virga Jesse WAB 52 für vierstimmigen gemischten Chor (1885)
Ave regina coelorum WAB 8 für Singstimme mit Orgel (um 1886)
Vexilla regis WAB 51 für vierstimmigen gemischten Chor (1892)
Psalm 150 WAB 38 für Soli, vierstimmigen gemischten Chor und großes Orchester (1892)

II. Weltliche Vokalmusik

An dem Feste WAB 59 für vierstimmigen Männerchor (1843)
Festlied WAB 67 für vierstimmigen Männerchor (1843)
Tafellied WAB 86 für vierstimmigen Männerchor (1843)
Vergißmeinnicht WAB 93 für achtstimmigen gemischten Chor (1845)
Das Lied vom deutschen Vaterland WAB 78 für vierstimmigen Männerchor (1845?)

Ständchen WAB 84 für Männerquartett mit Brummstimmen und Tenor-Solo (um 1846)

Der Lehrerstand WAB 77 für vierstimmigen Männerchor (um 1847)

Sternschnuppen WAB 85 für Männerquartett (1848)

Frühlingslied WAB 68 für Singstimme und Klavier (1851)

Die Geburt WAB 69 für vierstimmigen Männerchor (1851)

2 Sängersprüche (*Motti*) WAB 83 für vierstimmigen Männerchor (1851)

Das edle Herz (1. Vertonung) WAB 65 für vierstimmigen Männerchor (um 1851)

Auf, Brüder, auf zur frohen Feier WAB 61 für Sopran, Alt, 2 Tenöre und 2 Bässe mit 3 Hörnern, 2 Trompeten und 1 Baßposaune (1852)

Laßt Jubeltöne laut erklingen WAB 76 für vierstimmigen Männerchor und Bläser (1854)

Auf, Brüder, auf! Und die Saiten zur Hand WAB 60 für Männersoloquartett, vierstimmigen Männerchor, vierstimmigen gemischten Chor und Bläser (1855)

Des Dankes Wort sei mir vergönnt WAB 62 für fünfstimmigen Männerchor mit Tenor- und Baß-Solo (1855)

Amaranths Waldeslieder WAB 58 für Singstimme und Klavier (1858?)

Du bist wie eine Blume WAB 64 für gemischtes Vokalquartett (1861)

Das edle Herz (2. Vertonung) WAB 66 für vierstimmigen gemischten Chor (1861)

Der Abendhimmel (1. Vertonung) WAB 55 für Männerquartett (1862)

Volkslied WAB 94 für a) vierstimmigen Männerchor; b) Singstimme und Klavier (um 1861)

Germanenzug WAB 70 für vierstimmigen Männerchor und Bläser (1863)

Herbstlied WAB 73 für vierstimmigen Männerchor, 2 Sopran-Soli und Klavier (1864)

Um Mitternacht (1. Vertonung) für vierstimmigen Männerchor, Alt-Solo und Klavier (1864)

Vaterländisches Weinlied WAB 91 für vierstimmigen Männerchor (1866)

Vaterlandslied WAB 92 für vierstimmigen Männerchor mit Tenor- und Bariton-Solo (1866)

Der Abendhimmel (2. Vertonung) WAB 56 für vierstimmigen Männerchor (1866)

Im April WAB 75 für Singstimme und Klavier (1868)

Mein Herz und deine Stimme WAB 79 für Singstimme und Klavier (1868)

Herbstkummer WAB 72 für Singstimme (Tenor) und Klavier (1868?)

2 *Wahlsprüche* WAB 95: Nr. 1 für vierstimmigen gemischten Chor (1868); Nr. 2 für vierstimmigen Männerchor (1868?)

Motto und *Begrüßung* (2 Motti) WAB 148 für vierstimmigen Männerchor (1869)

Mitternacht WAB 80 für vierstimmigen Männerchor, Tenor-Solo und Klavier (1870)

Motto WAB 147 für vierstimmigen Männerchor (1874)

Das hohe Lied WAB 74: 1. Fassung für vier- bis achtstimmigen Männerchor (teilweise Brummchor), 2 Tenor- und 1 Bariton-Solo; 2. Fassung für vier- bis achtstimmigen Männerchor (Übertragung des Brummchores auf 2 Violen, Violoncello und Kontrabaß), 1 Tenor-Solo, 4 Hörner, 3 Posaunen, 1 Tuba (1876)

Nachruf WAB 81 für vierstimmigen Männerchor und Orgel (1877)

Trösterin Musik WAB 88 für vierstimmigen Männerchor und Orgel (1877)

Abendzauber WAB 57 für vierstimmigen Männerchor, Tenorbariton-Solo, 3 Fern-Frauenstimmen und 4 Hörner (1878)

Sängerbund WAB 82 für vierstimmigen Männerchor (1882)

Um Mitternacht (2. Vertonung) WAB 90 für vierstimmigen Männerchor mit Tenor-Solo (1886)

Träumen und Wachen WAB 87 für vierstimmigen Männerchor mit Tenor-Solo (1890)

Das deutsche Lied WAB 63 für vierstimmigen Männerchor und Blechbläser (1892)

Helgoland WAB 71 für vierstimmigen Männerchor und erweitertes großes Orchester (1893)

III. Orchesterwerke

Marsch WAB 96 (1862)
3 Orchesterstücke WAB 97 (1862)
Ouvertüre WAB 98 (1862/63)
Sinfonie f-Moll WAB 99 (1863)
Sinfonie d-Moll WAB 100 »Nullte« (1863, 2. Fassung 1869)
Sinfonie Nr. 1 c-Moll WAB 101 (Linzer Fassung 1866, Wiener Fassung 1890/91)
Sinfonie Nr. 2 c-Moll WAB 102 (1871/72, 2. Fassung 1877)
Sinfonie Nr. 3 d-Moll WAB 103 (1872/73, 2. Fassung 1876/77, 3. Fassung 1888/89)
Sinfonie Nr. 4 Es-Dur WAB 104 *romantische* (1874, 2. Fassung 1878–80, 3. Fassung 1887/88)
Sinfonie Nr. 5 B-Dur WAB 105 (1875/76)
Sinfonie Nr. 6 A-Dur WAB 106 (1879–81)
Sinfonie Nr. 7 E-Dur WAB 107 (1881–83)
Sinfonie Nr. 8 c-Moll WAB 108 (1884–1887, 2. Fassung 1887–90)
Sinfonie Nr. 9 d-Moll WAB 109 (1887–1896)

IV. Kammermusik

Streichquartett c-Moll WAB 111 (1861/62)
Abendklänge WAB 110 für Violine und Klavier (1866)
Streichquintett F-Dur WAB 112 (1878/79)
Intermezzo für Streichquintett WAB 113 (1879)

V. Werke für Bläser

Aequale WAB 114 für 3 Posaunen (1847)
Aequale WAB 149 für 3 Posaunen (1847)
Apollo-Marsch WAB 115 für Militärmusik (1862?)
Marsch WAB 116 für Militärmusik (1865)

VI. Klavierwerke

Lancier-Quadrille WAB 120 (um 1850)
Steiermärker WAB 122 (um 1850)
3 kleine Vortragsstücke WAB 124 (1852, 1853, 1854)
Quadrille WAB 121 (um 1854)
Klavierstück WAB 119 (um 1856)
Erinnerung WAB 117 (um 1860)
Stille Betrachtung an einem Herbstabend WAB 123 (1863)
Fantasie WAB 118 (1868)

VII. Orgelwerke

Präludium WAB 127 (um 1837)
4 Präludien WAB 128 (um 1837)
Vorspiel WAB 130 (um 1846 oder um 1852)
Vorspiel und Fuge WAB 131 (1847)
Nachspiel WAB 126 (um 1852)
Fuge WAB 125 (1861)
Präludium (»Ferger Präludium«) WAB 129 (1884)

Literaturhinweise

Biographien

Abendroth, Walter: *Bruckner, Eine Bildbiographie,* München 1958

Auer, Max: *Bruckner,* Zürich-Leipzig-Wien 1923

Benary, Peter: *Anton Bruckner,* Leipzig 1956

Blume, Friedrich: *Anton Bruckner,* in: *Musik in Geschichte und Gegenwart,* Bd. 2, Sp. 341 ff., Kassel 1952

Bruckner in Linz – Katalog der Ausstellung im Linzer Museum, hg. v. Leopold Nowak, Linz 1964

Brunner, Franz: *Dr. Anton Bruckner,* Linz 1895 (1974)

Daninger, Josef G.: *Anton Bruckner,* Wien 1924

Decsey, Ernst: *Bruckner, Versuch eines Lebens,* Berlin 1919

Doernberg, Erwin: *The life and symphonies of Anton Bruckner,* London 1960

ds.: *Anton Bruckner, Leben und Werk,* München-Wien 1963

Eckstein, Friedrich: *Erinnerungen an Anton Bruckner,* Wien 1923

Engel, Gabriel: *The life of Anton Bruckner,* New York 1931

Fischer, Hans Conrad: *Anton Bruckner, Sein Leben,* Salzburg 1974

Funtek, L.: *Bruckneriana,* Leipzig 1910

Göllerich, August: *Anton Bruckner, Ein Lebens- und Schaffensbild,* Bd. 1. Regensburg 1922

ds., Auer, Max: Bde. 2–4, Regensburg 1924–36

Gräflinger, Franz: *Anton Bruckner, Leben und Schaffen,* Berlin 1927

ds.: *Anton Bruckner, Bausteine zu seiner Lebensgeschichte,* München 1911

ds.: *Anton Bruckner, Sein Leben und seine Werke,* Regensburg 1921

Gräner, G.: *Anton Bruckner* (Sammlung *Die Musik*), Leipzig 1924

Grebe, Karl: *Anton Bruckner,* Monographie, Reinbek b. Hamburg 1972

Gruber, Josef: *Meine Erinnerungen an Dr. Anton Bruckner und heitere Episoden aus seinem Leben,* Einsiedeln 1928

Grüninger, Fritz: *Anton Bruckner,* Stuttgart 1922

Grunsky, Karl (Hg.): *In memoriam Anton Bruckner,* Wien 1924

ds.: *Anton Bruckner,* Stuttgart 1922

Haas, Robert: *Anton Bruckner,* Potsdam 1934
Hengel, W. v.: *Anton Bruckner,* Haarlem 1948
Hruby, Carl: *Meine Erinnerungen an Anton Bruckner,* Wien 1901
Kapp, A.: *Anton Bruckner,* Düsseldorf 1921
Kitzler, Otto: *Musikalische Erinnerungen,* Brünn 1904
Klose, Friedrich: *Meine Lehrjahre bei Anton Bruckner,* Regensburg 1927
Kurth, Ernst: *Bruckner,* 2 Bde., Berlin 1925
Lach, Robert: *Die Brucknerakten des Wiener Universitätsarchivs,* Wien 1926
Lancelot, M.: *Anton Bruckner, l'Homme et son Œuvre,* Paris 1964
Lang, Oskar: *Anton Bruckner,* München 1924
Langevin, Paul-Gilbert: *Anton Bruckner,* Lausanne 1977
Lassl, Josef: *Das kleine Brucknerbuch,* Salzburg 1965
Loerke, Oskar: *Anton Bruckner, Ein Charakterbild,* Berlin 1938
Louis, Rudolf: *Anton Bruckner,* München-Leipzig 1905
Machabey, Armand: *La Vie et l'Œuvre d'Anton Bruckner,* Paris 1945
Moroianu, M.: *Anton Bruckner,* Bukarest 1972
Morold, M.: *Anton Bruckner,* Leipzig 1912
Nowak, Leopold: *Anton Bruckner, Musik und Leben,* München-Wien 1964
ds.: Anton Bruckner, *Musik und Leben,* Linz 1973
Oberleithner, Max v.: *Meine Erinnerungen an Anton Bruckner,* Regensburg 1933
Orel, Alfred: *Anton Bruckner, Das Werk, der Künstler, die Zeit,* Wien-Leipzig 1925
ds.: *Anton Bruckner, Sein Leben in Bildern,* Leipzig 1936
ds.: *Bruckner-Brevier* (Briefe, Dokumente, Berichte), Wien 1953
Paap, Wouter: *Anton Bruckner, Zyn Land, zyn Leven en zyn Kunst,* Bilthoven 1936
Rappaport, L. G.: *Anton Bruckner,* Moskau 1963
Schalk, Franz: *Briefe und Betrachtungen,* hg. v. Lili Schalk, Wien 1935
Schöny, Heinz: *Bruckner-Ikonographie (Anton Bruckner im zeitgenössischen Bildnis),* Wien 1968
Schönzeler, Hans Hubert: *Bruckner,* London 1971, Wien 1974
Tessmer, Hans: *Anton Bruckner,* Regensburg 1922
Tschulik, Norbert: *Anton Bruckner im Spiegel seiner Zeit,* Wien 1955

Vassenhove, Léon van: *Anton Bruckner,* Neuchâtel 1942
Watson, Derek: *Anton Bruckner,* London 1975
Wehle, Gerhard F.: *Anton Bruckner im Spiegel seiner Zeitgenossen,* Garmisch-Partenkirchen 1964
Wessely, Othmar: *Musik und Theater in Linz zu Bruckners Zeit,* Linz 1964
Wetz, Richard: *Anton Bruckner,* Leipzig 1923
Winterberger, H.: *Anton Bruckner in seiner Zeit,* Linz 1964
Wolff, Werner: *Anton Bruckner, rustic genius,* New York 1942
ds.: *Anton Bruckner, Genie und Einfalt,* Zürich 1948

Studien

Abendroth, Walter: *Die Symphonien Anton Bruckners,* Berlin 1940
Anton Bruckner, Simposium, Genua 1958
Anton Bruckner, Sondernummer Disclub, Florenz 1964
Anton Bruckner, in: *Storia della musica* Nr. 85, Mailand 1966
Anton Bruckner, Sondernummer *Musica divina,* Wien 1924
Antonicek, Theophil: *Anton Bruckner und die Wiener Hofmusikkapelle,* Wien 1979
Auer, Max: *Anton Bruckner als Kirchenmusiker,* Regensburg 1927
Balma, M.: *Osservazioni su una successione accordale della Nona Sinfonia di Bruckner,* in: *Musicalia* II, Genua 1971
Beiträge zum Brucknerbild, Sondernummer *Österr. Musikzeitschrift,* Wien 1974
Bruckner-Blätter, hg. v. d. Internationalen Bruckner-Gesellschaft, Wien 1929ff.
Brucknerland, Mitteilungen des Brucknerbundes für Oberösterreich, Linz 1975
Bruckner-Studien, Leopold Nowak zum 60. Geburtstag, hg. v. F. Grasberger, Wien 1964
Bruckner-Studien (Festgabe zum 150. Geburtstag von Anton Bruckner), Wien 1975
Cooke, Deryck: *The Bruckner-Problem simplified,* in: *The Musical Times* 1969, und New York 1974
Dehnert, Max: *Anton Bruckner, Versuch einer Deutung,* Leipzig 1958
Engel, Gabriel: *The Symphonies of Anton Bruckner,* New York 1955
Gallois, Jean: *Bruckner,* Paris 1971
Grunsky, Karl: *Bruckners Symphonien,* Berlin-Wien 1906

Grunsky, Hans: *Das Formproblem in Anton Bruckners Symphonien,* Augsburg 1929
Helm, August: *Die Symphonien Anton Bruckners,* München 1914
Kirsch, Winfried: *Studien zum Vokalstil Bruckners,* Frankfurt 1958
Krohn, Ilmari: *Anton Bruckners Symphonien, Untersuchungen über Formenbau und Stimmungsgehalt,* 3 Bde., Wiesbaden 1955–57
Langevin, Paul-Gilbert: *Le siècle de Bruckner,* Sondernummer *La Revue Musicale* Nr. 298/299
Mitteilungen der I.B.G., hg. v. L. Nowak, O. Biba, Linz 1974ff.
Neill, Edward D. R., Martinotti, S.: *Guida alla Settima Sinfonia,* Genua 1960
Newlin, Dika: *Bruckner, Mahler, Schönberg,* Wien 1954
Nowak, Leopold: *Te Deum laudamus, Gedanken zur Musik Anton Bruckners,* Wien 1947
Oeser, Fritz: *Die Klangstruktur der Bruckner-Symphonie,* Leipzig 1939
Orel, Alfred: *Unbekannte Frühwerke Anton Bruckners,* Wien 1921
Redlich, Hans Ferdinand: *Bruckner und Mahler,* London 1955
Schulten, Walter: *Anton Bruckners künstlerische Entwicklung in der St. Florianer Zeit (1845–1855),* Diss. Mainz 1957
Schwebsch, Erich: *Anton Bruckner, Ein Beitrag zur Erkenntnis von Entwicklungen der Musik,* Stuttgart 1921
Simpson, Robert: *Bruckner and the Symphony,* London 1963
ds.: *The essence of Bruckner,* London 1967
Singer, Kurt: *Bruckners Chormusik,* Stuttgart-Berlin 1924
Wagner, Manfred: *Die Melodien Bruckners in systematischer Ordnung,* Diss. Wien 1970
Wickenhauser, Richard: *Anton Bruckners Symphonien, Ihr Werden und Wesen,* 3 Bde., Leipzig 1926
Wissenschaftliche und künstlerische Betrachtungen zu den Originalfassungen, hg. v. I.B.G., Wien 1937
Wöss, Kurt: *Ratschläge zur Aufführung der Sinfonien Anton Bruckners,* Linz 1974
Wohlfahrt, Frank: *Anton Bruckners symphonisches Werk,* Leipzig 1943
Wünschmann, Theodor: *Anton Bruckners Weg als Symphoniker,* Steinfeld 1976

Register

C

D

E

F

I

J

K

L

M

N

O

P

R

S

Register der Werke Bruckners